Das Traditionsgefüge um den Menschensohn

Ursprünglicher Gehalt
und älteste Veränderung
im Urchristentum

von

ROLLIN KEARNS

1986

J. C. B. MOHR (PAUL SIEBECK) TÜBINGEN

CIP-Kurztitelaufnahme der Deutschen Bibliothek

Kearns, Rollin:
Das Traditionsgefüge um den Menschensohn: ursprüngl. Gehalt u. älteste Veränderung im Urchristentum / von Rollin Kearns. – Tübingen: Mohr, 1986.
ISBN 3-16-145047-7

© J.C.B. Mohr (Paul Siebeck) Tübingen 1986.

Das Werk einschließlich aller seiner Teile ist urheberrechtlich geschützt. Jede Verwertung außerhalb der engen Grenzen des Urheberrechtsgesetzes ist ohne Zustimmung des Verlags unzulässig. Das gilt insbesondere für Vervielfältigungen, Übersetzungen, Mikroverfilmungen und die Einspeicherung und Verarbeitung in elektronischen Systemen.

Satz und Druck: Gulde-Druck GmbH, Tübingen. Einband: Großbuchbinderei Heinrich Koch, Tübingen.

Printed in Germany.

INHALT

Vorrede 1

STUDIE ZUM URSPRÜNGLICHEN GEHALT DES TRADITIONSGEFÜGES UM DEN MENSCHENSOHN

Das Problem 5

I. *Die Theophoren als Bedingung der welthaften Epiphanie* 55
   1. Der Hoheitstitel 56
   2. Die Theophoren als Boten 61

II. *Die archaischen Traditionselemente in der transzendental-eschatologischen Epiphanie* 65
   1. Die Wolken 66
   2. Der Machterweis und der Schreckensglanz 68
      Exkurs: Das Kommen 73

III. *Die welthafte und die transzendental-eschatologische Epiphanie* 75
   1. Die welthafte Epiphanie als Menschwerdung 75
   2. Die transzendental-eschatologische Epiphanie als Aufhebung der Menschwerdung 78

STUDIE ZUR ÄLTESTEN VERÄNDERUNG DES TRADITIONSGEFÜGES UM DEN MENSCHENSOHN

Das Problem 83

I. *Die politische Prophezeiung ptolemäischer Prägung als Voraussetzung für das eschatologische Geschichtsbild des ägyptischen Hellenismus* 89
   1. Am Hof von Ptolemaios II. Philadelphos nach dem Zeugnis von Kallimachos 89
   2. Am Hof von Ptolemaios VIII. Euergetes II. nach dem Zeugnis des 3. Sibyllinischen Buches 91
   3. Am Hof von Vaballath nach dem Zeugnis der Eliaapokalypse 95
      Exkurs: Die Demotische Chronik 100

II. *Das eschatologische Geschichtsbild des ägyptischen Hellenismus anhand des Töpferorakels* 104
      Exkurs: Die Prophezeiung des Lammes 104
   1. Die Enstehungszeit des Töpferorakels 110

    2. Die geistige Heimat des Töpferorakels 113
    3. Das eschatologische Geschichtsbild des Töpferorakels 121
    4. Das Nachleben des Töpferorakels 132
       Exkurs: Die Asklepiosapokalypse 138

III. Die Verwertung des eschatologischen Geschichtsbildes des ägyptischen Hellenismus im Judentum Ägyptens 143
    1. Die hellenistisch-jüdische Schultradition nach Lactantius 143
    2. Die sibyllinische Dichtung im 5. Sibyllinischen Buch 155

IV. Die Kontamination des Traditionsgefüges um den Menschensohn mit dem eschatologischen Geschichtsbild des ägyptischen Hellenismus 167
    1. Elia als Menschensohn 167
    2. Die göttlich-menschenähnliche Gestalt als Menschensohn 170
       Exkurs: Die göttlich-menschenähnliche Gestalt in der Septuaginta ... 191

Benutzungshinweise 195

Stellenregister 197

Autorenregister 199

VORREDE

Anfänge sind für gewöhnlich schwer faßbar. Das Traditionsgefüge um den Menschensohn entstand im aramäischsprachigen Palästina, ging aber – vermutlich nur geringfügig verändert – bald in den griechischsprachigen Raum über. Es ist denn auch erst als im griechischen Sprachraum beheimatetes Phänomen unmittelbar nachweisbar. Das Traditionsgefüge beinhaltet eine gegenwärtig stattfindende welthafte und eine noch ausbleibende transzendental-eschatologische Epiphanie des Menschensohnes. In dieser Gestalt kam das Traditionsgefüge mit dem eschatologischen Geschichtsbild des ägyptischen Hellenismus in Berührung und wurde so mit der jüdischen Formung dieses Geschichtsbildes kontaminiert, daß zum einen anstelle des welthaft epiphanen Menschensohnes der wiederkehrende Elia als Menschensohn, zum anderen anstelle des transzendental-eschatologisch epiphanen Menschensohnes die eschatologisch erwartete göttlich-menschenähnliche Gestalt als Menschensohn trat. Die vorliegenden Studien wollen den Spuren dieser Traditionsentwicklung nachgehen[1].

---

[1] Daß im Rahmen dieser Darstellung eine Beziehung zwischen dem Menschensohn und Jesus nicht in den Blick gerät, ist durch die Sache bedingt. Die Entwicklung des Traditionsgefüges um den Menschensohn fand unabhängig von dem Wirken oder der Lehre Jesu oder von den Überlieferungen der jesuanischen Bewegung statt. Erst im griechischsprachigen Raum wurde das bereits kontaminierte Traditionsgefüge in die jesuanische Tradition aufgenommen: Die Tradition von Elia als Menschensohn wurde auf Jesus übertragen und die von der göttlich-menschenähnlichen Gestalt als Menschensohn in die eschatologische Lehre Jesu eingefügt. Damit änderten sich die Bedingungen für die weitere Verwendung des Menschensohntitels grundlegend. Die vorliegenden Studien streben keine Gesamtdarstellung der Verwendung des Menschensohntitels an, sondern beschränken sich streng auf die Frage nach der vorjesuanischen Traditionsentwicklung.

Studie zum ursprünglichen Gehalt
des Traditionsgefüges um den Menschensohn

DAS PROBLEM

Im Jahr 1896 veröffentlichte Hans Lietzmann eine bahnbrechende Studie, in der zum ersten Mal eine umfassende historisch-kritisch orientierte Untersuchung zur Bedeutung des Menschensohntitels geboten wurde[1]. Der forschungsgeschichtlich vorgegebenen Erkenntnis, daß das aramäische *brnš* und das griechische ὁ υἱὸς τοῦ ἀνθρώπου einander entsprechen, entnahm er die Notwendigkeit, sowohl das aramäische als auch das griechische Wortgebilde zu untersuchen. Aufgrund einer Durchsicht der Verwendung von *brnš* im Aramäischen Palästinas stellte er fest, daß *brnš* „die farbloseste und unbestimmteste Bezeichnung des menschlichen Individuums" war und als „Gattungsname" ungeeignet war, ein „messianischer Titel" zu sein. Eine Analyse der aramäischsprachig verfaßten Texte, in denen man zuweilen einen titularen Gebrauch des Wortes zu finden glaubte, bestätigte für Lietzmann dieses Urteil. Das griechische ὁ υἱὸς τοῦ ἀνθρώπου war dagegen eindeutig ein Titel, mit dem „ganz bestimmte Vorstellungen über Wesen, Amt oder Würde" Jesu verbunden wurden. Lietzmann verfolgte die Bezeugung des Titels bis ins 4. Jahrhundert, um die mit dem Titel verbundenen Vorstellungen zu erarbeiten. Anschließend versuchte Lietzmann, die Bedeutung des Titels zu eruieren. Jesus, der aramäisch sprach, hat das nichttitulare Wort *brnš* zwar gebraucht, das Wort aber nie im titularen Sinn angewandt. Die Voraussetzung für die Entstehung des Titels war die als Semitismus zu verstehende Formel υἱὸς ἀνθρώπου in der Septuaginta. Diese Formel im Gegensatz zum aramäischen *brnš* hatte „einen durchaus fremdartigen und ungewöhnlichen Klang", womit die sprachliche Möglichkeit gegeben war, sie „zur Sonderbezeichnung einer Einzelperson" zu machen. In Daniel wurde der „Messias" schon als υἱὸς ἀνθρώπου bezeichnet. Wenn aber einmal der „Messias" irgendwo als υἱὸς ἀνθρώπου „bezeichnet wurde", so war innerhalb des griechischen Sprachgebietes der Schritt naheliegend, ihn ὁ υἱὸς τοῦ ἀνθρώπου „zu

---

[1] *Hans Lietzmann*, Der Menschensohn. Ein Beitrag zur neutestamentlichen Theologie, 1896.

benennen" und damit ihm die Bezeichnung als „Titel" zu geben. Ob die Entstehung des Titels als Messiasbezeichnung in hellenistisch-jüdischen oder erst in frühchristlichen Kreisen anzusetzen ist, ließ Lietzmann offen. Aufgrund der Bezeugung des Titels meinte er, daß der Titel erst in der zweiten Hälfte des 1. Jahrhunderts im Christentum gebräuchlich wurde und in „eine vorkanonische evangelische Überlieferung", die den Titel noch nicht enthielt, sekundär eingefügt wurde.

Lietzmanns Grundthese war also, daß der Menschensohntitel – im Gegensatz zum nichttitularen aramäischen *brnš* – als ein rein griechischsprachiges, aus innergriechischen Voraussetzungen hervorgegangenes Phänomen anzusehen ist. Wenngleich seine philologische, traditionsgeschichtliche und historische Begründung anfechtbar ist, ist sein Versuch, diese These überlieferungsgeschichtlich zu untermauern, im Ansatz tragfähig. Lietzmann wies auf Varianten in Paralleltexten der synoptischen Evangelien hin, bei denen in der einen Version der Menschensohntitel vorhanden ist, in der anderen dagegen fehlt; davon ausgehend, daß das Fehlen primär und das Vorhandensein sekundär ist, folgerte er, daß der Menschensohntitel nicht zu den ältesten Überlieferungsschichten gehörte, sondern erst in die späteren, in jedem Fall griechischsprachigen Schichten eingefügt wurde[2]. Wenngleich seine Beweisführung mehr intuitiv als zwingend war und er zudem nur einige Belege derart überlieferungsgeschichtlich analysierte, steckt seine Gesamtübersicht über die Bezeugung des Menschensohntitels über das Ende des 2. Jahrhunderts hinaus die Grenzen des notwendigen Forschungsganges ab. Der fällige Gesamtentwurf zur überlieferungsgeschichtlichen Einordnung des Menschensohntitels wurde erst[3] von Carsten Colpe[4] geliefert,

---

[2] *H. Lietzmann,* Menschensohn, S. 86–87.

[3] Die Beobachtung von *Lietzmann,* daß es Varianten in Paralleltexten der synoptischen Evangelien gibt, bei denen in der einen Version der Menschensohntitel vorhanden ist, in der anderen dagegen fehlt, wurde – ohne ausdrücklichen Verweis auf *Lietzmann* – von *Joachim Jeremias,* Die älteste Schicht der Menschensohn-Logien (ZNW 58, 1967, S. 159–172), aufgegriffen und auf die gesamte neutestamentliche Menschensohnüberlieferung ausgedehnt. *Jeremias* folgert in Übereinstimmung mit *Lietzmann,* daß in den Fällen, in denen eine Parallelüberlieferung in der einen Fassung mit und in der anderen Fassung ohne den Menschensohntitel steht, die Fassung ohne den Menschensohntitel „den Anspruch auf Priorität" hat. *Jeremias,* ebenda, S. 165–168, erkennt mit *Lietzmann,* daß zuweilen ein nichttitulares *brnš* durch den Menschensohntitel ersetzt wurde, und zwar nach *Jeremias* „infolge eines sprachlichen Mißverständnisses". *Jeremias,* ebenda, S. 166–168, unterscheidet drei Kategorien von sekundärer Setzung des Menschensohntitels: Der Menschensohntitel erscheint sekundär „in der Umbildung älterer Logien", „in Nachbildungen älterer Menschensohnworte" und „in Neubildungen". Die Analyse von *Jeremias* ist insofern überspitzt, als er vielfach Überlieferungen als Parallelen ansieht, die keine

dessen Analyse den Anspruch erhebt, die vorangehenden Forschungsergebnisse maßgebend zusammenzufassen. Colpes Analyse, ergänzt durch einige neuere überlieferungsgeschichtliche Erwägungen[5], bestätigt im wesentlichen Lietzmanns These[6].

---

echten Parallelen sind, sondern nur geringfügige begriffliche Übereinstimmungen aufweisen. Die Analyse von *Jeremias* bleibt insofern ein Torso, als sie die schon von *Lietzmann* klar gesehene Frage nach der sprachlichen Stufe der sekundären Setzung des Menschensohntitels ignoriert. Dennoch ist sie eine wegweisende präzisierende Fortführung der Beobachtung von *Lietzmann*, daß der Menschensohntitel vielfach sekundär gesetzt wurde.

[4] *Carsten Colpe*, Art. ὁ υἱὸς τοῦ ἀνθρώπου (ThWNT 8, 1969), S. 433–481.

[5] Wenngleich im Folgenden jeweils von *Colpes* Analyse ausgegangen wird, werden ergänzende Erwägungen vielfach herangezogen. Dies ist zum einen darauf zurückzuführen, daß *Colpe* bei seiner überlieferungsgeschichtlichen Zuweisung des Menschensohntitels häufig keine Rechenschaft über die Abfassungssprache der betreffenden Schicht ablegt, zum anderen, daß *Colpe* eher geneigt ist, einen Beleg für den Menschensohntitel einer aramäischsprachigen Schicht zuzuweisen, als die neuere Forschung dies als vertretbar erscheinen läßt.

[6] Berücksichtigt werden soll nur der Menschensohntitel im engeren Sinn, nämlich der doppelt determinierte ὁ υἱὸς τοῦ ἀνθρώπου. Mit dem Menschensohntitel nichts direkt zu tun haben Wendungen, die aus Übersetzungen aus dem Alten Testament entstanden sind. Als Übersetzungen aus Dan 7,13 haben zu gelten ὅμοιον υἱὸν ἀνθρώπου Apk 1,13 und 14,14 (Erwähnung bei *H. Lietzmann*, Menschensohn, S. 56–57, Analyse bei *C. Colpe*, Art., S. 467,6–17), und mehrmals ὡς υἱὸς ἀνθρώπου bei Justin (Erwähnung bei *Lietzmann*, ebenda, S. 70, Analyse bei *Frederick Houk Borsch*, The Christian and Gnostic Son of Man [SBT SS 14], 1970, S. 43–44). Auch υἱὸς ἀνθρώπου Joh 5,27 gehört hierher, wenngleich die überlieferungsgeschichtliche Einordnung strittig ist (Erwähnung bei *Lietzmann*, ebenda, S. 54). *Rudolf Bultmann*, Das Evangelium des Johannes (KEK), [10]1941, S. 196–197, zeigt, daß 5,28–29 der kirchlichen Redaktion zuzuordnen ist. *Bultmann*, ebenda, S. 195, urteilt mit Recht, daß 5,27 „unnötig und nachklappend" ist. Um dies zu erklären, stellt *Bultmann*, ebenda, S. 195–196, die Vermutung auf, daß der Satz „wahrscheinlich . . . ein Zusatz des Ev[an]g[e]listen, wenn nicht gar schon des Red[aktors]" ist. Weder diese noch jene Einordnung ist aber überzeugend, denn der Evangelist sowie der kirchliche Redaktor benutzen die determinierte Form. Die von *Siegfried Schulz*, Untersuchungen zur Menschensohn-Christologie im Johannesevangelium, 1957, S. 114, für 5,27–29 insgesamt aufgestellte Hypothese, daß eine Interpolation vorliegt, dürfte für 5,27 zutreffen, und zwar dergestalt, daß in 5,27 eine ursprüngliche Randglosse vorliegt, die sekundär in den Text aufgenommen wurde. Die Randglosse galt ursprünglich dem Begriff κρίσεως 5,29, wurde aber wegen der grammatischen Entsprechungen mit τῷ υἱῷ ἔδωκεν 5,26 nach diesem in den Text aufgenommen. Die Randglosse setzt die kirchliche Redaktion voraus, muß also nach ihr gesetzt worden sein. *Colpe*, ebenda, S. 468,17–18, verweist darauf, daß die Glosse Motive aus Dan 7,13–14 verwendet, *G. D. Kilpatrick*, Rezension: Joseph A. Fitzmyer, A Wandering Aramean. Collected Aramaic Essays (JSS 27, 1982, S. 81–85), S. 83, daß sie von der Septuaginta oder von Theodotion abhängig ist. Der Glossator trug eine Anspielung auf eine griechische Version von Dan 7,13.14.22 nach. – Im alttestamentlichen Hebräisch erscheint *bn 'dm* in poetischen Texten; eine Übersetzung von *bn 'dm* in Ps 8,5 bietet Hebr 2,6 (Erwähnung bei *Lietzmann*, ebenda, S. 57, Analyse bei *Colpe*, ebenda, S. 467,18–468,7). In prophetischen Texten des Alten Testaments erscheint *bn 'dm* als göttliche Anrede an den Propheten; eine Nachahmung dieses Sprachgebrauches wird für Justin

Die Setzung des Menschensohntitels in Überlieferungen griechischsprachiger Provenienz ist vielschichtig. In griechischer Sprache sind zwei selbständige Menschensohnworte entstanden: Markus 8,31[7] und Johannes 3,14[8]. Vereinzelt wurde der Menschensohntitel auf der griechisch-

---

den Gnostiker bei Hippolytus, Refut. V 26,30, belegt (Analyse bei *Borsch,* ebenda, S. 74–75).
[7] *C. Colpe,* Art., S. 441,49–442,3, ordnet Mk 8,31 „Jesu Rätselworte[n] über seine eigene Vollendung" zu, die Jesus von sich in der ersten Person ausgesagt haben muß. Demzufolge ist nach *Colpe,* ebenda, S. 446,14–16 und 447,28–43, der Menschensohntitel erst sekundär eingefügt worden. Das Kriterium für dieses Urteil übernahm *Colpe* von *J. Jeremias,* Älteste Schicht, S. 159–172, der wahrscheinlich machte, daß, wo die Fassung eines Logions mit dem Menschensohntitel mit einem solchen ohne Menschensohntitel konkurriert, die letztere den größeren Anspruch auf Ursprünglichkeit hat. *Jeremias* bietet eine Zusammenstellung von Parallelüberlieferungen mit und ohne Menschensohntitel. Die Stellen, die *Jeremias,* ebenda, S. 160, aber zu Mk 8,31 anführt – nämlich Lk 22,15, Mk 10,38, Mk 12,10, Mt 23,34/Lk 11,49, Mt 23,37/Lk 13,34, Lk 13,33, Lk 13,32 und Mt 27,63 –, sind keine echten Parallelüberlieferungen, sondern bieten lediglich vereinzelte begriffliche Übereinstimmungen. Der Grundsatz, daß bei Parallelüberlieferungen die Fassung ohne Menschensohnwort den Anspruch auf Priorität hat, läßt sich in diesem Fall nicht anwenden. Grund zur Anzweiflung der Ursprünglichkeit des Menschensohntitels gibt es nicht. *Colpes* Einordnung als Jesuswort setzt eine aramäischsprachige Entstehung voraus. Der Spruch kann aber nicht aramäisch formuliert worden sein. Wie im Folgenden zu zeigen ist, war ὁ υἱὸς τοῦ ἀνθρώπου παραδίδοται εἰς χεῖρας ἀνθρώπων Mk 9,31 ein ursprünglich aramäisch formulierter Satz, der sekundär mit καὶ ἀποκτανθεὶς μετὰ τρεῖς ἡμέρας ἀναστήσεται Mk 9,31 ergänzt wurde. Mk 8,31 ist eine Nachbildung von diesem ergänzten Satz oder einer entsprechenden Überlieferung. Kennzeichnend für die Nachbildung ist die Umgestaltung der Verbformen παραδίδοται, ἀποκτανθείς und ἀναστήσεται in Infinitive, die von δεῖ abhängig sind. *Walter Grundmann,* Art. δεῖ (ThWNT 2), 1935, S. 22, verweist darauf, daß weder das Alte Testament noch die Rabbinen eine adäquate Entsprechung für δεῖ haben, eine Feststellung, die für das Aramäische allgemein gilt. Der Spruch muß von Anfang an griechisch formuliert gewesen sein. Einen Grund, die Ursprünglichkeit des Menschensohntitels in Frage zu stellen, gibt es nicht. *Ferdinand Hahn,* Christologische Hoheitstitel (FRLANT 83), 1963, S. 52–53, urteilt mit Recht, daß das Wort im hellenistischen Bereich entstanden ist.
[8] Nach *C. Colpe,* Art., S. 470,20–471,4, stammt der formelhafte Satz nach Art einer Leidensansage in Joh 3,14b aus „bereits traditionell geprägter, und zwar palästinischer Gemeindetradition" und wurde „vor Johannes" in den Vergleich 3,14 eingearbeitet. *Colpe,* ebenda, S. 470 Anm. 449, beruft sich auf die Beweisführung von *Gerhard Iber,* Ueberlieferungsgeschichtliche Untersuchungen zum Begriff des Menschensohnes im Neuen Testament, Diss. Heidelberg [1953], S. 148–156, der die präzisierte These vertritt, daß der formelhafte Satz im aramäischen Sprachraum entstand und daß die Einfügung des Satzes in den Vergleich noch auf der aramäischsprachigen Ebene stattfand. *Iber* argumentiert aufgrund der Doppeldeutigkeit des Verbs *zqp,* das neben ‚erhöhen' auch ‚(ans Kreuz) erhöhen' also ‚kreuzigen' bedeuten kann. Nach *Iber* enthielt der formelhafte Satz 3,14b das Verb in der Bedeutung ‚kreuzigen' und war entsprechend Mk 8,31 als Leidensansage gemeint. Nach der Entstehung des Satzes wurde das Verb als ‚erhöhen' gedeutet und die Aussage mit dem Schlangenmotiv aus Num 21,8–9, zu dem *zqp* ‚erhöhen' gehörte, verknüpft. Die Übersetzung des ganzen Vergleiches mit der zweifachen Setzung von ὑψοῦν ging von dieser Bedeutung aus. *Ibers* Argumentation ist insofern nicht überzeu-

sprachigen Stufe der mündlichen Tradierung als Teil einer sekundären Ergänzung zu einem bestehenden Spruch mitergänzt: Matthäus 24,37/ Lukas 17,26[9], Matthäus 12,40/Lukas 11,30[10], Markus 8,38[11], Matthäus

(Anmerkungen 10 und 11 stehen auf der nächsten Seite.)
gend, als der Satz, der eine gattungsmäßige Entsprechung in Mk 8,31 hat, wie dieser wegen des δεῖ nicht aramäisch entstanden sein kann. Die Argumentation von *Iber* kann dennoch *mutatis mutandis* zutreffend sein, wenn man davon ausgeht, daß im syrisch-palästinischen Hellenismus ὑψοῦν als semantischer Aramaismus auch die Doppeldeutigkeit von *zqp* hatte. Dieses Urteil wird dadurch untermauert, daß *Iber* die Umdeutung von ‚kreuzigen‘ in ‚erhöhen‘ als Grund für die Verknüpfung mit dem Schlangenmotiv verstehen will. Die Belege für die typologische Verwendung der in Num 21,8–9 belegten ehernen Schlange, die *Iber*, ebenda, S. 152, heranführt, nämlich Barn 12,5–7, Justin, Apol. 60 und Justin, Dial. 91.94.112, stammen alle aus dem hellenistischen Traditionsraum, was für eine Bildung des Vergleiches erst auf der griechischsprachigen Traditionsstufe spricht.
[9] C. Colpe, Art., S. 436,15–437,9, ordnet den Spruch als ursprünglich selbständigen Spruch der mündlichen Tradierung ein und als Jesuswort implizit der aramäischen Sprachschicht zu. Eine explizite Diskussion der Ursprache des Spruches fehlt. Der Spruch ahmt zumindest in der Gattung den in Mt 24,27/Lk 17,24 belegten Vergleich nach. In Q folgte Mt 24,37–39/Lk 17,26–27.30 unmittelbar auf Mt 24,27/Lk 17,24. Wenn dieser Doppelspruch nicht erst der redaktionellen Tätigkeit des Verfassers von Q zuzuordnen sein sollte, sondern schon in der mündlichen Tradierung vorhanden war, ist es möglich, daß Mt 24,37–39a/Lk 17,26–27 eine Nachahmung nicht nur der Gattung, sondern sogar des Einzelexemplars Mt 24,27/Lk 17,24 überhaupt war, und zwar derart, daß Mt 24,37–39a/Lk 17,26–27 als sekundäre Ergänzung zu Mt 24,27/Lk 17,24 gebildet wurde. Der Spruch besteht aus einem Vordersatz ὥσπερ γὰρ αἱ ἡμέραι τοῦ Νῶε, der in seiner ursprünglichen Gestalt in Mt 24,37 erhalten ist; καθὼς ἐγένετο ἐν ταῖς ἡμέραις Lk 17,26 ist der lukanischen Redaktion zuzuschreiben, die wiederum als Nachahmung der aus Q stammenden Formulierung ὡς γὰρ ἦσαν ἐν ταῖς ἡμέραις Mt 24,38/καθὼς ἐγένετο ἐν ταῖς ἡμέραις Lk 17,28 zu bewerten ist. Der Nachsatz, der wohl οὕτως ἔσται ὁ υἱὸς τοῦ ἀνθρώπου lautete, ist weder bei Matthäus noch bei Lukas in der Urform erhalten: Das ἡ παρουσία Mt 24,37 ist wie das gleiche Wort Mt 24,27 der matthäischen Redaktion zuzuschreiben, ἐν ταῖς ἡμέραις Lk 17,26b ist wie im Vordersatz Lk 17,26a der lukanischen Redaktion zuzuordnen. Es folgt eine nachhinkende typologische Explikation der Tage Noes Mt 24,38/Lk 17,27. Beachtenswert ist die wörtliche Übereinstimmung mit dem ersten Spruch. Im Vordersatz ist ὥσπερ γάρ gleichlautend, und der Nachsatz ist insgesamt gleichlautend. Nur das Bild in dem Vordersatz und die nachhinkende Explikation des Bildes heben sich von dem ersten Spruch ab. Die Nachahmung wird aber durchbrochen. In der Urform war mit dem aufleuchtenden Blitz ein einfaches Bild geboten. Dagegen wird in der Nachahmung mit den Tagen Noes eine alttestamentliche Typologie eingeführt. Da allerdings die typologische Bedeutung der Tage Noes nicht ohne weiteres deutlich ist, war eine Explikation nötig. Das vorgegebene Schema bot keinen Raum für eine solche Explikation innerhalb des zweiteiligen Schemas von Vorder- und Nachsatz. So wurde die Explikation nicht sofort in den Vordersatz eingebaut, wohin sie inhaltlich gehört, sondern nachhinkend dem Nachsatz angehängt. Wie im Folgenden zu zeigen ist, wurde der Vergleich Mt 24,27/Lk 17,24 ursprünglich aramäisch formuliert. Die gattungsmäßige Verfremdung eines reinen Vergleiches durch die Umbildung in eine Typologie setzt einen andersgearteten Traditionsraum voraus. Obgleich Typologien auch im aramäischsprachigen Bereich bekannt waren, legt die Verfremdung nahe, daß die Umbildung erst im jüdisch-hellenistischen Traditionsraum stattfand, wo auch der Gebrauch von Typologien für die Deutung alttestamentlicher Motive weit verbreitet war.

24,44/Lukas 12,40[12] und Matthäus 19,28[13]. Ein Satz ist vermutlich als

[10] *C. Colpe,* Art., S. 452,4–453,2, urteilt mit Recht, daß Lk 11,30 eine Explikation des Jonazeichenspruches in Mt 12,39/Lk 11,29 ist. Der überlieferungsgeschichtliche Ort der Explikation ist problematisch. In Mt 12,40 liegt eine stark abweichende Parallele zu Lk 11,30 vor. *Colpe,* ebenda, S. 462,22–24, ordnet ihn als eine Veränderung der Explikation durch den matthäischen Redaktor ein. *Krister Stendahl,* The School of St. Matthew and its Use of the Old Testament (ASNU 20), 1954 (²1969), S. 132–133, verweist darauf, daß Mt 12,40 einen reinen Septuaginta-Text bezeugt, was für Matthäus nicht kennzeichnend ist, und daß Justin, Dial. 107,2, der Mt 12,39 zitiert, Mt 12,40 in der vorliegenden Form nicht gelesen haben kann. Daraus schließt er, daß Mt 12,40 eine nachmatthäische Interpolation ist. Demnach wäre die Explikation in Lk 11,30 nicht für die Urfassung von Q belegt, sondern müßte eine Ergänzung in der vorlukanischen Fassung von Q gewesen sein. Die Tatsache, daß Mt 12,40 wie Lk 11,30 unmittelbar auf den Jonazeichenspruch folgt, daß es wie Lk 11,30 die Gattungsmerkmale eines Vergleiches hat und daß es wie Lk 11,30 die formelhafte Wendung οὕτως ἔσται ὁ υἱὸς τοῦ ἀνθρώπου verwertet, kann aber kaum anders als auf einen gemeinsamen Ursprung der beiden Sätze gedeutet werden. *Stendahls* These setzt also voraus, daß eine im Matthäusevangelium vorliegende ältere Fassung der Explikation des Jonazeichenspruches nachmatthäisch abgeändert wurde. Demnach ist die Setzung des Menschensohntitels in Lk 11,30 und Mt 12,40 auf einen durch Q vermittelten Spruch zurückzuführen. Vermutlich ist die Ergänzung in der mündlichen Tradierung vor der Aufnahme des Spruches in Q entstanden. Die Setzung des adverbialen καί vor dem Menschensohntitel ist nach *Eduard Schwyzer* (und *Albert Debrunner*), Griechische Grammatik II (HAW 2,1,2), 1950, S. 567, ein rein griechisches Phänomen und läßt sich nicht als Übersetzung aus dem Aramäischen verstehen, womit eine Entstehung der Ergänzung auf der griechischen Sprachstufe wahrscheinlich wird. Zudem wurde durch die Parallelisierung von Ἰωνᾶς und ὁ υἱὸς τοῦ ἀνθρώπου sowie τοῖς Νινευίταις und τῇ γενεᾷ ταύτῃ eine typologische Deutung des alttestamentlichen Motives vorgenommen. Die typologische Verwertung der Gattung des Vergleiches mittels eines alttestamentlichen Motives entsprechend Mt 24,37–39a/Lk 17,26–27 deutet auf eine Entstehung im Einflußbereich des jüdisch-hellenistischen Traditionsraums.

[11] Nach *C. Colpe,* Art., S. 444,26–445,11 und 450,1–14, ist der Menschensohntitel erst sekundär in den Satz eschatologisch-talionischen Rechtes eingefügt worden. Auch wenn man die von *Colpe* vertretene überlieferungsgeschichtliche Verwandtschaft von Mk 8,38 und Mt 10,32–33/Lk 12,8–9 nicht teilt, ist seine Begründung anhand von letzterem sachgemäß und zeigt zugleich – was von *Colpe* nicht hervorgehoben wird – daß die Setzung des Menschensohntitels erst auf der griechischen Sprachstufe erfolgt ist. In Mt 10,32/Lk 12,8 liegt ein ursprünglich aramäischsprachig formulierter Satz eschatologisch-talionischen Rechtes vor, der mit unpersönlichem Subjekt im Nachsatz gebildet und sachgemäß auch ins Griechische mit unpersönlichem Subjekt im Nachsatz übersetzt wurde; da der Spruch noch in der ursprünglichen Fassung von Q nachweislich noch ein unpersönliches Subjekt im Nachsatz beinhaltete, ist in diesem Fall die sekundäre Setzung des Menschensohntitels, und zwar auf der griechischen Überlieferungsstufe, sicher (siehe Anm. 17). Analog dazu ist auch für Mk 8,38, einen Spruch derselben Gattung, eine entsprechende überlieferungsgeschichtliche Entwicklung anzunehmen. Der talionische Satz hatte in seiner aramäischen Urform, wie die aramäischen Beispiele bei *Gustaf Dalman,* Die Worte Jesu, ²1930, S. 183–185, zeigen, im Nachsatz ein subjektloses aktives Verb im Plural. Die ursprüngliche griechische Übersetzung des Nachsatzes wird daher καὶ ἐπαισχυνθήσονται αὐτόν gelautet haben. Mit der Ergänzung des Nebensatzes ὅταν ἔλθῃ ἐν τῇ δόξῃ τοῦ πατρὸς αὐτοῦ μετὰ τῶν ἀγγέλων τῶν ἁγίων wurde gleichzeitig der Menschensohntitel gesetzt und ἐπαισχυνθήσονται in ἐπαισχυνθήσεται abgeändert.

Abschluß einer schriftlich verfaßten, griechischsprachigen vormarkini-

[12] Das ursprünglich aus Bildwort mit angeschlossener Mahnung zur Wachsamkeit bestehende Gleichnis vom nächtlichen Einbrecher wurde nach C. Colpe, Art., S. 454,9–455,6, durch den den Menschensohntitel enthaltenden Satz Mt 24,44b/Lk 12,40b sekundär erweitert. Daß die Ergänzung erst auf der griechischen Sprachstufe stattfand, geht daraus hervor, daß die in ᾗ . . . ὥρᾳ/ᾗ ὥρᾳ belegte Einbeziehung des Bezugswortes in den Relativsatz nach E. Schwyzer/(A. Debrunner), Griechische Grammatik II, S. 641, als eine rein griechische Spracheigentümlichkeit zu beurteilen ist.

[13] Nach C. Colpe, Art., S. 450,14–451,17, wurde in einen vorgeformten Spruch ein den Menschensohntitel enthaltender Nebensatz eingefügt. Colpe, ebenda, S. 450,14–15, ist unsicher in der überlieferungsgeschichtlichen Einordnung des Nebensatzes, der „vor oder bei Matthäus" eingefügt wurde. Colpe verweist auf die begriffliche Entsprechung zwischen Mt 19,28 und dem redaktionell gebildeten Mt 25,31. In dieser redaktionellen Bildung greift der matthäische Redaktor eine aus Mk 8,38 stammende, in der matthäischen Gemeinde umgebildete Formulierung auf, die er nur hier zitiert. Dies läßt vermuten, daß ihm auch der schon mit dem den Menschensohntitel enthaltenden Satz ergänzte Spruch Mt 19,28, aus dem er in Mt 25,31 auch zitiert, in der Gemeindetradition vorgegeben war. Der Spruch hat eine Parallelfassung in Lk 22,28–30. Colpe, ebenda, S. 450,14–16, argumentiert, daß der Menschensohntitel anstelle eines „Ich" getreten ist, das noch im διατίθεμαι Lk 22,29 erhalten ist. Dies ist aber unwahrscheinlich, denn die grammatische Struktur der beiden Fassungen des Spruches ist an der Stelle völlig verschieden. Über die überlieferungsgeschichtliche Entwicklung des Spruches besteht kein Konsens in der Forschung. Nach der gegenwärtigen Forschungslage ist die folgende Hypothese vertretbar. Eine Grundgestalt des Spruches ist aufgrund eines Vergleiches der beiden Fassungen erkennbar: ὑμεῖς οἱ ἀκολουθήσαντές μοι entspricht ὑμεῖς δέ . . . οἱ διαμεμενηκότες μετ' ἐμοῦ, ἐν τῇ παλιγγενεσίᾳ entspricht ἐν τῇ βασιλείᾳ, καθήσεσθε καὶ ὑμεῖς ἐπὶ δώδεκα θρόνους κρίνοντες τὰς δώδεκα φυλὰς τοῦ Ἰσραήλ entspricht καὶ καθήσεσθε ἐπὶ θρόνων τὰς δώδεκα φυλὰς κρίνοντες τοῦ Ἰσραήλ. Es liegt ein kompletter Spruch vor, denn ὑμεῖς οἱ ἀκολουθήσαντές μοι/ὑμεῖς δέ . . . οἱ διαμεμενηκότες μετ' ἐμοῦ ist als Subjekt von, ἐν τῇ παλιγγενεσίᾳ/ἐν τῇ βασιλείᾳ als nähere Bestimmung zu καθήσεσθε zu verstehen. Eine aramäische Sprachform des Spruches auf dessen ältester Stufe ist wahrscheinlich. Weil die lukanische Fassung des Spruches im Rahmen des vorlukanischen Passionsberichtes steht, der auch sonst ursprünglich aramäischsprachige Sprüche, die anderweitig synoptisch belegt sind, in eigenständiger griechischer Übersetzung beinhaltet, ist eine getrennte Übersetzung des Spruches hinter der matthäischen und der lukanischen Fassung möglich. Dabei wären οἱ ἀκολουθήσαντές μοι und οἱ διαμεμενηκότες μετ' ἐμοῦ sowie ἐν τῇ παλιγγενεσίᾳ und ἐν τῇ βασιλείᾳ als verschiedene Übersetzungen der gleichen aramäischen Vorlage verständlich. Die eine Fassung ging aus der matthäischen Sonderüberlieferung in Matthäus, die andere über den vorlukanischen Passionsbericht in Lukas ein. Nach der Übersetzung der lukanischen Fassung des Spruches, und zwar entweder auf der Ebene der getrennten Tradierung des Spruches oder nach der Einarbeitung in den vorlukanischen Passionsbericht, wurde καθὼς διέθετό μοι ὁ πατήρ μου βασιλείαν ἵνα ἔσθητε καὶ πίνητε ἐπὶ τῆς τραπέζης μου samt μου unter Einbeziehung des aus der Vorlage stammenden ἐν τῇ βασιλείᾳ ergänzt. Eine entsprechende Ergänzung der matthäischen Fassung des Spruches liegt in ὅταν καθίσῃ ὁ υἱὸς τοῦ ἀνθρώπου ἐπὶ θρόνου δόξης αὐτοῦ vor. Von Belang im vorliegenden Zusammenhang ist die Sprachstufe der Ergänzung. Da die Begriffe καθίζειν mit ἐπὶ θρόνου δόξης αὐτοῦ sowohl im aramäischsprachig palästinischen als auch im hellenistischen Judentum geläufig waren, kann die Sprachstufe der Ergänzung aus dem Wortlaut der Ergänzung selbst nicht erschlossen werden. Die Ergänzung ist aber nur auf der griechischen Sprachstufe verständlich. Hinter παλιγγενεσία und βασιλεία in den beiden griechischen Formen des Spruches steht ein aramäisches *mlkw*, das in der lukani-

schen Sammlung entstanden: Markus 2,28[14]. Der Redaktor der in griechischer Sprache entstandenen Spruchsammlung Q, der sechs Überlieferungen aufgriff, die den Menschensohntitel insgesamt siebenmal enthielten[15], setzte selbst den Menschensohntitel in einer redaktionellen Ergänzung: Matthäus 24,39/Lukas 17,30[16]. In der Entwicklung von Q

schen Fassung des Spruches wörtlich, in der matthäischen Fassung stark umdeutend übersetzt wurde. In den Begriffen καθίζειν und ἐπὶ θρόνου δόξης αὐτοῦ liegt das Bild eines königlichen Amtes vor. Die stark umdeutende Übersetzung mit παλιγγενεσία ist verständlich, wenn der Spruch zur Zeit der Übersetzung nur die Vorstellung von der Richterfunktion der Jünger über die Stämme Israels beinhaltete, nicht aber wenn auch die Ergänzung schon vorhanden war, denn, wenn die Ergänzung mit dem königlichen Bildgehalt schon in der aramäischsprachigen Überlieferung vor der Übersetzung stand, hätte der Übersetzer das zugrunde liegende *mlkw* sicherlich mit dem königlich geprägten βασιλεία übersetzt. Die Wiedergabe von *mlkw* mit παλιγγενεσία ist ein Hinweis darauf, daß der Übersetzer als Vorlage die noch unergänzte Fassung des Spruches hatte. Nachdem der Spruch in Übersetzung vorlag, bot die Begrifflichkeit καθήσεσθε . . . ἐπί . . . θρόνους die assoziative Grundlage für die sekundäre Aufnahme von καθίσῃ . . . ἐπὶ θρόνου δόξης αὐτοῦ. Da παλιγγενεσία in der griechischen Fassung feststand, wurde es bei der Ergänzung nicht geändert.

[14] C. *Colpe*, Art., S. 455,7–23, meint, daß der Satz erst in der griechischsprechenden Gemeinde entstanden ist und vermutet, daß er den Überlieferungszusammenhang Mk 2,1–3,7a voraussetzte und vom Vorhandensein des Menschensohntitels in 2,10 veranlaßt wurde. Diese Einordnung wird von *Heinz-Wolfgang Kuhn*, Ältere Sammlungen im Markusevangelium (StUNT 8), 1971, S. 53–98, präzisiert. Nach seiner Analyse bestand eine vormarkinische Sammlung aus vier Streitgesprächen 2,1–28. Der Satz 2,28 wurde nach *Kuhn*, ebenda, S. 72–73, als Abschlußsatz zur ursprünglichen Sammlung geformt und diente damit als inhaltliche Zusammenfassung der verschiedenen Autoritätsbezeugungen Jesu. Da die Streitgespräche kaum anders als einzeln ins Griechische übersetzt wurden, ist die Sammlung auf der griechischen Sprachstufe anzusetzen.

[15] Mt 24,27/Lk 17,24, Mt 24,37/Lk 17,26, Mt 12,40/Lk 11,30, Mt 24,44/Lk 12,40, Mt 8,20/Lk 9,58, Mt 11,19/Lk 7,34, Mt 12,32/Lk 12,10.

[16] C. *Colpe*, Art., S. 437,2–9, geht davon aus, daß der Vergleich mit den Tagen Lots Lk 17,28–29 ursprünglich mit dem Menschensohnwort Lk 17,30 verbunden war. *Colpe*, ebenda, S. 437 Anm. 257, nimmt zwar zur Kenntnis, daß man verschiedentlich argumentiert hat, daß dieser Vergleich eine sekundäre Nachbildung mit Veränderung des Bildes von Mt 24,37–39a/Lk 17,26–27 ist, meint aber, daß, da keine genaue Nachbildung vorhanden ist, man es in Lk 17,28–30 mit einem selbständigen Spruch zu tun hat. *Colpe* hat darin recht, daß der Vergleich mit den Tagen Lots sekundär in die vorlukanische Fassung von Q eingefügt wurde, verkennt aber die Tatsache, daß in Mt 24,38.39/Lk 17,28.30 Bestandteile aus der Urfassung von Q vorhanden sind, die vor der Einfügung des Vergleiches standen. Mit *Rudolf Bultmann*, Die Geschichte der synoptischen Tradition (FRLANT 29), ²1931, S. 123, hat man davon auszugehen, daß der Vergleich mit den Tagen Lots als sekundäre Nachbildung des Vergleiches mit den Tagen Noes in die vorlukanische Fassung von Q eingefügt wurde, denn, sieht man von den Bestandteilen ab, die zu der Urfassung von Q gehören, ist der ergänzte Teil des Vergleiches doch eine genaue formale Entsprechung zum typologischen Teil von Lk 17,26–27. Eine Gegenüberstellung der Parallelfassungen zeigt, daß in Q vor der Einfügung des Vergleiches mit den Tagen Lots ein vergleichsartiger Satz vorhanden war. Der Vergleich mit den Tagen Noes Mt 24,37–39a/Lk 17,26–27 umfaßt eine Bildhälfte, eine Sachhälfte und daran anschließend eine nachhinkende Expli-

bis zur Vorlage des lukanischen Redaktors wurde der Menschensohntitel zweimal gesetzt: Lukas 12,8[17] und Lukas 6,22[18]. Der alte griechisch-

(Anmerkung 18 steht auf der nächsten Seite.)
kation der Tage Noes. Zum Schluß steht dann οὕτως ἔσται καὶ ἡ παρουσία τοῦ υἱοῦ τοῦ ἀνθρώπου Mt 24,39/κατὰ τὰ αὐτὰ ἔσται ᾗ ἡμέρᾳ ὁ υἱὸς τοῦ ἀνθρώπου ἀποκαλύπτεται Lk 17,30. Formal liegt darin der Nachsatz eines Vergleiches. Daß auch ein Vordersatz ursprünglich vorhanden war, kann ebenfalls erschlossen werden. Der Anfang des Vergleiches mit den Tagen Lots hat ὁμοίως καθὼς ἐγένετο ἐν ταῖς ἡμέραις Lk 17,28. Daß diese Wörter nicht gleichzeitig mit dem eingefügten Lotvergleich eingesetzt wurden, zeigt die Tatsache, daß sie auch in ὡς γὰρ ἦσαν ἐν ταῖς ἡμέραις ἐκείναις Mt 24,38 vorhanden sind. Hinter diesem Satz in Mt 24,38/Lk 17,28 liegt die erste Hälfte des Vergleiches, der in Mt 24,39b/Lk 17,30 seinen Abschluß hat. Im vorliegenden Zusammenhang ist dies allerdings wenig erkennbar: Die Ergänzung des Lotvergleiches in der späteren Entwicklung von Q wurde so vorgenommen, daß die erste Hälfte des Vergleiches als Anfang des Lotvergleiches benutzt wurde; dagegen hat der matthäische Redaktor die Wörter vor die überschießende Explikation des Noevergleiches vorgezogen. Der aus Vorder- und Nachsatz bestehende Vergleich hat keinen eigenen Inhalt, sondern faßt das Vorhergehende zusammen. Da die matthäische Fassung des Nachsatzes den redaktionellen Bildungen in Mt 24,27.37 entspricht, hat die lukanische Fassung den Anspruch, dem ursprünglichen Wortlaut von Q am nächsten zu sein. *Athanasius Polag,* Die Christologie der Logienquelle (WMANT 45), 1977, S. 133 Anm. 388, begründet die Zugehörigkeit des Vergleiches zur Redaktion von Q durch den Hinweis auf die Übereinstimmung von κατὰ τὰ αὐτά mit der gleichen, ebenfalls der Redaktion von Q zuzuweisenden Formulierung in Lk 6,23. Der Redaktor von Q hat aus der mündlichen Tradierung den Doppelvergleich Mt 24,27.37–39a/Lk 17,24.26–27 aufgegriffen und ihn mit der abschließenden Zusammenfassung versehen.
[17] *C. Colpe,* Art., S. 444,26–445,11 und 450,1–14, argumentiert mit Verweis darauf, daß die Parallelfassung des Spruches in Mt 10,32 den Menschensohntitel nicht hat und der matthäische Redaktor den Titel niemals streicht, daß der ursprüngliche Satz eschatologisch-talionischen Rechtes mit einem passivischen Verb im Nachsatz formuliert wurde und sekundär in der vorlukanischen Fassung von Q durch die Einsetzung des Menschensohntitels umgebildet wurde. Die Analyse von *Colpe* kann präzisiert werden. *Colpe,* Art., S. 444 Anm. 298, argumentiert mit der Begründung, daß in ἀπαρνηθήσεται im Nachsatz von Lk 12,9 eine Analogie vorliegt, daß der Satz eschatologisch-talionischen Rechtes Mt 10,32/Lk 12,8 ursprünglich mit passivischem Verb im Nachsatz formuliert wurde. *G. Dalman,* Worte Jesu, S. 183–185, bietet Beispiele dafür, daß im Aramäischen talionische Sätze teils mit unpersönlichem Subjekt, teils mit passivischem Verb formuliert wurden. Die Austauschbarkeit der beiden Formen tritt deutlich hervor in den verschiedenen Fassungen des Spruches, der von *Hans Peter Rüger,* „Mit welchem Maß ihr meßt, wird euch gemessen werden" (ZNW 60, 1969, S. 174–182), analysiert wird. Aufgrund der verschiedenen Entwicklung vom Satz vom Bekennen (Mt 10,32)/Lk 12,8 und vom Satz vom Verleugnen (Mt 10,33)/Lk 12,9 liegt die Annahme am nächsten, daß im ersten Satz das Verb im Nachsatz mit unpersönlichem Verb und im zweiten Satz das Verb im Nachsatz mit passivischem Verb formuliert wurde. Diese Erklärung setzt voraus, daß am Anfang ein aramäisch formulierter, einfacher talionischer Satz vom Bekennen stand, der im Nachsatz ein unpersönliches Subjekt hatte. Dieser Satz wurde sekundär, aber noch auf der aramäischsprachigen Tradierungsstufe durch einen den Gegenfall behandelnden Satz ergänzt. Der ergänzte Satz lehnt sich strukturell an seine Vorlage an, nur wurde der Nachsatz nicht mit unpersönlichem Subjekt, sondern passivisch konstruiert. Beide aufeinander bezogene Sätze wurden wörtlich ins Griechische übersetzt und lagen so in Q vor. Die von *Colpe* mit Recht vertretene sekundäre Einfügung des Menschensohntitels fand in der

sprachige Passionsbericht[19] enthielt den Menschensohntitel nicht; auf einer Entwicklungsstufe vor der Spaltung in den zur vormarkinischen und den zur vorlukanischen Fassung hinführenden Zweig wurde der Passionsbericht so ergänzt, daß ein den Menschensohntitel enthaltender Satz eingefügt wurde: Markus 14,62/Lukas 22,69[20]. Die Ergänzung des alten griechischsprachigen Passionsberichts durch den Menschensohntitel zog die Setzung des Menschensohntitels an anderen Stellen nach sich; dies geschah in getrennten Vorgängen, zum einen in der Fortentwicklung des Passionsberichtes zur vorlukanischen Fassung, zum anderen in der zur vormarkinischen Fassung hin: Lukas 22,48[21] und Markus

---

vorlukanischen Entwicklung von Q statt. Die unterschiedliche Behandlung des Satzes vom Bekennen und des vom Verleugnen ist auf die verschiedenen Formen des Verbs im Nachsatz zurückzuführen: Im Satz vom Bekennen wurde anstelle des unpersönlichen Subjekts im Nachsatz der Menschensohntitel gesetzt, wobei nur die Abänderung des Verbs vom Plural in den Singular notwendig war; dagegen änderte man das passivische Verb im Nachsatz vom Satz vom Verleugnen nicht ab.

[18] *C. Colpe*, Art., S. 446,8–10 und 451,31–34, stellt mit Recht eine dreistufige Entwicklung von Mt 5,11/Lk 6,22 fest: In die ursprüngliche Seligpreisung wurde sekundär die präpositionelle Wendung ἕνεκεν ἐμοῦ eingesetzt, in dieser tertiär das Pronomen durch den Menschensohntitel ersetzt. Die Fassung, die von Q verwertet wurde, hatte schon die präpositionelle Wendung mit Pronomen. In der zur Q-Vorlage des lukanischen Redaktors sich entwickelnden Fassung wurde das Pronomen durch den Menschensohntitel ersetzt.

[19] Die Frage nach der Entwicklung des vormarkinischen Passionsberichtes ist trotz einiger neuerer Versuche noch nicht überzeugend beantwortet. Der sachgemäßeste Ausgangspunkt dürfte immer noch die These von *R. Bultmann*, Geschichte der synoptischen Tradition, S. 301–302, sein: „Ich vermute also, daß es einen alten Bericht gab, der ganz kurz Verhaftung, Verurteilung durch das Synedrium und Pilatus, Abführung zum Kreuz, Kreuzigung und Tod erzählte. Dieser wurde in verschiedenen Stadien ausgestaltet, teils durch schon früher vorhandene Geschichten, teils durch neu entstehende Bildungen."

[20] *C. Colpe*, Art., S. 438,10–439,8, urteilt mit Recht, daß nur das Wort vom Sitzen zur Rechten zur älteren Stufe der Überlieferung gehört, er vertritt aber die ursprüngliche Zugehörigkeit des Spruches zum Bericht von Jesus vor dem Synhedrium. Letzteres will aber nicht überzeugen. *Alfred Suhl*, Die Funktion der alttestamentlichen Zitate und Anspielungen im Markusevangelium, 1965, S. 55–56, zeigt anhand von Mk 14,62, was *mutatis mutandis* auch für Lk 22,69 gilt, daß der Duktus des Geschehens das Menschensohnwort nicht berücksichtigt, und er folgert mit Recht, daß das Menschensohnwort nicht zu der ursprünglichen Erzählung gehörte, sondern sekundär hinzugefügt wurde. Über die überlieferungsgeschichtliche Stufe der Ergänzung kann man mit Sicherheit nur sagen, daß diese Ergänzung vor der Spaltung des Passionsberichtes in die vormarkinische und die vorlukanische Fassung erfolgte. Obgleich eine Ergänzung in die Erzählung vom Verhör Jesu vor dem Synhedrium vor ihrer Aufnahme in den Passionsbericht möglich ist, liegt die Annahme näher, daß sie erst auf der Stufe des Passionsberichts stattfand. Wie die vorlukanische Fassung des Passionsberichtes in Lk 22,69 zeigt, beinhaltete die ursprüngliche Ergänzung nur das Wort vom Sitzen zur Rechten verbunden mit dem Menschensohntitel. Die in Mk 14,62 darüber hinausgehende Verwertung eines vortheodotionischen Zitates aus Dan 7,13 gehört mit *C. Colpe*, Art., S. 438,12–15, auf die Stufe der markinischen Redaktion.

14,21a[22]. Der markinische Redaktor verwertete Überlieferungen, die den Menschensohntitel insgesamt neunmal enthielten, nämlich den vormarkinischen Passionsbericht[23], zwei Sammlungen von Apophthegmata[24], ein Orakel[25] und drei ursprünglich selbständige Menschensohnworte[26]; aus eigenem Antrieb setzte er den Menschensohntitel an drei

---

[21] Mit *C. Colpe*, Art., S. 449,25–34, ist die Setzung des Menschensohntitels anstelle eines Pronomens der ersten Person vorlukanisch. Vermutlich zog das Vorhandensein des Menschensohntitels in Lk 22,69 die Ergänzung des Menschensohntitels an dieser Stelle nach sich.

[22] *C. Colpe*, Art., S. 449,3–24, ordnet die Setzung des Menschensohntitels als Ersatz für ein implizites oder explizites Pronomen ein. *Colpe* argumentiert, daß με Mk 14,18 und Lk 22,21 und μετ' ἐμοῦ Mk 14,18 und Lk 22,21 Anspruch auf ein so hohes Alter haben, daß von vornherein der nachfolgende Menschensohntitel als sekundär anzusehen ist. Aufgrund der Setzung von μέν als stilistisches Komplement zu δέ/πλήν meint *Colpe*, Art., S. 449 Anm. 326, für Lk 22,22a und *mutatis mutandis* für Mk 14,21a, daß der Menschensohntitel erst auf der griechischen Sprachstufe eingefügt wurde. Die Begründung ist aber nicht stichhaltig, denn die Setzung des Titels in Lk 22,22a ist wahrscheinlich als eine Übernahme aus Mk 14,21a durch den lukanischen Redaktor zu beurteilen (siehe Anm. 42). Die überlieferungsgeschichtliche Stufe der Setzung kann dennoch eventuell genauer fixiert werden. *Friedrich Rehkopf*, Die lukanische Sonderquelle. Ihr Umfang und Sprachgebrauch (WUNT 5), 1959, S. 7–30, hat gezeigt, daß Mk 14,18b.19 und Lk 22,21.23 einander entsprechende, aber selbständige Überlieferungen sind. Obgleich *Rehkopf* sich um den Nachweis nicht bemüht, dürften teils übersetzungstechnische Varianten von gleichen oder eng verwandten Vorlagen, teils eine bewußte Redigierung die Unterschiede erklären. Hinter Mk 14,18b.19 und Lk 22,21.23 liegt demnach eine letztlich gemeinsame ursprünglich aramäischsprachige Überlieferung vor, die in zwei verschiedenen Übersetzungen und Bearbeitungen zum einen in den vormarkinischen, zum anderen in den vorlukanischen Passionsbericht eingingen. *Rehkopf* argumentiert, daß auch Mk 14,21 und Lk 22,22 auf dieselbe gemeinsame Quelle zurückgehen und daß dieses Wort seinen ursprünglichen Platz, wie die lukanische Fassung bezeugt, hinter Mk 14,18b beziehungsweise Lk 22,21 hatte. *Rehkopfs* Argumentation präzisierend läßt sich feststellen, daß die gemeinsame Vorlage von Mk 14,21 und Lk 22,22 sich jeweils auf den ersten Satz beschränkt (siehe Anm. 42). Die gemeinsame Quelle beinhaltet Mk 14,18b.21a.19 beziehungsweise Lk 14,21.22a.23. Demnach ist die Stellung von Mk 14,21a so zu verstehen, daß man 14,18b in 14,20 sekundär nachbildete, man das ursprünglich hinter 14,18b stehende Wort aus dem Zusammenhang absonderte und nach der Nachbildung als 14,21a setzte und man den Rest von 14,21 ergänzte. Die Setzung des Menschensohntitels dürfte im Zusammenhang mit der Umbildung der Überlieferung stattgefunden haben. Die Übersetzung der gemeinsamen aramäischen Vorlage fand unabhängig von dem alten griechischsprachigen Passionsbericht statt und die beiden Übersetzungen wurden auf der griechischen Sprachebene einerseits in den vormarkinischen, andererseits in den vorlukanischen Passionsbericht eingefügt. Da die Setzung des Menschensohntitels vermutlich von dem Vorhandensein des Titels im vormarkinischen Passionsbericht abhängig ist, wird die Setzung nach der Zusammenfügung der Überlieferung mit dem Passionsbericht und damit auf der griechischen Sprachebene stattgefunden haben.

[23] Mk 14,21a, 14,62.
[24] Mk 2,10, 2,28, 10,45.
[25] Mk 13,26.
[26] Mk 8,31, 8,38, 9,31.

weiteren Stellen: Markus 9,9[27], Markus 10,33[28] und Markus 14,21b[29]. Zwei frühe Randglossen zum abgeschlossenen Markusevangelium, die schon vor der Verwertung des Markusevangeliums durch den matthäischen und den lukanischen Redaktor in den Text aufgenommen wurden, beinhalteten auch den Menschensohntitel: Markus 9,12[30] und Markus 14,41[31]. Der matthäische Redaktor übernahm den Menschensohnti-

---

[27] *C. Colpe,* Art., S. 448,1–12, ordnet das Wort als vormarkinische „Gemeindebildung" ein. Die von *W. Wrede,* Das Messiasgeheimnis in den Evangelien, 1901, S. 66–71, eingeleitete redaktionsgeschichtliche Erarbeitung des Satzes, wonach es sich bei ihm „um Anschauung, nicht um Geschichte" handelt, hat genauer zu dem von *Heinz Eduard Tödt,* Der Menschensohn in der synoptischen Überlieferung, 1959, S. 182, und *F. Hahn,* Christologische Hoheitstitel, S. 51, anerkannten Resultat geführt, daß Mk 9,9–10 mitsamt dem darin vorhandenen Menschensohnwort als redaktionelle Bildung des markinischen Redaktors zu beurteilen ist.

[28] *C. Colpe,* Art., S. 447,44–51, argumentiert, daß die Leidensansage, die die sieben Elemente Auslieferung, Verurteilung, Übergabe an die Heiden, Verspottung, Bespeiung, Geißelung und Tötung enthält, ein schon auf der vormarkinischen Traditionsstufe entstandenes *vaticinium ex eventu* ist, und zwar deswegen, weil die Elemente nicht genau mit dem Passionsbericht des Markus übereinstimmen. *F. Hahn,* Christologische Hoheitstitel, S. 47–48, macht aber geltend, daß die geringfügige Abweichung vom Inhalt des Passionsberichtes auf das redaktionelle Konzept des markinischen Redaktors zurückzuführen und die Stelle somit als redaktionelle Bildung verständlich ist. Der aus der Kontextbezogenheit herzuleitende Unterschied zwischen diesem und den beiden zitierten Leidensansagen unterstreicht die redaktionelle Herkunft des Wortes: In Mk 9,31 steht das präsentische παραδίδοται, in 8,31 δεῖ mit Infinitiven, in 10,33–34 dagegen durchgehend Verben in Futur, die dem Kontext der Vorhersage Jesu über sein eigenes Geschick entsprechen. Wie im Folgenden zu zeigen ist, ist auch der Satz καὶ ἀποκτενοῦσιν αὐτόν 9,31 als redaktionell einzuordnen. Die übereinstimmende Form des Verbs in 9,31 und 10,34 ist ein weiterer Hinweis auf den redaktionellen Charakter von 10,33–34.

[29] *C. Colpe,* Art., S. 458,41–459,9, meint mit Recht, daß das Vorhandensein des Menschensohntitels in Mk 14,21a die „fast pedantische, jedenfalls entbehrliche" Ergänzung desselben auch in 14,21b nach sich zog und daß dies vom markinischen Redaktor vollzogen wurde.

[30] *C. Colpe,* Art., S. 457,35–458,9, stellt mit Recht fest, daß Mk 9,12b den Zusammenhang so eindeutig unterbricht, daß der Satz als „Einschub" zu beurteilen ist. *Colpe,* ebenda, S. 458 Anm. 379, spricht von einem „Glossator", den er aber mit dem markinischen Redaktor gleichsetzt. Wahrscheinlicher ist das Urteil von *Georg Strecker,* Die Leidens- und Auferstehungsvoraussagen im Markusevangelium (ZThK 64, 1967, S. 16–39), S. 29 Anm. 32, daß wegen der ungeschickten Einsprengung der Satz als eine nachmarkinische, aber vormatthäische Interpolation einzustufen ist. Man hat es wohl mit einer ursprünglichen Randglosse zu tun, die den Zweck hatte, den Bezug zwischen einer früheren Stelle im Markusevangelium, nämlich 8,31, und der glossierten Stelle herzustellen. In πῶς γέγραπται ἐπί wird das καθὼς γέγραπται ἐπ' αὐτόν 9,13 der glossierten Stelle wiederholt. Mit πολλὰ πάθῃ καὶ ἐξουδενηθῇ wird πολλὰ παθεῖν καὶ ἀποδοκιμασθῆναι 8,31 geringfügig verändert auf den Text von 9,13 bezogen. Die Glosse wurde mit καί in den Text an ungeschickter Stelle aufgenommen.

[31] *C. Colpe,* Art., S. 448,13–449,2, ordnet den Satz als ein Jesuswort ein, in das der Menschensohntitel sekundär eingefügt wurde. Er erwägt dabei die Möglichkeit, daß Mk

tel aus dem Markusevangelium vierzehnmal[32], aus Q achtmal[33] und aus seiner Sonderüberlieferung einmal[34]; zudem setzte er ihn aus eigenem Antrieb: Matthäus 16,28[35], Matthäus 10,23[36], Matthäus 13,37[37], Mat-

---

14,41 als Schluß einer aus 14,32–35.40–41 bestehenden Überlieferung einzuordnen ist. Auf eine wahrscheinlichere Einordnung verweist *Colpe* allerdings implizit. Er verweist nämlich auf die Parallelität zwischen ἰδοὺ παραδίδοται ὁ υἱὸς τοῦ ἀνθρώπου εἰς τὰς χεῖρας τῶν ἁμαρτωλῶν 14,41 und ἰδοὺ ὁ παραδιδούς με 14,42 hin und meint, daß 14,42 eine „situationsgebundene Ankündigung" der Gefangennahme ist, gegenüber der 14,41 als „eine theologische Grundaussage" entwickelt wurde. Am verständlichsten wäre 14,41 als Randglosse zu 14,42, die den Zweck hatte, den Bezug zwischen 9,31 und der glossierten Stelle herzustellen. Das ἰδού 14,41 wiederholt ἰδού 14,42; ὁ παραδιδούς με wird durch παραδίδοται ὁ υἱὸς τοῦ ἀνθρώπου gedeutet; der Satz insgesamt ist eine geringfügig abgewandelte Wiederholung von ὁ υἱὸς τοῦ ἀνθρώπου παραδίδοται εἰς χεῖρας ἀνθρώπων 9,31. Die ursprüngliche Randglosse wurde sekundär in den Text aufgenommen.

[32] Mt 9,6, 12,8, 16,13 (vorgezogen aus Mk 8,31), 16,27, 17,9, 17,12, 17,22, 20,18, 20,28, 24,30b, 26,24a, 26,24b, 26,45, 26,64.

[33] Mt 8,20, 11,19, 12,32, 12,40, 24,27, 24,37, 24,39, 24,44.

[34] Mt 19,28.

[35] Nach *C. Colpe*, Art., S. 463,25–28, ersetzte der matthäische Redaktor den in seiner Markusvorlage vorhandenen, durch Mk 9,1 ausgewiesenen Begriff ἡ βασιλεία τοῦ θεοῦ mit dem Menschensohntitel.

[36] *C. Colpe*, Art., S. 439,9–440,7, ordnet das Wort gemäß ders., ebenda, S. 435,28, als „Jesuswort" ein und setzt die ursprüngliche Zugehörigkeit des Menschensohntitels zum ursprünglichen Spruch voraus. Die folgende Einordnung kann nur als Arbeitshypothese gelten, die in der exegetischen Diskussion der Stelle noch nicht in Betracht gezogen worden ist. Ungeachtet der Frage, ob Mt 10,23b als dogmatische Begründung dem paränetischen Satz 10,23a erst sekundär angefügt wurde oder ob beide Teile von Anfang an zusammengehört haben, war der Spruchteil 10,23b in seiner griechischen Gestalt, wie der matthäische Redaktor ihn vorfand, durch ἀμήν . . . λέγω ὑμῖν eingeleitet, durch οὐ μή mit Aorist Konjunktiv und durch ἕως ἄν strukturiert und inhaltlich durch die Naherwartung bedingt. Wie *Martin Künzi*, Das Naherwartungslogion Matthäus 10,23 (BGBE 9), 1970, S. 54.58–59.93.100.102.107.123.148.158.179, zeigt, hat man immer wieder auf die Parallelität zwischen diesem Wort und dem strukturell gleichgebildeten Wort Mt 16,28 verwiesen, das ebenfalls durch ἀμὴν λέγω ὑμῖν eingeleitet, durch οὐ μή mit Aorist Konjunktiv und durch ἕως ἄν strukturiert und inhaltlich durch die Naherwartung bedingt ist. Die überlieferungsgeschichtliche Entwicklung von Mt 16,28 kann man verfolgen: Mt 16,28 ist die redaktionelle Bearbeitung von Mk 9,1, bei der das ursprüngliche ἡ βασιλεία τοῦ θεοῦ durch ὁ υἱὸς τοῦ ἀνθρώπου ersetzt wurde. Die seit [*Hermann Samuel Reimarus*], Von dem Zwecke Jesu und seiner Jünger, 1778, S. 150, wiederholt vermerkte, auch von *Colpe*, ebenda, S. 439,28–29, hervorgehobene inhaltliche Parallelität zur Predigt Jesu vom unmittelbar bevorstehenden Einbruch der Gottesherrschaft sowie die formale Entsprechung zum Spruch von der Gottesherrschaft Mk 9,1, der vom matthäischen Redaktor in ein Menschensohnwort umgewandelt wurde, legt die von *A. J. B. Higgins*, The Son of Man in the Teaching of Jesus (MSSNTS 39), 1980, S. 76–77, angedeutete Hypothese nahe, daß der vormatthäische Spruch ἡ βασιλεία τοῦ θεοῦ beinhaltete und daß der matthäische Redaktor wie in Mt 16,28 auch hier den Begriff durch den Menschensohntitel ersetzte.

[37] *C. Colpe*, Art., S. 464,10–11, ordnet den aus sieben Gliedern bestehenden Deutungskatalog zum Gleichnis vom Unkraut unter dem Weizen Mt 13,37b–39 samt der darin vorkommenden Nennung des Menschensohnes dem matthäischen Redaktor zu.

thäus 13,41[38], Matthäus 24,30a[39], Matthäus 25,31[40] und Matthäus 26,2[41]. Der lukanische Redaktor übernahm den Menschensohntitel aus dem Markusevangelium achtmal[42], aus seiner getrennt vorliegenden

[38] *C. Colpe,* Art., S. 464,10–11, stellt fest, daß der eschatologische Teil der Deutung des Gleichnisses vom Unkraut unter dem Weizen Mt 13,40–43 von dem matthäischen Redaktor stammt. *Georg Strecker,* Der Weg der Gerechtigkeit (FRLANT 82), ³1971, S. 160–161, präzisiert, daß das als sekundäre, aber noch vormatthäische Erweiterung zum Gleichnis vom Fischnetz entstandene 13,49–50 als Vorlage für diesen Abschnitt diente. Die redaktionellen Ergänzungen, zu denen der Menschensohntitel gehört, sind daher nur in den Abweichungen gegenüber der Vorlage zu sehen.

[39] *C. Colpe,* Art., S. 440,8–16, meint, daß die „Wendung" – so ders., ebenda, S. 440,8 – beziehungsweise der „Spruch" – so ders., ebenda, S. 464 Anm. 412 – vom Zeichen des Menschensohnes aus dem Sondergut des matthäischen Redaktors stammt. Es kann sich bei einem solchen Fragment kaum um eine selbständige Überlieferung handeln. *T. Francis Glasson,* The Ensign of the Son of Man (Mt 24,30) (JThS NS 15, 1964, S. 299–300), zeigt, daß in der jüdischen Tradition von der endzeitlichen Erscheinung Gottes Feldzeichen und Trompete koordiniert wurden. Diese traditionsgeschichtlich vorgeprägte Koordination wurde vom matthäischen Redaktor mit τὸ σημεῖονMt 24,30 und μετὰ σάλπιγγος μεγάλης 24,31 verwertet, wobei der in der Markusvorlage zu dieser Stelle vorkommende Menschensohntitel wiederholt wurde.

[40] Nach *C. Colpe,* Art., S. 464,8–10, ist die Einleitung der apokalyptischen Offenbarungsrede vom Weltgericht eine sekundäre Erweiterung, die aus der Hand des matthäischen Redaktors stammt.

[41] Nach *C. Colpe,* Art., S. 464,3–6, stellte der matthäische Redaktor die von ihm gebildete Leidensansage an den Anfang der Passionsgeschichte, um das folgende Leidensthema programmatisch unter einem Würdetitel zu stellen.

[42] Lk 5,24, 6,5, 9,22, 9,26, 9,44, 18,31, 21,27, 22,22. Lk 22,22 dürfte dabei aus Mk 14,21a stammen. *Heinz Schürmann,* Der Paschamahlbericht. Lk 22,(7–14.)15–18 (NTA 19,5), ²1968, ders., Der Einsetzungsbericht. Lk 22,19–20 (NTA 20,4), ²1970, und ders., Jesu Abschiedsrede. Lk 22,21–38 (NTA 20,5), ²1977, zeigt, daß in Lk 22,7–38 eine von der Markusvorlage unabhängige Darstellung des letzten Mahles Jesu von dem lukanischen Redaktor verwertet wurde. Der Bericht dürfte ursprünglich vom vorlukanischen Passionsbericht unabhängig gewesen und gattungsmäßig der sonst im Altertum nachweisbaren Kategorie des Abschiedsmahles zuzuordnen sein. Die Unterschiede gegenüber den entsprechenden Abschnitten des vormarkinischen Passionsberichtes sind teilweise auf unterschiedliche griechische Übersetzungen von verwandten aramäischen Vorlagen zurückzuführen. Obgleich *Schürmann,* Abschiedsrede, S. 4–21, sich um den Nachweis bemüht, daß Lk 22,21–23 insgesamt als lukanische Bearbeitung von Mk 14,18–21 zu beurteilen ist, dürfte hinter Mk 14,18b.21a.19 und Lk 22,21.22a.23 eine gemeinsame ursprünglich aramäischsprachige Überlieferung vorliegen, die in zwei verschiedenen Übersetzungen und Bearbeitungen zum einen in den vormarkinischen, zum anderen in den vorlukanischen Passionsbericht eingingen (siehe Anm. 22). Obgleich *Fr. Rehkopf,* Sonderquelle, S. 13.21, versucht, auch die Unabhängigkeit von Lk 22,22 und Mk 14,21 zu beweisen, gibt *Schürmann,* Abschiedsrede, S. 4–8, beachtliche Gründe für die Annahme, daß der lukanische Redaktor in Teilen dieses Verses seine markinische Vorlage redaktionell verwertet hat. Nach *Schürmann* haben die Abweichungen von Mk 14,21 in Lk 22,22 lukanischen Charakter: κατὰ τὸ ὡρισμένον – das substantivierte Partizip ist für den lukanischen Redaktor überhaupt charakteristisch, auch sonst werden unterwegs, mit κατά gebildete Wendungen gebraucht; πορεύεται – dies ist ein Vorzugswort des lukanischen Redaktors, das auch sonst als Ersatz von ὑπάγειν belegt ist; πλήν – die Partikel wird von dem lukanischen

Fassung des Passionsberichtes zweimal[43], aus Q zehnmal[44] und aus einer

(Anmerkungen 43 und 44 stehen auf der nächsten Seite.)
Redaktor bevorzugt; Auslassung von dem zweiten ὁ υἱὸς τοῦ ἀνθρώπου – die Auslassung von Wiederholungen ist für den lukanischen Redaktor charakteristisch; Auslassung von καλὸν αὐτῷ εἰ οὐκ ἐγεννήθη ὁ ἄνθρωπος ἐκεῖνος – der lukanische Redaktor bemüht sich häufig, seine Markusvorlage kürzer zu fassen, nachdem er ihm so viel nichtmarkinischen Stoff eingefügt hat. Wenngleich *Schürmann* Lk 22,22 insgesamt als lukanische Umarbeitung von Mk 14,21 verstehen will, hat er sicherlich recht, daß jedenfalls Lk 22,22b die lukanische Verwertung seiner Markusvorlage und daß die Änderung von δέ Mk 14,21 in πλήν Lk 22,22 auf den lukanischen Redaktor zurückzuführen ist. Problematisch ist dagegen Lk 22,22a. *Rehkopf* argumentiert, daß sowohl ὑπάγει und πορεύεται als Übersetzungsvarianten für 'zl ‚gehen' sind, das hier nach aramäischer Gepflogenheit als Euphemismus für Sterben gebraucht wird und daß καθὼς γέγραπται περὶ αὐτοῦ und κατὰ τὸ ὡρισμένον als Übersetzungsvarianten, nicht aber daß κατὰ τὸ ὡρισμένον als lukanische Redaktion von καθὼς γέγραπται περὶ αὐτοῦ verständlich ist, weil der lukanische Redaktor großen Wert auf die Erfüllung der Schrift legt und dies kaum an dieser Stelle gestrichen hätte. Wenn Reste einer von Mk 14,21a unabhängigen Überlieferung in Lk 22,22a, dagegen eine Übernahme von Mk 14,21b in Lk 22,22b vorhanden sind, stellt sich die Frage nach der Herkunft von ὁ υἱὸς τοῦ ἀνθρώπου in Lk 22,22a. Es könnte in der Tat eine von Mk 14,21a unabhängige griechischsprachige Setzung des Menschensohntitels vorliegen. Dennoch scheint die wörtliche Übereinstimmung von ὅτι, ὁ υἱὸς τοῦ ἀνθρώπου und μέν in Mk 14,21a und Lk 22,22a auf dem Hintergrund der Abhängigkeit von Lk 22,22b von Mk 14,21b am ehesten dafür zu sprechen, daß auch hier eine Abhängigkeit des lukanischen Redaktors von seiner Markusvorlage vorliegt. Problematisch an dieser Erklärung ist nur die Setzung von μέν hinter υἱός in Lk 22,22. *Rehkopf*, ebenda, S. 14–15, zeigt, daß die Stellung von μέν hinter ὁ Mk 14,21 sowohl für das klassische Griechisch wie für die Koine stilistisch besser ist als die hinter υἱός Lk 22,22. So urteilt *Rehkopf*, ebenda, S. 15: „Es wäre sehr erstaunlich, wenn Lukas die dem Klassischen und NT entsprechende Stellung des μέν in Mk 14,21 von sich aus in eine sonst im NT nicht belegte und im Klassischen ungewöhnliche Stellung verändert haben sollte." Dieses schwer zu entkräftende Argument würde, wenn es zwingend wäre, zu dem Resultat führen, daß die Setzung des μέν in dem vorlukanischen Mahlbericht und in dem vormarkinischen Passionsbericht unabhängig voneinander erfolgt ist und, weil die Partikel mit dem Menschensohntitel verbunden ist, daß auch die Setzung des Menschensohntitels jeweils unabhängig erfolgte, mit anderen Worten, daß der Menschensohntitel in Lk 22,22 aus dem vorlukanischen Mahlbericht nicht aus der Markusvorlage stammte. *Schürmann*, Abschiedsrede, S. 4, gesteht, daß „die Umstellung etwas befremdlich ist", meint aber, daß sie sich aus dem Gegensatz zu Lk 22,22b erklärt, indem ὁ υἱός dem ἐκεῖνος gegenübergestellt wird. Die Erklärung könnte allerdings im grammatischen Verständnis von ὁ υἱὸς τοῦ ἀνθρώπου bei dem lukanischen Redaktor liegen. Nach *Raphael Kühner, Bernhard Gerth* und *Friedrich Blass*, Ausführliche Grammatik der griechischen Sprache II, 1904, S. 267, treten adversative Konjunktionen gewöhnlich zwischen zwei Wörter, die eng miteinander verbunden sind. Tritt zu dem Substantiv ein Genitivattribut, dann ist die Verbindung des Substantivs mit dem ihm vorangestellten Artikel enger als die des Substantivs mit seinem Attribut. So müßte μέν nach dem Artikel gesetzt worden sein. Das griechische Gebilde ὁ υἱὸς τοῦ ἀνθρώπου entspricht aber nicht dem normalen griechischen Sprachgebrauch, sondern ist ein geschlossenes, im Griechischen nicht übliches Epitheton. Denkbar wäre es daher, daß der lukanische Redaktor das Gebilde eben als Zusammensetzung von ὁ υἱός und τοῦ ἀνθρώπου und nicht als Substantiv mit Genitivattribut verstand und daher μέν entsprechend umstellte. Da der lukanische Redaktor den Menschensohntitel nie von sich aus, sondern

Sonderüberlieferung einmal[45]; er bediente sich des Menschensohntitels nicht, wenngleich er ihn zweimal in nur loser Abhängigkeit von seiner Vorlage verwertete: Lukas 24,7[46] und Lukas 17,22[47]. Nach dem Abschluß des Lukasevangeliums fügte ein Glossator den Menschensohntitel an zwei Stellen in das Lukasevangelium ein: Lukas 18,8[48] und Lukas

nur in Abhängigkeit von seinen Quellen setzt, läßt sich die Annahme eines solchen lukanischen Verständnisses des Menschensohntitels nicht weiter erhärten. Das Problem der Setzung des μέν reicht allerdings nicht aus, um die Herkunft des Menschensohntitels in Lk 22,22 aus Mk 14,21 ernsthaft in Zweifel zu ziehen.

[43] Lk 22,48, 22,69.
[44] Lk 6,22, 7,34, 9,58, 11,30, 12,8, 12,10, 12,40, 17,24, 17,26, 17,30.
[45] Lk 19,10.
[46] *C. Colpe,* Art., S. 462,9–11, meint, daß dieses Wort bislang keiner Schicht zuzuweisen ist, daß man allenfalls sagen kann, daß es nicht von Lukas stammt, da er den Menschensohntitel nie nachweislich in eigener Setzung bringt. Daß der lukanische Redaktor den Menschensohntitel nie allein aus eigenem Antrieb einfügt, dürfte richtig sein. Dieses Wort ist aber eine Komposition von Elementen aus Mk 8,31, 9,31 und 14,41: Die Formulierung mit δεῖ und Infinitiven stammt aus Mk 8,31; παραδοθῆναι εἰς χεῖρας ἀνθρώπων aus Mk 9,31; die Ergänzung von ἀνθρώπων mit ἁμαρτωλῶν aus Mk 14,41; τῇ τρίτῃ ἡμέρᾳ ἀναστῆναι eventuell aus Mk 9,31, das von dem lukanischen Redaktor gestrichen wurde, oder jedenfalls aus Mk 10,34 (siehe S. 168). Nur σταυρωθῆναι anstelle von ἀποκτανθῆναι ist eindeutig lukanische Formulierung. Der Gebrauch des Menschensohntitels ist als Aufnahme des Titels aus diesen Stellen zu beurteilen, wohl spezifisch aus Mk 14,41, der bei den lukanischen Redaktor sonst nicht verwertet wurde, weil er den vorlukanischen Passionsbericht folgt.
[47] *C. Colpe,* Art., S. 453,19–454,8, folgert daraus, daß Lukas den Menschensohntitel nie nachweislich in eigener Wendung bringt, daß das Wort eine vorlukanische „Gemeindebildung" sein muß. Auch in diesem Fall dürfte gelten, daß der lukanische Redaktor den Menschensohntitel aus seiner Vorlage so aufgriff, daß er mit großer Selbständigkeit umformulierte und die Umformulierung an gänzlich andere Stelle setzte. Die Abhängigkeit vom Gebrauch des Menschensohntitels in seiner Vorlage ist noch zu konstatieren, die Umformulierung und eigenständige Plazierung hat aber stark redaktionellen Charakter. Die Formulierung ὄψεσθε τὸν υἱὸν τοῦ ἀνθρώπου Mk 14,62 zitiert der lukanische Redaktor in Lk 22,69 nicht, weil er statt dessen seinem vorlukanischen Passionsbericht folgt. Die markinische Wiederholung des Begriffes ὄψεσθε in Mk 16,7 – nunmehr nicht in bezug auf die Mitglieder des Synhedriums, sondern in bezug auf die Jünger, allerdings ohne Explizite Wiederholung des Menschensohntitels – wird von dem lukanischen Redaktor in Lk 24,7 auch weggelassen. Das vorliegende auf die Jünger bezogene ὄψεσθε mit dem Menschensohntitel dürfte aus einer Kombination von Mk 14,62 und 16,7 herzuleiten sein. *A. Higgins,* Son of Man, S. 59–60, zeigt, daß die ergänzten Begriffe ἐλεύσονται ἡμέραι, ἐπιθυμήσετε mit Infinitiv und μίαν τῶν ἡμερῶν lukanisch sind.
[48] *C. Colpe,* Art., S. 460,22–23, ordnet dieses Vorkommen des Menschensohntitels ohne Diskussion der lukanischen Sonderquelle zu. *Colpe* hat darin recht, daß das Gleichnis vom ungerechten Richter Lk 18,2–5, die sekundäre Ergänzung 18,6–8a, die das Gleichnis ausdrücklich auf die Auserwählten bezieht, und die tertiäre Ergänzung 18,8b, die eine Ermahnung in Gestalt einer rhetorischen Frage bietet, dem lukanischen Redaktor vorlag und im wesentlichen unverändert in das Lukasevangelium aufgenommen wurde. Problematisch ist nur das Subjekt von εὑρήσει in 18,8b. Man hat – gemäß der Feststellung, daß Gott den Auserwählten Recht schaffen wird – zu erwarten, daß auch Gott als Subjekt

21,36[49]. Der Verfasser des Johannesevangeliums zitierte eine den Menschensohntitel enthaltende Überlieferung[50] und griff einen Teil des Zitates noch ein zweites Mal auf: Johannes 12,34b[51]. Darüber hinaus hat der Evangelist den Menschensohntitel verschiedentlich selbst gesetzt: Johannes 3,13[52], Johannes 6,62[53], Johannes 8,28[54], Johannes 9,35[55], Johannes 12,23[56], Johannes 12,34c[57] und Johannes 13,31[58]. Der kirchli-

von εὑρήσει dienen soll. Das unvermittelte Vorkommen des Menschensohnes zerbricht das Bild von Gott als Richter. Inhaltlich wäre es erleichternd anzunehmen, daß ὁ υἱὸς τοῦ ἀνθρώπου ἐλθών eine spätere Hinzufügung wäre und daß die Frage ursprünglich πλὴν ἄρα εὑρήσει anfing. Diese Vermutung liegt allerdings auch grammatisch nahe. Eine Frage wird für gewöhnlich mit vorangestelltem ἄρα eingeleitet. Es wäre grammatisch richtiger, wenn die Frage eben πλὴν ἄρα εὑρήσει angefangen hätte. Ist ὁ υἱὸς τοῦ ἀνθρώπου ἐλθών später in den Text gekommen, hat man am ehesten mit einem Glossator zu rechnen, der nach der ausführlichen Darstellung der Epiphanie des Menschensohnes in 17,22–30 die Spannung zwischen dieser Darstellung und dem Bild von Gott als Richter glätten wollte. Es liegt demnach eine Randglosse zum abgeschlossenen Lukastext vor, die sekundär in den Text aufgenommen wurde.

[49] C. Colpe, Art., S. 460,23–24, ordnet dieses Vorkommen des Menschensohntitels ohne Diskussion der lukanischen Sonderquelle zu. In Lk 21,34–36 liegt eine Mahnung vor dem kommenden Unheil und die Aufforderung, ihm zu entfliehen, vor. Der Abschluß mit καὶ σταθῆναι ἔμπροσθεν τοῦ υἱοῦ τοῦ ἀνθρώπου wirkt im Zusammenhang unvermittelt. Zu vermuten ist auch hier eine sekundäre Hinzufügung. Das Vorhandensein einer Glosse ist auch durch die Grammatik angezeigt. Grammatisch sind zwar ἐκφυγεῖν und σταθῆναι koordiniert, nach der ungeschickten Stellung von καὶ σταθῆναι kommt aber eine Scheinkoordinierung von γίνεσθαι καὶ σταθῆναι sekundär vor. Durch die in einigen Handschriften belegte sekundäre Abänderung in στήσεσθε wird der Versuch vorgenommen, diese Spannung zu beseitigen. Die grammatische Problematik deutet auch darauf, daß eine ursprüngliche Randglosse sekundär in den Text aufgenommen wurde. Auch an dieser Stelle liegt die Annahme einer Glosse zum bestehenden Lukastext am nächsten.

[50] Joh 3,14.

[51] C. Colpe, Art., S. 470,22–25 und 471,24–472,4, meint, daß Joh 12,34b genau wie 3,14b aus „bereits traditionell geprägter, und zwar palästinischer Gemeindetradition" stammt. Obgleich ein von 3,14 unabhängiges Zitat vorliegen könnte, ist eine Anlehnung an das sicherlich vorjohanneische Wort 3,14 eher wahrscheinlich.

[52] C. Colpe, Art., S. 470,16–471,4. Der Vorbehalt von Colpe, ebenda, S. 470,20–22, daß Joh 3,13 als selbständiges Logion „in sich verständlich" wäre, entscheidet über die Zugehörigkeit des Menschensohntitels nicht. R. Bultmann, Evangelium des Johannes, S. 107 Anm. 4, der das Wort der Offenbarungsreden zuordnet, meint, daß der Menschensohntitel „möglicherweise" ein Zusatz des Evangelisten ist. Die eindeutig nachhinkende Stellung des Titels ist doch kaum anders als ein Zeichen einer sekundären Setzung durch den Evangelisten zu bewerten.

[53] C. Colpe, Art., S. 471,28–472,4.

[54] C. Colpe, Art., S. 471,17–24.

[55] C. Colpe, Art., S. 469,4–14.

[56] C. Colpe, Art., S. 472,5–15.

[57] C. Colpe, Art., S. 471,24–28.

[58] C. Colpe, Art. S. 472,15–30. Dieser Spruch hat eventuell Anspruch darauf, eine selbständige Überlieferung gewesen zu sein. Colpe, ebenda, S. 472,15–17, nennt ihn einen „rhythmisch in fünf Stichen gegliederten Doppelspruch", ohne daraus überliefe-

che Redaktor des Johannesevangeliums setzte ihn zweimal: Johannes 6,27[59] und Johannes 6,53[60]. Auch ein späterer Glossator bediente sich des Titels: Johannes 1,51[61]. Drei in griechischer Sprache erhaltene gnostische Quellen belegen den Menschensohntitel: eine Formel bei Monoimos nach Hippolytus, Refut. VIII 13,2[62], Ouranios dialogos bei Kelsos nach Origenes, Contra Celsum VIII 15[63] und Monoimos nach

---

rungsgeschichtliche Konsequenzen zu ziehen. *R. Bultmann,* Evangelium des Johannes, S. 401 Anm. 5, ordnet den Grundbestand des Spruches den Offenbarungsreden zu. Seine Erwägung, daß in der Quelle nur ὁ υἱός stand und daß der Evangelist τοῦ ἀνθρώπου hinzugefügt hat, ist insofern unwahrscheinlich, als der Evangelist sonst nirgends so verfährt. Wenn *Bultmanns* Hypothese von einer gesonderten Quelle der Offenbarungsreden zu Recht besteht, wäre dieser Spruch der einzige in der Quelle, der den Menschensohntitel enthielte, was gegen die Zuordnung zur Quelle spricht. Der eigentümliche Stil und die rhythmische Gliederung ist allerdings auffallend. Um aber eine ursprünglich selbständige Überlieferung zu postulieren, muß eine Gattung und ein Sitz im Leben eruiert werden. Solches ist noch nicht gelungen.

[59] *C. Colpe,* Art., S. 469,15–20.30–32, nimmt keine Stellung zu der überlieferungsgeschichtlichen Einordnung des Belegs. Die Begründung dafür, daß ἦν – θεός Joh 6,27 zur kirchlichen Redaktion gehört, bietet *R. Bultmann,* Evangelium des Johannes, S. 166/167 Anm. 10.

[60] *C. Colpe,* Art., S. 469,20–30, nimmt keine Stellung zur überlieferungsgeschichtlichen Einordnung des Beleges, wenngleich er auf die mögliche Zuordnung von Joh 6,51c–58 zum kirchlichen Redaktor verweist. Die Begründung dafür, daß καὶ ὁ ἄρτος – εἰς τὸν αἰῶνα 6,51–58 zur kirchlichen Redaktion gehört, bietet *R. Bultmann,* Evangelium des Johannes, S. 161–162.

[61] *C. Colpe,* Art., S. 472,31–474,10 insbesondere S. 472,37–473,1 mit Anm. 461, begründet das Urteil, daß das Wort erst sekundär mit der Nathanaelperikope verbunden wurde, geht aber davon aus, daß der Evangelist für die Einfügung verantwortlich war. *Hans Windisch,* Angelophanien um den Menschensohn auf Erden (ZNW 30, 1931, S. 215–233), analysiert das Verhältnis von diesem Wort zum Inhalt des ganzen Evangeliums aus den verschiedensten Perspektiven und zeigt überzeugend, daß das Wort im Evangelium völlig isoliert dasteht und sein Inhalt keinerlei Realisierung findet. Er schließt daraus, daß das Wort von einem Bearbeiter eingefügt wurde, der Ansätze im Evangelium fortführte, aber auch selbst keinen Versuch machte, den Inhalt des Wortes weiter einzuarbeiten. Die Gleichsetzung des Bearbeiters mit dem kirchlichen Redaktor wäre zwar denkbar, es lassen sich aber keine inhaltlichen Beziehungen zu den Ergänzungen aus seiner Hand feststellen. Man hat es daher am ehesten mit einer frühen Randglosse zu ὄψῃ Joh 1,50 zu tun, welches Wort durch ὄψεσθε in der Glosse aufgenommen wurde. Die Randglosse wurde sekundär mit καὶ λέγει αὐτῷ in den Text aufgenommen.

[62] Hippolytos zitiert Monoimos, der seinerseits eine liturgische Formel zitiert. Die Formel wird von *Colpe* nicht gesondert behandelt. Der Wortlaut der Formel, allerdings ohne den Menschensohntitel, erscheint im wesentlichen in Kol 1,19 und 2,9, wozu *Otto Michel,* Art. οἶκος (ThWNT 5, 1954), S. 156, meint, daß „fest geprägtes liturgisch-kerygmatisches Gemeindegut" vorliegt. *Fr. Borsch,* Son of Man, S. 66–70, zeigt, daß die Formel auch ohne den Menschensohntitel den Peraten bekannt war. Der Titel wurde demnach sekundär, aber vor Monoimos in die Formel eingefügt.

[63] Das Zitat wird von *Colpe* nicht behandelt. Nach *Alfred Resch,* Agrapha. Außercanonische Schriftfragmente (TU NF 15,3/4), ²1906 (1974), S. 286, entstammt die verloren

Hippolytus, Refut. VIII 13,3–4, X 17,1–2 passim[64]. Im Zuge zunehmend kanonischer Geltung übten die Evangelien insofern einen Einfluß aus, als Autoren von später entstandenen Texten einzelne in den Evangelien vorkommende Menschensohnworte verwerteten: Apg 7,56[65], Hebräerevangelium bei Hieronymus, De viris inlustribus 2[66], Hegesipp bei Eusebius, Hist. eccl. II 23,13[67], Justin, Dial. 76,7 und 100,3[68], die Peraten nach Hippolytus, Refut. V. 12,7[69] und Theodotos bei Cle-

---

gegangene altchristliche Schrift aus ophitischen Kreisen und bezeugt eine Verwandtschaft mit der basilidianischen Gnosis.

[64] Der Text wird von *C. Colpe*, Art., S. 479,3–7, kurz zusammengefaßt. Hippolytos referiert die Lehre von Monoimos. Monoimos, der aus einer Quelle die Tradition vom zweithöchsten Gott als υἱὸς ἀνθρώπου übernahm, griff den Menschensohntitel aus der vorhin angeführten liturgischen Formel auf und setzte ihn mit dem υἱὸς ἀνθρώπου gleich.

[65] *C. Colpe*, Art., S. 465,8–467,5 insbesondere 465,13–18, ordnet den Ausruf des Stephanus als „Traditionsstück" ein. *M. Gourgues*, À la droite de Dieu (EtB), 1978, S. 184–185, – ausgehend von den inhaltlichen Entsprechungen zwischen dem Verhör Stephanus vor dem Synhedrium und dem Verhör Jesu vor dem Synhedrium im Lukasevangelium – zeigt nunmehr, daß eine absichtliche Nachahmung seitens des Verfassers der Apostelgeschichte vorliegt, bei der ὁ υἱὸς τοῦ ἀνθρώπου und ἐκ δεξιῶν . . . τοῦ θεοῦ als Übernahme aus Lk 22,69 zu gelten haben. Dieser Begründung hinzuzufügen, ist die Entsprechung zwischen ἑστῶτα und ἔσται Lk 22,69. Da ἱστάναι in der Koine gleichbedeutend mit einem betonten εἶναι gebraucht werden kann, hat man in dem futurischen ἔσται und dem betonten präsentischen ἑστῶτα begriffliche Entsprechungen zu sehen. Was Jesus dem Synhedrium vorhersagte, läßt der Verfasser der Apostelgeschichte von Stephanus vor dem Synhedrium bestätigen.

[66] *C. Colpe*, Art., S. 477,23–478,9 insbesondere 478,5–8, verweist auf Mk 9,9 und meint, daß die Aussage auf eine „analoge Weise" zustande gekommen sein muß. *Fr. Borsch*, Son of Man, S. 54, urteilt nunmehr, daß die Legende von der Erscheinung des Auferstandenen vor Jakobus aus Bestandteilen von verschiedenen Evangelientraditionen geformt wurde. Die wörtliche Übereinstimmung mit Mk 9,9/Mt 17,9 legt eine Anlehnung an eine dieser Stellen nahe.

[67] Nach *C. Colpe*, Art., S. 477,23–32, eine „Umbildung" des Wortes in Mt 26,64.

[68] Diese Belege werden von *Colpe* nicht behandelt. Es wird ein Wort zitiert, das eng mit Mk 8,31/Mt 16,21/Lk 9,22 verwandt ist. *A. J. Bellinzoni*, The Sayings of Jesus in the Writings of Justin Martyr (NT.S 17), 1967, S. 30–32.141, analysiert die Zitate und urteilt, daß Justin und seine Schüler die synoptischen Evangelien als Quellen benutzten, um daraus harmonisierende Katechismen zu schaffen. Justin ist an diesen zwei Stellen nicht unmittelbar von den synoptischen Evangelien abhängig, sondern er benutzt eine schriftliche harmonisierende Fassung des Spruches, die wohl aus seiner eigenen Schule stammt.

[69] Nach *C. Colpe*, Art., S. 479,44–480,8, liegt ein Zitat aus Joh 3,17 vor, bei der der ursprüngliche ὁ υἱός durch den Menschensohntitel ersetzt wurde. *Fr. Borsch*, Son of Man, S. 64–66, vermutet, daß eine Kontamination mit Lk 9,56 für die Setzung des Menschensohntitels verantwortlich ist. Eher ist das Vorhandensein des Menschensohntitels in anderen Teilen des Johannesevangeliums als Herkunft zu vermuten, wie denn auch Hippolytus, Refut. V 16,11, das Menschensohnwort Joh 3,14 in Verbindung mit den Peraten zitiert.

mens von Alexandrien, Excerpta ex scriptis Theodoti 4[70] und 61[71]. Die griechischsprachig erhaltenen Belege für den Menschensohntitel bis zum Ende des 2. Jahrhunderts[72] sind damit erschöpft[73]. Drei Traditionsstränge, die durch die undeterminierte Form υἱὸς ἀνθρώπου gekennzeichnet sind, dürfen als Ausläufer des Menschensohntitels gelten, wobei aber die vorhandene Abschleifung der Determination ein Hinweis darauf ist, daß ein traditionsgeschichtlicher Bruch stattgefunden hat und daß folglich eine nur gebrochene Fortführung des Menschensohntitels vorliegt: In den altkirchlichen Streitigkeiten um die menschliche Natur Jesu wird die Menschlichkeit vielfach mit υἱὸς ἀνθρώπου im Gegensatz zu der mit υἱὸς θεοῦ bezeichneten Göttlichkeit bezeichnet[74]; in den Pseudo-Klementinen ist der wahre Prophet, der die Gestalten der zu verschiedenen Zeiten gesandten Propheten annimmt, doch stets mit sich identisch bleibt, in seiner jeweiligen Individualisierung ein υἱὸς ἀνθρώπου, die ganze Reihe der wahren Propheten die υἱοὶ ἀν-

---

[70] Der Beleg, der nicht von *Colpe* behandelt wird, ist ein geringfügig abgewandeltes Zitat aus Mt 16,28.

[71] Der Beleg wird von *Colpe* nicht behandelt. Es liegt eine Kontamination von Mk 8,31/ Lk 9,22 mit Lk 24,7 und Lk 18,32 vor.

[72] In den textkritisch als Glossen nachweisbaren Sätzen Mt 18,11 und Lk 9,55/56 kommt der Menschensohntitel vor, ohne daß man die Glosse annähernd datieren kann. Nach *Eduardo Arens,* The ΗΛΘΟΝ-Sayings in the Synoptic Tradition (Orbis Biblica et Orientalis 10), 1976, S. 191–193, ist Mt 18,11 eine aus Lk 19,10 herstammende Kontamination. Ders., ebenda, S. 180–191, argumentiert dagegen, daß Lk 9,55/56 nicht unbedingt eine Glosse sei, sondern eventuell zu dem ursprünglichen Lukastext gehörte. Auch wenn man diesem Urteil aus textkritischen Erwägungen nicht folgt, wäre die Frage berechtigt, ob die Glosse rein vom Glossator formuliert wurde oder ob er eine ihm aus der mündlichen Tradierung bekannte Sentenz als Glosse setzte. In diesem Fall wäre der Spruch eventuell gleich wie Lk 19,10 einzuordnen.

[73] *Fr. Borsch,* Son of Man, S. 78–121, stellt die Belege für das doppelt determinierte koptische *pshēre mprōme* in den koptisch-gnostischen Schriften zusammen. Die auf griechische Originale des 2. oder 3. Jh. zurückgehenden koptischen Übersetzungen liegen in Abschriften des 4. und 5. Jh. vor. Die Texte wurden anscheinend auf der koptischen Sprachebene mehrfach überarbeitet, wozu auch eine Vermehrung des Gebrauches des koptischen Titels gehörte. Älteres von Jüngerem abzuheben und zu bestimmen, welche Belege auf griechische Vorlagen zurückführbar sind, bleibt noch ein Desiderat. – Die Belege *we'ětū walda bě'ěsī* äthHen 69,29.29 sind nach *Rollin Kearns,* Vorfragen zur Christologie II, 1980, S. 100–104, Teil einer Interpolation, die christliche Tradenten von der griechischen Übersetzung des Äthiopischen Henoch beziehungsweise von den in diesen Text eingegangenen Bilderreden in den Text vorgenommen haben. Eine Entstehung vor dem Ende des 2. Jh. ist möglich.

[74] Die ältesten Belege sind Ignatius, Eph. 20,2, Barn 12,10, Justin, Dial. 100,3 (Erwähnung bei *H. Lietzmann*, Menschensohn, S. 57–58.69–71, Analyse bei *C. Colpe*, Art., S. 480, 29–40). Die Fortführung dieses Sprachgebrauches in der Alten Kirche stellt *Colpe*, ebenda, S. 481,1–44, dar.

ϑρώπων[75]; zuweilen kommt in halbgnostischen und gnostischen Systemen ein als υἱὸς ἀνϑρώπου bezeichnetes soteriologisch bedeutsames Wesen vor, das als Emanation des makrokosmischen Urmenschen substantiell mit dem Urmenschen identifiziert wird[76].

Auf Vorarbeiten von C. E. B. Uloth[77] und B. D. Eerdmans[78] aufbauend hat Arnold Meyer[79] die Erkenntnis erarbeitet, die Lietzmann auch im wesentlichen akzeptierte: Hinter fünf synoptischen Belegen für den Menschensohntitel steht jeweils ein ursprünglich nichttitulares aramäisches *brnš*, das in keine genealogische Beziehung zum Hoheitstitel zu

---

[75] Ps-Clem Hom III 22,3 und eventuell auch *filius hominis* Recg I 60,3, III 61,2 sowie υἱοὶ ἀνϑρώπων Hom II 17,2, III 26,1 (Analyse bei *C. Colpe,* Art., S. 478,10–37). Daß die Pseudo-Clementinen durchgehend die indeterminierte Form benutzen, ist allerdings unsicher. Im Anschluß an *G. Iber,* Ueberlieferungsgeschichtliche Untersuchungen, S. 19, meint *Colpe,* ebenda, S. 478,16–18, daß der Menschensohntitel dort begegnet, wo Jesus „u[nd] er allein" bezeichnet wird, nämlich Recg I 60,3 und III 61,2. In beiden Fällen muß der Nachweis vom Vorhandensein des Menschensohntitels durch sachliche Argumente begründet werden, da der Text nur in lateinischer Übersetzung erhalten ist, in dem *filius hominis,* das sowohl υἱὸς ἀνϑρώπου als auch ὁ υἱὸς τοῦ ἀνϑρώπου voraussetzen könnte, steht. In Recg I 60,1–7 ist der Menschensohntitel aber kaum vorhanden. Dort behauptet ein Johannesjünger, daß Johannes der Messias ist, worauf Simon der Kanaanäer erwidert, daß Johannes größer als alle anderen Propheten, die *filii mulierum* sind, nicht aber größer als *filius hominis* ist. *Colpe,* ebenda, S. 478,22–24, meint: „Mit dieser Wesensbestimmung wird Jesus der . . . höhergeachteten ‚männlichen' Prophetie zugeordnet, während Joh[annes] zur weiblichen Prophetie gehört." Damit wird aber durch *filius hominis* die Zuweisung Jesu zu den männlichen wahren Propheten ausgesagt, demgemäß – wie *Fr. Borsch,* Son of Man, S. 76, „a Son of Man" deutet – υἱὸς ἀνϑρώπου vorausgesetzt wird. Es bleibt daher nur Recg III 61,2. In dem Syzygienkanon besteht die siebente Syzygie aus dem *temptator* und dem *filius hominis. Colpe,* ebenda, S. 478,25–26, urteilt: „Daraus ist zu entnehmen, daß die Hoheitsbezeichnung weiterverwendet wird, u[nd] z[war] nur für den irdischen Jesus . . ." Ein sicheres Urteil ist hier nicht möglich. – Im Zusammenhang der pseudo-klementinischen Theologie, in der die männliche Prophetie der weiblichen übergeordnet wird, gehen nach *Hans Joachim Schoeps,* Theologie und Geschichte des Judenchristentums, 1949, S. 81, die Begriffe υἱὸς ἀνϑρώπου/*filius hominis* und *filius viri* ‚Mannessohn' ineinander über.

[76] *H. Lietzmann,* Menschensohn, S. 62–63, *C. Colpe,* Art., S. 478,40–480,8, *Fr. Borsch,* Son of Man, S. 58–75. Die Begründung, daß darin ein Reflex des christlichen Menschensohntitels vorliegt, bietet *Carsten Colpe,* New Testament and Gnostic Christology (Religions in Antiquity. Essays in Memory of Erwin Ramsdell Goodenough [SHR 14], 1968, S. 227–243), S. 227–243.

[77] Als erster seit den Rationalisten hat *C. E. B. Uloth,* De beteekenis van de uitdrukking „Zoon des Menschen" (Godgeleerde bijdragen, 1862, S. 467–478), S. 472–475, auf das umgangssprachliche Wort *brnš* zurückgegriffen, um die (von ihm nicht genau abgegrenzte) älteste Schicht der Menschensohnworte zu erklären.

[78] *B. D. Eerdmans,* De oorsprong van de uitdrukking „Zoon des Menschen" als evangelische Messiastitel (ThT 28, 1894, S. 153–176).

[79] *Arnold Meyer,* Jesu Muttersprache, 1896, S. 93–98.

bringen ist[80]. Diese Einsicht ist grundsätzlich richtig. Die erneute Bearbeitung der Belege durch Colpe hat das Resultat dadurch präzisiert, als er die Zahl der Belege auf vier reduzierte[81]. Zu den von Colpe identifizierten Belegen kommen noch zwei weitere hinzu[82]. Zwei Sentenzen haben ein nichttitulares *brnš* in der ursprünglichen Formulierung beinhaltet: Matthäus 8,20/Lukas 9,58[83] und Markus 2,10[84]. Zwei weitere

[80] *H. Lietzmann,* Menschensohn, S. 87–91. Mt 12,32/Lk 12,10, Mk 2,10, Mk 2,28, Mt 8,20/Lk 9,58, Mt 11,19/Lk 7,34. Im Fall von Mt 8,20/Lk 9,58 und Mt 11,19/Lk 7,34 erwägt *Lietzmann* auch die Möglichkeit, daß in der aramäischen Vorlage ein ursprüngliches *'n'* ,ich' stand, das bei der Übersetzung durch den Menschensohntitel ersetzt wurde.

[81] *C. Colpe,* Art., S. 433,8–435,27 und 445,12–446,7. Mt 8,20/Lk 9,58, Mk 2,10, Mt 11,19/Lk 7,34, Mt 12,32/Lk 12,10.

[82] Die Frage nach dem nichttitularen Gebrauch von *brnš* wurde erneut von *Barnabas Lindars,* Jesus Son of Man, 1983, S. 29–84, aufgegriffen. Zu den von *Colpe* identifizierten Belegen fügt er fünf weitere hinzu: Lk 11,30, (Mt 10,32)/Lk 12,8, eine Vorform von Mk 9,31, Mk 14,21a/Lk 22,22a, Mk 10,45. Gemäß der vorangehenden sowie der nachfolgenden Aufstellung kommt aber nur Mk 10,45 dafür in Frage. – Daß auch Lk 19,10 hierher zuzurechnen ist, hat nur den Wert einer Hypothese; weder *Lietzmann* noch *Colpe* noch *Lindars* vertritt diese Zuordnung.

[83] *C. Colpe,* Art., S. 435,1–27. *Colpe* erwägt sowohl ein ursprüngliches *brnš* als auch ein ursprüngliches Pronomen der ersten Person, und, obgleich er meint, eine sichere Entscheidung sei nicht zu treffen, gibt er dem Vorhandensein eines nichttitularen *brnš* den Vorzug. *Colpe* meint, daß man den Spruch „nicht aus dem Rahmen lösen" darf, der durch das biographische Apophthegma Mt 8,19–22/Lk 9,57–60 gegeben ist. Ob er dabei ein überlieferungsgeschichtliches Urteil fällen will oder ob er dabei lediglich die Voraussetzungen der Auslegung des Spruches angeben will, bleibt unklar. *R. Bultmann,* Geschichte der synoptischen Tradition, S. 27, hat aber wohl recht, daß das Wort am ehesten ursprünglich ohne den Rahmen existiert hat. Da die sprachliche Gestaltung des Rahmens aramäische Spracheigenschaften aufweist, dürfte der Spruch noch auf der aramäischsprachigen Stufe sekundär in die erste Hälfte des zweigliedrigen Apophthegmas eingefügt worden sein.

[84] *C. Colpe,* Art., S. 433,12–22. *Colpe* geht davon aus, daß das Wort nicht selbständig entstanden ist, sondern daß es erst im Zusammenhang mit dem apophthegmenartigen Einschub Mk 2,(5b.)6–10 entstanden ist. Die Entstehung des Satzes ist aber wahrscheinlich anders zu erklären. Die Rekonstruktion der überlieferungsgeschichtlichen Entwicklung hängt von der Beurteilung von 2,5b ab: Gehört 2,5b zur Heilungsgeschichte, ist 2,10 als Teil der sekundären Ergänzung eher eine Nachbildung aufgrund von 2,5b; gehört aber 2,5b zur Ergänzung, ist 2,5b eher eine von der vorliegenden Sentenz 2,10 ausgehende Rückbildung. *R. Bultmann,* Geschichte der synoptischen Tradition, S. 12–14, begründet die ursprünglich getrennte Entstehung von 2,(1–2.)3–5a.11–12 und rechnet damit 2,5b nicht zur Heilungsgeschichte, sondern zum späteren Einschub. *Colpe,* ebenda, S. 433 Anm. 235, schließt sich der sonst gegen *Bultmann* vertretenen Meinung an, daß der Satz von der Sündenvergebung 2,5b zur Heilungsgeschichte gehört. *Hartwig Thyen,* Studien zur Sündenvergebung (FRLANT 96), 1970, S. 242 Anm. 2, verteidigt aber mit Recht die von *Bultmann* vorgenommene Einordnung: Die als Interpretationsschematismus verdächtige Wiederholung von λέγει τῷ παραλυτικῷ 2,5a am Ende von 2,10 zeigt, daß 2,5b zum Einschub gehört; man braucht nicht die Zusage der Sündenvergebung in 2,5b als ursprünglich anzunehmen, um den Einschub zu erklären, denn „der gemeinantike enge Zusammenhang von Krankheit und Sünde genügt dazu, die Frage nach der Voll-

Sentenzen haben in der ursprünglichen aramäischen Formulierung ein implizites oder explizites Pronomen der ersten Person gehabt, für das noch aramäischsprachig ein nichttitulares *brnš* sekundär gesetzt wurde: Markus 10,45[85] und Lukas 19,10[86]. Einmal ist es unsicher, ob ein nichtti-

---

macht zur Sündenvergebung mit der Heilungsgeschichte zu verbinden". Demnach ist der Satz von der Sündenvergebung 2,5b als Rückbildung aus der vorgegebenen Sentenz 2,10 zu verstehen. Daß die Einfügung der Sentenz in die vorgebildete Heilungsgeschichte 2,3–5a.11–12 mittels eines sekundär aufgrund der Sentenz gebildeten apophthegmenartigen Dialoges 2,5b–10 noch auf der aramäischsprachigen Stufe erfolgte, ist unwahrscheinlich.

[85] C. *Colpe*, Art., S. 441,32–33 und 451,18–30, meint, daß ein Pronomen der ersten Person ursprünglich stand und daß der Menschensohntitel statt des Pronomens vor der Aufnahme in das Markusevangelium eingesetzt worden ist. Die überlieferungsgeschichtliche Entwicklung, die *Colpe* grundsätzlich richtig beurteilt, kann präzisiert werden. Mk 10,42–45/(Mt 20,25–28) und Lk 22,24–27 sind begrifflich und inhaltlich miteinander verwandt. H. *Schürmann*, Abschiedsrede, S. 64–92, zeigt, daß Lk 22,24–27 Teil eines zusammenhängenden schriftlichen, vom Markusevangelium unabhängigen, vorlukanischen Passionsberichts ist. *Matthew Black*, An Aramaic Approach to the Gospels and Acts, ³1967, S. 222, vergleicht Mk 10,42–45 und Lk 22,24–27 und gibt einige Hinweise auf verschiedene Übersetzungen von gemeinsam zugrunde liegenden aramäischen Wörtern; damit beweist er, daß letztlich eine gemeinsame aramäische Vorlage vorauszusetzen ist, die in zwei voneinander unabhängige Übersetzungen ins Griechische einging. Die offensichtlichen begrifflichen und inhaltlichen Unterschiede gehen teils auf die getrennt vorgenommenen Übersetzungen, teils auf die wahrscheinlich erst auf der griechischsprachigen Tradierungsstufe getrennt vorgenommenen Überarbeitungen zurück. Die überlieferungsgeschichtliche Entwicklung wird von E. *Arens*, ΗΛΘΟΝ-Sayings, S. 117–161, eingehend begründet. Am Anfang lag das selbständige Logion Mk 10,45a/Lk 22,27b vor: Die aramäische Vorlage zu ἐγώ . . . εἰμι . . . ὁ διακονῶν Lk 22,27 entspricht bis auf die grammatische Person des Verbs der zu ἦλθεν διακονηθῆναι Mk 10,45; letzteres ist eine wörtlichere Wiedergabe des zugrunde liegenden aramäischen 't' l mit Infinitiv, ersteres gibt den Sinn der aramäischen Formulierung genauer wieder. Die ursprüngliche Form des Logions war die mit Formulierung in der ersten Person. Unabhängig davon entstand stufenweise auch in aramäischer Sprache die Überlieferung Mk 10,42b–44/Lk 22,25b–27a – *Arens* argumentiert, daß zwei getrennte Sprüche zu einem Doppelspruch zusammengestellt wurden und dann mit einer Einleitung versehen wurden. Die zweite überlieferungsgeschichtliche Stufe von Mk 10,45a/Lk 22,27b, die noch aramäischsprachig stattfand, war dessen Anfügung an Mk 10,42b–44/Lk 22,25b–27a, woraus Mk 10,42b–45a/Lk 22,24b–27 hervorging. Auf dieser Stufe spaltete sich die Entwicklung in zwei voneinander unabhängige Tradierungsstränge. In der Überlieferung Mk 10,42b–45a wurde als tertiäre Stufe ein nichttitulares *brnš* anstelle des expliziten oder impliziten Pronomens der ersten Person gesetzt. Schließlich wurde das Wort vom stellvertretenden Tod Mk 10,45b an Mk 10,42b–45a angehängt, wobei schwer feststellbar ist, ob diese Entwicklung auf der aramäischsprachigen Stufe oder erst nach der Übersetzung von Mk 10,42b–45a auf der griechischsprachigen Stufe stattfand. Gegen diese Rekonstruktion kann man kritisch einwenden – was *Arens* selbst hervorhebt –, daß ἦλθεν διακονηθῆναι Mk 10,45/ἐγώ . . . εἰμι . . . ὁ διακονῶν Lk 22,27 zu kurz ist, um je selbständig überliefert worden zu sein. Es ist denkbar, daß die Überlieferung Mk 10,42b–44/Lk 22,25b–27a nicht durch ein schon bestehendes Logion, sondern frei formuliert in Anlehnung an die Gattung des ἦλθον-Spruches ergänzt wurde. Ob man so oder so urteilt, ändert nichts an der Beurteilung der Setzung von *brnš*, da dies erst nach der Ergänzung stattfand.

[86] Der Spruch wurde sekundär an die in Lk 19,2–9 vorhandene Zachäusgeschichte

tulares *brnš* in der ursprünglichen aramäischen Formulierung vorhanden war oder ob es sekundär anstelle eines impliziten oder expliziten Pronomens gesetzt wurde: Matthäus 11,19/Lukas 7,34[87]. Einmal sind noch auf der aramäischen Tradierungsstufe Parallelfassungen nachweisbar, von denen nur eine ein nichttitulares *brnš* beinhaltete, so daß unsicher ist, ob *brnš* in der gemeinsamen Urform vorhanden war oder sekundär hinzugefügt wurde: Matthäus 12,32/Lukas 12,10[88]. In der

---

angefügt. *C. Colpe,* Art., S. 456,14–25, bleibt in der Frage nach der überlieferungsgeschichtlichen Einordnung unsicher: In eine in der ersten Person formulierte, von Jesus stammende Sentenz wurde der Menschensohntitel sekundär eingefügt und der Spruch anschließend an die Zachäusgeschichte angefügt, oder die Sentenz wurde aufgrund eines solchen Jesuswortes in der Gemeinde neugebildet und anschließend an die Zachäusgeschichte angehängt, oder der Spruch wurde bei oder nach der Niederschrift der Zachäusgeschichte literarisch verfaßt. Die Gattung der Sentenz, die formal mit ἦλθον und Infinitiv, das sich als Übersetzung eines aramäischen *'t' l* verstehen läßt, gebildet ist, ist die gleiche wie Mk 10,45. *E. Arens,* ΗΛΘΟΝ-Sayings, S. 161–180, macht auch für diese Sentenz aufgrund der gattungsmäßigen Einordnung wahrscheinlich, daß eine ursprüngliche aramäische Fassung mit explizitem oder implizitem Pronomen der ersten Person am Anfang stand. Die Tatsache, daß in Mk 10,45 noch auf der aramäischsprachigen Stufe ein nichttitulares *brnš* sekundär eingefügt wurde, legt die Annahme nahe, daß auch in dieser Sentenz mit einer sekundären Setzung von *brnš* zu rechnen ist.

[87] *C. Colpe,* Art., S. 434,1–19, argumentiert dafür, daß ursprünglich ein nichttitulares *brnš* stand, schränkt aber ein: „Jedoch bleibt auch die 1. Pers[on] möglich, so daß der Menschensohntitel ein *ich* verdrängt hätte." Dieselbe Unsicherheit liegt auch bei *H. Lietzmann,* Menschensohn, S. 90–91, vor, der von der Ursprünglichkeit von *brnš* ausgeht, meint aber: „Andrerseits ist es ebenso wahrscheinlich, daß die Erwähnung Johannes des Täufers die Einführung des messianischen ὁ υἱὸς τοῦ ἀνθρώπου statt *'n'* veranlasst hat." Die Argumente, die *Colpe* für *brnš* anstelle des Pronomens anführt, sind nicht zwingend. *Colpe* meint, es „muß . . . sofort für ἄνθρωπος noch einmal gefolgt sein, wo es als substantivischer Träger partizipial zu denkender Äquivalente von φάγος und οἰνοπότης unentbehrlich ist"; das westaramäische Übersetzungsäquivalent für ἄνθρωπος ist aber *'nš,* nicht *brnš. Colpe* meint, daß für Johannes und für Jesus als Boten der Weisheit ebenfalls „Mensch der verbindende Begriff" ist, ohne den Mt 11,19c/Lk 7,35 „in der Luft hinge"; die Deutung der beiden als Boten der Weisheit ist aber wohl eine sekundäre Auslegung, die nicht durch den Begriff Mensch, sondern durch das verbindende Auftreten beider als prophetenartige Lehrer ermöglicht wurde. *Colpe* meint schließlich, daß der Gegensatz zu Johannes „am ehesten eine Aussage in der 3. Person erfordert", deren Subjekt nur *brnš* sein kann; dies ist aber sprachlich nicht notwendig, da ein Vergleich zwischen der 3. und der 1. Person jederzeit grammatisch möglich ist.

[88] Der Spruch von der Lästerung des Geistes ist in zwei verschiedenen Fassungen überliefert Mk 3,28–29 und Mt 12,32/Lk 12,10. *C. Colpe,* Art., S. 445,12–446,7, begründet das Vorhandensein eines nichttitularen *brnš* hinter Mt 12,32/Lk 12,10, ohne eine Entscheidung über die Urform des Spruches zu fällen. Die fällige Gesamtaufarbeitung des Problems lieferte ders., Der Spruch von der Lästerung des Geistes (Der Ruf Jesu und die Antwort der Gemeinde. Exegetische Untersuchungen Joachim Jeremias zum 70. Geburtstag gewidmet, 1970, S. 63–79), nach. Beide Fassungen des Spruches gehen auf ein gemeinsames aramäisches Original zurück. Die Unterschiede zwischen den erhaltenen griechischsprachigen Fassungen lassen sich teils auf eine griechischsprachige Bearbeitung,

herkömmlichen Forschung wird für das nichttitulare *brnš* die Bedeutung ‚Mensch' durchgehend[89] angesetzt. Die teilweise gequälte Exegese, die

---

teils auf Übersetzungsvarianten bei der Übertragung ins Griechische zurückführen. Sie sind allerdings nicht alle so zu verstehen, sondern es liegen auch verschiedene aramäische Fassungen des Spruches den beiden Übersetzungen zugrunde, die selbst Umbildungen des Originals sind. Das κατὰ τοῦ υἱοῦ τοῦ ἀνθρώπου Mt 12,32 beziehungsweise εἰς τὸν υἱὸν τοῦ ἀνθρώπου Lk 12,10 entspricht τοῖς υἱοῖς τῶν ἀνθρώπων Mk 3,28. Weil κατά in der belegten Konstruktion besseres Griechisch, εἰς dagegen reines Übersetzungsgriechisch ist, gibt εἰς die ursprüngliche Übersetzung wieder, die sekundär auf der griechischsprachigen Tradierungsstufe durch κατά gräzisiert wurde. Das εἰς in der einen Fassung des Spruches übersetzt ein aramäisches *l*, das in der Konstruktion ἐρεῖ λόγον εἰς ‚gegen' bedeutet. Das von ἀφεθήσεται abhängige τοῖς υἱοῖς τῶν ἀνθρώπων in der anderen Fassung des Spruches wird auch grammatisch eine mit *l* gebildete Wendung wiedergeben, in der *l* den indirekten Objekt angibt. Diese sprachliche Übereinstimmung zwischen den aramäischen Vorlagen zu Mt 12,32/Lk 12,10 und zu Mk 3,28–29 ist so auszuwerten, daß ein *l* mit Substantiv in der hinter beiden aramäischen Vorlagen stehenden Urform des Spruches stand. *Colpe,* Spruch, S. 66, folgert, „daß sowohl hinter τοῖς υἱοῖς τῶν ἀνθρώπων bei M[ar]k[us] wie hinter τὸν υἱὸν τοῦ ἀνθρώπου bei L[u]k[as] ein generischer Singular *br nš'* stehe, wobei die Unterschiede im Numerus und in der Satzkonstruktion verschieden erklärt werden können". Die Folgerung, daß in der Urform des Spruches ein *brnš* stand, ist möglich, nicht aber zwingend. Das Wortgebilde οἱ υἱοὶ τῶν ἀνθρώπων ist keine gängige griechische Formulierung, sondern die formal richtige Übersetzung vom aramäischen *bnj 'nš* verständlich. Das aramäische *bnj 'nš* ist der gängige Plural zu *'nš* ‚Mensch'. In *brnš,* das im Westaramäischen keinen grammatischen Plural bildet, und in dem Plural zu *'nš* liegen zwei verschiedene Wörter vor. Die Annahme liegt daher am nächsten, daß in der Urform des Spruches entweder *brnš* oder *bnj 'nš* stand und daß in der aramäischsprachigen Umbildung des Spruches in einem Zweig der Entwicklung das eine durch das andere ersetzt wurde. Welche der beiden Begriffe aber in der Urform stand, läßt sich kaum mehr mit Sicherheit bestimmen. Diese Folgerung wäre allerdings eventuell zu umgehen, wenn der Vorschlag von *J. Wellhausen,* Einleitung in die drei ersten Evangelien, 1905, S. 75–76, zutreffend wäre. *Wellhausen* meint, daß die älteste Lesart τῷ υἱῷ τοῦ ἀνθρώπου war und daß der Singular erst später in „den zwar sinngemäßen, jedoch formell unerhörten Plural τοῖς υἱοῖς τῶν ἀνθρώπων" verwandelt wurde. Wenn man *Wellhausen* so verstehen darf – *Wellhausen* macht im Zusammenhang keinen ausdrücklichen Unterschied zwischen aramäischer und griechischer Sprachstufe –, daß er diese Entwicklung auf der griechischen Sprachstufe setzen will, könnte ein aramäisches *brnš* in beiden aramäischsprachigen Umbildungen vorhanden gewesen sein und sogar in einem griechischen τῷ υἱῷ τοῦ ἀνθρώπου/ τὸν υἱὸν τοῦ ἀνθρώπου in der ursprünglichen Übersetzung von beiden gestanden haben. Diese Annahme ist aber kaum zutreffend. Die Wendung οἱ υἱοὶ τῶν ἀνθρώπων ging wahrscheinlich erstmalig ins Griechische als Hebraismus durch die Septuaginta ein. *Heinrich Schlier,* Der Brief an die Epheser, 1957, S. 149, bietet Belege dafür, daß der Ausdruck als „biblisches" Wort auch ein gewisses Eigenleben als liturgischer Ausdruck hatte. Ein solcher innergriechischer Gebrauch von οἱ υἱοὶ τῶν ἀνθρώπων, wie *Wellhausens* These voraussetzt, wäre damit nicht ausgeschlossen. Diese Erklärung der Entwicklung setzt aber voraus, daß der Übersetzer des in Mk 3,28–29 belegten Spruches seine aramäische Vorlage so deutete, daß von einer Vergebung der Sünden des Menschensohnes die Rede war und daß folglich er den Menschensohntitel bei der Übersetzung setzte. Für die Vorstellung, daß der Menschensohn sündigt und ihm daher vergeben werden muß, gibt es aber keine Parallele, und die Vorstellung ist auch inhärent wenig wahrscheinlich.

[89] Die von *Arnold Meyer* aufgestellte, von *Matthew Black* erneut aufgegriffene und von

diese Bedeutungsansetzung aufzwingt, legt die Folgerung nahe, daß *brnš* eine engere Bedeutung hat, daß es nämlich nicht jeglichen Menschen, sondern den Menschen in einer bestimmten sozialgeschichtlichen Rolle bezeichnet. Die erforderliche Überprüfung der Bedeutungsbestimmung anhand der Semantik des Wortes im Westaramäischen steht noch aus. Die tragfähigste Hypothese aber basiert darauf, daß es im Westaramäischen zwei Bedeutungsübertragungen gegeben hat, zum einen ‚Seher'[90], zum anderen im palästinischen Rabbinat zur Bezeich-

---

Geza Vermes, The Use of *br nš/br nš'* in Jewish Aramaic (*Matthew Black*, An Aramaic Approach to the Gospels and Acts, ³1967, Appendix E = S. 310–328), ausführlich begründete These, daß *brnš* gleichbedeutend mit *hhw' gbr'* und *hhj' 'jtt'* als eine die Bescheidenheit ausdrückende Umschreibung der ersten Person diente, ist nach *Rollin Kearns*, Vorfragen zur Christologie I, 1978, S. 94–96, sowie ergänzend *B. Lindars*, Jesus Son of Man, S. 20–24, nicht haltbar. *Hans Bietenhard*, „Der Menschensohn" – ὁ υἱὸς τοῦ ἀνθρώπου (Aufstieg und Niedergang der römischen Welt II 25,1, 1982, S. 265–350), S. 280–288, versucht die Beweisführung von *Vermes* dadurch zu ergänzen, daß er auf den Gebrauch von der Formel ‚dein Knecht' und ‚deine Magd' in Zusammenhängen, in denen der Sprechende sich einem Höhergestellten gegenüber bezeichnet, hinweist. *Bietenhard* führt Belege aus dem Alten Testament, den palästinischen Ostraka und den Handschriften vom Toten Meer sowie als Beilage aus babylonischen Briefen, aus der Korrespondenz von Tell el-Amarna und aus der ugaritischen Literatur an. Der Befund wird sachgemäß dargestellt: Im ganzen Alten Orient wird ein Wort in der Bedeutung ‚Knecht' oder ‚Magd' mit einem auf den Angesprochenen bezogenen Suffix der zweiten Person von einem Untertan in der Gegenwart des Königs oder von einem Diener in der Gegenwart seines Herrn gebraucht, um die Untertänigkeit zum Ausdruck zu bringen. *Bietenhard* meint darüber hinaus, daß diese Art der Untertänigkeitsbekundung spätestens um die Zeitenwende im Aramäischen verschwunden ist: „man wollte nicht sich selbst als ‚Knecht' bezeichnen . . ." Ob dieses Urteil zutrifft oder ob die Thematik der erhaltenen aramäischen Literatur seit der Zeitenwende nur selten die altorientalische Hofsprache hervortreten läßt, sei dahingestellt. Diese ganze Beweisführung hat aber mit *brnš* nichts zu tun. Die Untertänigkeitsbekundung ist konstitutiv von der Bedeutung ‚Knecht' oder ‚Magd' sowie von dem auf den Angesprochenen bezogenen Suffix der zweiten Person abhängig. Dagegen hat weder *brnš* die Bedeutung ‚Knecht' oder ‚Magd' noch gibt es ein einziges Beispiel in der gesamten aramäischsprachigen Literatur bis zum Anfang der arabischen Zeit für eine Verwendung von *brnš* mit einem auf den Angesprochenen bezogenen Suffix. Wie auch im Fall des Gebrauches von *hhw' gbr'* und *hhj' 'jtt'* als Ausdruck der Bescheidenheit, die *Bietenhard* ebenfalls eingehend darstellt, handelt es sich um eine Spracherscheinung, die für die Beurteilung der Verwendung von *brnš* irrelevant ist. Die Belege, die *Vermes*, ebenda, S. 320–327, und *Bietenhard*, ebenda, S. 298–299, anführen, um die Existenz einer Verwendung von *brnš* als Umschreibung der ersten Person nachzuweisen, sind im wesentlichen kategorische Aussagen unter Einschluß des Redenden und belegen nur eine generische Verwendung des Wortes. Die These ist nur als Kuriosum der Forschungsgeschichte anzusehen. Dementsprechend sind die Versuche von *Geza Vermes*, Jesus the Jew, 1973, S. 180–182, und *Maurice Casey*, Son of Man. The Interpretation and Influence of Daniel 7, 1979, S. 224–240, einen solchen Sprachgebrauch auch hinter bestimmten neutestamentlichen Belegen für ὁ υἱὸς τοῦ ἀνθρώπου zu erweisen, nicht überzeugend.

[90] *R. Kearns*, Vorfragen zur Christologie I, S. 145–147.

nung des rabbinischen Schriftgelehrten ‚Lehrverwalter‘[91]. Beide Bedeutungsübertragungen gingen letztlich aus der ursprünglichen westaramäischen Bedeutung ‚(Königs)vasall‘ hervor, die durch das Bedeutungsmoment der Ermächtigung (durch den König) und das der Verfügungsberechtigung (über das Lehen) gekennzeichnet war, und beide bezogen sich auf den religiösen Bereich: Der ‚Seher‘ war ermächtigt, die göttliche Eingebung zu erfahren und mittels der Eingebung die Kenntnis des Willens Gottes zu besitzen; der ‚Lehrverwalter‘ war verfügungsberechtigt, die Lehrmeinungen früherer Gelehrter zu tradieren, die Anwendung der tradierten Lehrmeinungen zu beurteilen und, wo nötig, neue Lehrmeinungen zu bilden. Die Hypothese ist naheliegend[92], daß es in Palästina im religiösen Bereich eine beiden Bedeutungen zugrunde liegende, ältere Bedeutungsübertragung ‚(göttlich) Ermächtigter‘[93] gegeben hat, die auf den Charismatiker angewandt wurde[94]. Aufgrund dieser Hypothese lassen sich die mit Menschensohntitel überlieferten, ein ursprüngliches nichttitulares *brnš* enthaltenden Überlieferungen

---

[91] R. Kearns, Vorfragen zur Christologie I, S. 147–152.
[92] Die Hypothese wäre eine Korrektur zu der Ableitung bei R. Kearns, Vorfragen zur Christologie I, S. 145–146.147–149.
[93] Diese Bedeutung ist anscheinend – als Korrektur zu R. Kearns, Vorfragen zur Christologie I, S. 146 Anm. 236 – in BerR XXXVIII 13 (S. 363,7) aramäisch belegt: Nimrod, der Feueranbeter, führte ein Streitgespräch mit Abraham. Nimrod sagte: Laß uns das Feuer anbeten. Abraham entgegnete: Laß uns das Wasser, das das Feuer auslöscht, anbeten. Nimrod stimmte zu. Abraham entgegnete aber: Laß uns die Wolken, die das Wasser tragen, anbeten. Nimrod stimmte zu. Abraham entgegnete nochmals: Laß uns die *rwḥ'* ‚Wind‘, die die Wolken heranführt, anbeten. Nimrod stimmte zu. Abraham entgegnete schließlich: Laß uns den *brnš'*, der die *rwḥ'* ‚Geist‘ trägt, anbeten. Nimrod antwortete: Du verdrehst mir die Worte, wie werden nur das Feuer anbeten. – Die Pointe wird von der Doppeldeutigkeit von *rwḥ* getragen, das sowohl ‚Wind‘ als auch ‚Geist‘ bedeuten kann, ist aber erst sinnvoll, wenn man die Bedeutung von *brnš* richtig ansetzt. Wenngleich auch der Seher durch den Besitz des göttlichen Geistes ausgezeichnet werden kann, ist in der Anekdote keine besondere Einschränkung auf ein Sehertum angedeutet. Der *brnš* ist lediglich der geistesbegabte Charismatiker. Näherliegend als ‚Seher‘ ist daher die Bedeutung ‚(göttlich) Ermächtigter‘. Nimrod ist bereit, Naturerscheinungen, nicht aber den ‚(göttlich) Ermächtigten‘ anzubeten.
[94] Diese Bedeutungsübertragung wäre eine vermittelnde Bedeutung zwischen der ursprünglichen westaramäischen Bedeutung ‚(Königs)vasall‘ und den späteren Bedeutungen ‚Seher‘ und ‚Lehrverwalter‘: Die Bedeutung ‚Seher‘ wäre somit entstanden, als unter Beibehaltung des Bezuges zum Charismatiker das Bedeutungsmoment der (göttlichen) Ermächtigung auf den Seher eingeengt wurde; die Bedeutung ‚Lehrverwalter‘ wäre dagegen entstanden, als im Rabbinat der ursprünglich auf den Charismatiker angewandte Begriff auf den rabbinischen Gelehrten bezogen wurde und infolge der im Rabbinat sonst nachweisbaren Unterordnung der charismatischen Fähigkeiten unter die Beherrschung des Gesetzes der charismatische Gehalt der Bedeutung abgeschliffen und die (göttliche) Ermächtigung, über das Gesetz zu verfügen, bedeutungsbestimmend wurde.

deuten. Jesus trat als charismatischer Wanderlehrer auf, der die Nähe der Gottesherrschaft verkündete, die Kranken heilte und die Dämonen austrieb. Für sich und seine Nachfolger forderte er ein Ethos der Heimatlosigkeit, eine Abkehr von familiären Bindungen und eine kritische Haltung zum Reichtum und Besitz. Nach seinem Tod traten auch die Träger der jesuanischen Tradition als Wandercharismatiker auf, die seine Lebensart nachahmend seine Botschaft von der Gottesherrschaft weiter verkündeten[95]. Die in Rede stehenden Überlieferungen sind durch die Annahme verständlich, daß solche charismatische Wanderlehrer in Palästina als *brnš* ‚(göttlich) Ermächtigte' bezeichnet wurden. Die erste Hälfte des Doppelsatzes von der Lästerung des Geistes erlaubt mehrere gleichberechtigte Deutungen, weil sowohl eine Herkunft von Jesus als auch eine Entstehung in der jesuanischen Bewegung in Frage kämen; läßt man diese Frage außer acht, setzt man aber voraus, daß eine generische Verwendung von *brnš* vorliegt, ist, obgleich die Bedeutung ‚Mensch' vertretbar wäre, der Bezug auf den charismatischen Wanderlehrer als ‚(göttlich) Ermächtigter' näherliegend: Matthäus 12,32/Lukas 12,10[96]. Im Aramäischen konnte ein Wort, das einen Menschen in einer

---

[95] Wahrscheinlich gemacht von *Gerd Theißen*, Wanderradikalismus. Literatursoziologische Aspekte der Überlieferung von Worten Jesu im Urchristentum (1973: ders., Studien zur Soziologie des Urchristentums [WUNT 19], 1979, S. 79–105).
[96] Mit *H. Lietzmann*, Menschensohn, S. 87–89, *C. Colpe*, Art., S. 445,12–446,7, „mit generischem *br nš*" und *B. Lindars*, Jesus Son of Man, S. 37, „a general statement" ist eine generische Verwendung von *brnš'* wahrscheinlich. Wer die forschungsgeschichtliche Kontinuität wahren will, wird bei der Bedeutung ‚Mensch' bleiben. Schon *G. Genebrardus*, De S. Trinitate libri tres contra huius aevi Trinitarios, Antitrinitarios, & Autotheanos, Parisiis 1569, S. 246, deutet: „Filium hominis, id est, hominem." *Lietzmann*, ebenda, S. 87–89, deutet: „jeder der ein Wort gegen einen Menschen sagt". *Colpe*, ebenda, S. 445,12–446,7, geht in seiner Deutung des Spruches von einer hypothetisch angesetzten aramäischen Urform aus, vermeidet aber in seiner deutenden Paraphrase des Spruches eine spezifische Wiedergabe des Wortes: „. . . keine Tatsünde, die das Verhältnis von Mensch zu Mensch zerstört, und keine Lästerung, mit der der Mensch wider Gott frevelt, [ist] unvergebbar . . ." *Lindars*, ebenda, S. 37, versteht: „You can slander me as a man, because anyone who slanders a man can be forgiven . . ." Man hätte in diesem Fall einen Beleg für die syrische Bedeutung des Wortes, die nach *R. Kearns*, Vorfragen zur Christologie I, S. 165–166, auch eventuell in Palästina um die Zeitenwende möglich gewesen wäre. *G. Dalman*, Worte Jesu, S. 209, der auch die Bedeutung ‚Mensch' für *brnš* vertritt, legt aber das Fundament für eine andere Bedeutungsbestimmung des Wortes: „Jesus [wird] als Mensch von dem durch ihn wirkenden göttlichen Geist unterschieden. Schmähung des Menschen Jesus ist vergebbar, Lästerung der Gotteskraft in ihm ist unvergebbar, weil sie Gotteslästerung ist." Nach *Dalmans* Deutung, verstand sich Jesus als einer, durch den der heilige Geist auf besonderer Weise wirkte. Jesus verstand sich demnach nicht als gewöhnlicher Mensch, sondern als geisttragender Charismatiker. Hat man – Jesus oder ein charismatischer Wanderlehrer in der jesuanischen Bewegung – *brnš* ‚(göttlich) Ermächtigter' als Ausdruck für den charismatischen Träger des heiligen Geistes verstanden, wäre das

bestimmten sozialgeschichtlichen Rolle bezeichnete, derart generisch verwendet werden, daß eine kategorische Aussage unter Einschluß des Redenden entstand[97]. Auch das Wort *brnš* ‚(göttlich) Ermächtigter' zur Bezeichnung des charismatischen Wanderlehrers wäre dazu geeignet. Zwei einander grammatisch gleichgebildete Sentenzen, deren Herkunft von Jesus selbst wahrscheinlich sind, beinhalten *brnš* in einer kategorischen Aussage unter Einschluß des Redenden: Matthäus 8,20/Lukas 9,58[98] und Markus 2,10[99]. In zwei weiteren einander grammatisch

---

(Anmerkung 99 steht auf der nächsten Seite.)
gleiche Verständnis von *brnš* vorhanden, das auch durch BerR XXXVIII 13 (S. 363,7) belegt ist, wonach der *brnš* ‚(göttlich) Ermächtigter' die *rwḥ* ‚Geist' trägt. Man hat mit diesem Spruch einen Unterschied zwischen dem mit Vollmacht des heiligen Geistes wirkenden ‚(göttlich) Ermächtigten' und dem Geist selbst konstatieren wollen: Die Lästerung des ‚(göttlich) Ermächtigten' ist vergebbar, die des durch ihn wirkenden heiligen Geistes dagegen nicht.

[97] Jedes Wort, das den Menschen in einer bestimmten sozialgeschichtlichen Rolle bezeichnet, kann generisch gebraucht werden. Die generische Verwendung kann zudem in einem solchen Kontext erfolgen, daß der Redende sich der betreffenden Gattung zuzählt und sich selbst in die generische Aussage miteinbezogen wissen will. Durch diesen Sprachgebrauch will der Redende eine Aussage über sich selbst machen, er will aber die Aussage so begründen, daß das Urteil nicht nur ihm selbst als Einzelperson gilt, sondern daß jeder, der zu der genannten Gattung gehört, gleichfalls unter diese Aussage fällt. Dieser Sprachgebrauch ist auch im Aramäischen geläufig. Die Belege, die *G. Vermes,* Use, S. 320–327, und *H. Bietenhard,* „Der Menschensohn", S. 298–299, als Belege für eine Verwendung von *brnš* zur Umschreibung der ersten Person anführen, sind im wesentlichen Belege für diesen Sprachgebrauch.

[98] Der Satz enthält in den ersten zwei Gliedern eine Feststellung der Geborgenheit eines jeden Lebewesens, demgegenüber wird im dritten Glied ein Sonderfall dargestellt: Die Füchse haben Höhlen, die Vögel des Himmels Nester, der *brnš* aber hat nirgendwo, sein Haupt zu legen, ist also heimatlos. Der generische Gebrauch des Wortes wird von *H. Lietzmann,* Menschensohn, S. 90, erkannt, der die Deutung zur Diskussion stellt: „Für Füchse und Vögel sorgt die Natur, aber der Mensch ist obdachlos." *C. Colpe,* Art., S. 435,18–27, erwägt sowohl ein ursprüngliches Pronomen der ersten Person als auch ein ursprüngliches *brnš* und, wenngleich er zu einem ursprünglichen *brnš* neigt, führt er zugleich die einem Pronomen inhärente rollenmäßige Einschränkung in das Wort *brnš* ein. Er übersetzt *brnš* nämlich: „ein Mensch wie ich". *B. Lindars,* Jesus Son of Man, S. 30–31, vertritt eine entsprechende Deutung, indem er *brnš* mit „a man such as I" wiedergibt. Die Umständlichkeit der Übersetzungen von *Colpe* und *Lindars* beruht darauf, daß bei der angenommenen Bedeutung ‚Mensch' kein generischer Gebrauch von *brnš* vorliegen kann, denn der gewöhnliche, in die Gesellschaft eingegliederte Mensch ist keineswegs heimatlos. *Lindars,* der seine Deutung unsachgemäß als „a generic usage" bezeichnet, erkennt aber das eigentliche Problem: „Jesus means anyone who shares in the conditions of his own missionary vocation". Die Aussage ist nämlich nur dann sinnvoll, wenn der genannte Mensch eine bestimmte sozialgeschichtliche Rolle hat, für die die Heimatlosigkeit kennzeichnend ist. Die Hinzufügung „wie ich" beziehungsweise „such as I" schränkt den Bezug von *brnš* auf den Menschen ein, der die gleiche sozialgeschichtliche Rolle wie Jesus hat. Jesus trat als charismatischer Wanderlehrer auf, der für sich und seine Nachfolger ein Ethos der Heimatlosigkeit forderte. Mit dem Satz von der Heimatlosigkeit stellt Jesus die

gleichgebildeten Sentenzen stand in der ursprünglichen Fassung je ein explizites oder implizites Pronomen der ersten Person, das in der Tradierung des Spruches sekundär durch ein nichttitulares *brnš* ersetzt

sozialgeschichtliche Rolle des charismatischen Wanderlehrers dar, der die Seßhaftigkeit ablehnend sich dem Ethos der Heimatlosigkeit gewidmet hat. Er setzt dabei anscheinend voraus, daß *brnš* ‚(göttlich) Ermächtigter' in Palästina als Bezeichnung für den charismatischen Wanderlehrer gebräuchlich war und stellt die Behauptung auf, daß der ‚(göttlich) Ermächtigte' im Gegensatz zu den Füchsen und Vögeln heimatlos ist.

⁹⁹ Die Sentenz von der Sündenvergebung ist der von der Heimatlosigkeit grammatisch gleichgebildet: Der *brnš* hat die Vollmacht, auf Erden Sünden zu vergeben. Auch dieser Satz beinhaltet eine generische Verwendung von *brnš* in einer kategorischen Aussage unter Einschluß des Redenden, und auch in ihm ist die Bedeutung ‚Mensch' kaum tragfähig. Versteht man *brnš* generisch, muß die Sentenz bedeuten, daß der Mensch – also jeder Mensch – die Vollmacht zur Sündenvergebung hat. *H. Lietzmann,* Menschensohn, S. 89, paraphrasiert den Satz als Antwort auf die Frage der Pharisäer, wer Sünden vergeben könne als allein Gott: „... auch ein Mensch auf Erden kann die Sünden vergeben..." Die Paraphrase ist ungenau und es bleibt undeutlich, ob *Lietzmann* die Sentenz in der Tat als generische Aussage versteht, oder ob er den Begriff „ein Mensch" auf Jesus allein bezogen wissen will. In der Deutung der Sentenz wird zumeist davon ausgegangen, daß Jesus nicht jedem Menschen die Vollmacht zur Sündenvergebung zuspricht. *A. Meyer,* Jesu Muttersprache, S. 94–95, sagt ausdrücklich: „Jesus sagt übrigens damit nicht, dass jeder Mensch diese Macht, nämlich im Namen Gottes auf Erden Sündenvergebung zu verkünden, haben kann; dieser Mensch ist er." *C. Colpe,* Art., S. 433,18–19, stellt mit Recht fest: „Jesus generalisiert mit dem Wort *Mensch* nicht..." Um – unter der Annahme, daß *brnš* ‚Mensch' bedeute – das Vorkommen von *brnš* zu erklären, argumentiert er, daß das Wort durch die Notwendigkeit hervorgerufen wurde, auf den Einwand in Mk 2,7, daß niemand außer Gott Sünden vergeben kann, zu antworten. Diese Begründung ist aber kaum stichhaltig, denn der Spruch ist ursprünglich selbständig gewesen und wurde erst sekundär durch die apophthegmenartige Umrahmung erweitert. *Colpe,* ebenda, S. 433, erkennt eine Einschränkung der Aussage mit Recht an, als er *brnš* an dieser Stelle mit „mir, Jesus, auch ein Mensch" übersetzt. *Colpe* will die Vollmacht zur Sündenvergebung, von der der Spruch redet, nur auf Jesus allein beziehen. *B. Lindars,* Jesus Son of Man, S. 44–47, erkennt auch an dieser Stelle mit Recht, daß ein „generic usage" vorliegt, er negiert aber sofort seine eigene Einsicht, indem er fortfährt: „This does not necessarily imply a universal statement, that *any man* has authority on earth to forgive sins." Wenn nicht „any man" gemeint ist, kann kein generischer Gebrauch vorliegen. Ein generischer Gebrauch von *brnš* fordert aber, daß die Vollmacht zur Sündenvergebung für jeglichen *brnš* gilt. Eine Begrenzung des Bezuges von *brnš* auf Jesus selbst, wie *Colpe* vorschlägt, oder nach *Lindars* auf nur bestimmte Menschen, ist kein eigentlich generischer Gebrauch. Auch für diesen Satz ist die Bedeutung ‚Mensch' nicht tragfähig – etwa so, daß die Vollmacht zur Sündenvergebung allen Menschen zugesprochen werden soll –, sondern Jesus bezeichnet mit *brnš* den Menschen in einer bestimmten sozialgeschichtlichen Rolle. Die sozialgeschichtliche Rolle, die vorausgesetzt wird, ist im Umriß klar. Im Judentum war die Sündenvergebung eine Sache Gottes und war in erster Linie mit dem Tempelkult verbunden. *Otfried Hofius,* Vergebungszuspruch und Vollmachtsfrage („Wenn nicht jetzt, wann dann?" Aufsätze für Hans-Joachim Kraus zum 65. Geburtstag, 1983, S. 115–127), macht wahrscheinlich, daß es im Judentum weder einen priesterlichen Absolutionsakt gegenüber dem einzelnen noch einen priesterlichen Vergebungszuspruch an die im Tempel versammelte Gemeinde gegeben hatte, daß aber der Priester als der Beauftragte Jahwes verstanden wurde, der dem um Gottes Vergebung bittenden Sünder in abgeleite-

wurde; das Tradierungsverständnis der Überlieferungen ist ungenügend geklärt, um eine überzeugende Deutung vorzunehmen[100], aber wenn man die Sentenzen Jesu, in denen ein generisches *brnš* vorlag, in der

---

ter Vollmacht den göttlichen Freispruch ausrichtet. Jesus trat als charismatischer Wanderlehrer auf. Hat er *brnš* ‚(göttlich) Ermächtigter' als Bezeichnung für den charismatischen Wanderlehrer benutzt und hat er die an sich priesterliche Funktion, als Beauftragter Gottes in abgeleiteter Vollmacht die Sündenvergebung auszurichten, auch dem Charismatiker zugerechnet, ist die vorliegende Sentenz als kategorische Aussage unter Einschluß des Redenden sinnvoll. Jesus erkennt dem ‚(göttlich) Ermächtigten' die Vollmacht zur Sündenvergebung zu und schließt sich selbst auch mit ein. Ob man ein solches Verständnis für das palästinische Judentum auch sonst belegen kann, ist umstritten. Das Urteil hängt von der Deutung von 4QOrNab 3 ab. *G. Furlani,* Aram. GĀZRĪN = SCONGIURATORI (AAL.R 8. Ser. 3, 1948, S. 177–196), analysiert das nur selten nachweisbare aramäische Wort *gzr:* Er stellt die belegten Übersetzungen zusammen, erarbeitet die Bedeutung der semitischen Wurzel, bietet einen Überblick über die bisherigen Deutungen des Wortes und macht dabei wahrscheinlich, daß das Wort ‚Exorzist'/‚Zauberer' bedeutet. *A. Dupont-Sommer,* Exorcismes et guérisons dans les écrits de Qoumrân (Congress Volume. Oxford 1959 [VT.S 7], 1960, S. 246–261), verweist auf das gleiche, von *Furlani* nicht berücksichtigte Wort in 4QOrNab 3 und vertritt auch dafür die von *Furlani* vertretene Bedeutung. Da die Stelle nur fragmentarisch erhalten ist, hängt ihre Deutung von der Ergänzung ab. Der Kontext handelt von der siebenjährig währenden Krankheit des Nabonidus, die anschließend geheilt wurde. Nach *G. Vermes,* Jesus the Jew, S. 67–69, ist die Stelle so zu ergänzen, daß der Exorzist im Zusammenhang mit der Heilung des Nabonidus auch die Sündenvergebung vermittelt. So übersetzt *Vermes:* ‚I was afflicted with an evil ulcer for seven years . . . and a *gazer* pardoned my sins. He was a Jew from among [. . .' Der ‚Exorzist'/‚Zauberer' ist jedenfalls ein charismatisch Begabter, so daß nach *Vermes* die Stelle ein Beleg dafür ist, daß nicht nur dem Priester, sondern auch dem jüdischen Charismatiker in bestimmten Randgruppen des palästinischen Judentums die Vollmacht zur Vermittlung der Sündenvergebung zuerkannt wurde. Jesus trat als charismatischer Wanderlehrer auf, der Kranke heilte und Dämonen austrieb. Ist die Deutung von *Vermes* richtig, hätte man in dem Charismatiker in 4QOrNab 3 eine Parallele zu der kategorischen Aussage unter Einschluß des Redenden in Mk 2,10, nach der der ‚(göttlich) Ermächtigte', der Charismatiker, die Vollmacht zur Vermittlung der Sündenvergebung hat. Die Ergänzung von *Vermes* ist allerdings unsicher. *Rudolf Meyer,* Das Gebet des Nabonid (SSAW.PH 107,3), 1962, S. 33, übersetzt: „[Doch als ich bekannt hatte meine Verkehrtheit] und meine Sünde, verzieh er sie. Ein Seher, und zwar ein jüdischer [Mann] . . ." *Pierre Grelot,* La prière de Nabonide (4 Q Or Nab) (RB 9, 1977/78, S. 483–495), S. 485, übersetzt: „Et ap[rès cela,] Di[eu] dirigea [sa face vers moi et il me guérit,] et mon péché, il le remit. Un devin . . . [. . . (me) dit:]". *Klaus Beyer,* Die aramäischen Texte vom Toten Meer, 1984, S. 223–224, übersetzt: „Aber derjenige [welcher] bestimmt hat [meinen Lohn] und meine Strafe, sparte sich einen Wahrsager auf, und zwar war es ein Jude." Bei solchen Ergänzungen des Fragments entfällt allerdings die Aussage, daß der Charismatiker die Sündenvergebung vermitteln kann und damit auch die Parallelität mit Mk 2,10.

[100] Nicht nur das Tradierungsverständnis, sondern sogar die Entstehungssituation der mit ἦλθον und Infinitiv gebildeten Sprüche ist strittig. *Adolf Harnack,* „Ich bin gekommen" (ZThK 22, 1912, S. 1–30), hält sie für echte Worte Jesu. *R. Bultmann,* Geschichte der synoptischen Tradition, S. 64–68, neigt dagegen zu der Annahme, daß sie mehrheitlich, wenn nicht gänzlich als Gemeindebildungen anzusehen sind. *E. Arens,* ΗΛΘΟΝ-Sayings, S. 344, faßt seine detaillierte Analyse damit zusammen, daß Lk 12,49 auf Jesus

Tradierung noch in ihrem ursprünglichen Sinn als kategorische Aussagen verstand, wenn die Träger der jesuanischen Tradition als charismatische Wanderlehrer auftraten und sich selbst auch als *brnš* ‚(göttlich) Ermächtigter' verstanden, so daß sie sich auch in die Aussagen der Sentenzen Jesu mit einschlossen[101], und wenn die Träger der jesuanischen Tradition das Pronomen der ersten Person in den in Rede stehenden Sentenzen auf sich selbst als charismatische Wanderlehrer bezogen[102], dann ist es naheliegend, daß charismatische Wanderlehrer den Sprachgebrauch Jesu nachahmend und sich selbst mit einschließend ein generisches *brnš* setzten und damit kategorische Aussagen unter Einschluß des Redenden entstehen ließen: Markus 10,45[103] und Lukas

---

zurückzuführen ist, Mk 2,17b und Mt 10,34b unsicher sind, alle anderen dagegen auf die frühe Gemeinde zurückgehen. Nach *Arens* sind demnach die beiden in Rede stehenden Logien, Mk 10,45a und Lk 19,10, als Gemeindebildungen anzusehen. Die Frage, die für das Tradierungsverständnis gestellt werden muß, nämlich die nach dem Bezug der ersten Person, stellt sich auch für das Entstehungsverständnis derjenigen Logien, die als Gemeindebildungen anzusehen sind: Bei der Entstehung des jeweiligen Logions kann man die erste Person auf Jesus bezogen haben und den Inhalt anachronistisch auf die Zeit des irdischen Wirkens Jesu rückprojiziert haben, so daß sie nach *Arens*, ebenda, S. 345, „*look back at the totality of Jesus' mission* as seen and grasped by the early Church", oder kann man die erste Person auf den formulierenden Charismatiker in der Gemeinde bezogen haben, womit sein Wirken als Träger jesuanischer Tradition zur Sprache gebracht wurde.

[101] *Gerd Theißen,* Soziologie der Jesusbewegung (TEH 194), ²1978, S. 26–32, zeigt, daß tradierte Aussagen über den Menschensohn – *Theißen* ignoriert die gesamte forschungsgeschichtliche Problematik der Einordnung von sogenannten Menschensohnworten, seine Feststellung trifft aber auch für zumindest eine der beiden von Jesus stammenden mit nichttitularem *brnš* gebildeten Sentenzen zu – eine „unübersehbare Parallelität" zum Verhalten der Wandercharismatiker aufweisen, daß es also eine „Strukturhomologie" zwischen dem Verhalten des Menschensohnes und dem des Wandercharismatikers gibt. Die Folgerung ist daher naheliegend, daß die Wandercharismatiker der jesuanischen Bewegung sich in die von ihnen tradierten, mit generischem *brnš* gebildeten kategorischen Aussagen unter Einschluß des Redenden miteinbezogen.

[102] *G. Theißen,* Wanderradikalismus, S. 88–89, stellt die These auf, daß Wandercharismatiker, die ein der Logienüberlieferung entsprechendes Ethos praktizierten, auch Logien im Ich-Stil derart auf sich selbst bezogen, daß sie zum „Stellvertreter Jesu" wurden. Dies war sicherlich nicht der Fall bei allen im Ich-Stil formulierten Logien. Die Frage ist aber berechtigt, ob nicht die in Rede stehenden Sentenzen derart von den charismatischen Wanderlehrern in der jesuanischen Bewegung benutzt wurden. Die Gattung – eine Sentenz mit '*t' l* ‚wollen'/‚beabsichtigen' und Infinitiv, wodurch die Sendung des Redenden ausgesprochen wird – eignet sich auch, um das Sendungsbewußtsein der Träger der jesuanischen Überlieferung zum Ausdruck zu bringen.

[103] Die überlieferungsgeschichtliche Stufe ist die von der aramäischen Fassung von Mk 10,42b–45a, also ohne die tertiäre Ergänzung 10,45b. Wenn 10,45a überhaupt ein ursprünglich selbständiges Logion war, ist sein Ursprung unklar: *E. Arens,* ΗΛΘΟΝ-Sayings, S. 117–161, gibt keine explizite Begründung, setzt aber voraus, daß 10,45a eine Gemeindebildung ist; da aber Jesus sich dieser Gattung bediente und nichts gegen eine Herleitung von Jesus spricht, ist auch ein echtes Wort Jesu nicht ausgeschlossen. Nach

19,10[104]. Ein Spruch läßt bei der gegenwärtigen Forschungslage mehrere gleichberechtigte Deutungen zu; setzt man voraus, daß der Spruch von Jesus stammt, bleibt immer noch unklar, ob *brnš* in der ursprünglichen Formulierung stand oder ob es erst sekundär anstelle eines impliziten oder expliziten Pronomens der ersten Person gesetzt wurde: Matthäus 11,19/Lukas 7,34[105]. Als die sechs ursprünglich aramäischsprachi-

Rudolf Pesch, Das Markusevangelium II (HThK), 1977, S. 161, ist 10,42b–44 eine „Gemeinderegel", so daß die sekundär entstandene Einheit 10,42b–45a, die die eigentliche durch *brnš* ergänzte Einheit bildet, von seiner Entstehung her zumindest teilweise eine Gemeindebildung ist. Für die Beurteilung des Verständnisses von *brnš* bei dessen sekundärer Setzung wäre es von Bedeutung zu wissen, ob man die Überlieferung insgesamt zur Zeit der sekundären Setzung von *brnš* als Wort Jesu oder als Gemeindebildung verstanden hat.

[104] *E. Arens,* ΗΛΘΟΝ-Sayings, S. 161–180, macht wahrscheinlich, daß der ursprüngliche Spruch – ohne das lukanisch redaktionelle καὶ σῶσαι – zwar gattungsmäßig entsprechenden Sprüchen Jesu gleicht, aber wegen der schriftexegetischen Abhängigkeit von Ezech 34,16 als Gemeindebildung anzusehen ist. Auch in diesem Fall wäre es für die Beurteilung des Verständnisses von *brnš* von Bedeutung zu wissen, ob man die Überlieferung zur Zeit der sekundären Setzung von *brnš* als Gemeindebildung noch verstand oder den Worten Jesu zugeordnet hat.

[105] *H. Lietzmann,* Menschensohn, S. 90–91, der *brnš* mit „jemand", und *C. Colpe,* Art., S. 434,1–19, der mit „einer" übersetzt, setzen eine individuelle Verwendung des Wortes voraus. *Lietzmann* meint vermutlich, daß in *brnš* ein Selbstbezug auf Jesus vorliegt. *Colpe* spricht dies direkt aus: „... dem Asketen Johannes wurde eben nicht irgendein essender oder trinkender Mensch gegenübergestellt, sondern Jesus." Eine solche individuelle Verwendung des Wortes mit Bezug auf den Redenden kommt aber im aramäischen Sprachgebrauch nicht in Frage. Wenn der Spruch von Jesus stammt und das Wort *brnš* ursprünglich ist, hat man es auch in diesem Spruch – trotz des Dictums von *P. Fiebig,* Der Menschensohn, 1901, S. 64, „dass die kollektive Fassung ganz unmöglich ist, ist auf den ersten Blick deutlich" – mit einem generischen Gebrauch des Wortes zu tun. *B. Lindars,* Jesus Son of Man, S. 31–34, der ausdrücklich eine generische Deutung des Wortes vertritt, deutet das Wort mit der folgenden Feststellung: Jesus ist „classing himself with the Baptist as another of the same group". Er paraphrasiert den Spruch, indem er *brnš* mit „*someone else*" wiedergibt: „Whereas John the Baptist was called a madman when he came as an ascetic, when *someone else* comes ...". *Matthew Black,* Aramaic barnāsha and the ‚Son of Man' (ET 95, 1984, S. 200–206), S. 205, stellt mit Recht entgegen: „This is a strange exegesis, since the point of the saying is usually taken to be that this is exactly what Jesus is not doing: he is not classing himself as an ascetic with an ascetic." Eine generische Deutung von *brnš* muß, wie *Black* richtig sieht, eine Klasse von Menschen bezeichnen, die Johannes entgegengestellt werden kann. *Black* versucht diese Klasse näher zu bestimmen: „Jesus is placing himself, not alongside everyman, but with a special class of new men", Menschen „with a saving mission to humanity, a mission embracing its outcasts and rejected". Diese Bestimmung der gemeinten Klasse schießt über die Aussage des Spruches allerdings hinaus, denn von dem *brnš* wird lediglich gesagt, daß er kein Asket ist, wenngleich der Vorwurf des Volkes – unter der kaum sicheren Annahme, daß die Kennzeichnung des Bezeichneten als Freund von Zöllnern und Sündern noch zum ursprünglichen Spruch gehört – darüber hinaus ein weitergehendes asoziales Verhalten beinhaltet. Die Einsicht von *Black* aber, daß ein generischer Gebrauch eine engere Bedeutung von *brnš* als ‚Mensch' erfordert, stimmt auch mit der von *Colpe* überein, daß *brnš* „nicht den

gen Überlieferungen ins Griechische übersetzt wurden, wurde das nichttitulare *brnš*[106] nicht bedeutungsgerecht übersetzt, sondern durch den

gewöhnlichen Menschen" meint. Die Annahme, daß es charismatische Wanderlehrer gegeben hat, die je als *brnš* ‚(göttlich) Ermächtigter' bezeichnet wurden und zu denen Jesus sich selbst zählte, würde eine sachgemäßere Deutung des Spruches gestatten. Jesus stellt dem Asketen Johannes den Charismatiker, der nicht durch asketisches Auftreten gekennzeichnet war, gegenüber: Johannes kommt weder essend noch trinkend, und man sagt, er habe einen Dämon; ‚der (göttlich) Ermächtigte' kommt essend und trinkend und man sagt, er sei ein Fresser und Weinsäufer. Die Pointe des Spruches wäre, daß alle von Gott geschickten Boten, sowohl der Asket Johannes als auch die nichtasketischen charismatischen Wanderlehrer, vom Volk abgelehnt werden. Dabei setzt Jesus voraus, daß der Prophet Johannes nicht, er selbst aber doch zu der Gruppe der charismatischen Wanderlehrer gehört, die je für sich die Bezeichnung ‚(göttlich) Ermächtigter' beanspruchen. Wenngleich eine generische Verwendung von *brnš* vorliegen könnte, ist es, weil mit Johannes ein Individuum in der ersten Hälfte des Spruches steht, vielleicht näherliegend anzunehmen, daß der Vergleich in der zweiten Hälfte ein implizites oder explizites Pronomen der ersten Person beinhaltet hat, so daß ein Vergleich von Johannes und Jesus je als Einzelperson vorliegt. *Lietzmann*, ebenda, S. 90–91, meint, daß ein ursprüngliches Pronomen „ebensowahrscheinlich" ist. *Colpe*, ebenda, S. 434 Anm. 240, stellt fest: „Jedoch bleibt auch die 1. Per[son] möglich . . ." Der Spruch hätte ursprünglich folgendermaßen gelautet: Johannes kam weder essend noch trinkend, und man sagte, er habe einen Dämon; ich komme essend und trinkend, und man sagt, er sei ein Fresser und Weinsäufer. Sollte ein explizites oder implizites Pronomen der ersten Person ursprünglich gewesen sein, ist eine sekundäre Ergänzung von *brnš* möglich gewesen. Hinter dem vorliegenden ἦλθεν/ἐλήλυθεν liegt ein ursprüngliches *'t*'. Zwischen den Sentenzen Mk 10,45 und Lk 19,10, die mit *'t*' *l* gebildet wurden und diesem mit einfachem *'t*' gebildeten Satz besteht ein sachlicher Unterschied, der gemeinsame Gebrauch von *'t*' stellt aber eine äußerliche Ähnlichkeit dar. Da der Vergleich mit Johannes auch die Rolle Jesu als charismatischer Wanderlehrer thematisiert, wird die grammatische Ähnlichkeit durch eine thematische Übereinstimmung unterbaut. Diese Entsprechung hätte dazu führen können, daß man in der jesuanischen Bewegung in Analogie zu den Sentenzen mit *'t*' *l* auch in diesem Fall *brnš* anstelle des ursprünglichen Pronomens der ersten Person sekundär setzte. Es kann demnach ein generisches *brnš* sein, womit der charismatische Wanderlehrer sich selbst miteinschließend eine kategorische Aussage unter Einschluß des Redenden bildete und sowohl Jesus als auch die Charismatiker der jesuanischen Bewegung im Gegensatz zu Johannes stellte.

[106] Hat Jesus sich selbst als einen charismatischen Wanderlehrer verstanden und sich in dem Zusammenhang mit *brnš* ‚(göttlich) Ermächtigter' bezeichnet, wäre es nicht fernliegend, daß man in der jesuanischen Bewegung Jesus als den hervorragenden göttlich Ermächtigten verstünde, so daß in dem geschlossenen Traditionsraum das – sicherlich determinierte – *brnš* in der Bedeutung ‚der (göttlich) Ermächtigte' als prophetologische Würdebezeichnung für den verstorbenen Lehrer geprägt worden wäre. Einen eindeutigen Beleg gibt es nicht. Sollte die tertiäre Ergänzung in Mk 10,45 noch auf der aramäischsprachigen Stufe erfolgt sein, wäre darin der Vollzug der Einengung des Wortes zu einer prophetologischen Würdebezeichnung indirekt belegt. Die mit *brnš* auf der aramäischsprachigen Stufe versehene Einheit Mk 10,42b–45a wurde tertiär durch das epexegetische καί und δοῦναι τὴν ψυχὴν αὐτοῦ λύτρον ἀντὶ πολλῶν ergänzt. Die Formulierung reflektiert eindeutig eine aramäische Urform. *Gustaf Dalman*, Jesus-Jeschua, 1922, S. 110, meint, daß hinter καὶ δοῦναι τὴν ψυχὴν αὐτοῦ ein aramäisches *wjtn npšh*, hinter λύτρον *pwrqn*, hinter ἀντί *ḥlp* und hinter πολλῶν *sgjn* liegen. Die traditionsgeschichtliche

Menschensohntitel ersetzt[107]: Matthäus 8,20/Lukas 9,58[108], Markus

(Anmerkungen 107 und 108 stehen auf der nächsten Seite.)
Einordnung ist noch nicht vollends gelungen. Es besteht ein Konsens, daß *sgjn*/πολλοί in der Verbindung *ḥlp sgjn*/ἀντὶ πολλῶν eine Entlehnung aus *rbjm* ‚viele' Jes 53,10 ist, womit eine Beziehung zum deuterojesajanischen Gottesknecht hergestellt wird. Die unübersehbare Zahl von Versuchen, eine weitere Abhängigkeit der Formulierung von Jesaja 53, nämlich *pwrqn*/λύτρον als eine exegetische Verwertung von *'šm* ‚Sühnopfer' Jes 53,10 zu verstehen, kranken daran, daß sie der Bedeutung dieses oder jenes Wort Gewalt antun müssen. Die Einsicht von *Werner Grimm*, Weil ich dich liebe. Die Verkündigung Jesu und Deuterojesaja (Arbeiten zum Neuen Testament und Judentum 1), 1976, S. 234–235, ist dagegen richtig: Es „führt sprachlich kein Weg von *'šm* zu λύτρον", denn *pwrqn*/λύτρον ist mit dem hebräischen *kpr* identisch. *Grimms* eigener Versuch *pwrqn*/λύτρον aus Jes 43,3–4 herzuleiten, ist dagegen willkürlich, da der Kontext ein völlig anderer ist. Die Lösung scheint in einer anderen Richtung zu liegen. Die Quellen für die jüdische Märtyrervorstellung stellt *E. Lohse*, Märtyrer und Gottesknecht (FRLANT 64), ²1963, S. 66–72, zusammen, allerdings mit der unrichtigen These, daß es sich dabei letztlich um nichthellenistische Vorstellungen in hellenistischen Texten handelt. Wie die vereinzelten Belege bei *Klaus Wengst*, Christologische Formeln und Lieder des Urchristentums (StNT 7), 1972, S. 67–68, zeigen und *Martin Hengel*, The Atonement, 1981, S. 4–28, in einen größeren Rahmen darstellt, war die Vorstellung eines Sterbens zugunsten einer anderen Sache oder Person im Griechentum weitverbreitet. Diese griechische Vorstellung fand Eingang auch in das hellenistische Judentum, und zwar derart, daß das Geschick der jüdischen Märtyrer als stellvertretender Sühnetod gedeutet wurde. *Wengst*, ebenda, S. 68, zeigt, daß ἀποθνήσκειν ὑπέρ, und *Joachim Jeremias*, Das Lösegeld für Viele (Mk 10,45) (1947/48: ders., Abba. Studien zur neutestamentlichen Theologie und Zeitgeschichte, 1966, S. 216–229), S. 221, daß auch ἀντίψυχον auf den Tod des Märtyrers bezogen wurde. Das Wort ἀποθνήσκειν entspricht der aramäischen idiomatischen Wendung *ntn npšh*/δοῦναι τὴν ψυχὴν αὐτοῦ, ὑπέρ entspricht nach *Jeremias*, ebenda, S. 206, *ḥlp*/ἀντί und ἀντίψυχον beziehungsweise ein entsprechendes Synonym entspricht nach *Jeremias*, ebenda, S. 217, *pwrqn*/λύτρον. Zwischen der hellenistischen Märtyrerterminologie und der Formulierung des vorliegenden aramäischen Satzes liegt – mit Ausnahme des einen aus Jes 53,10 stammenden Wortes – eine begriffliche Übereinstimmung, die nur durch die wörtliche Übersetzung aus dem Aramäischen ins Griechische verdeckt wird. Wie die traditionsgeschichtliche Verwandtschaft zu erklären ist, bleibt dagegen ungeklärt. Die aramäische Formulierung war wohl ohne Einfluß von Jesaja 53 entstanden. Wenngleich zwischen *pwrqn*/λύτρον ‚Lösegeld' und *'šm* ‚Sühnopfer' keine semantische Übereinstimmung vorhanden war, hatte sie dennoch eine sachliche Nähe zu *tśjm 'šm npšw* ‚du machtest seine Seele ein Sühnopfer' Jes 53,10, womit der Weg gebahnt war, den Bezug des Leidens des jesajanischen Gottesknechtes für *rbjm* ‚viele' mit *sgjn*/πολλοί aufzunehmen. Traditionsgeschichtlich liegt die Formulierung im noch nicht näher bestimmbaren Umfeld der jüdischen Märtyrertradition, die ihrerseits durch die Vorstellung des deuterojesajanischen Gottesknechtes kontaminiert wurde; sie deutet das dienende Verhalten als stellvertretenden Sühnetod. Die Abhängigkeit der Formulierung von aramäischsprachiger Begrifflichkeit legt die Vermutung nahe, daß die Ergänzung schon auf der aramäischsprachigen Stufe stattfand. Da die Ergänzung eindeutig auf Jesus als Einzelperson bezogen ist, wäre damit *brnš* inhaltlich auf Jesus eingeengt worden und damit faktisch zur prophetologischen Würdebezeichnung geworden. Möglich wäre allerdings auch, daß die ursprünglich aramäischsprachigen Begriffe in die griechische liturgische Sprache eingingen und erst auf der griechischsprachigen Stufe an die griechische Übersetzung von Mk 10,42b–45a angehängt wurden. Traditionsgeschichtlich spricht einiges für diese Erklärung. Die belegte Vorstel-

2,10[109], Markus 10,45[110], Lukas 19,10[111], Matthäus 11,19/Lukas 7,34[112] und Matthäus 12,32/Lukas 12,10[113].

lung vom Sühnetod ist mit der Vorstellung des Todes des leidenden Gerechten entfernt verwandt. Auf der griechischsprachigen Ebene wurde der Menschensohntitel mit der Tradition des leidenden Gerechten kontaminiert. Diese griechische Übersetzung von Mk 10,42b–45a hätte den auf Jesus bezogenen griechischen Menschensohntitel beinhaltet, so daß der Bezug auf Jesus als Einzelperson von Anfang an vorgegeben war. Es wäre daher denkbar, daß die Verbindung zwischen Jesus als Menschensohn und dem leidenden Gerechten der Anlaß dafür war, auch diese griechischsprachig tradierte Begrifflichkeit auf Jesus als Menschensohn zu beziehen.

[107] Der Menschensohntitel in seiner griechischen Gestalt läßt sich nicht als eine Übersetzung des nichttitularen *brnš* – auch nicht einer eventuellen prophetologischen Würdebezeichnung – verstehen. Eine Übersetzung wäre durch eine appellativisch sachgemäße griechische Entsprechung gemacht worden.

[108] Der vermutlich selbständig überlieferte Spruch wurde noch auf der aramäischsprachigen Stufe sekundär in die erste Hälfte eines zweigliedrigen biographischen Apophthegmas eingefügt. Das Apophthegma war die Vorlage für die griechische Übersetzung, bei der nach *C. Colpe,* Art., S. 444,18–25, der Menschensohntitel an die Stelle des nichttitularen *brnš* eingesetzt wurde.

[109] *C. Colpe,* Art., S. 433,12–22, geht davon aus, daß die Sentenz nicht selbständig, sondern erst im Zusammenhang mit dem apophthegmenartigen Einschub in die vorher entstandene Heilungsgeschichte entstanden ist. Demnach folgert ders., ebenda, S. 444,18–25, daß die Übersetzung des nichttitularen *brnš* durch den Menschensohntitel bei der Übersetzung der erweiterten Heilungsgeschichte stattfand. Die Sentenz Mk 2,10 ist aber selbständig entstanden. Sie wurde auch vermutlich alleinstehend ins Griechische übersetzt, denn es ist unwahrscheinlich, daß die Einfügung der Sentenz in die vorgebildete Heilungsgeschichte mittels des apophthegmenartigen Dialoges noch auf der aramäischsprachigen Stufe erfolgte.

[110] *C. Colpe,* Art., S. 451,18–30, behandelt die Frage nach der überlieferungsgeschichtlichen Stufe der Entstehung des Menschensohntitels nicht. Als aramäischsprachige Überlieferung hat Mk 10,42b–45a oder gar 10,42b–45b zu gelten. Der Menschensohntitel wurde bei der Übertragung dieser Einheit als Übersetzung für das nichttitulare *brnš* benutzt.

[111] *C. Colpe,* Art., S. 456,14–25, urteilt mit Recht, daß die Sentenz Lk 19,10 sekundär an den Schluß der Zachäusgeschichte angefügt wurde. Die überlieferungsgeschichtliche Stufe der Setzung des Menschensohntitels hängt von der Ursprache des Apophthegmas ab. *F. Hahn,* Christologische Hoheitstitel, S. 45, meint, daß die Erzählung hellenistischjudenchristliche Züge habe. Ist das Apophthegma erst in griechischer Sprache entstanden, wird die sekundäre Anfügung von 19,10 eine griechischsprachige Fassung von 19,10 voraussetzen. Demnach wäre der Menschensohntitel an die Stelle des nichttitularen *brnš* bei der Übersetzung des alleinstehenden Spruches ins Griechische gesetzt.

[112] Der Spruch wurde wohl alleinstehend ins Griechische übersetzt, wobei nach *C. Colpe,* Art., S. 444,18–25, der Menschensohntitel als Wiedergabe für *brnš* eingesetzt wurde.

[113] Das Verhältnis zwischen diesem Doppelsatz und Mk 3,28–29 ist umstritten. *C. Colpe,* Art., S. 445,12–446,7, läßt die Frage offen, ob Mk 3,28–29 ursprünglich die Grundform wiedergibt, ob die Grundform in nahezu ursprünglicher Gestalt in Lk 12,10 vorliegt oder ob eine gemeinsame hinter beiden Überlieferungen stehende Grundform anzunehmen ist. Wie dem auch sei, es ist für den Spruch Mt 12,32/Lk 12,10 eine aramäischsprachige Vorlage vorauszusetzen, in die mit *Colpe,* ebenda, S. 456,1–12, der Menschensohntitel durch die Übersetzung hineingekommen ist.

Nach dieser Übersicht der überlieferungsgeschichtlichen Setzung des Menschensohntitels bleiben drei Belege unberücksichtigt.
Lietzmann schenkte Markus 9,31 keine besondere Beachtung[114]. Obgleich man verschiedentlich auf „die merkwürdige Formulierung" in der Leidensansage verweist[115] oder apodiktisch nur den Satz ὁ υἱὸς τοῦ ἀνθρώπου παραδίδοται εἰς χεῖρας ἀνθρώπων als die „älteste Fassung" des Spruches hinstellt[116], gibt es keine forschungsgeschichtlich verfolgbare überlieferungsgeschichtliche Analyse der Stelle. Nach dem Zitatpartikel ὅτι folgen drei syntaktische Glieder, die in Spannung zu einander stehen. Das erste Glied, nämlich παραδίδοται εἰς χεῖρας ἀνθρώπων, hat den Menschensohn als Subjekt und das Verb in Präsens. Das zweite Glied, nämlich καὶ ἀποκτενοῦσιν αὐτόν, hat im Vergleich zum ersten Glied einen grammatisch nicht notwendigen Tempuswechsel[117] – Futur statt Präsens – und einen grammatisch ebenso unnötigen Subjektwechsel[118] – der Menschensohn als Objekt statt Subjekt. Das dritte Glied, nämlich καὶ ἀποκτανθεὶς μετὰ τρεῖς ἡμέρας ἀναστήσεται, bringt noch einmal den Menschensohn als Subjekt, hat das Verb nunmehr in Futur, aber angesichts des davorstehenden ἀποκτενοῦσιν ein völlig überflüssiges[119] ἀποκτανθείς. Dieses Gefüge ist nur dann verständlich, wenn einmal καὶ ἀποκτανθείς ohne davorstehendes καὶ ἀποκτενοῦσιν αὐτόν stand, womit der Menschensohn in beiden Sätzen das Subjekt wäre und ἀποκτανθείς als sachliche Brücke von παραδίδοται zu ἀναστήσεται diente. Die Herkunft dieses eingeschobenen Satzes von dem markinischen Redaktor wird durch eine entsprechend aufgebaute redaktionelle Bildung wahrscheinlich[120]. Es ist deswegen davon auszugehen, daß die Vorlage des markinischen Redaktors ursprünglich

---

[114] H. Lietzmann, Menschensohn, S. 53.
[115] F. Hahn, Christologische Hoheitstitel, S. 48.
[116] J. Jeremias, Älteste Schicht, S. 169.
[117] Friedrich Blass, Albert Debrunner und Friedrich Rehkopf, Grammatik des neutestamentlichen Griechisch, 15 1979, S. 228, ordnen παραδίδοται als einen futurischen Gebrauch des Präsens ein. Bei einer einheitlichen Formulierung müßte auch ἀποκτενοῦσιν Präsens statt Futur sein.
[118] Joachim Gnilka, Das Evangelium nach Markus I (EKK 2), 1978, S. 53, stellt einen „störenden Subjektwechsel" fest.
[119] Das Wort wird folgerichtig vom matthäischen Redaktor Mt 17,23 gestrichen.
[120] In der 9,31 entsprechend aufgebauten redaktionellen Bildung 10,33–34 gebraucht der markinische Redaktor anstatt Präsens durchwegs Futur: παραδοθήσεται, κατακρινοῦσιν, παραδώσουσιν, ἐμπαίξουσιν, ἐμπτύσουσιν, μαστιγώσουσιν, ἀποκτενοῦσιν und ἀναστήσεται. Der Gebrauch des Futurs in 9,31 dürfte daher auf die Hand des Redaktors zurückzuführen sein, wie denn auch das καὶ ἀποκτενοῦσιν bezogen auf ein vorherstehendes αὐτόν in 10,34 genau dem Satz καὶ ἀποκτενοῦσιν αὐτόν 9,31 entspricht.

nur das erste und das dritte Glied enthielt. Diese Formulierung ist aber ihrerseits nicht einheitlich. Die Feststellung der Tötung mit Partizip anstatt mit anreihendem finitem Verb deutet darauf, daß dieser Satz erst sekundär an den Vordersatz angehängt wurde, wobei es nicht um eine genaue Aufzählung der Ereignisse, sondern nur um die Feststellung von ἀναστήσεται im Anschluß an παραδίδοται ging. Partizipial wurde ἀποκτανθείς wegen der inneren Logik des Geschehens zusätzlich eingefügt. Als ursprüngliche Überlieferung hat daher nur der eine Satz zu gelten[121]:

ὁ υἱὸς τοῦ ἀνθρώπου παραδίδοται εἰς χεῖρας ἀνθρώπων.

Im klassischen Griechisch ist die Formulierung εἰς χεῖρας ‚in die Gewalt von' – mit χείρ im Plural – belegt[122], παραδιδόναι wird aber nicht mit dieser Wendung, sondern mit Dativ gebraucht[123]. Dagegen ist im Aramäischen die Formulierung *bjd* ‚in die/der Gewalt von' – mit *jd* im Singular – eine gängige Redeweise[124] und wird mit *msr*[125] benutzt[126]. Die Konstruktion παραδίδοται εἰς χεῖρας ist daher nur unter der

---

[121] C. Colpe, Art., S. 441,49–442,3, ordnet diese Überlieferung – über deren Abgrenzung ders., ebenda, S. 447,17–27, sich nicht festlegt – unter „Jesu Rätselworte[n] über seine eigene Vollendung" ein, die Jesus von sich in der ersten Person ausgesagt haben muß. Nach ders., ebenda, S. 447,13–16, ist der Menschensohntitel folglich sekundär anstelle des Pronomens gesetzt worden. Diese Annahme entnimmt *Colpe* der Darstellung von *J. Jeremias*, Älteste Schicht, S. 159–172. *Jeremias* argumentiert nämlich, daß die Mehrzahl der Menschensohnworte eine Parallelüberlieferung ohne den Menschensohntitel neben sich haben und daß grundsätzlich die Fassungen ohne Menschensohntitel den Anspruch auf Priorität haben. Diese Argumentation ist grundsätzlich richtig, insofern eine echte Parallelüberlieferung nachweisbar ist. Zu Mk 9,31 bietet *Jeremias*, ebenda, S. 161, εἰς ἐξ ὑμῶν παραδώσει με Mk 14,18 und ὁ παραδιδούς με ἤγγικεν Mk 14,42 an. Diese sind aber keineswegs echte Parallelüberlieferungen. Sie haben nur das eine Wort παραδιδόναι mit Mk 9,31 gemeinsam. Für Mk 9,31 ist die Beweisführung von *Jeremias* und folglich die von *Colpe* vorausgesetzte Priorität einer Fassung mit Pronomen nicht stichhaltig. Es gibt keinen Grund, die Ursprünglichkeit des Menschensohntitels in Frage zu stellen.
[122] *Henry George Liddell* und *Robert Scott*, A Greek-English Lexicon, ⁹1940, Stw. χείρ.
[123] *Friedrich Büchsel*, Art. παραδίδωμι (ThWNT 2, 1935), S. 172, urteilt: „Die Formel παραδοῦναι εἰς χεῖράς τινος . . . ist in reinem Griechisch nicht nachgewiesen . . ." Da es in der Septuaginta häufig vorkommt, folgert er, daß es hellenistisch-jüdischen Ursprunges ist.
[124] *Eduard Lohse*, Art. χείρ (ThWNT 9, 1973), S. 415–416, bietet Belege aus dem alttestamentlichen Hebräisch, *A. Schlatter*, Der Evangelist Matthäus, 1929, S. 537–538, aus dem Späthebräischen.
[125] *Fr. Büchsel*, Art. παραδίδωμι, S. 172, verweist auf hebräisches *msr* als Entsprechung zu παραδιδόναι. *msr* ist im Mittel- und Späthebräischen ein Aramaismus und dürfte die aramäische Entsprechung gewesen sein.
[126] *Wiard Popkes*, Christus traditus (AThANT 49), 1967, S. 58.64–65, bietet Beispiele für *msr* mit *jd*.

Voraussetzung verständlich, daß eine aramäische Vorlage msr mit bjd beinhaltete und daß diese ins Griechische wörtlich als παραδιδόναι und εἰς mit χείρ übersetzt wurden, allerdings in Angleichung an das griechische Sprachempfinden mit χείρ im Plural anstatt im Singular. Die Überlieferung entstand demnach in aramäischer Sprache. Sie wurde wohl selbständig ins Griechische übertragen und griechischsprachig tradiert. Auf dieser Stufe fand die sekundäre Ergänzung durch καὶ ἀποκτανθεὶς μετὰ τρεῖς ἡμέρας ἀναστήσεται statt.

Auch Markus 13,26 wurde von Lietzmann nur summarisch eingeordnet[127]. Das Menschensohnwort liegt in dem vielschichtigen Überlieferungszusammenhang Markus 13,3–31 vor. Die überlieferungsgeschichtliche Analyse des Textes begann im Jahr 1864, als Timothée Colani[128] die Existenz einer selbständigen Einheit in 13,5–31 erkannte, die er als „une grande interpolation" in den Text des Evangeliums identifizierte. Die von Colani in Bewegung gesetzte Forschung[129] hat zwar zu vielen Einzelbeobachtungen geführt, Resultate aber, die für die Beurteilung des Überlieferungszusammenhanges von grundlegender Bedeutung sind, haben nur zwei zeitlich sehr gedrängte Forschungsperioden hervorgebracht. Von Colani angeregt, hat Carl Weizsäcker[130] die erste Forschungsperiode eingeleitet, als er eine „kleine Apokalypse" identifizierte, die Bestandteile von 13,5–27 – in der Frage der Abgrenzung der Apokalypse blieb er undeutlich[131] – umfaßte. Die Apokalypse beurteilte er im Gegensatz zu Colani als eine Vorlage des Evangelisten, die bei ihrer Aufnahme in das Markusevangelium redaktionell ergänzt wurde.

---

[127] H. Lietzmann, Menschensohn, S. 53.
[128] T. Colani, Jésus-Christ et les croyances messianiques de son temps,²1864, S. 201–203.
[129] Eine Forschungsgeschichte bis zum Erscheinungsdatum bietet G. R. Beasley-Murray, Jesus and the Future, 1954 (1956), S. 1–80, von 1955 bis zum Erscheinungsdatum Rudolf Pesch, Naherwartungen. Tradition und Redaktion in Mk 13 (KBANT), 1968, S. 19–47, von 1968 bis zum Erscheinungsdatum R. Pesch, Markusevangelium II, S. 264–266, und von 1978 bis zum Erscheinungsdatum Cilliers Breytenbach, Nachfolge und Zukunftserwartung nach Markus (AThANT 71), 1984, S. 280/281 Anm. 4.
[130] C. Weizsäcker, Untersuchungen über die evangelische Geschichte, ihre Quellen und den Gang ihrer Entwicklung, 1864, S. 121–127.
[131] C. Weizsäcker, Untersuchungen, S. 121–122, nennt den Abschnitt Mk 13,5–31 „die Zukunftsrede Jesu". „Als der Kern derselben zeigt sich eine kleine Apokalypse, welche in drei Abschnitten die Vorzeichen . . . Mark. 13,7ff[,] . . .die messianischen Wehen . . . Mark. 13,14ff . . . und die Ankunft des Messias . . . Mark. 13,24ff . . . verkündet, hierauf mit einem Epilog parabolischer Fassung schliesst. Hiezu kommt als Einleitung des Ganzen die Warnung . . . Mark. 13,6."

Dieser Ansatz wurde von Otto Pfleiderer[132] präzisiert. Pfleiderer analysierte zwar den Paralleltext im Matthäusevangelium, seine Resultate wurden aber kurz danach von Wilhelm Weiffenbach[133] aufgrund der Priorität des Markusevangeliums auf das Markusevangelium übertragen[134] und wirkten dergestalt fort. Pfleiderer unterschied einige Abschnitte von anderen Abschnitten im Überlieferungszusammenhang, die durch „zwei nach Inhalt und Form heterogene Elemente" gekennzeichnet waren, von denen die einen „eine wohlgeordnete und aufs engste zusammenhängende Reihe" bildeten, die die anderen „störend unterbrachen"[135]. Die zusammenhängende Überlieferung bestand nach Pfleiderer – auf das Markusevangelium übertragen – aus 13,7–8.14–20.24–27. Damit war nach knapp einem Jahrzehnt die erste Forschungsperiode abgeschlossen. Die Existenz einer ursprünglich selbständigen sogenannten Apokalypse stand fest, und seine Abgrenzung war im wesentlichen bestimmt. Daß im Verlauf des nächsten Jahrhunderts die Abgrenzung der Überlieferung immer wieder zum Forschungsgegenstand gemacht wurde, ist ein Hinweis darauf, daß das überlieferungsgeschichtliche Problem noch nicht vollends gelöst war. Nachdem Pfleiderer die Abgrenzung der vormarkinischen Apokalypse überzeugend begründet hatte, gab es seit Weiffenbach[136] immer wieder Versuche, auch Teile von 13,28–31 der Vorlage zuzurechnen. Die zweite Forschungsperiode begann, als Ferdinand Hahn[137] diese Anregungen aufgriff und die Auffassung begründete, daß die Vorlage des markinischen Redaktors bis einschließlich 13,31 reichte und neben den von Pfleiderer bestimmten Abschnitten auch 13,9b.11–13.28–31 einschloß. Rudolf Pesch[138] griff diese Beweisführung auf und erkannte, daß die bis 13,31 reichende

---

[132] *O. Pfleiderer*, Ueber die Composition der eschatologischen Rede Matth. 24,4ff (JDTh 13, 1868, S. 134–149).

[133] *Wilhelm Weiffenbach*, Der Wiederkunftsgedanke Jesu, 1873, S. VII.135–169.

[134] *W. Weiffenbach*, Wiederkunftsgedanke, S. 69–191, bot eine eingehende kritische Analyse der Resultate seiner Vorgänger einschließlich *Pfleiderer* und entschied sich für eine Abgrenzung der Apokalypse als Mk 13,7–8.14–20.24–27.30–31.

[135] *O. Pfleiderer*, Composition, S. 145–146. Nach *Pfleiderer*, ebenda, S. 134, beinhaltet das erste Element „theils Weltereignisse von allgemeinster, das Völker- und Naturleben umfassender Bedeutung, theils ganz speciell eine innerhalb Israels sich vollziehende Katastrophe, was hier zu einem Zukunftsbild zusammengesetzt wird", während das andere dadurch gekennzeichnet ist, daß „die Christengemeinde vor den ihr drohenden Gefahren der letzten Zeit gewarnt und zur Treue im Glauben und Leben ermahnt wird".

[136] *W. Weiffenbach*, Wiederkunftsgedanke, S. 147–156.

[137] *Ferdinand Hahn*, Die Rede von der Parusie des Menschensohnes Markus 13 (Jesus und der Menschensohn. Für Anton Vögtle, 1975, S. 240–266).

[138] *R. Pesch*, Markusevangelium II, S. 266–267.273–277.

Vorlage auch 13,3–5a umfaßte. Dem markinischen Redaktor stand nicht nur eine apokalypsenartige Darstellung zur Verfügung, sondern diese Darstellung war schon Teil eines Apophthegmas, das durch die Frage eines der Jünger Jesu eingeleitet wurde, nämlich 13,3*.4*.5.7–9.11–18.19*.20–22.24–28.29*.30–31. Die Resultate der beiden Forschungsperioden sind nicht als Gegensätze zu verstehen, sondern sie ergänzen einander als komplimentäre Ergebnisse. Dem markinischen Redaktor stand ein etwa 13,3–31 umfassendes Apophthegma zur Verfügung, das er in sein Evangelium einarbeitete. Dieses Apophthegma entstand aber seinerseits, als eine Vorlage, die etwa 13,7–8.14–20.24–27 umfaßte, durch sekundäre Ergänzungen erweitert wurde. Eine erneute Gesamtanalyse des Überlieferungszusammenhanges, die diese Einsicht zugrunde legt, fehlt[139]. Eine provisorische Skizze ist aber möglich. In 13,10 liegt eine nachmarkinisch-vorsynoptische Randglosse[140] vor, die den Zweck hat, den Bezug zwischen einer früheren Stelle im Markusevangelium und der glossierten Stelle herzustellen und die mit begründendem καί in den Text nach 13,9 aufgenommen wurde. Die Glosse galt

---

[139] Die jüngste eingehende überlieferungsgeschichtliche Analyse des Textes von *Egon Brandenburger,* Markus 13 und die Apokalyptik (FRLANT 134), 1984, S. 21–42, berücksichtigt die neuere Forschung und bietet vereinzelte denkenswerte Beobachtungen. *Brandenburgers* Folgerungen, die im wesentlichen auf eine Übernahme von *Pfleiderers* Resultaten hinauslaufen, führen aber die Diskussion in grundlegenden Fragen nicht weiter.

[140] Diese Einordnung ist vorerst nur hypothetisch. Der Satz wird meist als Einfügung des markinischen Redaktors betrachtet, wie auch in der ersten streng redaktionsgeschichtlichen Arbeit zum Markusevangelium *Willi Marxsen,* Der Evangelist Markus (FRLANT 67 [NF 49]), 1956, S. 81, urteilt: „Nun deutet aber alles darauf hin, daß Mk 13,10 ein Einschub des Evangelisten ist." Der Satz unterscheidet sich aber von anderen redaktionellen Ergänzungen des markinischen Redaktors dadurch, daß er sich schlecht in den Zusammenhang einfügt. *Ernst Lohmeyer,* Das Evangelium des Markus (KEK 1,2), [10]1937, S. 272, bemerkt zutreffend, daß das Wort „wie ein Interpretament" eingefügt wird, daß der Satz „den Zusammenhang . . . unterbricht" und daß folglich „hier ursprünglich nicht Zusammengehöriges künstlich verbunden ist". Den Weg zur Einordnung des Satzes bietet die überlieferungsgeschichtliche Einordnung von 9,12b durch *Georg Strecker,* Die Leidens- und Auferstehungsvoraussagen im Markusevangelium (ZThK 64, 1967, S. 16–39), S. 29 Anm. 32. *Strecker* meint, daß wegen der ungeschickten Einsprengung von 9,12b der Satz als eine nachmarkinische, aber vormatthäische Interpolation einzustufen ist. Man hat es wohl mit einer ursprünglichen Randglosse zu 9,13 zu tun, die den Zweck hatte, den Bezug zwischen einer früheren Stelle im Markusevangelium, nämlich 8,31, und der glossierten Stelle herzustellen. In πῶς γέγραπται ἐπί wird καθὼς γέγραπται ἐπ' der glossierten Stelle wiederholt, mit τὸν υἱὸν τοῦ ἀνθρώπου sowie πολλὰ πάθῃ καὶ ἐξουδενηθῇ wird τὸν υἱὸν τοῦ ἀνθρώπου πολλὰ παθεῖν καὶ ἀποδοκιμασθῆναι 8,31 geringfügig verändert auf den Text von 9,13 bezogen. Die Glosse wurde mit καί in den Text an ungeschickter Stelle aufgenommen. Die formale Übereinstimmung zwischen 9,12 und 13,10 legt die Vermutung nahe, daß auch an dieser Stelle eine solche Glosse vorhanden ist.

εἰς μαρτύριον αὐτοῖς 13,9: Das πάντα τὰ ἔθνη ist eine deutende Wiederholung von αὐτοῖς und κηρυχθῆναι τὸ εὐαγγέλιον zieht κηρύσσων τὸ εὐαγγέλιον 1,14 zur Deutung von μαρτύριον heran. Der ursprüngliche Text des Markusevangeliums umfaßte 13,3–7.8*.9.11–31[141]. Der markinische Redaktor bediente sich eines vorliegenden schriftlich abgefaßten Apophthegmas, das er verschiedentlich ausbaute. Als redaktionelle Ergänzungen haben folgende Teile zu gelten: κατέναντι τοῦ ἱεροῦ 13,3 gewährt den Anschluß an das vorhergehende Apophthegma[142]; Πέτρος καὶ Ἰάκωβος καὶ Ἰωάννης καί 13,3 erweitert die alleinige Erwähnung von Andreas durch die sonst redaktionell genannten Jünger[143]; πότε ταῦτα ἔσται καί 13,4 schafft den inhaltlichen Anschluß an 13,2[144]; λέγοντες ὅτι ἐγώ εἰμι 13,6 bietet eine mit ἐπὶ τῷ ὀνόματί μου in Spannung stehende Erklärung von πολλοὺς πλανήσουσιν[145]; ἣν ἔκτισεν ὁ θεός 13,19 ist eine pleonastische Erklärung von κτίσις[146]; und ἐπὶ θύραις 13,29 unterstreicht den immanenten Charakter von ἐγγύς[147]. Dem markinischen Redaktor lag also ein Apophthegma vor, das aus 13,3*.4*.5.6*.7.8*.9.11–18.19*.20–28.29*.30–31[148] bestand. Dieses Apophthegma entstand als die Bearbeitung einer älteren Vorlage[149]. Die Bearbeitung hat vier Komponenten. Erstens wurde die Vorlage so in die jesuanische Tradition einbezogen, daß 13,3*.4*.5a einleitend gesetzt wurde, wodurch Jesus auf eine Frage von Andreas mit einer Rede antwortet[150]. Die Lokalisierung von Jesus auf dem Ölberg zog die

---

[141] Das ἀρχὴ ὠδίνων ταῦτα 13,8 wird im Folgenden ausgeklammert (siehe Anm. 169).
[142] Begründung bei *R. Pesch,* Markusevangelium II, S. 266.
[143] Begründung bei *R. Pesch,* Markusevangelium II, S. 266.
[144] Begründung bei *R. Pesch,* Markusevangelium II, S. 266.
[145] *W. Weiffenbach,* Wiederkunftsgedanke, S. 168–169, begründet das Urteil, daß λέγοντες ὅτι ἐγώ ειμι nicht als Epexegese zu ἐπὶ τῷ ὀνόματί μου verständlich ist und daher ein Zusatz des Evangelisten sein muß.
[146] Begründung bei *R. Pesch,* Naherwartungen, S. 151–152.
[147] Begründung bei *R. Pesch,* Markusevangelium II, S. 306.
[148] Erwägenswert ist die Hypothese, daß in der Vorlage die Einleitungsformel ἀμὴν λέγω ὑμῖν ὅτι auf den Spruch in 13,31 bezogen und daß οὐ μὴ παρέλθῃ ἡ γενεὰ αὕτη μέχρις οὗ ταῦτα πάντα γένηται 13,30 der markinischen Redaktion zuzuschreiben ist. Die Naherwartung mit οὐ μή . . . μέχρις οὗ entspricht der mit οὐ μή . . . ἕως 9,1 und könnte eine markinische Nachbildung dieses Satzes sein. Wenn ἐν τῇ γενεᾷ ταύτῃ 8,38 mit Recht der markinischen Redaktion zugeordnet wird, wäre auch ἡ γενεὰ αὕτη als markinisch verständlich. Diese Zuordnung des Satzes ist allerdings unsicher; da sie weder von *Hahn* noch von *Pesch* vertreten wird, bleibt sie im Folgenden unberücksichtigt.
[149] Nach *O. Pfleiderer,* Composition, S. 134–149, gehört Mk 13,7–8.14–20.24–27 zur Vorlage. Die auf *Pfleiderer* folgende Forschung versuchte mit Recht, diese Abgrenzung durch geringfügige Korrekturen zu präzisieren.
[150] Analyse bei *R. Pesch,* Markusevangelium II, S. 273–277.

Lokalisierung des Auftretens des Greuels der Verwüstung im Tempel nach sich[151], was dazu führte, daß man die durch den Greuel der Verwüstung ausgelöste Flucht als judäisches Ereignis deutete und folglich οἱ ἐν τῇ Ἰουδαίᾳ 13,14 ergänzte[152]. Zweitens wurde das Ende der Vorlage mit einem Bildwort Jesu 13,28b und einer feierlichen Bestätigungsformel 13,31 mittels der redaktionellen Sätze 13,28a.29*.30 erweitert[153]. Drittens wurden zwei paränetische Mahnungen 13,5b.6* und 13,9.11.13a eingefügt, die bezwecken, die Zeit vor dem eigentlichen Zeichen zu verlängern[154]. Formal wurden die Mahnungen je mit βλέπε-

[151] *Helmut Köster* und *James M. Robinson*, Entwicklungslinien durch die Welt des frühen Christentums, 1971, S. 179–181.183, argumentieren, daß die zugrunde liegende Szene – eine Offenbarung, die auf dem Ölberg gegenüber vom Tempel einem beschränkten Kreis von Jüngern zuteil wird – bereits „einem literarischen Modell" folgt. Obgleich der Tempel nicht ausdrücklich erwähnt wird, dürfte sowohl vom Modell als auch von der geographischen Lage des Ölbergs her ein Bezug zum Tempel implizit hergestellt worden sein. Das ὅπου οὐ δεῖ 13,14 ist demnach auf dieser überlieferungsgeschichtlichen Stufe kaum anders als auf den Tempel zu deuten.

[152] *Friedrich Hauck*, Das Evangelium des Markus (ThHK 2), 1931, S. 157, argumentiert, daß οἱ ἐν τῇ Ἰουδαίᾳ φευγέτωσαν sekundär anstelle eines φεύγετε getreten ist. *Hauck* meint, daß die Änderung und Ergänzung bei dem Übergang der zugrunde liegenden apokalyptischen Unterlage ins außerpalästinische Gebiet stattfand, und setzt vermutlich voraus, daß eine Begrenzung der Aussage auf Gläubige in Judäa implizit vorhanden war, die anschließend expliziert wurde. Die Beobachtung von *Hauck,* daß οἱ ἐν τῇ Ἰουδαίᾳ sekundär ist, ist grundsätzlich richtig. Es ist allerdings nicht notwendig vorauszusetzen, daß ein ἴδητε entsprechendes φεύγετε ursprünglich stand und sekundär abgeändert wurde, denn auch ein unpersönlicher Imperativ ist grammatisch möglich. Die überlieferungsgeschichtliche Stufe der Setzung der präpositionellen Wendung kann deshalb präzisiert werden, da, wie die Auslegung zeigt (siehe S. 178–179), das Zeichen ursprünglich nicht in Judäa lokalisiert war. Die Übertragung der Aufforderung zur Flucht auf die in Judäa Wohnenden fand erst dann statt, als eine Lokalisierung des Zeichens in Judäa, genauer im Tempel, vorgenommen wurde.

[153] Begründung bei *F. Hahn*, Rede, S. 243–249.

[154] Begründung bei *O. Pfleiderer*, Composition, S. 144–146, der darauf verweist, daß zur Absicht der Ergänzungen gehörte, daß „der rasche Verlauf des in ihnen sich abwickelnden apokalyptischen Prozesses retardirt wird" (im Original teils gesperrt, teils halbfett). Der Satz 13,12 ist allerdings im Gegensatz zu der Analyse von *Pfleiderer* nicht der Ergänzung zuzurechnen. *Pfleiderer*, ebenda, S. 134, hat selbst die Vorlage, die „Weltereignisse von allgemeinster, das Völker- und Naturleben umfassender Bedeutung" enthielt, von den Ergänzungen, die „die Christengemeinde vor den ihr drohenden Gefahren der letzten Zeit" warnte, unterschieden. *J. Wellhausen*, Das Evangelium Marci, 1903, S. 109, verwies darauf, daß 13,12 im Zusammenhang mit 13,13 so verstanden werden muß, daß die Christen von ihren eigenen Angehörigen gehaßt und verstoßen werden, während die ursprüngliche Bedeutung des Satzes nur „die allgemeine Auflösung der Familienbande" im Sinn hatte. Wendet man *Pfleiderers* Grundsatz konsequent auf 13,12 an, müßte man auch 13,12 der Vorlage zurechnen. Diesen Schritt vollzog *Emil Wendling*, Die Entstehung des Marcus-Evangeliums, 1908, S. 156, als er 13,12 als die ursprüngliche Fortsetzung von 13,8 erkannte, wonach 13,8.12 als „ein zusammenhängendes Stück" aus der vom markinischen Redaktor benutzten Apokalypse zu bestimmen ist.

τε, und zwar mit βλέπετε μή τις ὑμᾶς πλανήσῃ 13,5 und βλέπετε δὲ ὑμεῖς ἑαυτούς 13,9 eingeleitet und bedienen sich mit ἐπὶ τῷ ὀνόματί μου 13,6, ἕνεκεν ἐμοῦ 13,9 und διὰ τὸ ὄνομά μου 13,13 des jesuanischen Sprachgebrauchs. Das βλέπετε enthaltende ὑμεῖς δὲ βλέπετε 13,23 schließt sich an. Auch der den Begriff τέλος benutzende Hinweis auf die Notwendigkeit, bis zum Ende durchzuhalten 13,13b[155], sowie der als ἀλλ' οὔπω τὸ τέλος 13,7 formulierte Vermerk, daß das Ende noch nicht da sei[156], ist hier einzuordnen. Viertens wird εἰπόν 13,4 durch προείρηκα ὑμῖν πάντα 13,23 bestätigend wieder aufgenommen. Die Zuordnung von 13,18 ist dagegen unsicher: Das auffordernde προσεύχεσθε 13,18 schließt sich dem gehäuften paränetischen Gebrauch von βλέπετε 13,5.9.23 an, so daß auch der Satz 13,18 eventuell dem Urheber des Apophthegmas zuzuordnen ist, wenn nicht – wie sogar eher wahrscheinlich – darin eine Glosse zum abgeschlossenen Apophthegma vorliegt. Die Vorlage des Verfassers des Apophthegmas bestand demnach aus 13,7*.8*.12.14*.15–17.19*.20–22.24–27. Im Rahmen dieser Vorlage, die auch schriftlich abgefaßt war, sind zwei Sätze überlieferungsgeschichtlich problematisch. Sie sind am ehesten sekundäre Zusätze zu einem zugrunde liegenden Orakel. Der erste Zusatz ist 13,20. Stilistisch hebt sich der Satz von dem übrigen Orakel ab: In der Vorlage werden sonst die Verben vornehmlich in Futur gebildet, dagegen tritt in diesem Satz in ἐκολόβωσεν, ἐσώθη und ἐκολόβωσεν ein Vergangenheitstempus auf. Ein inhaltlicher Unterschied ist auch erkennbar: Im Orakel wird gemäß 13,27 nur die Errettung von οἱ ἐκλεκτοὶ αὐτοῦ ins Auge gefaßt, während in 13,20 mit ἐσώθη πᾶσα σάρξ sie auf die ganze Menschheit ausgedehnt wird. Zudem spielt der als κύριος bezeichnete Gott sonst keine Rolle. Es liegt daher wahrscheinlich eine Interpolation in den Text des Orakels vor. Ein sekundärer Zusatz ist wohl auch 13,21–22. Die Stellung der Warnung vor Pseudochristussen und Pseudopropheten hinter 13,19* ist schwer verständlich, so daß eine ursprüngliche Zugehörigkeit zum Orakel fraglich ist[157]. Dennoch ist die Formulierung mit καὶ τότε entsprechend καὶ τότε 13,26.27 und der Gebrauch von οἱ

---

[155] Dieser Satz wird mit Recht von *O. Pfleiderer,* Composition, S. 134–149, der 13,9–13 umfassenden Mahnung zugerechnet.
[156] Die Beobachtung von *O. Pfleiderer,* Composition, S. 145–146, daß die Ergänzungen den Verlauf des Prozesses retardieren sollen, wird von *Pfleiderer* insofern nicht konsequent zu Ende gedacht, da auch dieser Satzteil die gleiche Funktion hat.
[157] *O. Pfleiderer,* Composition, S. 134–149, ordnet den Abschnitt dementsprechend ohne genauere Diskussion den sekundären Ergänzungen zu.

ἐκλεκτοί entsprechend 13,27 kaum anders als eine Anlehnung an den Wortlaut des Orakels zu verstehen. Wenngleich man eine Zuordnung des Abschnittes zu dem Urheber des Apophthegmas erwägen könnte, entspricht die begriffliche Anlehnung an die Vorlage nicht seinem redaktionellen Stil. Der Grundbestand ist wahrscheinlich eine ursprünglich selbständige Überlieferung der mündlichen Tradierung, die als Randglosse niedergeschrieben wurde. Diese Randglosse wurde vermutlich bei der Abschrift des Orakels sekundär in den Text eingefügt, wobei der Abschreiber das Zitat durch καὶ τότε einleitete und durch πρὸς τὸ ἀποπλανᾶν εἰ δυνατὸν τοὺς ἐκλεκτούς abschloß, um das Zitat an Stil und Wortschatz des ihm vorliegenden Orakels anzugleichen[158]. Gleichzeitig dürfte auch ἐν ἐκείναις ταῖς ἡμέραις 13,24 ergänzt worden sein. Ohne 13,21–22 müßte sich ἐν ἐκείναις ταῖς ἡμέραις 13,24 auf αἱ ἡμέραι ἐκεῖναι 13,19 beziehen. Da aber gemäß 13,19 αἱ ἡμέραι ἐκεῖναι mit der θλῖψις identisch sind, bestünde in der Nebeneinanderstellung von ἐν ἐκείναις ταῖς ἡμέραις und μετὰ τὴν θλῖψιν ἐκείνην in 13,24 ein Widerspruch. Wenn aber der Interpolator mit καὶ τότε 13,21 eine Zeitspanne nach der θλῖψις schuf, konnte er ἐν ἐκείναις ταῖς ἡμέραις 13,24 mit Bezug auf das Geschehen in 13,21–22 setzen. Das ursprüngliche Orakel bestand demnach aus 13,7*.8*.12.14*.15–17.19*.24*.25–27[159] und war, wie aus ὁ ἀναγινώσκων νοείτω 13,14 hervorgeht, schriftlich gefaßt. Wie die Exegese zeigt, ist dieses Orakel, das ohne Rahmenerzählung war und folglich als anonymes Orakel bezeichnet werden kann, ein etwas eigenwilliges Exemplar einer feststehenden Gattung[160]. Obgleich es im wesentlichen einem einzigen Urheber zuzuschreiben ist, ist dennoch an zwei Stellen das Vorhandensein von vorgeformten zitierten Überlieferungen anzunehmen[161]. Der Verfasser des anonymen Orakels bediente

---

[158] Da der Urheber des Apophthegmas in 13,5a und 13,9a jeweils einen Satz mit βλέπετε benutzte, um eine Mahnung einzuführen, könnte man die Möglichkeit erwägen, daß er gleiches tat, als er ὑμεῖς δὲ βλέπετε 13,23 setzte. Dies wäre dann der Fall, wenn 13,21–22 ursprünglich eine Randglosse wäre, die der Urheber des Apophthegmas noch als Randglosse in seiner Vorlage las und die er selbst unter Ergänzung von ὑμεῖς δὲ βλέπετε 13,23 in den Text aufnahm.
[159] Damit wird die von O. *Pfleiderer*, Composition, S. 134–149, begründete Abgrenzung geringfügig korrigiert.
[160] Siehe S. 170–191.
[161] Diese Frage ist bislang nur in Ansätzen gestellt worden. Felix *Flückiger*, Die Redaktion der Zukunftsrede Mark. 13 (ThZ 26, 1970, S. 395–409), S. 398–401, stellt die These zur Diskussion, daß 13,8, 13,12, 13,17, 13,19–20 und 13,24–27 „apokalyptische Sprüche" beziehungsweise „Fragmente" aus einer Apokalypse sind. Eine genaue Analyse aber fehlt. Nur innerhalb von 13,24–27 ist die These berechtigt.

sich Septuagintismen: δεῖ γενέσθαι[162], τὸ βδέλυγμα τῆς ἐρημώσεως[163], θλῖψις οἵα οὐ γέγονεν[164], ἐκ τῶν τεσσάρων ἀνέμων[165] und ἀπ' ἄκρου γῆς ἕως ἄκρου οὐρανοῦ[166]. An zwei Stellen, an denen alttestamentliche Zitate oder eine begriffliche Nähe zu einer alttestamentlichen Stelle vorliegen, zeigt das Fehlen der Verwendung der Septuaginta, daß der Urheber des anonymen Orakels vorgeformte Überlieferungen zitiert hat. Zum einen liegt in 13,24–25 eine Zitatenkombination aus Jesaja 13 und 34 vor, die eine von der Septuaginta unabhängige Übersetzung bietet[167]. Zum anderen sind in 13,26–27 Vorstellungen vorhanden, die gehäuft in Daniel 7 belegt, aber ohne jede Anlehnung an die Septuaginta formuliert sind[168]. Die Hand des Verfassers des anonymen Orakels

---

[162] LXX Dan 2,28. Einordnung bei *T. Francis Glasson*, Mark xiii. and the Greek Old Testament (ET 69, 1957, S. 213–215), S. 214.

[163] LXX Dan 11,31, 12,11, 9,27, I Makk 1,54, 6,7. Einordnung bei *T. Glasson*, Mark xiii., S. 214.

[164] LXX Dan 12,1. Einordnung bei *T. Glasson*, Mark xiii., S. 214.

[165] LXX Sach 2,10. Einordnung bei *T. Glasson*, Mark xiii., S. 214.

[166] LXX Dt 30,4 kontaminiert mit LXX Dt 13,8 beziehungsweise LXX Jer 12,12. Einordnung bei *R. Pesch*, Markusevangelium II, S. 304.

[167] Die ersten beiden Zeilen stammen aus Jes 13,10, die letzten beiden aus Jes 34,4. Die Reihenfolge Sonne, Mond, Sterne und Mächte des Himmels ist bewußt gewählt, denn die Erwähnung der Sterne in 13,10 vor der Sonne wird übergangen, und die beiden Zeilen aus 34,4 werden in umgekehrter Reihenfolge geboten. Eine Analyse bietet *R. T. France*, Jesus and the Old Testament, 1971, S. 242.246.255–256, ohne aber genügend präzis zu sein, um zu einem tragfähigen Ergebnis zu gelangen. Die Übersetzung der Septuaginta lag nicht zugrunde: ὁ ἥλιος σκοτισθήσεται unterscheidet sich von σκοτισθήσεται τοῦ ἡλίου ἀνατέλλοντος LXX Jes 13,10, τὸ φέγγος von τὸ φῶς LXX Jes 13,10, οἱ ἀστέρες ἔσονται ἐκ τοῦ οὐρανοῦ πίπτοντες von πάντα τὰ ἄστρα πεσεῖται LXX Jes 34,4; αἱ δυνάμεις αἱ ἐν τοῖς οὐρανοῖς σαλευθήσονται hat keine Entsprechung in dem von *Alfred Rahlfs*, Septuaginta. Id est Vetus Testamentum graece iuxta LXX interpretes, [8]1965, erstellten Text von Jes 34,4 und unterscheidet sich von τακήσονται πᾶσαι αἱ δυνάμεις τῶν οὐρανῶν LXX Jes 34,4 BL. Das ὁ ἥλιος σκοτισθήσεται bietet eine sachgemäße Übersetzung von *ḥšk hšmš bṣ'tw* Jes 13,10. αἱ δυνάμεις αἱ ἐν τοῖς οὐρανοῖς kann übersetzungstechnisch auf *kl ṣb' hšmjm* Jes 34,4 zurückgeführt werden. Man hat es mit einer selbständigen Übersetzung der zugrunde liegenden Texte zu tun. Die Tatsache, daß καὶ οἱ ἀστέρες ἔσονται ἐκ τοῦ οὐρανοῦ πίπτοντες keine Entsprechung im Urtext von Jes 34,4 hat, aber eine sachliche, wenngleich nicht wörtliche Entsprechung in καὶ πάντα τὰ ἄστρα πεσεῖται LXX Jes 34,4 hat, zeigt, daß die Vorlage der Übersetzung nicht der masoretische Text, sondern eine der Vorlage zur Septuaginta entsprechend erweiterte Textfassung war. Die verbale Form ἔσονται . . . πίπτοντες ist ein Aramaismus. Die Zitatenkombination setzt demnach eine aramäische Übersetzung des Urtextes als Zwischenglied voraus. Vermutlich ist die Zitatenkombination aufgrund einer aramäischen Targumtradition aramäisch gebildet und später ins Griechische übersetzt worden.

[168] Es unterscheidet sich τὸν υἱὸν τοῦ ἀνθρώπου von ὡς υἱὸς ἀνθρώπου LXX Dan 7,13, ἐν νεφέλαις von ἐπὶ τῶν νεφελῶν τοῦ οὐρανοῦ LXX Dan 7,13, μετά . . . δόξης von ἐξουσία LXX Dan 7,14 und τοὺς ἀγγέλους von οἱ παρεστηκότες LXX Dan 7,13. Die Formulierung μετὰ δυνάμεως πολλῆς hat keine Entsprechung.

im Kontext der beiden zugrunde gelegten Überlieferungen ist erkennbar. Das einleitende ἀλλὰ μετὰ τὴν θλῖψιν ἐκείνην 13,24 greift θλῖψις 13,19 wieder auf. Das abschließende ἐκ τῶν τεσσάρων ἀνέμων ἀπ' ἄκρου γῆς ἕως ἄκρου οὐρανοῦ 13,27 ist als Kombination von Septuagintismen ihm zuzuschreiben. Der Urheber des anonymen Orakels thematisierte das Schicksal von οἱ ἐκλεκτοί, deren endgültiges Schicksal er in καὶ ἐπισυνάξει τοὺς ἐκλεκτοὺς αὐτοῦ 13,27 folgerichtig einfügte. Schließlich fügte er das als Gattungsmerkmal der verwerteten Gattung erkennbare καὶ τότε zweimal ein, einerseits mit καὶ τότε 13,26, andererseits mit τότε 13,27, das zusammen mit dem vorgegebenen καί ein καὶ τότε ergab[169]. In 13,26–27 liegt demnach die folgende ursprünglich selbständige Überlieferung vor:
ὄψονται τὸν υἱὸν τοῦ ἀνθρώπου ἐρχόμενον ἐν νεφέλαις μετὰ δυνάμεως πολλῆς καὶ δόξης καὶ ἀποστελεῖ τοὺς ἀγγέλους.
Diese Überlieferung war ursprünglich aramäisch verfaßt. Der in ὄψονται belegte Gebrauch eines Verbs in dritter Person Plural, um ein unpersönliches Subjekt auszudrücken, ist eine aramäische Eigenart. Das Wort ἀποστελεῖ im zweiten Satz ist grammatisch nicht zufriedenstellend, denn das Subjekt ist eindeutig der Menschensohn, das Verb aber wird nicht im Anschluß an ἐρχόμενον als Partizip, sondern parallel zu ὄψονται als finites Verb formuliert. Diese Spannung ist auf eine – wahrscheinlich bewußt deutende – Übersetzung der aramäischen Vorlage zurückzuführen. In der Urform stand ὄψονται als Verb des Hauptsatzes, von dem zwei gleichrangige Nebensätze abhingen. Das Subjekt von beiden mit Konjunktion verbundenen Nebensätzen war die aramäi-

---

[169] Die Entwicklung des Überlieferungszusammenhanges war demnach folgende: Zwei ursprünglich mündlich tradierte Sprüche standen am Anfang; in einem schriftlich abgefaßten anonymen Orakel wurden die beiden Sprüche zitiert; im Verlauf der Tradierung des anonymen Orakels wurden zwei Interpolationen vorgenommen; das interpolierte Orakel wurde zu einem Apophthegma erweitert, wobei ein überliefertes Jesuswort mitverwendet wurde; der markinische Redaktor fügte das Apophthegma in das Markusevangelium mit redaktionellen Zusätzen ein; schließlich ist eine nachmarkinisch-vorsynoptische Randglosse gesetzt worden, die später in den Text aufgenommen wurde. Die Wendung ἀρχὴ ὠδίνων ταῦτα 13,8 bleibt dabei nicht eingeordnet, da sie keine eindeutige Zugehörigkeit zu einer identifizierbaren Schicht hat. Sie könnte vom Verfasser des anonymen Orakels stammen, um als Erklärung für das δεῖ γενέσθαι 13,7 zu dienen. Sie könnte vom Urheber des Apophthegmas gesetzt worden sein, um das von ihm stammende ἀλλ' οὔπω τὸ τέλος 13,7 zu unterstreichen. Sie könnte eine Präzisierung des markinischen Redaktors sein, die das von ihm stammende πότε ταῦτα ἔσται 13,4 aufgreift. Sie könnte aber auch eine Glosse auf irgendeiner Stufe der Tradierung des Textes nach der Abfassung des anonymen Orakels gewesen sein, die δεῖ γενέσθαι erklären oder ἀλλ' οὔπω τὸ τέλος unterstreichen soll.

sche Vorlage zu ὁ υἱὸς τοῦ ἀνθρώπου, der nur am Anfang des ersten Nebensatzes ausdrücklich genannt wurde, aber grammatisch eindeutig auch als Subjekt des zweiten Satzes diente. Bei der Übersetzung wurde die Konstruktion so abgeändert, daß der erste der beiden Nebensätze als Partizipialsatz mit dem Menschensohntitel, der zweite Nebensatz mit finitem Verb übersetzt wurde. Die Überlieferung entstand demnach in aramäischer Sprache. Sie wurde selbständig ins Griechische übertragen und griechisch tradiert. Auf dieser Stufe fand ihre Einarbeitung in das anonyme Orakel statt.

Auch Matthäus 24,27/Lukas 17,24 erwähnte Lietzmann nur im Vorübergehen[170]. Eine forschungsgeschichtlich bedeutsame Diskussion über die Ursprache des Wortes gibt es nicht. Der anfangs selbständig tradierte Spruch ging in Q ein und ist in Matthäus 24,27 und Lukas 17,24 bezeugt. Die Überlieferung ist gattungsmäßig ein aus Bild- und Sachhälfte bestehender Vergleich[171]. In die Bildhälfte hat entweder ein Redaktor der vorlukanischen Fassung von Q oder der lukanische Redaktor selbst eingegriffen, so daß die matthäische Fassung ursprünglicher sein dürfte[172]:

ὥσπερ γὰρ ἡ ἀστραπὴ ἐξέρχεται ἀπὸ ἀνατολῶν καὶ φαίνεται ἕως δυσμῶν.

In der Sachhälfte ist das bei Matthäus vorhandene ἡ παρουσία matthäisch[173], so daß die ursprüngliche Fassung der Sachhälfte bei Lukas erhalten sein dürfte[174]:

οὕτως ἔσται ὁ υἱὸς τοῦ ἀνθρώπου.

---

[170] H. Lietzmann, Menschensohn, S. 52.

[171] Nach R. Bultmann, Geschichte der synoptischen Tradition, S. 183–184, liegt die Gattung Vergleich vor. Richard A. Edwards, The Eschatological Correlative as a Gattung in the New Testament (ZNW 60, 1969, S. 9–20), versucht die Existenz einer selbständigen Gattung „eschatological correlative", eines Vergleichs mit der Sachhälfte im Futur, zu begründen, und beruft sich dabei auf Mt 24,27/Lk 17,24, Mt 24,37–39a/Lk 17,26–27, Lk 11,30 und Mt 12,40. Die offensichtlichen Unterschiede zwischen den einzelnen in Frage stehenden Exemplaren läßt es wenig ratsam erscheinen, darin eine geschlossene Untergattung des Vergleiches sehen zu wollen.

[172] Nach C. Colpe, Art., S. 435,33–34, hat Matthäus in der Bildhälfte „den konkreteren und deshalb vielleicht älteren Text". Siegfried Schulz, Q. Die Spruchquelle der Evangelisten, 1972, S. 279, führt genauer aus: Daß ein Blitz nicht nur in der Richtung Ost–West leuchtet, könnte der lukanische Redaktor zur Setzung des allgemeineren, rein lukanischen Ausdrucks ἀστράπτουσα veranlaßt haben; die beiden Verben ἐξέρχεται und φαίνεται faßt er dabei zu λάμπει zusammen.

[173] C. Colpe, Art., S. 435,32–33.

[174] Wenn die textkritisch problematische Wendung ἐν τῇ ἡμέρᾳ αὐτοῦ Lk 17,24 überhaupt zum ursprünglichen Lukastext gehörte, ist sie als redaktionelle Ergänzung des lukanischen Redaktors einzuordnen.

Das Problem 53

Nichts spricht gegen das Vorliegen einer Übersetzung aus dem Aramäischen, so daß die Annahme eines aramäischsprachigen Originals zutreffend sein dürfte.

Die Grundthese von Lietzmann, daß der Menschensohntitel als ein rein griechischsprachiges Phänomen anzusehen ist, findet eine eingeschränkte Bestätigung darin, daß die belegte Bezeugung des Menschensohntitels im wesentlichen ein griechischsprachiges Phänomen ist. Ihre Zuspitzung aber, daß der Menschensohntitel ausschließlich griechischsprachig bezeugt und daß demzufolge seine Entstehung allein im griechischsprachigen Raum zu suchen ist, ist aber nicht haltbar. In Anbetracht der Existenz von drei zwar griechischsprachig tradierten, aber dennoch ursprünglich aramäischsprachigen Menschensohnüberlieferungen muß entgegen Lietzmanns Urteil die Frage nach der Entstehung des Menschensohntitels sowie nach den Anfängen des Traditionsgefüges um den Menschensohn auf die aramäische Sprachstufe verlegt werden und sich an diesen drei Überlieferungen orientieren.

Jüngste Forschungsergebnisse[175] haben gezeigt, daß es einen titularen Gebrauch vom aramäischen *brnš* im palästinischen Raum gegeben hat. Von alters her bestand in bezug auf Hadad ein festgeprägtes kultisch-mythisches Traditionsgefüge, das durch eine feste Zuordnung Hadads zu El und Jamm gekennzeichnet war und zu dem bestimmte Requisiten sowie ein bestimmtes mythisches Geschehen gehörte. Im Palästina der frühhellenistischen Zeit fand eine Eschatologisierung des Traditionsgefüges statt, bei der das kultisch-mythische Traditionsgefüge in einen transzendental-eschatologischen Äon verlegt wurde. In dieser apokalyptischen Formung der Hadadtradition wurde das aramäische Wort *brnš*, das in der kultisch-mythischen Hadadtradition als Epitheton Hadads galt, als Epitheton des eschatologisch Epiphanwerdenden in der Bedeutung ‚(Welten)herr' ungebrochen fortgeführt. El tritt zurück, kommt aber noch als der Betagte vor, Jamm dagegen erscheint in Gestalt einer Schar von Fürsten. Man erwartete eine transzendental-eschatologische Epiphanie des Weltenherrn.

Zwischen der apokalyptischen Hadadtradition und dem Traditionsgefüge um den Menschensohn, wie dies in den zwei traditionsmäßig prägnanten, ursprünglich aramäisch formulierten, später griechisch tradierten Überlieferungen[176], nämlich der thematisierten Überlieferung welt-

---

[175] *Rollin Kearns*, Vorfragen zur Christologie I, 1978, ders., Vorfragen zur Christologie II, 1980, ders., Vorfragen zur Christologie III, 1982.
[176] Mk 9,31 und 13,26–27. Der Vergleich Mt 24,27/Lk 17,24 nimmt für die Frage nach

haften Inhaltes[177] und der thematisierten Überlieferung eschatologischen Inhaltes[178] belegt ist, besteht eine grundlegende traditionsgeschichtliche Kontinuität. Weil eine traditionsgeschichtliche Vermittlung an das Traditionsgefüge um den Menschensohn durch die jüdische Verwertung der apokalyptischen Hadadtradition nicht zu konstatieren ist, ist eine unmittelbare Entstehung aus der im palästinischen Heidentum beheimateten apokalyptischen Hadadtradition anzunehmen. Auch der Übergang des aramäischsprachigen Traditionsgefüges um den Menschensohn in den griechischen Sprachraum hat ohne jüdischen Einfluß stattgefunden. Der Weltenherr ist der unmittelbare Ahn des Menschensohnes[179].

---

den Anfängen des Traditionsgefüges um den Menschensohn eine untergeordnete Stellung ein, da er traditionsmäßig unergiebig ist: Die Bildhälfte, die das Aufleuchten des Blitzes beschreibt, ist gattungsgemäß nur bildhaft zu verstehen, die Sachhälfte, die nur aus οὕτως ἔσται ὁ υἱὸς τοῦ ἀνθρώπου besteht, enthält nur den Menschensohntitel.

[177] Mk 9,31.
[178] Mk 13,26–27.
[179] Um die forschungsgeschichtliche Kontinuität zu wahren, empfiehlt es sich, den Begriff ‚Menschensohn' sowohl als Wiedergabe für das griechische Wortgebilde ὁ υἱὸς τοῦ ἀνθρώπου als auch als Wiedergabe für den aramäischen Hoheitstitel *brnš*, sofern dieser mit ὁ υἱὸς τοῦ ἀνθρώπου ins Griechische übersetzt worden ist, zu benutzen.

I. DIE THEOPHOREN ALS BEDINGUNG
DER WELTHAFTEN EPIPHANIE

Eine ungebrochene traditionsgeschichtliche Kontinuität zwischen der apokalyptischen Hadadtradition und dem Traditionsgefüge um den Menschensohn liegt in der thematisierten Überlieferung eschatologischen Inhaltes vor: Die transzendental-eschatologische Epiphanie des Weltenherrn setzt sich in der ebenfalls transzendental-eschatologischen Epiphanie des Menschensohnes fort, und zwar unter Beibehaltung wesentlicher Traditionselemente. Zwischen der apokalyptischen Hadadtradition und dem Traditionsgefüge um den Menschensohn ist aber auch ein traditionsgeschichtlicher Bruch zu konstatieren, der am deutlichsten in der thematisierten Überlieferung welthaften Inhaltes zum Ausdruck kommt: Während von dem Weltenherrn nur eine Epiphanie, die transzendental-eschatologische, berichtet wird, findet in dem Traditionsgefüge um den Menschensohn auch eine welthafte Epiphanie des Menschensohnes statt. Dieser traditionsgeschichtliche Bruch brachte auch eine Umbildung des Traditionsgehaltes mit sich, die in begrifflichen Neubildungen sowohl in bezug auf die welthafte als auch auf die transzendental-eschatologische Epiphanie zum Ausdruck kommt. Der traditionsgeschichtliche Bruch ist in der Existenz von prophetenartigen Epiphanieträgern, die als Theophoren zu bezeichnen sind, begründet. Der transzendental-eschatologisch epiphane Menschensohn ist ein eigenständiges eschatologisches Wesen. Seine vorgängige Anwesenheit in der Welt setzt dagegen eine welthafte Bedingung voraus. Diese Bedingung ist die der Theophoren. Die welthafte Epiphanie des Menschensohnes findet derart statt, daß der Menschensohn mit einem jeweiligen Theophoren erscheinungsbildlich identisch wird. In der erscheinungsbildlichen Identität mit dem jeweiligen Theophoren ist der Menschensohn in der Welt epiphan. Die näheren Umstände der erscheinungsbildlichen Identität gehen zwar aus den erhaltenen Überlieferungen nicht hervor, man hat sich aber wohl vorzustellen, daß die erscheinungsbildliche Identität zeitlich begrenzt war, so daß der einzelne Theophor nur im Vollzug eines bestimmten christologischen Verhaltens mit dem Menschensohn erscheinungsbildlich identisch war. Da es nachweislich mehrere Theophoren gab, war der Menschensohn zu verschiedenen Zeiten mit je verschiedenen Theophoren erscheinungsbildlich identisch. Es gab dennoch trotz der vielen Theophoren nur einen immer wieder epiphan werdenden Menschensohn.

1. Der Hoheitstitel

Die drei in griechischer Sprache erhaltenen, ursprünglich aramäisch abgefaßten Überlieferungen beinhalten den Hoheitstitel ὁ υἱὸς τοῦ ἀνθρώπου. Er ist keine unmittelbar aus der Vorlage hervorgehende Übersetzung, sondern ein Kunstgebilde[180], eine einmal vollzogene Sprachschöpfung, die vor der Übertragung der in Rede stehenden Überlieferungen vollzogen wurde. Im griechischen Sprachraum stand sie zur Verfügung sowohl als Übersetzung eines titularen aramäischen *brnš* in einer geschlossenen aramäischen Überlieferung als auch als Neusetzung in Überlieferungen, die von Anfang an griechisch formuliert worden waren.

Das Kunstgebilde ging aus dem in dem aramäischsprachigen Traditionsgefüge um den Menschensohn vorhandenen Hoheitstitel *brnš* ‚(Welten)herr' hervor. Im aramäischen Sprachraum war *brnš* ein morphologisch einheitliches vierradikaliges Wort mit einer eigenen semantischen Bestimmung[181]. Als man daran ging, den Hoheitstitel ins Griechische zu übersetzen, wäre es naheliegend gewesen, ihn semantisch richtig wiederzugeben[182]. Daß man dies nicht tat, hat zum einen einen formalen, zum anderen einen sachlichen Grund.

---

[180] R. *Kearns,* Vorfragen zur Christologie I, S. 74–75.
[181] R. *Kearns,* Vorfragen zur Christologie I, S. 16–44.
[182] Man erwartet eine semantisch zutreffende griechische Übersetzung mit der Bedeutung ‚Herr'. Nach R. *Kearns,* Vorfragen zur Christologie I, S. 158–164, hat es im Westaramäischen eine hinreichende Bedeutungsüberschneidung zwischen *brnš* und κύριος gegeben, daß in der zweisprachigen Umgebung die beiden Wörter als bedeutungsentsprechend empfunden wurden, was sogar zur Folge hatte, daß durch semantische Kontaminierung *brnš* auch Bedeutungen von κύριος sekundär gewann. Nächstliegend wäre daher die Übersetzung von *brnš* als Hoheitstitel mit κύριος. Ob eine solche Übersetzung in der Tat stattfand, ist zwar noch ungeklärt, es gibt aber Spuren, die darauf hindeuten. In I Thess 4,16–17 steht ὁ κύριος in einer von Anfang an griechisch formulierten, von Paulus zitierten Überlieferung. *Ulrich Luz,* Das Geschichtsverständnis des Paulus (BEvTh 49), 1968, S. 328 Anm. 44 und S. 329 Anm. 52, verweist auf Motive, die mit dem Traditionsgefüge um den Menschensohn übereinstimmen, und meint, daß sie „aus der Menschensohntradition"

Der formale Grund liegt in der reichsaramäischen Orthographie[183]. Das Wort *brnš* war in der aramäischen Umgangssprache eine morphologische Einheit, es hatte aber seinen Ursprung in einer voraramäischen Zusammensetzung aus zwei verschiedenen Bestandteilen. In der altaramäischen Schriftsprache wurde der etymologischen Herkunft des Wortes noch dadurch Rechnung getragen, daß man das in der Umgangssprache morphologisch einheitliche Wort mittels einer archaisierenden etymologischen Schreibung, einer etymologischen Umsetzung, als *br'nš* niederschrieb. Diese Orthographie ging in die reichsaramäische Schriftsprache ein. Da die Voraussetzung für ein etymologisch sachgemäßes Verständnis dieses orthographischen Gebildes im Reichsaramäischen nicht gegeben war, veränderte sich dessen Verständnis: Aus der etymologischen Umsetzung wurde eine pseudoetymologische. Man deutete das orthographische Gebilde *br'nš* als eine Zusammensetzung von den im Reichsaramäischen vorhandenen Wörtern *br* ‚Sohn' und *'nš* ‚Mensch'. Diese orthographische Erfassung des Wortgebildes war die Voraussetzung für die sprachliche Gestalt des griechischen Hoheitstitels. Man übersetzte *brnš* nicht semantisch richtig gemäß seiner eigentli-

---

übernommen wurden. Von dieser Beobachtung ausgehend stellt *Wolfgang Harnisch*, Eschatologische Existenz (FRLANT 110), 1973, S. 44–45, die Hypothese auf, daß die Überlieferung ursprünglich ὁ υἱὸς τοῦ ἀνθρώπου beinhaltete und daß der Menschensohntitel erst sekundär durch ὁ κύριος ersetzt wurde. Eine andere Erklärung des Tatbestandes ist aber wahrscheinlicher. Die Motive in I Thess 4,16–17 sind enger mit denen der apokalyptischen Hadadtradition als mit denen des griechischsprachigen Traditionsgefüges um den Menschensohn verwandt, so daß eine traditionsgeschichtliche Filiation auf der aramäischsprachigen Traditionsstufe wahrscheinlicher als auf der griechischsprachigen ist. Die Frage ist daher berechtigt, ob es nicht eine von der apokalyptischen Hadadtradition letztlich ausgehende, von dem Traditionsgefüge um den Menschensohn aber getrennte Entwicklungslinie gegeben hat, in der bei der Übersetzung ins Griechische das aramäische *brnš* nicht mit ὁ υἱὸς τοῦ ἀνθρώπου, sondern mit ὁ κύριος übersetzt wurde. Die in griechischer Sprache entstandene Überlieferung I Thess 4,16–17 ließe sich als ein Indiz für eine solche Entwicklungslinie verstehen. Anders verhält es sich mit Did 16,8, in dem ein Zitat aus Dan 7,13 vorliegt. Die Übersetzung unterscheidet sich sowohl von der der Septuaginta als auch von der der vortheodotionischen Übersetzung und scheint durch die Ergänzung von ὄψεται und die Unterlassung einer Wiedergabe des Vergleichspartikels mit den synoptischen Danielzitaten, die mit dem Menschensohntitel verbunden werden, verwandt zu sein. Für das aramäische *br'nš* steht ὁ κύριος. *Helmut Köster*, Synoptische Überlieferung bei den apostolischen Vätern (TU 65), 1957, S. 187, meint, daß darin „spätere Veränderungen des bei den Synoptikern vorliegenden Wortlautes" vorliegen können. Zu fragen wäre allerdings, ob die Veränderung nur deswegen stattfand, weil der Titel ὁ υἱὸς τοῦ ἀνθρώπου kaum mehr gebraucht wurde – so die Erklärung von *Köster* –, oder ob man von einer übersetzungsgeschichtlichen Tradition abhängig war, in der *brnš* mit κύριος wiedergegeben wurde.

[183] R. *Kearns*, Vorfragen zur Christologie I, S. 57–69.

chen Bedeutung, sondern in Anlehnung an die reichsaramäische pseudoetymologische Umsetzung mit υἱός und ἄνθρωπος. Da die pseudoetymologische Umsetzung ein rein orthographisches Phänomen war, das keine Auswirkung auf die umgangssprachliche Verwendung des Wortes hatte, ist die griechische Wiedergabe des Hoheitstitels – kein schriftliches, sondern ein mündliches Erzeugnis – nur als eine gelehrte Anspielung an die orthographische Erfassung des Wortes in der reichsaramäischen Schriftsprache zu verstehen[184].

Der formale Grund war nur die Ermöglichung, nicht der Anlaß zur Bildung des griechischen Kunstgebildes. Daß man zu dieser sprachlich unsachgemäßen Wiedergabe des Hoheitstitels griff, hatte einen sachlichen Grund. Durch dieses Kunstgebilde ließ sich die Art der welthaften Anwesenheit des Menschensohnes zum Ausdruck bringen. Im Griechischen bezeichnet υἱός grundsätzlich eine genealogische Abhängigkeit, Bedeutungsübertragungen finden aber auch statt[185]. Die folgenden Grundmuster übertragener Bedeutungen sind erkennbar[186]: der Schüler, Nachfolger oder sonst in geistiger Sohnschaft Stehende; das einzelne Glied einer zusammengehörigen Mehrheit; der, der durch enge Banden nichtmaterieller Art mit einer Persönlichkeit, die das Verhalten hervorgerufen hat und charakteristisch bestimmt, verknüpft ist; der, der einer Sache teilhaftig oder würdig ist oder sonst in enger Beziehung zu ihr steht. Der Gebrauch von υἱός in funktioneller Verwendung zur Bezeichnung der Teilhabe an einer Sache ist für die vorliegende Fragestellung von Belang. Ansätze zu einer solchen Bedeutungsübertragung sind schon in vorhellenistischer Zeit nachweisbar[187]. Wenngleich weder bei Hesiod[188] noch bei Homer[189] ein solcher Sprachgebrauch nachweisbar

---

[184] Nach *R. Kearns,* Vorfragen zur Christologie I, S. 115–119, hatte *brnš* im syrischen Ostaramäisch die Bedeutung ‚Mensch'. Daß man ein orthographisches Phänomen bei einer mündlich entstandenen Wortbildung benutzte, könnte dadurch vermittelt worden sein, daß der aramäisch-griechischsprechende bilinguale Übersetzer auch Kenntnis des syrischen Ostaramäisch hatte. Die gedankliche Verbindung zwischen dem Wort *brnš* und der pseudoetymologischen Schreibung von *brnš,* zu der *'nš* ‚Mensch' gehörte, wäre in dem Fall naheliegend.

[185] Eine übersichtliche Gliederung der Bedeutungen findet sich bei *Walter Bauer,* Griechisch-deutsches Wörterbuch, ⁵1958, Stw. υἱός.

[186] Die Aufstellung folgt bis in den Wortlaut hinein der Darstellung bei *W. Bauer,* Griechisch-deutsches Wörterbuch, Stw. υἱός.

[187] Zusammenstellung der Belege nach *Peter Wülfing von Martitz,* Art. υἱός (ThWNT 8, 1969), S. 336.

[188] *P. W. von Martitz,* Art. υἱός, S. 336, ordnet hier ein: die Flüsse sind υἱέες Ὠκεανοῦ ‚Söhne des Okeanos' Hesiod, Theog. 368. Im Zusammenhang werden aber Flüsse durch-

ist, scheint er bei Aristophanes vorzuliegen, der Dionysos υἱὸς σταμνίου ‚Sohn des Weinkruges'[190] nennt; trotz des scherzhaften Zusammenhanges ist der Ausdruck nur dann verständlich, wenn υἱός keine genealogische Aussage beabsichtigt, sondern eine unbestimmt gelassene Teilhabe an Wesen, Funktion oder Wirkung des Weinkruges ausdrücken soll. Eindeutig die Teilhabe an einer Eigenschaft bezeichnend tritt der Gebrauch von υἱός in frühhellenistischer Zeit bei Menander auf, bei dem Knemon ὀδύνης . . . ύός ‚Sohn des Schmerzes'[191] ist; darin liegt keine Personifikation von ὀδύνη vor, sondern ύός hat die Funktion, die Teilhabe an ὀδύνη direkt und deutlich festzulegen[192]. Dieser rein griechische Sprachgebrauch[193] fand eine Entsprechung, als hebräische und aramäische Texte ins Griechische übersetzt wurden und eine im Semitischen gängige, inhaltlich entsprechende Verwendung von *bn* beziehungsweise *br* mit einem Attribut wörtlich mit υἱός und Attribut wiedergegeben wurde[194]. Der rein griechische Sprachgebrauch wurde durch das Vorhandensein von solchen dem Griechischen nachempfundenen Fügungen wie auch von ähnlich gebildeten Hebraismen und

---

gehend als die männlichen Kinder von Okeanos und Tethys personifiziert, so daß auch an dieser Stelle mit einer Fortführung der Personifikation zu rechnen ist.

[189] *P. W. von Martitz*, Art. υἱός, S. 336, stellt hierher: Machaon, der Ärzte-Heros des Ilias, ist Ἀσκληπιοῦ υἱός ‚Sohn des Asklepios' Homer, Ilias 11,518. Darin liegt keine Teilhabe an einer Sache, sondern Asklepios wird als Person vorgestellt, die das Verhalten des Machaon hervorruft und charakteristisch bestimmt.

[190] Aristophanes, Ranae 22.

[191] Menander, Dyscolus 88.

[192] *Silvano Boscherini*, ΟΔΥΝΗΣ ΥΟΣ (Studia italiani di filologia classica 31, 1959, S. 247–253), zeigt, daß keine Personifikation vorliegt. Der Gebrauch von ύός ist „un mezzo di intensificozione", wobei „nello stretto ambitio semantico l'espressione ὀδύνης ύός è equivalente di ὀδυνηρός". Demnach „ύός ha la funzione di stabilire il rapporto più diretto e evidente con ὀδύνη". *E. W. Handley*, The Dyskolos of Menander, 1965, S. 145, verweist auf eine entsprechende Formulierung von Palladas: Gold ist ὀδύνης καὶ φροντίδος υἱός ‚Sohn der Qual und der Sorge' Anthologia Palatina 9,394.

[193] *P. W. von Martitz*, Art. υἱός, S. 336, verweist auch auf einen Orakelspruch: Der gewaltige Übermut ist ὕβριος υἱός ‚Sohn der Hybris' Herodot, Hist. VIII 77,1. Darin liegt aber doch wohl ein bildhaftes genealogisches Verständnis vor, wonach der Übermut aus der Hybris hervorgeht.

[194] *Adolf Deissmann*, Bibelstudien, 1895, S. 161–166, gibt Beispiele für begrifflich entsprechende Fügungen in der Septuaginta, die durch die Vorlage bedingt sind: υἱοὶ παρανόμων LXX Richt 19,22, υἱοὶ θανάτου LXX I Sam 20,31, υἱοὶ δυνάμεως LXX II Sam 13,28, υἱοὶ ἀποικίας LXX Esr 4,1, 10,7.16. Er meint dazu, daß man es nicht nötig hat, überall an einen Hebraismus zu denken, sondern daß Fügungen wie die genannten nicht ungriechisch sind und deshalb bei einem griechischen Dichter stehen könnten. *S. Boscherini*, ΟΔΥΝΗΣ ΥΟΣ, S. 251–253, verweist auch auf die bedeutungsmäßige Übereinstimmung zwischen der Wendung in Menander, Dyscolus 88, und solchen Fügungen in der Septuaginta.

Aramaismen verstärkt, so daß eine Zunahme solcher Bildungen in der späteren hellenistischen Zeit zu konstatieren ist. Eine Unterscheidung von Analogiebildungen aufgrund der Übersetzungssprache[195] und rein griechischen Fügungen läßt sich dabei kaum durchführen.

Ein analoger Gebrauch von υἱός zur Bezeichnung der Teilhabe an einer Sache liegt in der griechischen Übersetzung des Hoheitstitels vor. In ὁ υἱὸς τοῦ ἀνθρώπου ist υἱός nicht genealogisch, sondern funktionell zu verstehen: Der ‚Sohn' des ‚Menschen' ist einer, der irgendwie am Menschsein teilhat. Das Wortgebilde ist auf die Bedingung der welthaften Epiphanie des Menschensohnes hin konzipiert. Der Mensch, an dem der Menschensohn teilhat, ist der jeweilige Theophor. Der während der welthaften Epiphanie in der Welt anwesende Menschensohn hat am Menschsein derart teil, daß er mit dem jeweiligen Theophoren erscheinungsbildlich identisch ist.

Das Wortgebilde ist allerdings auf zweierlei Weise unsachgemäß: Zum einen bietet es keine eigentliche Übersetzung des ursprünglichen aramäischen Hoheitstitels, sondern eine appellativisch zu verstehende Beschreibung der Art der Anwesenheit des welthaft epiphanen Menschensohnes, zum anderen ist es auf die Bedingung der welthaften Epiphanie hin konzipiert, ist aber nicht ohne weiteres für die Erfassung der transzendental-eschatologischen Epiphanie sachgemäß. Als Kunstgebilde ist es dennoch geeignet, als griechischsprachiger Hoheitstitel zu dienen und damit im griechischsprachigen Zusammenhang sein aramäisches Gegenstück gleichwertig zu vertreten[196].

---

[195] *A. Deissmann,* Bibelstudien, S. 166, macht auf Paulus aufmerksam, der solche Fügungen in der Septuaginta kennt und sogar gelegentlich zitiert, und meint, daß, wenn Paulus in originalgriechischer Formulierung ähnliche Fügungen benutzt, „lexikalische Analogiebildungen" vorliegen können.

[196] Die doppelte Determination ist auffallend. Nach *R. Kearns,* Vorfragen zur Christologie I, S. 74, ist die Determination „auf das griechische Sprachempfinden zurückzuführen", und zwar um den Charakter des Wortgebildes als Titel anzudeuten. Sie hängt jedenfalls kaum von der aramäischen Fassung des Hoheitstitels ab. Sowohl das kanaanäische Epithethon Hadads *b'l* als auch seine aramäische Entsprechung in der apokalyptischen Formung der Hadadtradition *brnš* war – soweit die Quellen Einsicht gewähren – undeterminiert. Man hat also davon auszugehen, daß auch in dem aramäischsprachigen Traditionsgefüge um den Menschensohn der Hoheitstitel undeterminiert war. Die Determination ist demnach nicht auf aramäisches Sprachempfinden zurückzuführen.

2. Die Theophoren als Boten

In der thematisierten Überlieferung eschatologischen Inhaltes, die eine Beschreibung der transzendental-eschatologischen Epiphanie des Menschensohnes bietet, werden dem Menschensohn ἄγγελοι gegenübergestellt.

Im Griechischen ist der ἄγγελος der Bote, der sowohl im privaten als auch im amtlichen Verkehr eine Botschaft überbringt[197]. In der Kanzleisprache wird das Wort geradezu Bezeichnung für den Gesandten, der nicht nur amtliche Mitteilungen überbringt, sondern auch Verträge schließt, Gelder empfängt und sogar den Schwur des Vertragspartners entgegennimmt[198]. Nach griechischer sakraler Gepflogenheit hat ein Bote heilige Götterfeste, feierliche Prozessionen, Wundertaten und die Epiphanie einer Gottheit sowie das Auftreten eines neuen Herrschers in einer religiösen Verkündung öffentlich zu proklamieren[199]. In der griechischen Mythologie gab es nach dem Vorbild der menschlichen Welt Boten sowohl in der Götter-[200] als auch in der Unterwelt[201]. Wollen die Götter den Menschen eine Botschaft bringen, so schicken auch sie Menschen[202] als Boten, in Gestalt eines Philosophen[203], eines Dichters[204], eines Wahrsagers[205] oder eines Propheten[206]. Infolge einer noch ungeklärten semantischen Entwicklung entstand eine dämonologische Bedeutung des Wortes, so daß sowohl der Seelenführer[207] als auch Geistwesen, die in Beziehung zu der Unterwelt und den Toten standen[208], als ἄγγελος/ἄγγελοι bezeichnet werden. Als Lehnbedeutung

---

[197] Darstellung mit Belegen: *Walter Grundmann*, Art. ἄγγελος (ThWNT 1, 1933), S. 72–73.
[198] Darstellung mit Belegen: *J. Michl*, Art. Engel I (RAC 5, 1962), Sp. 54; *Julius Schniewind*, Euangelion II (BFChTh.M 25), 1931, S. 252.
[199] Darstellung mit Belegen: *Hermann Kleinknecht*, Zur Parodie des Gottmenschentums bei Aristophanes (ARW 34, 1937, S. 294–313), S. 295.
[200] Belege: *J. Schniewind*, Euangelion II, S. 218–219; *J. Michl*, Art. Engel I, Sp. 54–55.
[201] Belege: *J. Michl*, Art. Engel I, Sp. 55.
[202] Seit Homer auch Vögel – Belege: *J. Michl*, Art. Engel I, Sp. 54.
[203] Belege: *J. Michl*, Art. Engel I, Sp. 54; *W. Bauer*, Griechisch-deutsches Wörterbuch, Stw. ἄγγελος 1b.
[204] Beleg: *W. Bauer*, Griechisch-deutsches Wörterbuch, Stw. ἄγγελος 1b.
[205] Beleg: *W. Bauer*, Griechisch-deutsches Wörterbuch, Stw. ἄγγελος 1b.
[206] Darstellung und Belege: *Gillis P[eters]son Wetter*, „Der Sohn Gottes" (FRLANT 26 [NF 9]), 1916, S. 33–34.
[207] Belege: *J. Michl*, Art. Engel I, Sp. 55.56.
[208] Die These von *Martin Dibelius*, Die Geisterwelt im Glauben des Paulus, 1909, S. 209–221, wird von *W. Bousset*, Zur Dämonologie der späteren Antike (ARW 18, 1915, S.

vom kanaanäisch-aramäischen *ml'k* ist der Sprachgebrauch anzusehen, daß die welthafte Erscheinungsweise eines Gottes mit ἄγγελος bezeichnet wird: Im Judentum wurde der als Manifestation[209] Jahwes zu verstehende Engel Jahwes in der Übersetzung der Septuaginta mit ἄγγελος wiedergegeben[210]; Anzeichen sind dafür vorhanden, daß unabhängig davon eine entsprechende Verwendung des Wortes im griechischsprachigen syrisch-palästinischen Heidentum vorhanden war[211]. Auch auf

---

134–172), S. 168–172, und [*Friedrich*] *Andres*, Art. Angelos (PRE Suppl. 3, 1918, Sp. 101–114), Sp. 102–107, erhärtet.

[209] Die begriffliche Erfassung des Phänomens ist umstritten. Eine eingehende Forschungsgeschichte bietet *Julián Urquiza*, Jahweh und sein Mal'akh, Diss. Wien 1972, S. 54–170. Verschiedene Theorien werden vertreten. Die Hypostasentheorie vertritt *Adolphe Lods*, L'Ange de Yahvé et l'„âme extérieure" (Studien zur semitischen Philologie und Religionsgeschichte. Julius Wellhausen zum siebzigsten Geburtstag [BZAW 27], 1914, S. 263–278): Nach *Lods*, ebenda, S. 270.277, ist aufgrund der Denkmöglichkeit, daß „certains éléments de la personne peuvent se détacher d'elle sans cesser pour cela de lui appartenir et sans que celle-ci, de son côté, cesse d'exister" und daß „ces éléments détachés sont bien la personne même et cependant ils en sont distincts", der Engel Jahwes „l'ange en qui s'incarne et se manifeste le double divin" (Zitate im Original teils kursiv). Die Repräsentationstheorie vertritt *Joseph Rybinski*, Der Mal'akh Jahwe, Diss. Freiburg (Schweiz) 1929: Nach *Rybinski*, ebenda, S. 60–61, ist der Engel Jahwes „ein kreaturlicher Engel", der „nicht sich selbst, sondern ausschließlich Jahwe vorstellen sollte" und ist damit „eine gewisse Erscheinungsform Jahwes, ganz so, wie der Botschafter eine Erscheinungsform des Königs . . . genannt werden kann". Die Identitätstheorie vertritt *Bernhard Stein*, Der Engel des Auszugs (Bib. 19, 1938, S. 286–307): Nach *Stein*, ebenda, S. 307, ist der Engel Jahwes „der unsichtbare Allgegenwärtige selbst, der an einem besonderen Orte vorzugsweise gegenwärtig und wirksam erscheint und also gleichsam aus seiner Transzendenz heraustritt, ohne deswegen seine Allgegenwart und Wirksamkeit im allgemeinen aufzugeben" (bei *Stein* ein Zitat von *F. Hitzig*). Die Revelationstheorie vertritt *Hubert Junker*, Das Buch Genesis (Echter-Bibel I, 1965, S. 19–162), S. 77–79: *Junker* argumentiert, daß der Engel Jahwes „als Begleiter und Träger der Herrlichkeit Jahwes den Menschen durch sein Sichtbarwerden die Gegenwart Jahwes offenbart, der selbst geheimnisvoll unsichtbar bleibt". Die Wesirtheorie vertritt *Fridolin Stier*, Gott und sein Engel im Alten Testament (ATA 12,2), 1934: Nach *Stier*, ebenda, S. 63, ist der Engel Jahwes auf dem Hintergrund der „Vorstellung des himmlischen Königshofes" zu deuten, in dem der Engel Jahwes als himmlischer Wesir "das himmlische Gegenstück zum obersten Beamten des irdischen Königreiches" ist. Diese Theorien sind nicht unbedingt alle als Gegensätze zu verstehen. Da die Belege für den Engel Jahwes sich über mehr als ein halbes Jahrtausend erstrecken, ist ohne weiteres mit einer Entwicklung der Vorstellung zu rechnen. Ansätze zu einem historischen Verständnis der Vorstellungen finden sich bei *Hermann Röttger*, Mal'ak Jahwe – Bote von Gott (Regensburger Studien zur Theologie 13), 1978, S. 274–284.

[210] Einiges zur Übersetzungshandhabung der Septuaginta findet sich bei *A. S. van der Woude*, De Mal'ak Jahweh: een godsbode (NedThT 18, 1963/64, S. 1–13), S. 4 Anm. 1, und *B. Stein*, Engel des Auszugs, S. 305.

[211] In Frage kommen die Belege bei *Franz Cumont*, Les anges du paganisme (RHR 72, 1915, S. 159–182), S. 159–163, ergänzt durch die bei *F. Sokolowski*, Sur le cult d'Angelos dans le paganisme grec et romain (HThR 53, 1960, S. 225–229), S. 226. Sämtliche Belege

syrisch-palästinischen Einfluß zurückzuführen ist der Gebrauch von ἄγγελος zur Bezeichnung von geistigen Mittlerwesen: Im hellenistischen Heidentum ist die Vorstellung, die besonders von den Neuplatonikern Porphyrios, Iamblichos und Proklos systematisch ausgebaut wurde, mit ἄγγελοι erfaßt[212], und im hellenistischen Judentum wurden die himmlischen Heerscharen um Jahwe als ἄγγελοι bezeichnet, woraus eine vielschichtige Angelologie entwickelt wurde[213]. Im hellenistischen Synkretismus sind auch vereinzelt andere Verwendungen des Wortes[214] nachweisbar[215].

In der apokalyptischen Hadadtradition kommen keine Begleitwesen des Weltenherrn vor, die sachgemäß mit ἄγγελοι hätten bezeichnet werden können. Die Überlieferung, die von der Einsetzung des Weltenherrn vor dem Betagten handelt, belegt eine Vermengung der apokalyptischen Hadad- mit der kultischen Eltradition. In dem Teil der Überlieferung, der auf die Eltradition zurückgeht, ist aus der Eltradition das Traditionselement des Hofstaates Els aufgenommen: Vor dem Betagten stehen *rbw rbwn* ‚zehntausendmal Zehntausende', ein Hofstaat, der aus Scharen von untergeordneten Wesen besteht[216]. Gemäß griechischem Sprachgebrauch hätte der Hofstaat sachgemäß mit ἄγγελοι ‚Engel' bezeichnet werden können. Weil aber eine Durchdringung der Traditionselemente der apokalyptischen Hadadtradition mit denen der kultischen Eltradition nicht stattfand[217] und weil Traditionselemente aus der

---

sind allerdings in der Deutung strittig. Eine umfassende Untersuchung, die die Belege auf dem Hintergrund des hellenistischen Synkretismus und des syrisch-palästinischen Sprachgebrauches einordnet, bleibt ein Desiderat. Vereinzelte Hinweise auf den Gebrauch vom kanaanäischen und aramäischen *ml'k* als Bezeichnung der Manifestation eines Gottes finden sich bei *M.-J. Lagrange*, L'ange de Iahvé (RB 12, 1903, S. 212–225), S. 222–225.

[212] Darstellung mit Belegen: *Fr. Cumont*, Anges du paganisme, S. 169–177. Nach *Cumont*, ebenda, S. 169: Die Angelologie des aus Tyros stammenden Porphyrios „s'inspire des croyances acceptées dans les temples syriens".

[213] Es erübrigt sich, die einschlägigen Darstellungen der hellenistisch-jüdischen Angelologie anzuführen. Die spezifische Entwicklung des Gebrauches des griechischen Wortes bleibt undeutlich. Typisch ist die Feststellung von *Wilhelm Bousset* und *Hugo Greßmann*, Die Religion des Judentums im späthellenistischen Zeitalter (HNT 21), ³1926 (⁴1966), S. 321: „Der gewöhnliche Ausdruck für jene Mittelwesen bleibt ‚Engel' *ml'kjm* ἄγγελοι."

[214] Zusammenfassende Hinweise: *J. Michl*, Art. Engel I, Sp. 56–58; *W. Grundmann*, Art. ἄγγελος, S. 73–74.

[215] Auch Bedeutungsübertragungen fanden statt: *H. Liddell/R. Scott*, Greek-English Lexicon, Stw. ἄγγελος; *W. Grundmann*, Art. ἄγγελος, S. 74; *Franz Joseph Dölger*, ΙΧΘΥΣ V, 1932, S. 490.

[216] *R. Kearns*, Vorfragen zur Christologie III, S. 194.

[217] Die Übersetzung von *hqrbwhj* in der Danielüberlieferung bei *R. Kearns*, Vorfragen zur Christologie III, S. 118, ist wohl dahingehend zu korrigieren, daß die dritte Person

kultischen Eltradition in das Traditionsgefüge um den Menschensohn keinen Eingang fanden, ist eine Übernahme des Traditionselementes des Hofstaates als Ursprung für die ἄγγελοι im Traditionsgefüge um den Menschensohn nicht anzunehmen.

Eine autochtone Entstehung der Boten innerhalb des Traditionsgefüges um den Menschensohn ist folglich anzunehmen. Die Darstellung der transzendental-eschatologischen Epiphanie des Menschensohnes in der thematisierten Überlieferung eschatologischen Inhaltes ist von archaischen, aus der apokalyptischen Hadadtradition stammenden Traditionselementen beherrscht. Diese Traditionselemente bieten weder traditionsgeschichtlich noch sachlich einen Grund für eine traditionsmäßige Entstehung des Traditionselementes der Boten im Rahmen der Darstellung der transzendental-eschatologischen Epiphanie des Menschensohnes. Man hat daher den Ursprung des Traditionselementes der Boten nicht in der transzendental-eschatologischen, sondern in der welthaften Epiphanie des Menschensohnes zu suchen. Daß im vom Sprachgebrauch des syrisch-palästinischen Raumes beeinflußten Griechisch ἄγγελος die welthafte Erscheinungsweise einer Gottheit bezeichnen konnte, bietet die Grundlage für eine traditionsmäßige Ableitung. Die ἄγγελοι sind die Theophoren, die in der erscheinungsbildlichen Identität mit dem Menschensohn eben die Erscheinungsweise des welthaft epiphanen Menschensohnes sind. Der Begriff, der aufgrund der Stellung der Theophoren in der welthaften Epiphanie gebildet worden ist, ist nur in der Darstellung der transzendental-eschatologischen Epiphanie belegt, wo die Aussage, daß der Menschensohn ἀποστελεῖ τοὺς ἀγγέλους, das Verhältnis der Theophoren zum Menschensohn bei der transzendental-eschatologischen Epiphanie zur Sprache bringt.

Plural nicht als Rückverweis auf die zehntausend Zehntausende, sondern gemäß den bei G. *Dalman*, Worte Jesu, S. 183–185, angeführten aramäischen Belegen als weiteres Beispiel für die Verwendung der dritten Person Plural als Ausdruck eines unpersönlichen Subjekts zu verstehen ist: ‚man führte ihn heran'.

II. DIE ARCHAISCHEN TRADITIONSELEMENTE IN DER TRANSZENDENTAL-ESCHATOLOGISCHEN EPIPHANIE

Die apokalyptische Hadadtradition ist durch zwei Überlieferungen[218] belegt; wenngleich die Überlieferungen verschiedene Teile des Traditionsgefüges beinhalten, kann aufgrund eines Vergleiches mit der historisch vorangehenden kultisch-mythischen Hadadtradition die inhaltliche Geschlossenheit des Geschehens rekonstruiert werden[219]: Der Weltenherr wird vom Wind getragen auf den Wolken des Himmels einherfahrend herankommen. Wohin sein Antlitz sich wendet, um hinzublicken, wird alles erzittern, das von ihm gesehen wird, und wohin der Ruf aus seinem Mund ergeht, werden alle verbrennen, die seinen Ruf hören. Eine Schar von Fürsten, die unzählbar ist, wird sich von den vier Himmelsrichtungen versammeln, um den Weltenherrn zu bekämpfen. Alle, die sich gegen ihn versammeln, um ihn zu bezwingen, werden sich sehr fürchten, werden aber dennoch kämpfen. Wenn er den Ansturm der heranrückenden Schar sieht, wird er weder seine Hand erheben noch wird er ein Schwert oder eine andere Waffe führen, sondern er wird aus seinem Mund etwas wie einen Strom von Feuer, von seinen Lippen etwas wie einen Hauch von Flamme und von seiner Zunge etwas wie Funken wie einen Sturm senden. Alles dies wird sich miteinander vermischen, der Strom von Feuer, der Hauch von Flamme und die Menge von Sturm, und wird auf die angreifende Schar fallen, die zum Kampf bereit ist. Und es wird alle verbrennen, so daß plötzlich von der unzählbaren Schar nichts mehr übrig sein wird als Aschenstaub und Rauchgeruch. Der Weltenherr wird darauf bis zum Betagten gelangen, und man wird ihn vor den Betagten führen. Der Betagte wird ihm Herrschaft und Schreckensglanz und Königtum verleihen.

Weil die apokalyptische Hadadtradition die transzendental-eschatologische Epiphanie des Weltenherrn zum Inhalt hat, ist es von vornher-

---

[218] Diese werden nach *R. Kearns,* Vorfragen zur Christologie II, S. 3, aufgrund ihrer Tradierungszusammenhänge als die Daniel- und die Esraüberlieferung bezeichnet.

[219] Die traditionsgeschichtliche Aufarbeitung der beiden Überlieferungen findet sich bei *R. Kearns,* Vorfragen zur Christologie III, S. 85–194.

ein naheliegend, daß, sofern eine ungebrochene traditionsgeschichtliche Kontinuität zwischen der apokalyptischen Hadadtradition und dem Traditionsgefüge um den Menschensohn bestand, diese sich in der thematisierten Überlieferung eschatologischen Inhaltes niedergeschlagen hat. Eine solche Kontinuität ist im Partizipialsatz zu konstatieren: τὸν υἱὸν τοῦ ἀνθρώπου ἐρχόμενον ἐν νεφέλαις μετὰ δυνάμεως πολλῆς καὶ δόξης. Die Traditionselemente in diesem Satz lassen sich teils terminologisch, teils sachlich unmittelbar auf die apokalyptische Hadadtradition zurückführen und belegen damit eine direkte traditionsgeschichtliche Kontinuität[220]. Man hat es mit einer ungebrochenen Fortführung von archaischen Traditionselementen zu tun, die traditionsmäßig noch keine eigenständige Weiterbildung bezeugen.

1. Die Wolken

In der apokalyptischen Hadadtradition hat der Weltenherr ein Requisit: Gemäß der Formulierung, daß der Weltenherr *'l 'nnj šmj* ‚auf Wolken des Himmels'[221] herankommt, sind die Wolken des Himmels das Gefährt des Weltenherrn.

Die Herkunft der Vorstellung von Wolken als Gefährt ist die kultischmythische Hadadtradition[222]: Hadad ist der auf Wolken Einherfahrende. Das Gefährt Hadads wird dabei nur mit dem Begriff Wolken bezeichnet. Daß Hadad auf Wolken einherfährt, legte eine vorstellungsmäßige Verbindung mit dem Himmel als Aufenthaltsort Hadads nahe,

---

[220] Der Satz wird seit den Anfängen der historisch-kritischen Forschung als Zitat aus Dan 7,13 beurteilt. So faßt mit Recht *M. Casey,* Son of Man, S. 165, der in diesem Werk eine eingehende Studie zur Wirkungsgeschichte von Daniel 7 bietet, zusammen: „The dependence of Mark 13.26 on Dan. [7.]13 is universally recognized." Dieses Urteil ist aber nicht haltbar. Es besteht selbstverständlich eine traditionsgeschichtliche Verwandtschaft zwischen Daniel 7 und Mk 13,26–27. Nach *R. Kearns,* Vorfragen zur Christologie II, S. 16–51, wirkte die apokalyptische Hadadtradition in Daniel 7 durch das Zitieren der Danielüberlieferung nach, eine Überlieferung, die ein unmittelbares Zeugnis der apokalyptischen Hadadtradition darstellt. Man muß aber zwischen dem unmittelbaren Einfluß der apokalyptischen Hadadtradition und dem Einfluß von Daniel 7 als Schriftstelle differenzieren. Die Traditionselemente müssen darauf hin nachgeprüft werden. Es ergibt sich daraus, daß in keinem Fall eine Abhängigkeit von Daniel 7 angenommen werden muß, daß aber verschiedentlich eine Abhängigkeit von der apokalyptischen Hadadtradition vorliegt, die nicht durch Daniel 7 vermittelt werden konnte (siehe Anm. 230.241.257.260). Daraus ist der Schluß zu ziehen, daß eine Abhängigkeit von Daniel 7 nicht vorliegt.
[221] *R. Kearns,* Vorfragen zur Christologie III, S. 106–107.
[222] *R. Kearns,* Vorfragen zur Christologie III, S. 102–105.

und es hat dementsprechend eine Verbindung des Begriffes Himmel mit Hadad in der kultisch-mythischen Hadadtradition gegeben[223]: Hadad ist der am Himmel. Die beiden Vorstellungen – die Wolken als Gefährt und der Himmel als Aufenthaltsort – scheinen aber traditionsgeschichtlich disparat gewesen zu sein, denn es gibt keinen Hinweis darauf, daß in der kultisch-mythischen Hadadtradition eine Verbindung von Wolken als Gefährt und Himmel als Aufenthaltsort stattfand. Demnach hat man zu folgern, daß aus der kultisch-mythischen Hadadtradition das Traditionselement Wolken alleinstehend in der Formel '*l* '*nnjn* in die apokalyptische Hadadtradition einging und daß die zu '*l* '*nnj šmj*' erweiterte Formel eine sekundäre Verschmelzung der beiden Traditionselemente innerhalb der apokalyptischen Hadadtradition darstellt.

Gemäß der thematisierten Überlieferung kommt der Menschensohn ἐν νεφέλαις. Die griechische Präposition ἐν ist mehrdeutig, bedeutet aber seit Homer unter anderem auch das Aufeinandersein von Sachen[224], so zum Beispiel ἐν . . . ὄρεσσιν ‚auf Bergen'[225], ἐν . . . θρόνοισι ‚auf Stühlen'[226] und ἐν . . . ἵπποισι ‚auf Pferden'[227]. Daß diese Bedeutung sich bis in die griechische Koine erhalten hat, zeigt die bei Josephus belegte Formulierung λόφος ἐν ᾧ ‚Anhöhe, auf der'[228]. Die griechische Formel ἐν νεφέλαις ist als ‚auf Wolken' deutbar und ist die sachgemäße griechische Entsprechung zu '*l* '*nnjn*. In dieser griechischen Wendung[229] liegt eine konsequente Fortführung des Traditionselementes des Gefährtes des Weltenherrn[230].

---

[223] R. Kearns, Vorfragen zur Christologie III, S. 105–106.
[224] Nach *Raphael Kühner* und *Bernhard Gerth*, Ausführliche Grammatik der griechischen Sprache. Satzlehre I, ⁴1955, S. 464: „das *Aufeinandersein* der Dinge".
[225] Homer, Od. 19,205.
[226] Homer, Od. 8,422.
[227] Homer, Il. 4,366.
[228] Josephus, Ant. 12,259.
[229] Die ursprüngliche aramäische Formulierung in der thematisierten Überlieferung wird '*l* '*nnjn* ‚auf Wolken' gewesen sein.
[230] Eine Abhängigkeit der Wendung von Dan 7,13 ist nicht wahrscheinlich. *Norman Perrin*, Rediscovering the Teaching of Jesus (NTLi), 1967, S. 173–174, verweist darauf, daß diese Stelle im Vergleich zu Dan 7,13 eine andere Wortstellung hat, nämlich daß die präpositionelle Wendung nach Titel und Verb anstatt davor steht. *Perrin* ordnet den Unterschied als „a characteristic pesher type change in the service of the text's reinterpretation" ein. Es kann aber einfach ein Zeichen dafür sein, daß eine Abhängigkeit von Dan 7,13 nicht vorliegt. Dieses Urteil wird erhärtet durch die Beobachtung, daß eine wörtliche Abhängigkeit weder für '*l* noch für '*nnjn* wahrscheinlich ist. Eine textkritische Analyse bietet R. Kearns, Vorfragen zur Christologie II, S. 84. Der Urtext von Dan 7,13 hatte als Präposition '*l*, das ins Griechische in der Septuaginta mit ἐπί einging. Nach der Abfassung des Urtextes entstand zu '*l* die Variante '*m*. Diese Lesart hat sich genügend durchgesetzt,

2. Der Machterweis und der Schreckensglanz

Die präpositionelle Wendung μετὰ δυνάμεως πολλῆς καὶ δόξης ist im Gegensatz zu ἐν νεφέλαις nicht als Requisit des Menschensohnes, sondern als Zusammenfassung seines Geschickes zu verstehen. In der apokalyptischen Hadadtradition waren zwei Ereignisse thematisiert: der eschatologische Machterweis und die Einsetzung in das eschatologische Königtum. Die Begriffe δύναμις πολλή und δόξα sind als begriffliche Erfassung dieser beiden Ereignisse zu verstehen.

Vorangestellt ist δύναμις πολλή.

In der apokalyptischen Hadadtradition begründet der Weltenherr seinen Anspruch auf die Einsetzung in das eschatologische Königtum durch einen eschatologischen Machterweis[231]. Die Fürsten begehren gegen den Weltenherrn auf. Er reagiert auf ihren Ansturm mit übernatürlicher Gewalt, und zwar nicht mit irdischer Waffe, sondern mit dem aus seinem Mund hervorgehenden Feuerstrom, der die gegen ihn anstürmenden Fürsten vernichtet.

In der Koine diente unter anderem δύναμις zur Bezeichnung des Machterweises eines Gottes[232]. Nach Aelius Aristides sind die Heilun-

---

daß, als die vortheodotionische Übersetzung entstand, man 'm mit μετά übersetzte. Da die vortheodotionische Übersetzung jedenfalls in die erste Hälfte des 1. Jh. n. Chr., wenn nicht gar in das 1. Jh. v. Chr. zurückgeht, hat man mit einer beherrschenden Stellung der Lesart 'm ab etwa dem Anfang des 1. Jh. n. Chr. zu rechnen. Der Gebrauch von 'l in dem Traditionsgefüge um den Menschensohn erweist sich als nicht von diesem Text abhängig. Es kann allerdings nicht völlig ausgeschlossen werden, daß der Verfasser der thematisierten Überlieferung von einer textgeschichtlich alten Stufe des Textes abhing; eine solche Erwägung hat aber nur dann Gewicht, wenn andere Indizien für eine Abhängigkeit von Dan 7,13 sprechen. Gegen eine Abhängigkeit der Formulierung von Dan 7,13 spricht auch die Tatsache, daß der Übersetzer der thematisierten Überlieferung keine Beziehung zu Dan 7,13 spürte. Hätte er eine Verbindung empfunden, hätte er 'l entweder in Angleichung an die Septuaginta mit ἐπί oder in Angleichung an die vortheodotionische Übersetzung mit μετά übersetzen müssen. Seine Wahl von ἐν zeigt eine fehlende Kenntnis von Daniel oder ein nichtvorhandenes Empfinden für eine Verwandtschaft mit der Danielstelle. Für 'nnjn ist der Tatbestand eindeutig. Dan 7,13 hatte 'nnj šmj'. Wie die gesammelten Belege bei *Paul Billerbeck,* Kommentar zum Neuen Testament aus Talmud und Midrasch I, 1926 (²1956), S. 956–957, zeigen, beinhalten Zitate aus Dan 7,13 immer den geschlossenen Begriff. Das alleinstehende 'nnjn in dem Traditionsgefüge um den Menschensohn kann daher davon nicht abhängig sein.

[231] R. *Kearns,* Vorfragen zur Christologie III, S. 132–148.153–167.

[232] Wenngleich es in der exegetischen Literatur zum Neuen Testament öfters vermerkt wird, daß die Heilungen und Exorzismen Jesu δυνάμεις genannt werden, hat auf die breitere griechische Bezeugung der Bedeutung zuerst *Walter Grundmann,* Der Begriff der Kraft in der neutestamentlichen Gedankenwelt (BWANT 4,8), 1932, S. 64 Anm. 12 und S. 65, hingewiesen. Der gleiche Stoff wurde von *Walter Grundmann,* Art. δύναμαι

gen von Asklepios Ἀσκληπιοῦ δυνάμεις μεγάλαι τε καὶ πολλαί ‚die großen und vielen Machterweise des Asklepios'[233] und die Taten von Herakles δυνάμεις ἐμφανεῖς ‚die sichtbaren Machterweise'[234] des Heros[235]. Eutekinos berichtet: αἱ Διονύσου δυνάμεις περιφανῶς διεδείκνυντο ‚die Machterweise von Dionysos wurden sichtbar gezeigt'[236]. Der Imouthes-Asklepios-Papyrus nennt τάς . . . φρικτὰς δυν[ά]με[ι]ς ‚die furchtbaren Machterweise'[237] von Imouthes. In lydischen Inschriften werden sowohl Heilsereignisse als auch Straftaten als δύναμις – der lydisch-griechische Plural – bezeichnet[238]: Ein gewisser aus Lydien stammender Aurelios Trophimos, Sohn des Artemisios, stellte eine Stele für die Mutter der Götter, Kybele, auf, um ihr für σου τὰς δυνάμις ‚deine Machterweise' zu danken[239]. Während die rein griechischen Belege δύναμις im Plural bezeugen, konnte in Übersetzungen, bei denen die Vorlage einen entsprechenden Anlaß bot, auch der Singular benutzt werden. So übersetzt die Septuaginta δεξιὰ κυρίου ἐποίησεν δύναμιν ‚die rechte Hand des Herrn bewirkt einen Machterweis'[240].

(ThWNT 2, 1935), S. 291,5–8 mit Anm. 23, erneut angeführt. W. *Bauer,* Griechisch-deutsches Wörterbuch, Stw. δύναμις, bietet als Bedeutung 4 „v[on] d[en] Äußerungen d[er] Kraft: *d[ie] Machtentfaltung, d[er] Krafterweis, d[ie] Wundertat"*. W. *Grundmann,* Begriff der Kraft, S. 64, nennt die Stellen, in denen die Wunder Jesu auch δυνάμεις ‚Machterweise' genannt werden, und zwar Mt 11,20.21.23, Mt 13,58, Mk 5,30, Mk 6,2.5, Lk 10,13, Lk 19,37, Apg 2,22.
[233] Aelius Aristides, Or. 42,4 ed. Keil S. 335.
[234] Aelius Aristides, Or. 40,12 ed. Keil S. 328.
[235] Auch καί τινα κλίμακα οἶμαι ἐξήγγελλεν ἱερὰν καὶ παρουσίαν καὶ δυνάμεις τινὰς τοῦ θεοῦ θαυμαστάς Aelius Aristides, Or. 48,30 ed. Keil S. 401.
[236] Euteknios zu Oppian, Cyn. 4 ed. Tueselmann S. 41.
[237] P. Oxy. 1381,89. Auch θε[οῖ]ς γὰρ μόνοι[ς] ἀλλ᾽ οὐ [θν]ητοῖς ἐ[φ]φικ[. .] τ[ὸ]ν τὰς θεῶν διηγεῖσθα[ι] δυνάμεις P. Oxy. 1381,40–42.
[238] *Franz Steinleitner,* Die Beicht im Zusammenhange mit der sakralen Rechtspflege in der Antike, Diss. München 1913, S. 78–79, verweist darauf, daß in Kleinasien die Gottheit als absolute Gebieterin verstanden wurde, so daß das Verhältnis des Menschen zur Gottheit das eines Untertanen zu seinem König war. „Die Gottheit schlägt den Sünder mit Krankheit und straft ihn oder die Seinigen mit dem Tode, anderseits wird sie wieder als gütiger Heildämon angerufen, der versöhnt . . . [und] die Wunden wieder heilt"; sie „tritt . . . für die verletzten Rechte ihrer Verehrer ein und zwingt die Übeltäter zur Gutmachung ihres Unrechtes". *Steinleitner,* ebenda, S. 80, erkennt allerdings die Bedeutung ‚Machterweis' nicht, wenn er urteilt: „In dieser Atmosphäre schreibt die populäre Anschauung alles dem Wirken der göttlichen δύναμις zu, sei es, daß sich diese zum Heile oder Unheile des Menschen äußert."
[239] ed. Steinleitner Nr. 18,6. καὶ ἐνεγράψομεν τὰς δυνάμις τοῦ θεοῦ ed. Steinleitner Nr. 3,16–17; ἐστηλλογρά[φησα [εὐλογῶν τὰς θεία]ς δυνάμις ed. Steinleitner Nr. 9,17–18; [ἐστηλλογρά]φησα τὰς δ[υνάμις ὑμῶν] ed. Steinleitner Nr. 8,9–10; [ἐστηλ]λογράφη[σα τὰς δυνάμις] τῆς θεο[ῦ] ed. Steinleitner Nr. 21,1–3.
[240] LXX Ps 117,15.

Der Begriff δύναμις πολλή im Traditionsgefüge um den Menschensohn dürfte auch ein Beleg für diese Bedeutung sein und als ‚großer Machterweis' zu verstehen sein. Darin liegt eine Begriffsfindung für den eschatologischen Sieg des Menschensohnes über die Fürsten. Der Machterweis, der in der apokalyptischen Hadadtradition ein dramatisches Geschehen war, geht in diesem Begriff auf. Der Singular δύναμις ist von der Sache her bedingt, denn in der apokalyptischen Hadadtradition fand eine einzige endgültige Vernichtung der Gegnerschaft statt[241].

In der thematisierten Überlieferung kommt neben δύναμις πολλή auch δόξα vor.

Das altorientalische Königtum kennt das Phänomen des Schreckensglanzes, die den König umgebende lichthafte Ausstrahlung. Der Schreckensglanz gehört neben dem Zepter zu den Insignien, die dem König bei seiner Thronbesteigung verliehen werden. Der Schreckensglanz ist eine Qualität der Person des Königs und beinhaltet die Legitimation seines Königtums. Der Begriff, der im mythischen Kontext auch auf eine Gottheit bezogen werden konnte, ging über die kultisch-mythische Hadadtradition in die apokalyptische Hadadtradition als *jqr* ‚(göttlicher) Schreckensglanz' ein[242]. Nach seinem Sieg über die Fürsten tritt der Weltenherr ein eschatologisches Königtum an. Sein königliches Amt kommt im Begriff des göttlichen Schreckensglanzes zum Ausdruck.

Die Bedeutungsentwicklung von δόξα in hellenistischer und römischer Zeit ist ungenügend geklärt. Im klassischen Griechisch hatte das Wort die Grundbedeutung ‚Meinung', und zwar sowohl ‚Meinung, welche man hegt' – sodann ‚Wahnmeinung' wie ‚Lehrsatz' – als auch ‚Meinung, in der man bei anderen steht' – sodann ‚Ehre' beziehungsweise ‚Ruhm'[243]. In der Septuaginta tritt unvermittelt eine Bedeutungsbreite hervor, bei der sich insbesondere die Bedeutung ‚(göttlicher) Lichtglanz' von dem älteren Sprachgebrauch abhebt[244]. Diese Bedeutungs-

---

[241] Eine Anlehnung an Dan 7,13–14 kommt für diesen Begriff nicht in Frage, da darin weder ein entsprechendes Wort noch ein Hinweis auf die Vernichtung der Gegnerschaft durch den Menschensohn vorkommt.

[242] *R. Kearns*, Vorfragen zur Christologie III, S. 112–119.

[243] Darstellungen bei *Johannes Schneider*, Doxa. Eine bedeutungsgeschichtliche Studie (NTF 3,3), 1932, S. 10–23; *Helmuth Kittel*, Die Herrlichkeit Gottes (BZNW 16), 1934, S. 1–29; *Gerhard Kittel*, Art. δόξα (ThWNT 2, 1935), S. 236–238.

[244] Darstellungen bei *J. Schneider*, Doxa, S. 36–70, *H. Kittel*, Herrlichkeit Gottes, S. 33–58, und *G. Kittel*, Art. δόξα, S. 245–248. Zwar sind die Bedeutungen ‚Meinung' sowie ‚Ruhm' und ‚Ehre' erhalten geblieben, zu ihnen tritt aber nach der begrifflichen Gliede-

entwicklung, die durch die klassische Gräzität nicht vorbereitet war[245], die aber kaum als reiner Hebraismus ohne profanes Vorbild verständlich ist[246], leitete eine eigentümlich jüdisch-hellenistische Bedeutungsgeschichte des Wortes ein[247]. Neben dieser Entwicklung her fand eine andere statt. Philo und Josephus, obgleich griechischschreibende Juden, bezeugen hinsichtlich des Wortes δόξα kaum Spuren des Sprachgebrauches der Septuaginta[248], gebrauchen das Wort aber übereinstimmend in

---

rung von *Schneider,* ebenda, S. 44–60, einerseits die Bedeutungsgruppe ‚Schmuck‘, ‚Reichtum‘ und ‚Macht‘, andererseits die Bedeutung ‚(göttlicher) Lichtglanz‘ hinzu.

[245] *Adolf Deissmann,* Die Hellenisierung des semitischen Monotheismus (NJKA 6, 1903, S. 161–177), S. 165–166 samt 165 Anm. 5, meint, daß diese Bedeutung „einfach die alte . . . in der Volkssprache ihrer Umgebung noch fortlebende Grundbedeutung" widerspiegele. *Deissmann* verweist dabei auf Frauen- und Schiffsnamen Doxa und darauf, daß dieser Name zu den Frauennamen als Bezeichnung des Lichtes zu stellen ist. Damit wäre eine alte Bedeutung von δόξα mit dem semantischen Gehalt von Licht belegt. *J. Schneider,* Doxa, S. 173–175, verpflichtet sich *Deissmanns* Resultat, indem er meint, daß in der Septuaginta und in den Zaubertexten „altes volkstümliches Sprachgut enthalten" ist. Das Wort δόξα habe in aller Wahrscheinlichkeit ursprünglich den Bedeutungsinhalt ‚glänzen‘/ ‚scheinen‘ gehabt, so daß es zunächst die Bedeutung ‚Glanz‘/‚Lichtglanz‘ gehabt habe. Diese Bedeutung lebte, für uns bis jetzt nicht recht faßbar, in der „Volkssprache" fort, von der „die stilisierte literarische Sprache" verschieden war. Daß diese Auffassung nicht haltbar ist, zeigt deutlich *Helmuth Kittel,* Rezension: J. Schneider, Doxa (ThLZ, 1933, Sp. 245–248).

[246] Stellt man die Sprache der Septuaginta mit *Emil Schürer,* Die Geschichte des jüdischen Volkes im Zeitalter Jesu Christi III, ³1898, S. 311, als eine dar, „die von so starken Hebraismen wimmelt, daß ein Grieche sie überhaupt nicht verstehen konnte", kann man einen reinen Hebraismus annehmen. Eher beizupflichten ist aber dem Urteil von *A. Deissmann,* Hellenisierung, S. 166, daß die Septuaginta geschaffen war „für die in der Fremde geborenen Juden, deren Spielplatzsprache das Griechische gewesen war, und die als Wechsler, Handwerker, Händler, Soldaten und Beamte immer mehr in die griechische Sprache und die griechische Welt hineinwuchsen".

[247] Wie *J. Schneider,* Doxa, S. 23–36, *H. Kittel,* Herrlichkeit Gottes, S. 177–183, und *G. Kittel,* Art. δόξα, S. 255–256, darstellen, ist im späteren religiösen Hellenismus, wie dieser insbesondere durch die hellenistische Mystik und Zauberliteratur bezeugt ist, eine verbreitete Anwendung der Bedeutungen ‚Macht‘, ‚Glanz‘ und ‚göttliche Art‘ vorhanden, die vielfach – nach *Kittel,* ebenda, S. 255–256, sogar gänzlich – als eine Nachwirkung des jüdisch-hellenistischen Sprachgebrauches einzustufen ist.

[248] Auf diesen Tatbestand macht *G. Kittel,* Art. δόξα, S. 239–240, aufmerksam. Bei Josephus ist δόξα ‚Meinung‘ häufig, und sowohl bei Josephus als auch bei Philo kommt das Wort in den profanen Bedeutungen ‚Ehre‘ und ‚Ruhm‘ vor. Nur vereinzelt erscheint bei Philo die Bedeutung ‚(göttlicher) Lichtglanz‘. In Philo, Spec. leg. I 45, in dem auf Ex 33,18 angespielt wird, hat das Wort die dem alttestamentlichen Kontext entsprechende Bedeutung. Dieser Beleg ist nach *Kittel,* ebenda, S. 239, ein „Fremdkörper", der sich gegen den dem Philo eigentlichen Sprachgebrauch abgrenzt. *Kittel,* ebenda, S. 239–240, verweist auch auf Philo, Quaest. Ex. 2,45, wo das alttestamentliche Wort vom Herabkommen der δόξα Gottes auf den Sinai in Ex 24,16 durch den Vergleich mit der δόξα eines irdischen Königs erläutert wird. Die Deutung als ‚(göttlicher) Lichtglanz‘ liegt Philo fern.

der Bedeutung ‚(königlicher) Glanz'[249]. Nach Josephus kam die Königin von Saba μετὰ πολλῆς δόξης καὶ πλούτου παρασκευῆς ‚mit großem Glanz und prachtvollem Aufwand'[250]. Philo vergleicht den göttlichen Lichtglanz mit dem königlichen Glanz des irdischen Herrschers: βασιλέως λέγεται δόξα ἡ στρατιωτικὴ δύναμις ‚man sagt, der Glanz des Königs ist die Kriegsmacht'[251]. Nach I Makkabäer 10 hat der ägyptische König Ptolemaios VI. Philometor seine Tochter Kleopatra mit dem seleukidischen König Alexander Balas vermählt und die Hochzeit καθὼς οἱ βασιλεῖς ἐν δόξῃ μεγάλῃ ‚mit großen Glanz, wie die Könige (pflegen)'[252] ausgerichtet. Man hat in dieser Bedeutung[253] eine nicht von der hellenistischen Synagoge herleitbare Bedeutung des Wortes zu sehen[254]. Die Bedeutung scheint aus der Umgebung des hellenistischen Königtums zu stammen[255] und wäre als eine Weiterentwicklung der Bedeutung ‚Ruhm' verständlich[256]. Dadurch, daß das Wort δόξα jeden-

---

[249] Die Hinweise bei G. Kittel, Art. δόξα, S. 239–240, werden von Christine Mohrmann, Note sur δόξα (Sprachgeschichte und Wortbedeutung. Festschrift Albert Debrunner, 1954, S. 321–328), systematisch ausgewertet. Mohrmann verweist auf die Belege, in denen die Bedeutung ‚(königlicher) Glanz' – nach Mohrmann „splendeur"/„éclat royal" – bei Josephus und Philo vorkommt.

[250] Josephus, Ant. 8,166.

[251] Philo, Quaest. Ex. 2,45 zu Ex 24,16.

[252] I Makk 10,58.

[253] Die Bedeutung ist auch im Matthäusevangelium belegt: δείκνυσιν αὐτῷ πάσας τὰς βασιλείας τοῦ κόσμου καὶ τὴν δόξαν αὐτῶν Mt 4,8; Σολομὼν ἐν πάσῃ τῇ δόξῃ αὐτοῦ Mt 6,29.

[254] Hinsichtlich Josephus und Philo urteilt G. Kittel, Art. δόξα, S. 240, daß diese Schriftsteller „völlig bei der nichtbiblischen, gegen die biblische Gräzität" stehen, C. Mohrmann, Note sur δόξα, S. 325, daß sie „par une tradition littéraire antique" beeinflußt sind.

[255] J. Schneider, Doxa, S. 175, verweist auf diesen Sachverhalt: Es fällt nämlich immer wieder auf, „wie stark die Verbindung von δόξα mit βασιλεύς und βασιλεία, überhaupt mit Ausdrücken ist, die zum Wesen des Königs und des Königtums gehören".

[256] C. Mohrmann, Note sur δόξα, S. 326, folgert zögernd: „On se demande si, d'une manière ou d'une autre, δόξα n'a pas joué un rôle dans l'ambiance de la royauté hellénistique . . ." Die angeführten Belege machen aber deutlich, daß im Bereich des ptolemäischen und seleukidischen Herrschaftsgebietes diese Bedeutung gebräuchlich war und kaum anders als aus der Umgebung des Hofes stammen kann. Fraglich ist nur die Bedingung der Entstehung der Bedeutung. Die Bedeutung hat eine rein profane Tragweite und setzt keine Beziehung zur religiösen Bewertung des Königtums voraus. Denkbar wäre eine innergriechische Entwicklung von ‚Ruhm' ausgehend, wobei Ruhm im Umkreis des königlichen Hofes eben der Glanz des Hofes war. Elpidius Pax, Ex Parmenide ad Septuaginta (VD 38, 1960, S. 92–102), zeigt, daß man im klassischen Griechisch die Unterscheidung von der Meinung und der Sache, auf die die Meinung bezogen ist, nicht allzustreng vorgenommen hat: δόξα „in res visibiles fundata est". Demzufolge wäre der Übergang vom subjektiv empfundenen ‚Ruhm' zum objektiv vorhandenen ‚Glanz' kein gewaltsamer Bruch in der Geschichte des Wortes. Nicht auszuschließen ist allerdings, daß

falls vor dem Anfang des 1. Jahrhunderts n. Chr. als heidnisch-hellenistische Bezeichnung für den königlichen Glanz benutzt wurde, eignete es sich in übertragener Bedeutung als Ausdruck für den als Ausweis des göttlichen Königtums dienenden göttlich-königlichen Glanz in der Bedeutung ‚(göttlicher) Schreckensglanz'. Diese übertragene Bedeutung wäre eine Analogie zu der jüdisch-hellenistischen Bedeutung ‚(göttlicher) Lichtglanz', die von der Septuaginta herstammt.

Im Wort δόξα in der thematisierten Überlieferung dürfte die Bedeutung ‚(göttlicher) Schreckensglanz' vorliegen und bildet damit eine begriffliche Entsprechung zum *jqr* in der apokalyptischen Hadadtradition. Der göttliche Schreckensglanz ist das dem Menschensohn zukommende Zeichen der königlichen Legitimation und ist damit die Umschreibung des königlichen Amtes des Menschensohnes, das er nach seiner eschatologischen Vernichtungstat angetreten hat[257].

Exkurs: Das Kommen

Zur Darstellung der Epiphanie des Weltenherrn in der apokalyptischen Hadadtradition gehört konstitutiv die Beschreibung der Ankunft des Weltenherrn, die mit dem Requisit der Wolken verbunden ist: Der Weltenherr *'th hwh* ‚kommt' auf Wolken[258].

---

entweder im ägyptischen oder im syrisch-palästinischen Bereich ein ägyptisches oder ein aramäisches Wort gebräuchlich war, das auf das Hof bezogen den Glanz des Hofes bezeichnete und für das δόξα ‚Ruhm' als Übersetzungsäquivalent geprägt wurde.

[257] Das Wort *jqr* kommt in Dan 7,14 vor, so daß eine Anlehnung an die Schriftstelle bei diesem Wort möglich wäre. Zu bedenken ist aber, daß *jqr* zwischen *mlkw* und *šlṭn* steht, so daß ein Zitat eigentlich alle drei Begriffe anzuführen hätte. Daß man einen Begriff *pars pro toto* aufgriff, ist natürlich denkbar. Man hätte aber von dem Zusammenhang in Dan 7,14 nicht wissen können, daß *mlkw* und *šlṭn* einerseits, *jqr* andererseits traditionsgeschichtlich verschiedene Traditionsstränge bildeten. Die Wahl von *jqr*, nämlich dem Repräsentanten eines Traditionsstranges, und nicht etwa dem ersten der drei Wörter in Dan 7,14, scheint vorauszusetzen, daß der Urheber der thematisierten Überlieferung Kenntnis von einer traditionsgeschichtlichen Entwicklung gehabt hat, die der exegetisch arbeitende Benutzer der Danielstelle aus dem Text allein nicht hätte entnehmen können. Der Übersetzer ist bei der Wiedergabe von *jqr* mit δόξα eindeutig nicht von der griechischen Übersetzung von Dan 7,13–14 abhängig. Die Septuaginta faßt *šlṭn wjqr wmlkw* ‚Herrschaft und Schreckensglanz und Königtum' mit der Wiedergabe von *šlṭn* durch ἐξουσία zusammen. Theodotion, der eventuell auf vortheodotionischer Tradition fußt, gibt die drei Begriffe getrennt wieder mit ἡ ἀρχὴ καὶ ἡ τιμὴ καὶ ἡ βασιλεία, dafür *jqr* mit τιμή.
[258] R. Kearns, Vorfragen zur Christologie III, S. 106–107.

Im Griechischen wird ἔρχεσθαι für die Epiphanie eines Gottes benutzt[259]. Dasselbe Wort wird im inhaltlich entsprechenden Zusammenhang auf die transzendental-eschatologische Epiphanie des Menschensohnes angewandt und ist somit als *terminus technicus* für die Epiphanie zu verstehen.

Bis auf die grammatische Form ist ἐρχόμενον die wörtliche griechische Entsprechung zu dem in der apokalyptischen Hadadtradition belegten *'th hwh*. Die Koordination von ἐρχόμενον mit ἐν νεφέλαις entsprechend der von *'th hwh* mit *'l 'nnj šmj* zeigt, daß auch dieselbe Vorstellung vorliegt. Bei der großen Anwendungsbreite sowohl des aramäischen als auch des griechischen Wortes kann man aber nur mit Vorbehalt von einem geprägten Traditionselement sprechen[260].

---

[259] *H. Kleinknecht*, Zur Parodie des Gottmenschentums, S. 297, verweist darauf, daß ἔρχεσθαι ein *terminus technicus* „für das Kommen des Gottes zu den Menschen in der Epiphanie" ist.

[260] Geht man allein von dem Verb aus, könnte man eine Abhängigkeit von Dan 7,13 behaupten. Angesichts der fehlenden Übereinstimmung der anderen Begriffe ist dies eine zu schmale Basis für ein solches Urteil.

III. DIE WELTHAFTE UND DIE TRANSZENDENTAL-
ESCHATOLOGISCHE EPIPHANIE

Obgleich die apokalyptische Formung der Hadadtradition nur eine transzendental-eschatologische Epiphanie des Weltenherrn kannte, ist infolge des traditionsgeschichtlichen Bruches sowohl eine welthafte als auch eine transzendental-eschatologische Epiphanie im Traditionsgefüge um den Menschensohn vorhanden. Die thematisierte Überlieferung welthaften Inhaltes bezieht sich auf die welthafte Epiphanie des Menschensohnes:
ὁ υἱὸς τοῦ ἀνθρώπου παραδίδοται εἰς χεῖρας ἀνθρώπων.
Die in der thematisierten Überlieferung eschatologischen Inhaltes beschriebene Epiphanie des Menschensohnes setzt traditionsgeschichtlich, wie aus der Fortführung der archaischen Traditionselemente hervorgeht, die transzendental-eschatologische Epiphanie des Weltenherrn fort. Eine traditionsgeschichtliche Neuerung ist aber sowohl darin erkennbar, daß die archaischen Traditionselemente einem ὄψονται untergeordnet sind, als auch darin, daß der zweite Satz der Überlieferung inhaltlich nicht aus der apokalyptischen Hadadtradition ableitbar ist:
ὄψονται τὸν υἱὸν τοῦ ἀνθρώπου ἐρχόμενον ἐν νεφέλαις μετὰ δυνάμεως πολλῆς καὶ δόξης καὶ ἀποστελεῖ τοὺς ἀγγέλους.
Der Gehalt der thematisierten Überlieferung welthaften Inhaltes und die traditionsgeschichtliche Neuerung in der thematisierten Überlieferung eschatologischen Inhaltes sind sachlich aufeinander bezogen.

1. Die welthafte Epiphanie als Menschwerdung

Die thematisierte Überlieferung welthaften Inhaltes bietet eine Beschreibung des christologischen Zustandes der welthaften Epiphanie. Trotz des in der welthaften Epiphanie zum Ausdruck kommenden traditionsgeschichtlichen Bruches mit der apokalyptischen Hadadtradition sind die Traditionselemente in der Überlieferung traditionsgeschichtlich ableitbar.

Die Fürsten in der apokalyptischen Hadadtradition waren die dem Weltenherrn eschatologisch entgegenstehenden feindlichen Mächte[261]. Die Koordination von ὁ υἱὸς τοῦ ἀνθρώπου und ἄνθρωποι in der thematisierten Überlieferung welthaften Inhaltes ist nicht als bloßes Wortspiel zu deuten, sondern geht traditionsgeschichtlich auf die Koordination von *brnš* ‚(Welten)herr' und *brnš* ‚Fürsten' zurück. In der Fortführung des Traditionselementes in dem Traditionsgefüge um den Menschensohn wurde der transzendental-eschatologische Sieg des Menschensohnes über die Fürsten zu einem großen Machterweis zusammengefaßt, die Anwesenheit der Fürsten als wirksame Gegnerschaft dagegen vom transzendental-eschatologischen Äon in die Welt verlegt. Die Fürsten wurden damit zu innerweltlich wirksamen feindlichen Mächten. Aufgrund der semantischen Bestimmung von *brnš* in der westaramäischen Zaubersprache, in der *brnš* ‚(dämonischer) Herr'[262] den Dämon bezeichnete, wurde der Begriff *brnš* so umgedeutet, daß es zu einer Gegenüberstellung von *brnš* ‚(Welten)herr' und *brnš* ‚(dämonische) Herren' kam. Bei der Übersetzung von *brnš* ‚(dämonische) Herren' ins Griechische fand entsprechend der Übersetzung des Hoheitstitels eine gelehrte Umdeutung des Begriffes statt. Während die Übersetzung des Hoheitstitels formal durch die pseudoetymologische Umsetzung als *br 'nš*, das gemäß dem reichsaramäischen Wortschatz als eine Zusammensetzung von *br* und *'nš* ‚Mensch' verstanden wurde, ermöglicht wurde, wurde die Umdeutung des Homonyms formal durch die Tatsache ermöglicht, daß das Wort *brnš* im syrischen Ostaramäisch ‚Mensch'[263] bedeutete[264]. Wahrscheinlich im Zuge der Übersetzung des Hoheitstitels *brnš* als ὁ υἱὸς τοῦ ἀνθρώπου übersetzte man das Homonym mit ἄνθρωποι. Die Übersetzung ὁ υἱὸς τοῦ ἀνθρώπου war nicht willkürlich, und auch die Übersetzung ἄνθρωποι hatte einen sachlichen Grund, der aus der begrifflichen Übereinstimmung zwischen ἄνθρωπος im Hoheitstitel und ἄνθρωποι hervorgeht. In der gleichen Weise wie ὁ υἱὸς τοῦ ἀνθρώπου auf die Bedingung der welthaften Epiphanie des

---

[261] R. *Kearns*, Vorfragen zur Christologie III, S. 121–123.
[262] R. *Kearns*, Vorfragen zur Christologie I, S. 179–182, und in geringfügiger Korrektur ders., Vorfragen zur Christologie III, S. 123 Anm. 150.
[263] R. *Kearns*, Vorfragen zur Christologie I, S. 115–119.
[264] Auch bei der Übersetzung dieses Wortes ist entsprechend der des Hoheitstitels beim Übersetzer eine Kenntnis des syrischen Ostaramäisch nur die Bedingung des sprachlichen Vollzuges. Die Übersetzung war aber letztlich eine christologische Umdeutung des Sachverhaltes und nicht lediglich eine unbedachte Kontamination von west- und ostaramäischen Bedeutungen.

Menschensohnes konzipiert wurde und darin ἄνθρωπος den jeweiligen Theophoren, mit dem der welthaft epiphane Menschensohn erscheinungsbildlich identisch ist, bezeichnet, so ist ἄνθρωποι unter gleichen Bedingungen konzipiert und bezeichnet die Theophoren insgesamt.

In der apokalyptischen Hadadtradition werden die Fürsten bei der Epiphanie des Weltenherrn in seine Gewalt gegeben, denn, obgleich sie ihn kriegerisch angreifen, werden sie von ihm mühelos vernichtet[265]. Der Gebrauch von παραδίδοται εἰς χεῖρας ist von diesem Geschehen traditionsgeschichtlich geprägt. Es liegt aber eine Umkehrung des Geschehens vor, denn während in der apokalyptischen Hadadtradition die Gegner in die Gewalt des Weltenherrn übergeben werden, wird in dem Traditionsgefüge um den Menschensohn der Menschensohn in die Gewalt der Gegner übergeben. Die transzendental-eschatologische Epiphanie findet im transzendental-eschatologischen Äon, die welthafte Epiphanie in der Welt statt. Die veränderte Bedingung der Epiphanie führte zur Umkehrung des Geschehens.

Eine gewisse Verschiebung zwischen der aramäischen und der griechischen Sprachfassung der Tradition ist spürbar. Beiden Sprachfassungen gemeinsam ist die Voraussetzung, daß der Menschensohn bei dem beschriebenen christologischen Zustand mit dem Theophor erscheinungsbildlich identisch ist. Auf der aramäischen Sprachstufe wird der in der Welt anwesende Theophor dadurch gekennzeichnet, daß er im Machtbereich der die Welt durchwaltenden dämonischen Mächte ist, so daß auch der Menschensohn durch seine erscheinungsbildliche Identität mit dem Theophoren gleicherweise der Gewalt der dämonischen Mächte ausgesetzt ist. Die Übersetzung von *brnš* ‚(dämonische) Herren' mit ἄνθρωποι ‚Menschen' bedeutete eine Anthropologisierung des Dämonischen. Das Menschsein selbst hat eine dem Menschensohn fremde, entgegengestellte Wesensart. Folglich ist auf der griechischsprachigen Stufe der Tradition der Menschensohn in der erscheinungsbildlichen Identität mit dem Theophoren dem Menschsein als fremder, ihm entgegenstehender Wesensart übergeben. Die Menschen sind eben die Theophoren, mit denen der Menschensohn jeweils erscheinungsbildlich identisch ist. In der erscheinungsbildlichen Identität findet der Vollzug der Übergabe des Menschensohnes in die Macht der Menschen statt.

---

[265] R. *Kearns,* Vorfragen zur Christologie III, S. 153–167.

Der Menschensohn ist ein eigenständiges eschatologisch epiphan werdendes Wesen, der Theophor als Mensch ein eigenständiges welthaftes Wesen. Die welthafte Epiphanie des Menschensohnes besteht darin, daß der Menschensohn mit dem Theophoren erscheinungsbildlich identisch wird. Weil der Theophor ein Mensch ist, erscheint der Menschensohn in der erscheinungsbildlichen Identität mit dem Theophoren zugleich als ein Mensch. Die welthafte Epiphanie – die Übergabe des Menschensohnes an die Theophoren – ist die Menschwerdung des Menschensohnes.

2. Die transzendental-eschatologische Epiphanie als Aufhebung der Menschwerdung

Die thematisierte Überlieferung eschatologischen Inhaltes bietet eine Beschreibung des christologischen Zustandes der transzendental-eschatologischen Epiphanie. Sie enthält zwar archaische Traditionselemente, die aus der apokalyptischen Hadadtradition fortgeführt wurden, aber sowohl diese als auch die neugebildeten Traditionselemente beabsichtigen nicht nur eine einfache Darstellung der transzendental-eschatologischen Epiphanie, sondern sie stehen zugleich im Dienst der Abgrenzung gegen ein eventuell falsches Verständnis.

Der Schlüssel zur Deutung der Überlieferung bietet der ursprünglich aramäisch formulierte Vergleich[266], von dem der ursprüngliche Wortlaut der Bildhälfte bei Matthäus

ὥσπερ γὰρ ἡ ἀστραπὴ ἐξέρχεται ἀπὸ ἀνατολῶν καὶ φαίνεται ἕως δυσμῶν,

der ursprüngliche Wortlaut der Sachhälfte dagegen bei Lukas

οὕτως ἔσται ὁ υἱὸς τοῦ ἀνθρώπου

erhalten ist. Der Blitz, der vom Osten hervorzuckt und bis zum Westen leuchtet, wird mit dem Menschensohn verglichen. In der Sachhälfte wird nicht das Epiphaniegeschehen, sondern mit οὕτως ἔσται ὁ υἱὸς τοῦ ἀνθρώπου der Menschensohn an sich genannt. Das Bild bezieht sich damit nicht auf den Charakter des Geschehens – nicht etwa auf die Plötzlichkeit, Unvorhersehbarkeit oder Unberechenbarkeit der Epiphanie – sondern auf die Erscheinungsart des Menschensohnes an sich. Der Blitz wird im Gegensatz zum eigentlichen Naturphänomen als

---

[266] Mt 24,27/Lk 17,24.

himmelsumspannendes Wesen mit entsprechender, ins Kosmische ausgeweiteter Erscheinungsart dargestellt. Darin liegt das *tertium comparationis*: Wie der Blitz so auch wird der Menschensohn bei seiner transzendental-eschatologischen Epiphanie eine ins Kosmische ausgeweitete Erscheinungsart haben. Die Pointe muß auf dem Hintergrund der erscheinungsbildlichen Identität zwischen dem Menschensohn und dem jeweiligen Theophoren in der welthaften Epiphanie gesucht werden. Es wäre denkbar, daß die erscheinungsbildliche Identität, die für die welthafte Epiphanie kennzeichnend war, sich auch in der transzendental-eschatologischen Epiphanie fortsetzen sollte, daß also die transzendental-eschatologische Epiphanie des Menschensohnes in der erscheinungsbildlichen Identität mit einem oder gar mehreren Theophoren stattfinden sollte. Der Vergleich grenzt gegen ein solches falsches Verständnis ab. Der Menschensohn wird bei der transzendental-eschatologischen Epiphanie nicht wie ein Theophor erscheinen, sondern wird eine nicht an Theophoren gebundene Erscheinungsart haben. Der Vergleich besagt, daß der transzendental-eschatologisch epiphane Menschensohn nicht in der erscheinungsbildlichen Identität mit einem oder gar mehreren Theophoren erscheinen wird, sondern er wird – wie der Blitz, der vom Osten hervorzuckt und bis zum Westen leuchtet – als eine ins Kosmische ausgeweitete und damit nicht an Theophoren gebundene Erscheinungsart haben. Es wird demnach die Eigenständigkeit des transzendental-eschatologisch epiphanen Menschensohnes gegenüber den Theophoren hervorgehoben.

Die thematisierte Überlieferung eschatologischen Inhaltes ist auch darauf hin formuliert, die Eigenständigkeit des transzendental-eschatologisch epiphanen Menschensohnes festzustellen. Die Überlieferung enthält archaische Traditionselemente, diese werden aber ὄψονται untergeordnet, einem Verb mit unpersönlichem Subjekt[267], das die Feststellung der beschriebenen Ereignisse zum Ausdruck bringt. Die Unterordnung der archaischen Traditionselemente unter ὄψονται verlegt die Betonung vom Gehalt der transzendental-eschatologischen Epiphanie

---

[267] Nach *Fr. Blass/A. Debrunner/Fr. Rehkopf*, Grammatik des neutestamentlichen Griechisch, S. 107–108, wurde im klassischen Griechisch das unpersönliche Subjekt zuweilen mit der dritten Person Plural ausgedrückt, ein Sprachgebrauch, der in der aramäisch beeinflußten Koine erweitert wurde. Damit war die ursprüngliche aramäische Fassung wohl sachgemäß übersetzt. *G. Dalman,* Worte Jesu, S. 183–185, bietet aramäische Beispiele dafür, daß ein Verb in dritter Person Plural benutzt wurde, um ein unpersönliches Subjekt auszudrücken.

auf die Tatsache der derart gestalteten Epiphanie. Die archaischen Traditionselemente wurden nicht zufällig gewählt, sondern wurden deswegen herangezogen, weil jedes den Unterschied zwischen dem transzendental-eschatologisch epiphanen Menschensohn und dem mit den Theophoren erscheinungsbildlich identischen Menschensohn hervorhebt: Der transzendental-eschatologisch epiphane Menschensohn kommt auf Wolken heran, erscheint mit großem Machterweis und mit Schreckensglanz; der mit dem jeweiligen Theophoren erscheinungsbildlich identische Menschensohn kommt als Mensch nicht auf Wolken heran und tritt weder mit großem Machterweis noch mit Schreckensglanz auf. Daß man feststellen wird, daß der Menschensohn bei seiner transzendental-eschatologischen Epiphanie derart erscheinen wird, beweist seine Unabhängigkeit von Theophoren und damit seine eschatologische Eigenständigkeit.

Der Satz καὶ ἀποστελεῖ τοὺς ἀγγέλους setzt diese Beweisführung fort. Die Boten sind die Theophoren. Das Wort ἀποστέλλειν beinhaltet keine Beauftragung oder selbständige Tätigkeit der Boten, sondern ihre Entlassung[268]. Die Theophoren werden bei der transzendental-eschatologischen Epiphanie des Menschensohnes entlassen. Der Menschensohn, der in der welthaften Epiphanie mit den Theophoren erscheinungsbildlich identisch war, erscheint in der transzendental-eschatologischen Epiphanie als ein eigenständiges Wesen unabhängig von den Theophoren. Sie haben ihre Funktion als Bedingung für die welthafte Epiphanie mittels der erscheinungsbildlichen Identität nicht mehr auszuüben. Beim Anbruch der transzendental-eschatologischen Epiphanie findet daher ihre Entlassung statt.

Die welthafte Epiphanie in der erscheinungsbildlichen Identität zwischen dem Menschensohn und dem jeweiligen Theophoren war die Menschwerdung des Menschensohnes. In der transzendental-eschatologischen Epiphanie erscheint der Menschensohn nicht mehr als Mensch, sondern als ein eigenständiges transzendental-eschatologisches Wesen. Der Anbruch der transzendental-eschatologischen Epiphanie erweist sich damit als die Aufhebung der Menschwerdung.

---

[268] Zur entsprechenden Bedeutung: *W. Pape*, Griechisch-deutsches Handwörterbuch, ³1880 (1954), Stw. ἀποστέλλω, „entlassen"; *Franz Passow*, Handwörterbuch der griechischen Sprache, ⁵1841, Stw. ἀποστέλλω, „wegschicken"; *H. Liddell/R. Scott*, Greek-English Lexicon, Stw. ἀποστέλλω, „send away, banish". Eine begrifflich genaue Parallele bietet Xenophon: ταῦτα εἰπὼν ἀποστέλλει τοὺς ἀγγέλους ‚nachdem er dies gesagt hatte, entließ er die Boten' Xenophon, An. II 1,5.

Studie zur ältesten Veränderung
des Traditionsgefüges um den Menschensohn

DAS PROBLEM

Die Prophezeiung des Neferti[1], der Gattung nach eine politische Prophezeiung[2], entstand während der Regierungszeit des altägyptischen Königs Amenemhet I., des Gründers der 12. Dynastie[3].
Am Anfang steht eine Rahmenerzählung, die nur die Funktion einer Einleitung hat und am Ende nicht wieder aufgenommen wird: König Snofru, der erste König der 4. Dynastie, erbittet von seinem Beamtenkollegium einen Weisen zu empfehlen, der ihn zu unterhalten wisse, und die Wahl fällt auf den Vorlesepriester Neferti, der dem König vorgeführt wird; der König bittet Neferti, von Künftigem zu berichten, und nimmt selbst Papyrus und Binse, um niederzuschreiben, was er vortragen wird. Neferti beginnt seine Prophezeiung mit der Vorhersage einer kommenden Chaoszeit. Das Land Ägypten wird zerstört sein. Die Sonne wird sich verdunkeln, der Nil wird austrocknen, so daß man ihn zu Fuß überqueren kann, und die Winde werden sich am Himmel streiten. Im Ostdelta werden die Asiaten die Grenzsperren durchbrechen und nach Ägypten hinabsteigen. Es wird Hunger im Land herrschen und man wird Brot mit Waffen fordern. Tod wird zum Alltag werden, so daß man die Toten nicht mehr betrauert; der Sohn wird seinen Vater, der Bruder seinen Bruder töten. Der Besitz eines Menschen wird ihm geraubt. Die soziale Ordnung wird verkehrt, so daß der Machtlose ein Mächtiger und der Diener ein Herr wird. In dieser Zeit, in der Verfall bereits im Geschaffenen, Zerstörung im Gefundenen und Schöpfung in dem, was nicht geschaffen werden sollte, ist, wird aber ein König des Südens kommen, Ameni mit Namen, der Gerechtfertigte. Er wird die

---

[1] Text und Übersetzung: *Wolfgang Helck,* Die Prophezeiung des Nfr.tj (KÄT[8]), 1970. Die gängige Zählung nach den Zeilen von P. Petersburg 1116B wird bei *Helck,* der sonst eine eigene Neugliederung bietet, nur in der Wiedergabe des Textes geboten.

[2] Die maßgebende Studie ist die von *G. Posener,* Littérature et politique dans l'Égypte de la XIIe Dynastie (BEHE 307), 1956, S. 21–60, dessen Beurteilung im einzelnen durch „die sehr eigenwillige Studie" *(J. Assmann)* von *Hans Goedicke,* The Protocol of Neferyt (Johns Hopkins Near Eastern Studies), 1977, nicht überholt ist. Ergänzendes bietet *Elke Blumenthal,* Die Prophezeiung des Neferti (ZÄS 109, 1982, S. 1–27).

[3] *G. Posener,* Littérature, S. 28–29.

beiden Teile Ägyptens unter seiner Herrschaft vereinigen. Die Asiaten und die Libyer werden besiegt, und die Feinde und Rebellen im eigenen Land werden unterworfen werden. Er wird die Herrschermauer bauen, damit die Asiaten nicht unrechtmäßig nach Ägypten eindringen. Die Ordnung wird wieder einkehren. Freuen wird sich der, der diese Heilszeit erleben wird.

Ameni ist Amenemhet I.[4], der aus dem äußersten Süden Oberägyptens kommend vermutlich als Usurpator auf den ägyptischen Thron gelangte. In der Situation mußte man in seiner Umgebung mit einem Gegenkönig aus der alten Königsstadt Heliopolis in Unterägypten rechnen. Die politische Prophezeiung sollte als Propagandaschrift die umstrittene Legitimität des Königs rechtfertigen und so dem Emporkömmling den Gaufürsten empfehlen und die Beamtenschaft für ihn gewinnen[5]. Die Prophezeiung stellt die dogmatische Behauptung auf, daß Heliopolis nicht mehr in der Lage ist, einen König aufzustellen[6] und deutet darüber hinaus an – wie besonders aus der Beschäftigung mit der politischen und ökonomischen Probleme im Nordosten des Landes hervorgeht –, daß der Nome von Heliopolis nicht in der Lage ist, sich selbst vor der eingebrochenen Katastrophe zu retten, sondern sein Heil nur von außen her kommend, nämlich von dem oberägyptischen Amenemhet, wird finden können.

Die Prophezeiung wurzelt in der ägyptischen Vorstellung von Ordnung und Chaos – von Kultur als der menschlichen Ordnung sozialen Zusammenlebens und von Kulturverfall als dem Rückfall in die Barbarei des Naturzustandes – wie diese durch die ägyptische Königsideologie geformt wurde. Die Königsideologie besagt, daß jeder König bei seiner Thronbesteigung das Chaos überwindet und das Land erneut in den Zustand der Ordnung setzt. Die Prophezeiung wendet die Königsideologie in Gestalt einer Prophezeiung *post eventum* auf die Geschichte an, indem sie die Zeit vor der Thronbesteigung von Amenemhet als Chaoszeit und die seiner Herrschaft als ordnungsspendende Heilszeit deutet[7]. Hinsichtlich der konkreten Bezüge zur Geschichte sind die beiden Teile

---

[4] G. Posener, Littérature, S. 22–28.
[5] G. Posener, Littérature, S. 29–40.
[6] PrNef 57. Die Feststellung kommt unmittelbar am Ende der Chaosbeschreibung und leitet damit zur Darstellung des Auftretens des Heilskönigs über. Die Bedeutsamkeit, die G. Posener, Littérature, S. 38–39, dem Satz zugesteht, ist auch durch die Struktur der Prophezeiung gerechtfertigt.
[7] G. Posener, Littérature, S. 57–58.

der Prophezeiung verschieden zu bewerten. Dadurch, daß die beschriebenen Ereignisse der Chaoszeit teils für die die 8. bis 10. Dynastie umfassende erste Zwischenzeit, teils für das zwischen der 11. und der 12. Dynastie stattfindende Interregnum zutreffend wären, ohne daß die 11. Dynastie überhaupt erwähnt wird[8], geht hervor, daß man in den Einzelheiten der Chaosbeschreibung nicht konkrete Anspielungen auf historische Ereignisse suchen darf. Der Verfasser versucht die immer wiederkehrenden Probleme Ägyptens aufzuführen, die unter der Herrschaft von Amenemhet einer Lösung zugeführt worden sind, um damit den Glanz des Heilskönigs hervorzuheben[9]. Wenngleich man einzelne Motive aus der Gegenüberstellung mit den Errungenschaften Amenemhets ableiten kann[10], sind auch feststehende Topoi angewandt worden. Zu Anfang der 12. Dynastie bestand eine fest ausgebildete Tradition der Darstellung des Verfalls der Ordnung in Ägypten, die in der Stilform der Klage vorgetragen wurde[11]; der Verfasser der Prophezeiung bediente sich als Grundlage der Chaosbeschreibung vermutlich einer Vorlage[12], in der bestehende Topoi der Chaosbeschreibung aus den Klagen verwertet wurden[13]. Eine vorstellungsmäßige Ausdehnung des Unheils ins Kosmische ist aber auch zu konstatieren, denn während die Klagen das Unheil in dem Verfall der Kultur sehen, setzt die Prophezeiung voraus, daß mit dem Schwund der menschlichen Ordnungen die Götter sich von den Menschen zurückziehen[14], so daß sich das Unheil auch in eine

---

[8] *G. Posener*, Littérature, S. 44–46.
[9] *G. Posener*, Littérature, S. 46–47: „L'auteur ne cherche pas à faire de l'histoire; il puise ... les éléments d'un sombre tableau dont il a besoin pour faire ressortir l'image du sauveur."
[10] *G. Posener*, Littérature, S. 46, verweist darauf, daß die Chaosbeschreibung mit dem Einfall der Beduinen im Nordosten des Landes anfängt. Er meint, „ce n'est pas une date, mais un problème", das der Verfasser darstellt, weil er sich an die Bewohner des östlichen Deltas richtet, die das Geschehen immer wieder erfahren, und weil Amenemhet eine Lösung des Problems mit dem Bau der Herrschermauer gefunden hat.
[11] *Jan Assmann*, Königsdogma und Heilserwartung (Apocalypticism in the Mediterranean World and the Near East, 1983, S. 345–377), S. 347–351.354–355, analysiert die Chaosbeschreibungen in den aus dem ausgehenden Alten Reich stammenden sogenannten Admonitions des Ipuwer und in den aus der Zeit Sesostris II., eines Königs der 12. Dynastie, stammenden Klagen des Chacheperreseneb, die eine zur literarischen Gattung gewordene Klage beinhalten.
[12] *E. Blumenthal*, Prophezeiung des Neferti, S. 21–22.
[13] Die Fortführung der Motive in der Prophezeiung des Neferti zeigt *J. Assmann*, Königsdogma und Heilserwartung, S. 357–361, auf.
[14] Auf die Voraussetzung, die für alle Chaoserscheinungen in der Natur gilt, wird einmal ausdrücklich angespielt: ‚Re hat sich von den Menschen getrennt' PrNef 51. *J. Assmann*, Königsdogma und Heilserwartung, S. 358 Anm. 63, begründet das Urteil, daß

Störung der natürlichen Ordnungen ausweitet[15]. Durch die Darstellung der vielfältigen Erscheinungsformen des Unheils will die Prophezeiung die soziale, im Ansatz die kultische und die kosmische Dimension des Untergangs der Ordnung erfassen[16]. Im Gegensatz zur Abhängigkeit der Chaosbeschreibung von Topoi treten in der Darstellung der Heilszeit konkrete historische Bezüge hervor: Der Name des Heilskönigs Ameni[17], die Abstammung seiner Mutter aus dem ersten oberägyptischen Gau[18], seine eigene Herkunft aus Oberägypten[19], seine Zugehörigkeit zu adligen Kreisen[20], seine Thronbesteigung[21], seine Selbstbehauptung gegenüber seinen innerägyptischen Gegnern[22], sein Sieg über die Libyer und die Asiaten[23] und der Bau der Herrschermauer im Ostdelta[24] werden angeführt.

Die Prophezeiung des Neferti wirkte als Prototyp lange nach[25]. Die Ptolemäer, die von der Warte der einheimischen Ägypter Fremdherrscher waren, griffen, um sich zu legitimieren, auf die altägyptische Gattung zurück und stellten politische Prophezeiungen in den Dienst der ptolemäischen Hofpropaganda. Zur Zeit der Ptolemäer brachten hellenisierte Einheimische einen autochthon ägyptischen eschatologischen Geschichtsentwurf, das eschatologische Geschichtsbild des ägyptischen Hellenismus, hervor, indem sie sich die politische Prophezeiung ptolemäischer Prägung aneigneten: Man deutete die Gegenwart, in der Ägypten unter der ptolemäischen Fremdherrschaft stand, als die Chaoszeit, und man erwartete für die Zukunft das Auftreten eines Heilskönigs, der das altägyptische Königtum wiederherstellen würde. In jüdischen Kreisen Ägyptens wurde das Geschichtsbild rezipiert und auf

---

die kosmisch dargestellten Symptome der gestörten Ordnung dadurch theologisch gedeutet werden.
[15] *J. Assmann*, Königsdogma und Heilserwartung, S. 358.
[16] *J. Assmann*, Königsdogma und Heilserwartung, S. 360.
[17] PrNef 58.
[18] PrNef 58. *G. Posener*, Littérature, S. 47–48.
[19] PrNef 59. *G. Posener*, Littérature, S. 48–49.
[20] PrNef 61. *G. Posener*, Littérature, S. 49–51.
[21] PrNef 59–61. *G. Posener*, Littérature, S. 52.
[22] PrNef 62–63.64–65. *G. Posener*, Littérature, S. 52.
[23] PrNef 63–64. *G. Posener*, Littérature, S. 52–55.
[24] PrNef 66–68. *G. Posener*, Littérature, S. 55–57.
[25] Die Prophezeiung des Neferti blieb lange bekannt. *W. Helck*, Prophezeiung des Nfr.tj, S. 1–2, verweist auf einen Papyrus und zwei Tafeln aus der 18. Dynastie sowie auf 20 ramessidische Ostraka, *H. Goedicke*, Protocol of Neferyt, S. 1/28 Anm. 1, auf ein weiteres Ostrakon. Wie die traditionsgeschichtliche Kontinuität zwischen der Prophezeiung des Neferti und den politischen Prophezeiungen ptolemäischer Prägung genau vorzustellen ist, bleibt dagegen dunkel.

zweierlei Art fortgebildet: Zum einen wurde die Tradition von der Wiederkehr des Elia in die Darstellung der Chaoszeit einbezogen, zum anderen wurde der Heilskönig als ein für die Juden künftig eingreifender Herrscher gedeutet.

Das Traditionsgefüge um den Menschensohn entstand – von dieser ägyptischen Traditionsentwicklung völlig unbeeinflußt – im aramäischsprachigen palästinischen Heidentum. Es ging unter nur geringfügiger Veränderung in den griechischen Sprachraum ein, wo es ein Eigenleben führte. Grundlegend war die Vorstellung von zwei Epiphanien des Menschensohnes: In der Gegenwart wird der Menschensohn dadurch welthaft epiphan, daß er mit dem jeweiligen Theophoren erscheinungsbildlich identisch wird; für die Zukunft erwartet man, daß er von den Theophoren unabhängig transzendental-eschatologisch epiphan werden wird.

Das Traditionsgefüge um den Menschensohn wurde sekundär in die jüdische Formung des eschatologischen Geschichtsbildes des ägyptischen Hellenismus aufgenommen. Der welthaft epiphane Menschensohn wurde mit dem wiederkehrenden Elia, der transzendental-eschatologisch epiphane Menschensohn mit der göttlich-menschenähnlichen Gestalt, einer jüdischen Verschmelzung des Heilskönigs mit Jahwe, kontaminiert. Die Kontamination bestand jeweils darin, daß der Menschensohntitel und Traditionselemente aus dem Traditionsgefüge um den Menschensohn auf die entsprechende jüdische Gestalt übertragen wurden.

Die ursprüngliche Gestalt des Traditionsgefüges um den Menschensohn ist in zwei traditionsmäßig ergiebigen, griechischsprachig erhaltenen Überlieferungen erhalten: die thematisierte Überlieferung welthaften Inhaltes und die eschatologischen Inhaltes. Die genannten traditionsgeschichtlichen Kontaminationen sind durch die sekundären Ergänzungen der beiden thematisierten Überlieferungen bezeugt. In der erweiterten thematisierten Überlieferung welthaften Inhaltes kommt die Übertragung des Traditionsgefüges auf Elia vor[26]:

[ὁ υἱὸς τοῦ ἀνθρώπου παραδίδοται εἰς χεῖρας ἀνθρώπων] καὶ ἀποκτανθεὶς μετὰ τρεῖς ἡμέρας ἀναστήσεται.

Die erweiterte thematisierte Überlieferung eschatologischen Inhaltes hat die Übertragung des Traditionsgefüges auf die göttlich-menschenähnliche Gestalt zum Inhalt[27]:

---
[26] Zur Abgrenzung siehe S. 41–42.
[27] Zur Abgrenzung siehe S. 43–51.

ὅταν δὲ ἀκούσητε πολέμους καὶ ἀκοὰς πολέμων, μὴ θροεῖσθε·
δεῖ γενέσθαι. ἐγερθήσεται γὰρ ἔθνος ἐπ' ἔθνος καὶ βασιλεία ἐπὶ
βασιλείαν, ἔσονται σεισμοὶ κατὰ τόπους, ἔσονται λιμοί. καὶ
παραδώσει ἀδελφὸς ἀδελφὸν εἰς θάνατον καὶ πατὴρ τέκνον,
καὶ ἐπαναστήσονται τέκνα ἐπὶ γονεῖς καὶ θανατώσουσιν αὐτούς. ὅταν δὲ ἴδητε τὸ βδέλυγμα τῆς ἐρημώσεως ἑστηκότα ὅπου
οὐ δεῖ, ὁ ἀναγινώσκων νοείτω, τότε φευγέτωσαν εἰς τὰ ὄρη, ὁ δὲ
ἐπὶ τοῦ δώματος μὴ καταβάτω μηδὲ εἰσελθάτω ἆραί τι ἐκ τῆς
οἰκίας αὐτοῦ, καὶ ὁ εἰς τὸν ἀγρὸν μὴ ἐπιστρεψάτω εἰς τὰ ὀπίσω
ἆραι τὸ ἱμάτιον αὐτοῦ. οὐαὶ δὲ ταῖς ἐν γαστρὶ ἐχούσαις καὶ ταῖς
θηλαζούσαις ἐν ἐκείναις ταῖς ἡμέραις. ἔσονται γὰρ αἱ ἡμέραι
ἐκεῖναι θλῖψις οἵα οὐ γέγονεν τοιαύτη ἀπ' ἀρχῆς κτίσεως ἕως
τοῦ νῦν καὶ οὐ μὴ γένηται. ἀλλὰ μετὰ τὴν θλῖψιν ἐκείνην ὁ ἥλιος
σκοτισθήσεται, καὶ ἡ σελήνη οὐ δώσει τὸ φέγγος αὐτῆς, καὶ οἱ
ἀστέρες ἔσονται ἐκ τοῦ οὐρανοῦ πίπτοντες, καὶ αἱ δυνάμεις αἱ
ἐν τοῖς οὐρανοῖς σαλευθήσονται. καὶ τότε [ὄψονται τὸν υἱὸν
τοῦ ἀνθρώπου ἐρχόμενον ἐν νεφέλαις μετὰ δυνάμεως πολλῆς
καὶ δόξης. καὶ] τότε [ἀποστελεῖ τοὺς ἀγγέλους] καὶ ἐπισυνάξει
τοὺς ἐκλεκτοὺς αὐτοῦ ἐκ τῶν τεσσάρων ἀνέμων ἀπ' ἄκρου γῆς
ἕως ἄκρου οὐρανοῦ.

Die beiden Überlieferungen haben als rein jüdische Erzeugnisse zu gelten, die – wie auch immer ihre nicht mehr genau feststellbare geographische Provenienz zu bestimmen wäre – im geistigen Einflußbereich des eschatologischen Geschichtsbildes des ägyptischen Hellenismus entstanden sind.

Durch die Kontamination des Traditionsgefüges um den Menschensohn mit dem eschatologischen Geschichtsbild des ägyptischen Hellenismus wurde die ursprüngliche Wesensart des Menschensohnes aufgehoben. Der Menschensohn war nicht mehr ein in der erscheinungsbildlichen Identität mit den Theophoren welthaft epiphanes, unabhängig von den Theophoren transzendental-eschatologisch epiphanes Wesen, sondern es traten an dessen Stelle zum einen Elia, zum anderen die göttlichmenschenähnliche Gestalt, nicht aufeinander bezogene, disparate Träger des Menschensohntitels und Traditionselemente aus dem Traditionsgefüge. Durch die Kontamination ging so die ursprüngliche Gestalt des Traditionsgefüges mit aufeinander bezogener welthafter und transzendental-eschatologischer Epiphanie des einen Menschensohnes verloren.

I. DIE POLITISCHE PROPHEZEIUNG PTOLEMÄISCHER PRÄGUNG ALS VORAUSSETZUNG FÜR DAS ESCHATOLOGISCHE GESCHICHTSBILD DES ÄGYPTISCHEN HELLENISMUS

Die Ptolemäer, die von der Warte der einheimischen Ägypter Fremdherrscher waren, griffen, um ihre Herrschaft als die legitime Fortführung des altägyptischen Königtums auszuweisen, auf die altägyptische Gattung der politischen Prophezeiung, für die die Prophezeiung des Neferti der Prototyp war, zurück. Obgleich ein unmittelbares Exemplar nicht erhalten ist, sind mittelbar politische Prophezeiungen im Dienst der ptolemäischen Hofpropaganda am Hof von Ptolemaios II. Philadelphos und Ptolemaios VIII. Euergetes II. nachweisbar. Auch Vaballath, der während der kurzen palmyrenischen Herrschaft über Ägypten herrschte, knüpfte an diese ptolemäische Hoftradition an.

1. Am Hof von Ptolemaios II. Philadelphos nach dem Zeugnis von Kallimachos

Einen Hinweis auf eine politische Prophezeiung am Hof von Ptolemaios II. Philadelphos bietet Kallimachos.

In seinem Hymnus auf Delos[28] erzählt Kallimachos von den Irrfahrten der Göttin Leto, die auf der Suche nach dem Geburtsplatz des Apollon durch die griechischen Landschaften und das Meer eilt. Auf der Insel Kos angelangt, prophezeit Apollon aus dem Mutterschoß heraus[29]. Apollon lehnt eine Geburt auf Kos ab, weil diese Insel für die Geburt einer anderen Gottheit aus dem Geschlecht der Soteren mit Namen Ptolemaios vorgesehen ist, die die beiden Festländer und die Insel im Meer bis an die Grenzen der Welt beherrschen wird. Gegen ihn und Apollon werden die spätgeborenen Titanen mit Schwertern und

---

[28] Text: *A. W. Mair*, Callimachus. Hymns and Epigrams (Loeb Classical Library 129), 1921 (1960), S. 84–111.
[29] Callimachus, Hym. 4,162–195.

Gürteln und Schilden vom äußersten Westen zum Kampf heranstürmen. Die einen sind Apollon als Gabe bestimmt, die anderen werden, den Tod am Nil im Feuer erblickend, der Kampfpreis des Ptolemaios sein.

Der historische Hintergrund der Prophezeiung sind Ereignisse während der Herrschaftszeit von Ptolemaios II. Philadelphos. Im Jahr 278 haben Gallier das delphische Orakel gestürmt, wurden aber vom Gott Apollon selbst besiegt. Philadelphos hat damals eine Gruppe der geschlagenen Gallier für sein Heer angeworben. Sie versuchten in einem Aufstand die Macht an sich zu reißen. Philadelphos schlug den Aufstand nieder und ließ im Jahr 275 viertausend Gallier auf eine unbewohnte Nilinsel bringen und nach einem ägyptischen Ritual verbrennen.

Im Hymnus des Kallimachos sind verschiedentlich Anspielungen auf ägyptisches Gut nachweisbar[30], in der Prophezeiung des Apollon insbesondere auf Elemente der ägyptischen Königsideologie[31]. Der neue ägyptische König wurde mit Horus identifiziert, wie auch Philadelphos als θεὸς ἄλλος[32] der neue Apollon, die *interpretatio graeca* des Horus, ist[33]. Der ägyptische König war der Herr von Ober- und Unterägypten, wie auch Philadelphos über ἀμφοτέρη μεσόγεια[34] herrscht[35]. Der ägyptische König mußte zuerst das Chaos besiegen, um Ordnung wiederherzustellen, wie auch Philadelphos die Gallier überwinden mußte[36]. Durch diese Anspielungen[37] bietet Kallimachos zwar nur eine Verarbeitung der ägyptischen Königsideologie, bezeugt aber, da er kaum einheimisch-ägyptische Tradition selbst unmittelbar bearbeitet hat, darüber hinaus, daß eine entsprechende Verwertung unter Griechen stattfand.

Kallimachos spielt nicht nur auf die ägyptische Königsideologie an, sondern gießt sie in eine besondere Form. Der unter Philadelphos schreibende Dichter bedient sich des Mittels einer durch eine Rahmen-

---

[30] Bahnbrechend ist die Studie von *Ludwig Koenen,* Die Adaptation ägyptischer Königsideologie am Ptolemäerhof (Egypt and the Hellenistic World [StHell 27], 1983, S. 143–190).
[31] *L. Koenen,* Adaptation, S. 177–189.
[32] Callimachus, Hym. 4,165.
[33] *L. Koenen,* Adaptation, S. 181.
[34] Callimachus, Hym. 4,168.
[35] *L. Koenen,* Adaptation, S. 186–187.
[36] *L. Koenen,* Adaptation, S. 178–183.
[37] *L. Koenen,* Adaptation, S. 187–189, bietet auch andere Parallelen zwischen Aussagen in der Prophezeiung des Apollon und ägyptischen Vorstellungen beziehungsweise ägyptischem Sprachgebrauch, die aber nicht eindeutig sind, weil sie auch aus griechischer Denkweise und aus griechischem Sprachempfinden erklärbar wären.

erzählung in die Vergangenheit verlegten Prophezeiung, die aber faktisch die schon eingetretenen Ereignisse der Regentschaft von Philadelphos zum Inhalt hat. Die inhaltliche und formale Nähe zu der politischen Prophezeiung legt die Folgerung nahe, daß eine politische Prophezeiung nach ägyptischer Manier, aber nunmehr in griechischem Sprachgewand, am Hof von Philadelphos zur Legitimation des griechischen Königs gebraucht wurde und daß Kallimachos auf diese Art der politischen Propaganda – eventuell gar auf ein spezifisches Exemplar einer politischen Prophezeiung – anspielte[38].

Kallimachos, der den homerischen Apollonhymnus zum Vorbild nimmt und mit den Mitteln der neuen Kunst die homerische Dichtung übertreffen will, knüpft auf Schritt und Tritt an griechische Tradition an. Er versteht es dabei, eine Huldigung an Philadelphos einzuflechten, indem er auf eine politische Prophezeiung zugunsten des ptolemäischen Königs Bezug nimmt, sie aber dem griechischen Charakter des Hymnus entsprechend mit altgeheiligten griechischen Bildern und Motiven durchsetzt und in die Vergangenheit der griechischen Mythen verlegt[39].

2. Am Hof von Ptolemaios VIII. Euergetes II. nach dem Zeugnis des 3. Sibyllinischen Buches

Daß auch eine politische Prophezeiung am Hof von Ptolemaios VIII. Euergetes II. benutzt wurde, geht aus einer Prophezeiung der jüdischen Sibylle hervor.

Im 3. Sibyllinischen Buch[40] sind Bestandteile aus verschiedenen Zeiten enthalten[41]. Darunter ist eine geschlossene Prophezeiung, die aus der Mitte des 2. Jahrhunderts v. Chr. stammt[42].

(Anmerkung 42 steht auf der nächsten Seite.)

[38] L. Koenen, Adaptation, S. 184–186, meint, daß Kallimachos „eine Prophezeiung von der Art des Töpferorakels" kannte, die in seiner ursprünglichen Fassung „zur Legitimation des regierenden Königs" diente. Seine Annahme, daß Kallimachos auf eine spezifische Prophezeiung Bezug nimmt, ist erwägenswert. Wenngleich seine Einbeziehung des Töpferorakels nicht überzeugt, ist sein Hinweis auf die Prophezeiung des Neferti als Parallele sachgemäß.

[39] L. Koenen, Adaptation, S. 190, vermutet, daß Kallimachos sogar ein Programm verfolgt: „Das Bemühen eines Kallimachos ... zielte ... auf die Griechen. Sie sollten verstehen, daß die ägyptische Königsideologie von Griechen aus ihrer eigenen Tradition heraus verstanden werden konnte und von ihnen kein unerträgliches Opfer ihrer griechischen Tradition und ihres griechischen Denkens verlangt wurde."

[40] Text: *Joh. Geffcken*, Die Oracula Sibyllina (GCS 6), 1902.

[41] Die klassische literarkritische Analyse vom 3. Sibyllinischen Buch von *Johannes*

Gemäß dem sibyllinischen Stil besteht die Einheit aus einer hexametrisch formulierten Prophezeiung ohne Rahmung: Wenn über Ägypten ein König herrscht, der der Siebte des hellenistischen Geschlechtes ist, und wenn dann aus Asien ein großer König kommt, der das ganze Land mit Fußvolk und Reitern bedecken, alles zerschlagen, das ägyptische Königreich zu Boden werfen und alle Schätze herausnehmend über das Meer davonfahren wird, dann wird Gott einen König von der Sonne senden, der im ganzen Land dem bösen Krieg ein Ende machen wird, indem er die einen töten und mit den anderen sichere Verträge schließen wird. Dies wird er nicht nach eigenem Rat tun, sondern den guten Beschlüssen des großen Gottes folgend.

Den historischen Hintergrund bilden die Ereignisse der Jahre 170 bis 163. Ptolemaios VI. Philometor kam als Kind im Jahr 180 unter Vormundschaft auf den Thron und wurde im Jahr 170 für volljährig erklärt. Im Frühjahr 169 griff Antiochos IV. Epiphanes Ägypten an und wandte sich zuerst gegen Memphis. Bei einer Zusammenkunft schlossen Philo-

---

Geffcken, Komposition und Entstehungszeit der Oracula Sibyllina (TU NF 8,1), 1902, S. 1–17, kommt zu dem Resultat, daß darin fünf verschiedene Schichten zu isolieren sind: ein Fragment der babylonischen Sibylle (97–154), ein Fragment der persischen Sibylle (381–387), das Werk der jüdischen Sibylle um die Mitte des 2. Jh. v. Chr. (162–178, 190, 194–195, 211–336, 520–572, 608–615, 732–740, 762–766), authentische Orakel der erythräischen Sibylle, die bald nach dem mithridatischen Krieg jüdisch überarbeitet wurden (179–189, 337–380, 388–488, 492–519, 573–607, 616–637, 643–724, 741–761, 767–795), ein jüdisches Stück aus der Zeit des 2. Triumvirates (46–62) und mehrere christliche Interpolationen. *Valentin Nikiprowetzky*, La Troisième Sibylle (EtJ 9), 1970, S. 195–225, untersucht die Frage nach der Datierung des Werkes von neuem und kommt zu dem Schluß, daß das ganze 3. Sybillinische Buch um das Jahr 42 v. Chr. entstanden ist. *Nikiprowetzky*, ebenda, S. 196, beginnt aber mit einer Voraussetzung, die kaum zutreffend ist: „Si l'on admit la thèse de l'unité d'auteur . . ." Hält man dagegen an dem Nachweis von *Geffcken*, daß das ursprünglich aus der Mitte des 2. Jh. v. Chr. stammende Werk im 1. Jh. v. Chr. nachträglich erweitert wurde, fest, ergibt *Nikiprowetzkys* Analyse höchstens, daß bestimmte Abschnitte des Werkes bis in die 2. Hälfte des 1. Jh. v. Chr. zu datieren sind.

[42] Sib 3,608–615.652–656. *J. Geffcken*, Komposition und Entstehungszeit, S. 5, ordnet 608–615 mit Recht der Mitte des 2. Jh. zu. *Geffcken*, ebenda, S. 12, gibt Gründe dafür, daß 573–607.616–623 in das 1. Jh. zu datieren sind. Er fährt denn fort: „Damit lässt sich auch das Stück 624–637.643–651 vereinigen, es widerspricht dem vorhergehenden jedenfalls nicht. Mit diesen Sprüchen aber ist das Stück . . . 652[–656] untrennbar verbunden." Also wird ein spezifischer Grund zur Datierung von 652–656 selbst nicht geboten. *Paul Volz*, Die Eschatologie der jüdischen Gemeinde,[(2)]1934, S. 181, behauptet, daß 652–656 „ein ganz für sich stehendes Stück" ist, ohne ursprüngliche Verbindung mit seinem Kontext. Man muß die Frage aufwerfen, ob nicht 652–656 eventuell in das 2. Jh. v. Chr. datiert werden muß und ursprünglich mit 608–615 zusammengehört. Die grammatische Struktur deutet auf eine einheitliche Überlieferung: ὁππόταν 608 wird von καὶ τότ' 652 fortgeführt. Bei der späteren Bearbeitung, als die beiden Teile der Prophezeiung auseinandergebrochen wurden, wurde καὶ τότε 616 gesetzt, um den gleichen Anschluß zu gewähren.

metor und Antiochos einen Vertrag, und Antiochos gab sich fortan als Vormund des Königs aus. Empört über den Vertrag riefen Heer und Bürger von Alexandrien den Bruder des Philometor, Ptolemaios VIII. Euergetes II., auf den Thron. Antiochos belagerte Alexandrien, brach aber die Belagerung im Herbst ab und verließ Ägypten, wo nunmehr Philometor als König in Memphis, Euergetes als der in Alexandrien herrschten. Im Winter versöhnten sich die Brüder und begannen eine gemeinsame Regentschaft, die die schon eingeleiteten Verhandlungen mit Rom um Unterstützung gegen Antiochos fortsetzte. Im Frühjahr 168 besetzte Antiochos Ägypten von neuem. Wiederum nahm er zuerst Memphis ein und rückte anschließend nach Alexandrien vor. Im Juli traf der römische Gesandte C. Popillius Laenas in dem alexandrinischen Vorort Eleusis ein, wo Antiochos sein Hauptquartier hatte, und zwang Antiochos, der nicht bereit war, gegen die Römer vorzugehen, zum Abzug. Die gemeinsame Regentschaft der Brüder hielt trotz Spannungen ein halbes Jahrzehnt. Im Oktober 164 wurde aber Philometor vertrieben, und Euergetes blieb als Alleinherrscher in Alexandrien. Anfang des Jahres 163 fand die offizielle Thronbesteigung statt.

Auf diese Ereignisse, besonders auf die der Jahre 169 und 168, bezieht sich die Sibylle. Der siebte König der Hellenen ist, da die Zählung bei Alexander dem Großen anfängt, Philometor[43], der bezüglich seines jugendlichen Alters als βασιλεὺς νέος bezeichnet wird[44]. Der König aus Asien ist Antiochos, und zwar wird, weil Antiochos siegreich abzieht, auf den ersten Feldzug nach Ägypten im Jahr 169 Bezug genommen. Der König von der Sonne ist Euergetes. Ihm wird der Sieg über Antiochos zugerechnet, indem er die einen tötete – eine Anspielung auf die erfolgreiche militärische Verteidigung Alexandriens am Ende des ersten Feldzuges[45] – und mit den anderen einen Vertrag schloß – eine Anspielung auf die Resultate der Verhandlungen mit Rom, wodurch Antiochos

---

[43] Der siebte König wird neben Sib 3,608 auch in 3,193.318 erwähnt. *John J. Collins,* The Sibylline Oracles of Egyptian Judaism (Society of Biblical Literature. Dissertation Series 13), 1974, S. 29–32, zeigt, daß an allen drei Stellen Philometor gemeint sein könnte.
[44] *Walter Otto,* Zur Geschichte der Zeit des 6. Ptolemäers (ABAW.PH NF 11), 1934, S. 3, stellt fest, daß in den Quellen immer wieder die durch das jugendliche Alter bedingte Handlungsunfähigkeit Philometors zur Zeit des Kampfes mit Antiochos hervorgehoben wird: παιδίσκιον Polybius, Hist. XXXI 4,9; μειράκιον Diodor, Bibl. hist. XXX 18, XXXI 1; *puer* Porphyrios bei Hieronymus, Comm. in Dan. ad 11,21 seqq.
[45] *W. Otto,* Zur Geschichte, S. 65. Die Belagerung von Alexandrien hat mit einem entscheidenden Mißerfolg geendet. Als letzten Versuch, die Stadt einzunehmen, hat Antiochos einen großen Sturmversuch unternommen, wurde aber unter besonders großen Verlusten zurückgeschlagen.

am Ende des zweiten Feldzuges durch die Römer zum Abzug gezwungen wurde[46]. Die Bezeichnung von Euergetes als ἀπ' Ἠελίοιο ... βασιλεύς[47] ist eine Anspielung auf υἱὸς τοῦ Ἡλίου, die ptolemäische Fassung des fünften ägyptischen Königstitels[48].

Die Beschreibung der Ereignisse belegt aber zugleich eine Verwertung der ägyptischen Königsideologie. Die Herrschaft von Philometor und das Wüten des Antiochos werden als eine Einheit – eine Reflexion der vertraglichen Verbundenheit der beiden – verstanden, die als Chaoszeit gedeutet wird: Der König aus Asien bedeckte das Land mit Soldaten, zerschlug alles, erfüllte alles mit Not und Leiden, stürzte Ägypten und nahm alles Besitztum. Die Herrschaft des Euergetes wird dagegen als Heilszeit gedeutet: Der König besiegte das Chaos, indem er das Land vom Übel des Krieges befreite.

Die Ereignisse werden entsprechend vieler Weissagungen der Sibylle als Prophezeiung *post eventum* gestaltet. Wie Kallimachos hat aber auch die Sibylle kaum einheimisch-ägyptische Tradition unmittelbar verarbeitet, sondern reflektiert eine entsprechende Verwertung unter Griechen. Die inhaltliche und formale Nähe zu der politischen Prophezeiung legt auch in diesem Fall die Vermutung nahe, daß die politische Prophezeiung auch am Hof von Euergetes zur Legitimation des Königs gebraucht wurde und daß die Sibylle auf diese Art der politischen Propaganda, eventuell gar auf ein spezifisches Exemplar einer politischen Prophezeiung, anspielt. Zeitlich wird die vorausgesetzte politische Prophezeiung am Hof kurz nach dem Anfang der Alleinherrschaft des Euergetes anzusetzen sein, als Euergetes seine Legitimation gegenüber Philometor verteidigen mußte. Die Verknüpfung der Regierung von Philometor mit dem Angriff des Antiochos stellt damit die Herrschaftszeit des Philometor als Chaoszeit dar, die erst mit der Thronbesteigung

---

[46] W. Otto, Zur Geschichte, S. 69. Die Feststellung der Sibylle ist insofern tendenziös als die ägyptische Gesandtschaft, die in Rom etwa im Januar 168 verhandelte, von beiden Brüdern als βασιλεῖς ausging.
[47] Sib 3,652.
[48] Kontinuierlich seit der 4. Dynastie galt der ägyptische König als s³ rʿ ‚Sohn des Re'. Seit dem ausgehenden Alten Reich stand dieses Epitheton vor dem Geburtsnamen des Königs, und seit dem Mittleren Reich bestand die königliche Titulatur aus fünf Namen, von denen der fünfte der mit vorgesetztem Epitheton versehene Geburtsname war. Die ptolemäischen Könige bedienten sich der ägyptischen Königstitulatur. Die Inschrift von Rosetta belegt für Ptolemaios V. Philopator den fünften Königsnamen als υἱὸς τοῦ Ἡλίου Πτολεμαῖος αἰωνόβιος ἠγαπημένος ὑπὸ τοῦ Φθᾶ ed. Dittenberger Nr. 90,3–4 (*Wilhelmus Dittenberger*, Orientis graeci inscriptiones selectae I, 1903).

von Euergetes überwunden wird[49]. Die politische Prophezeiung wurde demnach im Dienste der innerptolemäischen Auseinandersetzungen gebraucht.

Von ihrer jüdischen Warte aus hat die Sibylle diese politische Prophezeiung verwertet. Auch sie bewertet die Regierungszeit von Euergetes als Heilszeit: Euergetes gehorcht den edlen Beschlüssen des großen Gottes. Die Sibylle wurde kaum von einer betonten Judenfreundlichkeit des Euergetes[50] dazu veranlaßt, sondern wird durch eine Kenntnis der Ereignisse in Palästina beeinflußt gewesen sein, wo die Unterdrückung der palästinischen Juden durch Antiochos seit dem Jahr 167 im Gange war. Die Sibylle, die in Antiochos den Feind der Juden sieht, schließt sich dem Lob des Besiegers des Antiochos an, indem sie in Anlehnung an eine politische Prophezeiung zugunsten Euergetes eben diesen Euergetes als Werkzeug Jahwes anerkennt.

3. Am Hof von Vaballath nach dem Zeugnis der Eliaapokalypse

Ein Zeugnis für die Wiederbelebung der politischen Prophezeiung ptolemäischer Prägung während der kurzlebigen palmyrenischen Herrschaft über Ägypten zur Zeit des römischen Kaisers Aurelian ist in der Eliaapokalypse enthalten.

Die Eliaapokalypse[51] ist, wenngleich christlich überarbeitet, in ihrem Grundbestand eine jüdische Schrift, die im ausgehenden 3. Jahrhundert n. Chr.[52] in griechischer Sprache[53] verfaßt wurde.

(Anmerkung 53 steht auf der nächsten Seite.)

[49] Euergetes zählte seine Regierungsjahre vom Anfang der gemeinsamen Regentschaft. Die politische Prophezeiung wird daher vermutlich den Anfang seiner Regierungszeit als das Jahr 169 verstanden haben und den Sieg über Antiochos als seine Tat hingestellt haben, die erst durch die Vertreibung von Philometor im Jahr 164 abgeschlossen wurde.

[50] Euergetes war aber sicherlich nicht judenfeindlich. Wenngleich Euergetes bei seinem erneuten Regierungsantritt im Jahr 144 die Juden wegen ihrer Unterstützung von Philometor kurz verfolgte, darf man weder dieses Ereignis in die Zeit um das Jahr 164 zurückprojizieren noch ihm eine grundsätzliche Judenfeindlichkeit zuschreiben. Die von *Leo Fuchs*, Die Juden Aegyptens in ptolemäischer und römischer Zeit, 1924, S. 14–15, zusammengestellten Belege zeigen Euergetes in einem anderen Licht: Es gab unter seiner Herrschaft jüdische Steuerpächter; die Weihung einer Synagoge in Xenephyris zu seinen Ehren fand statt und wahrscheinlich hat er auch einer anderen Synagoge das Asylrecht verliehen.

[51] Text: *Georg Steindorff,* Die Apokalypse des Elias (TU 17,3a), 1899. Übersetzung: *Wolfgang Schrage,* Die Elia-Apokalypse (Jüdische Schriften aus hellenistisch-römischer Zeit V, 3. Lfg. 1980, S. 193–288).

[52] W. *Schrage,* Elia-Apokalypse, S. 220–225, wägt die Gründe für die Datierung ab und

Sie enthält in der ersten Hälfte eine Bußpredigt und Paränese und in der zweiten Hälfte eine Prophezeiung von allerhand Kriegen und Wirren, von dem Auftreten des Antichrist und von der Aufrichtung des Reiches des Christus. Der erste Teil[54] der Prophezeiung ist eine Prophezeiung *post eventum* und hat einen von der Darstellung vom Auftreten des Antichrist und von der Aufrichtung des Reiches des Christus traditionsgeschichtlich getrennten Hintergrund. Er schildert das Auftreten einer bunten Folge von Königen[55]. Im Norden wird sich der Ägypten mit Krieg und Schrecken überziehende König der Assyrer erheben. Es wird folgen der König des Friedens, der die Einheit Gottes bekennt und den Heiligen Frieden und Ehre schenkt, sich aber gegen die Städte Ägyptens wendet und die Weisen und Großen gefangennimmt. Er wird zwei Söhne haben. Einer von ihnen, der sich den Namen Gottes gibt, wird den eigenen Vater umbringen und sich bis zum Himmel erheben. Darauf werden sich drei Könige bei den Persern erheben, die die Juden Ägyptens ergreifen und nach Jerusalem führen werden und die mit vier assyrischen Königen kämpfen werden. Es wird in Ägypten viel Blut fließen. Der Sohn des Verderbens wird erscheinen und an den heiligen Stätten auftreten. Endlich wird sich ein König in der Stadt der Sonne erheben. Im sechsten Jahr werden die persischen Könige den assyrischen König umbringen, alle Heiden und Gesetzlosen töten lassen, den Tempel aufbauen und den einen Namen Gottes bekennen. Der König wird einen Steuernachlaß befehlen, und das Land wird sich mit Gütern in langer guter Zeit füllen. Die Lebenden werden wünschen, daß die Toten auferstehen und diese Ruhe mitgenießen möchten.

Der historische Hintergrund der Entstehung dieser Prophezeiung ist die kurze Herrschaftszeit von Vaballath in Ägypten. Als Odenath, König von Palmyra, ermordet wurde, folgte ihm sein Sohn, Vaballath, auf den Thron. Die Geschäfte des Minderjährigen leitete seine Mutter Zenobia. Etwa im Februar 270 griffen die Truppen des Vaballath in Ägypten ein. Das Verhältnis von Vaballath zum römischen Kaiser Aurelian, das in der Prägung von Münzen in Alexandrien mit dem Bildnis

---

meint, „Übereinstimmung wird nur darüber zu erzielen sein", daß man die Entstehung der Schrift in der 2. Hälfte des 3. Jahrhunderts anzusetzen hat. Die höchstwahrscheinliche Anspielung auf die Herrschaft Vaballaths über Ägypten läßt darüber hinaus eine Datierung nur nach Februar 270 zu.

[53] W. *Schrage,* Elia-Apokalypse, S. 201.
[54] ElApk 24,13–31,14.
[55] Die folgende Zusammenfassung lehnt sich eng an die bei W. *Schrage,* Elia-Apokalypse, S. 202, an.

von Vaballath auf der einen und von Aurelian auf der anderen Seite zum Ausdruck kommt, ist unklar: Entweder gewährte Aurelian Vaballath Anteil an der Prägung als Ausdruck für die Beleihung mit der Herrschaft in Ägypten oder die palmyrenische Regierung warb mit den Prägungen um die Anerkennung durch Aurelian. Unter dem Eindruck von den Vorbereitungen Aurelians zu einem Orientfeldzug vollzog Zenobia den offenen Bruch und erhob Vaballath im März 271 zum König in Ägypten. Seine Regierungszeit war kurz, denn schon Ende des Sommers ging Ägypten an die Römer über.

Die Schilderung der Heilszeit in der in der Eliaapokalypse enthaltenen Prophezeiung ist auf diese Ereignisse zu beziehen. Die Stadt der Sonne ist Palmyra, die für ihren Sonnentempel berühmt war; der König, der sich dort erhebt und darauf in Ägypten Einzug hält, ist Vaballath[56]. Daß die persischen Könige einen Hinterhalt in Memphis legen und den assyrischen König umbringen, ist eine Anspielung auf das Schicksal des römischen Statthalters Probius, der durch Anhänger von Timagenes, dem Führer der palmyrerfreundlichen Partei in Ägypten und dem späteren Befehlshaber der palmyrenischen Besatzung, unweit Memphis getötet wurde[57].

Das Gerüst der Prophezeiung insgesamt umfaßt die Zeit von Alexander dem Großen bis zum Vaballath, wobei eine Parallelität zwischen den beiden Herrschern hergestellt wird[58]. Alexander[59] wird mit Zügen des Alexanderromans beschrieben[60]: das pamphylische Meerwunder, der Vergleich mit einem Löwen, das Bekenntnis zur Einzigkeit Gottes, der Aufbau der heiligen Stätte und die Geschenke an den Tempel. Auch Vaballath[61] und sein Handeln werden entsprechend beschrieben: der Aufbau der heiligen Tempel, die doppelten Geschenke an das Haus Gottes und das Bekenntnis zur Einzigkeit Gottes. In der Zeit zwischen den beiden wird auf die Diadochen[62] und Antiochos IV. Epiphanes[63] Bezug genommen.

---

[56] W. Schrage, Elia-Apokalypse, S. 221–225.
[57] W. Schrage, Elia-Apokalypse, S. 224.
[58] Franz Kampers, Alexander der Große und die Idee des Weltimperiums in Prophetie und Sage (Studien und Darstellungen aus dem Gebiete der Geschichte 1,2.3), 1901, S. 153–154.
[59] ElApok 25,12–26,7,2.
[60] W. Schrage, Elia-Apokalypse, S. 212.
[61] ElApok 30,5–31,14.
[62] ElApok 26,7,6–10.
[63] ElApok 26,7,11–28,17.

Die Verwandtschaft dieser Prophezeiung mit der politischen Prophezeiung ist augenfällig. Am Anfang steht eine Chaoszeit: Unter dem Sohn des Friedenskönigs mit dem teuflischen Gesicht werden die heiligen Stätten geschlossen, Besitztümer weggenommen, die Kinder als Beute fortgeschleppt werden und die Märkte verstauben, und man wird den Tod begehren, dennoch aber nicht sterben können; unter dem Sohn des Verderbens wird es nicht besser sein, denn die Schätze des Tempels werden weggetragen und der Nil wird zu Blut. Der Auftritt von Vaballath und sein durch die Tötung des römischen Statthalters repräsentierter Sieg über die Römer leitet eine Heilszeit ein: Das Land wird sich mit Gütern in langer guter Zeit füllen; man wird sagen, er sei ein gerechter König, der gesandt wurde, damit das Land nicht Wüste werde, und man wird den Toten wünschen, daß sie auferstehen und die Ruhe genießen dürfen. Die vorliegende Prophezeiung ist keine direkte Wiedergabe einer politischen Prophezeiung, sondern eine irgendwie geartete jüdische Nachbildung, die in der Dichtung der jüdischen Sibylle ihre nächste Sachparallele hat. Ihr Zustandekommen ist aber dunkel, denn man hat den Eindruck, daß in der Entwicklung des Stoffes sich verschiedene Traditionen überlagert und durchdrungen haben, die für die politische Prophezeiung nicht maßgebend waren und die auf die eigentlichen zugrunde liegenden Geschichtsbezüge keinen Wert legten[64]. Dennoch scheint sie eine politische Prophezeiung vorauszusetzen, und zwar, weil Vaballath als Heilskönig dargestellt wird, eine politische Prophezeiung, die zur Zeit der kurzen Herrschaft von Vaballath entstanden ist.

Daß eine solche politische Prophezeiung zugunsten des Vaballath verfaßt wurde, ist nicht unwahrscheinlich. Die Stimmung für eine Wiederbelebung von ptolemäischer Tradition in Ägypten war vorgegeben, denn im Jahr 267, kurz vor dem Machtantritt Vaballaths, wurde die alte ptolemäische Geldeinheit in Ägypten wieder eingeführt[65]. Zenobia setzte diese Tendenz fort, indem sie für sich eine genealogische Abstammung von den Ptolemäern in Anspruch nahm[66], sich Kleopatra nannte[67], sich die zehnbändige Geschichte von Alexandrien von Kallinikos

---

[64] W. Schrage, Elia-Apokalypse, S. 220–221.
[65] Allan Chesterton Johnson, Egypt and the Roman Empire, 1951, S. 25–26; Louis C. West und Allan Chesterton Johnson, Currency in Roman and Byzantine Egypt, 1967, S. 68–69.
[66] Historia Augusta, Treb. Poll., Tyr. Trig. 30,2; Historia Augusta, Treb. Poll., Claud. 1.
[67] In Historia Augusta, Fl. Vop., Prob. 9,5, wird Zenobia Kleopatra genannt, was

widmen ließ[68] und für königliche Erlässe nicht an römische, sondern an ptolemäische Formen anknüpfte[69]. Vaballath als Fremdherrscher in Ägypten tat es not, sich gegenüber Aurelian als legitimer König Ägyptens zu rechtfertigen. Die Verknüpfung über die Römer hinweg auf ptolemäisches Erbe bot dafür die Möglichkeit. Die politische Prophezeiung, die schon bei Amenemhet I. das probate Mittel des königlichen Hofes war, die Legitimität eines umstrittenen Herrschers hervorzuheben, wurde auch von den Ptolemäern – zum Beispiel um Ptolemaios VIII. Euergetes II. gegenüber seinem Bruder zu legitimieren – benutzt. Die Annahme liegt daher nahe, daß Zenobia zur Rechtfertigung der Herrschaft von Vaballath auf das ptolemäische Vorbild zurückgriff, und als Mittel der Propaganda[70] eine politische Prophezeiung ptolemäischer Prägung zugunsten Vaballaths erstellen ließ. Durch die Aktualisierung einer ptolemäischen politischen Prophezeiung sollte Vaballath in die Tradition der hellenistischen Herrscher gestellt werden[71]. Die Stilisierung von Alexander zum Vorbild von Vaballath – eine Neuerung gegenüber der älteren politischen Prophezeiungen – steigert sogar seinen Anspruch in der legitimen Nachfolge von Alexander zu stehen.

Daß man in jüdischen Kreisen eine solche politische Prophezeiung verwertete, dürfte darin begründet sein, daß aus jüdischer Sicht die

---

vermutlich eine Wiedergabe ihrer eigenen Selbstbezeichnung ist. Nach Historia Augusta, Fl. Vop., Aurel. 27,3, verglich sie sich mit Kleopatra.

[68] *Arthur Stein*, Kallinikos von Petrai (Hermes 58, 1923, S. 448–456), S. 452–456.

[69] *Ulrich Wilcken*, Zu den Edikten (Zeitschrift der Savigny-Stiftung für Rechtsgeschichte 42 Rom. Abt., 1921, S. 124–158), S. 131–132, behandelt die Verfügung von Vaballath und Zenobia über die jüdische Synagoge ed. Dittenberger Nr. 129 (*Wilhelmus Dittenberger*, Orientis graeci inscriptiones selectae I, 1903). *Wilcken* zeigt, daß darin an die ptolemäische Form der königlichen Erlasse, die mit dem Beginn der römischen Herrschaft verschwunden waren, angeknüpft wurde. *Wilcken* erwägt drei Erklärungen: Entweder waren die alten Formeln in Palmyra seit der Seleukidenzeit zuhause, oder die Juden, die um eine Wiederherstellung der alten Asylinschrift des Euergetes I. baten, haben sich auf einen alten Erlaß dieses Königs bezogen, so daß Zenobia deswegen seine Befehlsform nachgeahmt hätte, oder Zenobia hat „prinzipiell an die Formen der alten Königszeit angeknüpft". Letzteres ist naheliegend. Die Nachahmung einer politischen Prophezeiung ptolemäischer Prägung wäre dafür ein weiteres Beispiel.

[70] *Jacques Schwartz*, Les Palmyréniens et l'Égypte (Bulletin de la Societé Archéologique d'Alexandrie 40, 1953, S. 63–81), S. 76–77.

[71] Eigentümlich ist es, daß mit Ausnahme von Vaballath die identifizierbaren Gestalten in der Zeit von Alexander dem Großen bis zu Antiochos IV. Epiphanes fallen und daß Antiochos eine breite Darstellung erfährt. Man erwartet unwillkürlich, daß der Heilskönig Ptolemaios VIII. Euergetes II. sein soll, der Antiochos besiegte. Die Annahme liegt daher nahe, daß eine politische Prophezeiung aus der Zeit von Euergetes als Vorbild zugrundegelegt wurde.

Herrschaft von Vaballath positiv bewertet wurde. Zenobia, obgleich vermutlich weder Jüdin noch Proselytin[72], versuchte nämlich dadurch die Juden in Ägypten für sich zu gewinnen beziehungsweise sie drückte ihren Dank für das loyale Verhalten der ägyptischen Judenschaft dadurch aus, daß sie restaurierend in die Synagogenverhältnisse eingriff[73]. Die Adaptation einer politischen Prophezeiung zugunsten Vaballaths war auch für ägyptische Juden ein geeignetes Mittel, das Eingreifen Jahwes für sein Volk in der Geschichte zum Ausdruck zu bringen.

Exkurs: Die Demotische Chronik

Ein eigenwillig abgewandeltes Exemplar einer politischen Prophezeiung liegt in der Demotischen Chronik[74] vor, einem Text, der unter ptolemäischer Herrschaft geschrieben, aber in demotischer, nicht griechischer Sprache abgefaßt wurde.

Die ptolemäische Herrschaft in Ägypten rief eine antihellenistische Gegenreaktion unter den Einheimischen hervor, die verschiedentlich zu Aufständen mit dem Ziel führte, das einheimische Königtum wiederaufzurichten. Die Demotische Chronik entstand im Umfeld eines solchen Aufstandes, der eventuell in der langwährenden Unruhezeit nach der Schlacht bei Raphia im Jahr 217 stattfand[75].

Der Text besteht aus Orakelworten, die angeblich auf vierzehn oder mehr Tafeln niedergeschrieben waren oder – das demotische Wort ist schwer deutbar – in vierzehn oder mehr Abschnitte zerfielen, und Erläu-

---

[72] Argumente gegen die verschiedentlich behauptete jüdische Zugehörigkeit von Zenobia führt *Rudolf Hanslik*, Art. Zenobia (PRE 2. Reihe 19. Halbband, 1972), Sp. 6–7, an. Dennoch war Zenobia wohl von Hause aus judenfreundlich, denn wie die Belege bei *Franz Altheim*, Niedergang der Alten Welt II, 1952, S. 223–224, zeigen, spielte die in Palmyra ansässige Judengemeinde im 3. Jh. n. Chr. eine bedeutende Rolle.

[73] *Friedrich von Woeß*, Das Asylwesen Ägyptens in der Ptolemäerzeit (MBPF 5), 1923, S. 9–11, analysiert die Inschrift ed. Dittenberger Nr. 129 (*Wilhelmus Dittenberger*, Orientis graeci inscriptiones selectae I, 1903). Danach wurde das Asylrecht einer jüdischen Synagoge, das ursprünglich von Ptolemaios III. Euergetes I. beziehungsweise von Ptolemaios VIII. Euergetes II. gewährt wurde, von Zenobia erneuert.

[74] Text und Übersetzung: *Wilhelm Spiegelberg*, Die sogenannte Demotische Chronik, 1914.

[75] Nach *W. Spiegelberg*, Demotische Chronik, S. 4, sprechen sowohl die griechischen Palimpsestspuren wie die demotische Schrift übereinstimmend für eine Niederschrift des vorliegenden Papyrus in der ersten Hälfte der Ptolemäerzeit. Die obige Datierung nach *Peter Kaplony*, Art. Demotische Chronik (LÄ 1, 1975), Sp. 1057, setzt voraus, daß die Entstehung der Schrift nicht allzulange vor der erhaltenen Niederschrift stattfand.

terungen, die als Prophezeiungen formuliert sind. Nach der Theorie der Schrift sollen die Erläuterungen unter Teos, einem König der 30. Dynastie, entstanden sein[76].

Die Erläuterungen beziehen sich auf die Geschichte Ägyptens. Fremde und Ionier werden die nationalen Götter ersetzen, die Durchführung der religiösen Feste stören und Elend über das Land durch die Nichtbefolgung des Gesetzes bringen. Dabei werden einzelne Könige je hinsichtlich ihres Verhaltens gegenüber dem Gesetz beurteilt, wobei die moralische Lebensführung des Königs und sein politischer Erfolg oder Mißerfolg einander zugeordnet werden. Das Leben in dieser Zeit wird mühselig sein: Es wird an Getreide fehlen, man wird hungern, und Ägypten wird voller Raub sein. Unterstützt von Harsaphes, dem Gott von Herakleopolis, wird aber ein Mann von Herakleopolis die Fremdherrscher entmachten und von der Königsmacherin Isis gutgeheißen als König über Ägypten eingesetzt werden. In der von ihm begründeten Dynastie wird das Glück nach Ägypten zurückkehren: Der König wird wohltätig sein, und seine Herrschaft wird stark sein; den Göttern wird wieder geopfert werden, und das Gesetz wird der König nicht vernachlässigen.

Unbeschadet dessen, ob die Orakelworte gleichzeitig mit den Erläuterungen entstanden sind[77] oder ob ihnen in der Tat ein höheres Alter zukommt[78], sind die Erläuterungen Prophezeiungen *post eventum*, die Bezug auf politische Ereignisse in Ägypten zwischen dem Ende des 5. Jahrhunderts und der Zeit der Abfassung der Schrift nehmen[79]: Die Fremdherrscher sind die Perser und die Griechen; ägyptische Könige

---

[76] *Eduard Meyer*, Ägyptische Dokumente aus der Perserzeit (SPAW 1915, S. 287–311), S. 294, erschließt dies daraus, daß die einheimischen Könige Amyrtaios, Nepherites I., Hakor, Nepherites II., Nektanebis und Teos namentlich genannt werden, während angefangen mit Nektanebos kein weiterer König mit Namen genannt wird. *P. Kaplony*, Art. Demotische Chronik, Sp. 1056, vermutet, daß die Schrift darstellen will, wie ein Priester von Herakleopolis die alten Orakelworte dem Nektanebis, dessen Regierungszeit teilweise mit der von Teos zusammenfiel, erläuterte.

[77] *E. Meyer*, Ägyptische Dokumente, S. 289, meint, daß das Alter der Orakelworte eine Fiktion ist und daß die Orakelworte und die Erläuterungen gleichzeitig entstanden sind.

[78] *August Freiherr von Gall*, ΒΑΣΙΛΕΙΑ ΤΟΥ ΘΕΟΥ (RWB 7), 1926, S. 77–78, zeigt, daß die Orakelworte mancher Tafeln einen Zusammenhang erkennen lassen, die anderer dagegen mangelhaft oder gar nicht. Die Tafeln mögen daher tatsächlich älter sein als der Text der Erläuterungen.

[79] Die historischen Bezüge werden von *E. Meyer*, Ägyptische Dokumente, S. 287–304, und *Janet H. Johnson*, The Demotic Chronicle as an Historical Source (Enchoria 4, 1974, S. 1–17), herausgearbeitet.

der 28. bis 30. Dynastie werden namentlich erwähnt. Das Auftreten des Mannes von Herakleopolis wird besonders genau beschrieben: Sein Aufstand beginnt im Monat Hathyr[80], er sammelt seine Leute im Monat Choiak[81], er wird im Monat Tybi mit Kriegsgerät ausgerüstet[82], die Kämpfe fangen im Monat Mechir an[83], schließlich findet seine Thronbesteigung und seine Krönung im Monat Phamenoth[84] in Herakleopolis[85] statt. Er setzt seinen Sohn als Mitregenten ein[86], um den Fortbestand der Dynastie nach seinem Tod zu sichern.

Die Absicht der Schrift geht aus der Darstellung des Mannes von Herakleopolis hervor[87]. Dargestellt wird ein Aufstand gegen die ptolemäische Herrschaft mit dem Ziel, das einheimisch-ägyptische Königtum wiederherzustellen. Der Fortgang des Aufstandes wird in Einzelheiten beschrieben. Der kurzfristig erfolgreiche Aufstand endet mit der Krönung des Mannes von Herakleopolis als Gegenkönig. Die Schrift ist eine

---

[80] DemChr 3,7.
[81] DemChr 3,8.
[82] DemChr 3,8.
[83] DemChr 3,9.
[84] DemChr 3,10. Das Geschehen wird auf drei getrennte Aussagen verteilt: die Vergebung der Titulatur, die Krönung mit der goldenen Königskrone und das Herrscherwerden. In den ersten beiden Angaben spiegelt sich vermutlich die altägyptische Trennung von Thronbesteigung und Krönung.
[85] DemChr 3,1.
[86] DemChr 3,11.
[87] W. *Spiegelberg,* Demotische Chronik, S. 6, argumentiert, daß er ein Aufständischer war, dessen Aufstand bereits in vollem Gang und dessen Krönung schon vollzogen war. *Spiegelberg,* ebenda, S. 6, verweist selbst darauf, daß ein solcher Herrscher in Herakleopolis quellenmäßig nicht belegt ist. E. *Meyer,* Ägyptische Dokumente, S. 297, folgert daraus, daß es sich dabei um echte Zukunftshoffnung handelt: Es liegt keine Beziehung zu historischen Ereignissen vor, sondern der Text gibt nur die Stimmung wieder, aus der die Erhebungen gegen die Ptolemäer hervorgegangen sind. *Meyers* Skepsis ist aber kaum begründet. Die Angabe in DemChr 2,25–3,1, daß der Herrscher aus Herakleopolis stammt, ist spezifisch. *Meyer,* ebenda, S. 297, hebt selbst hervor, daß es schwer verständlich ist, daß die Hoffnungen gerade an Herakleopolis anknüpfen und kann zur Begründung nur vage auf „Vorstellungen der ägyptischen Theologie" hinweisen. Eine solche ägyptische Tradition ist aber bislang nicht belegt. Die Aussage ist doch wohl nur verständlich, wenn dabei auf eine historische Person eben aus Herakleopolis Bezug genommen wird. Dazu paßt auch die Tatsache, daß in DemChr 3,7–10 der Anfang des Aufstandes, die Ausrüstung des Herrschers mit Kriegsgerät, die Kämpfe, die Vergabe der Titulatur und die Krönung je mit Angabe des spezifischen Monates, in dem das betreffende Ereignis stattfand, datiert werden. Die Konkretion spricht dafür, daß auf tatsächliche Ereignisse zurückgeblickt wird. So sind mit *Spiegelberg,* ebenda, S. 6, die Hinweise auf dieses Geschehen als der Angelpunkt des ganzen Kommentars zu sehen: Es versucht wieder einmal ein einheimischer Gegenkönig Ägypten von der griechischen Fremdherrschaft zu befreien und die Deutung der angeblich alten Orakel soll ihm dabei den Weg ebnen.

politische Prophezeiung, die dazu dienen soll, die Legitimation des Gegenkönigs hervorzuheben. Die Schrift steht grundsätzlich in der Tradition der Prophezeiung des Neferti, wenngleich wegen des fragmentarischen Charakters des Papyrus undeutlich ist, inwiefern die eigentümliche Form der politischen Prophezeiung mit Rahmenerzählung nachgeahmt wurde. Formal ist darin ein Unterschied zu sehen, daß nicht ein fortlaufender Geschichtsabriß geboten wird, sondern daß die Prophezeiung als Deutung von alten Orakelworten aufgefächert wird[88]. Die Abänderung der Gattung ist wahrscheinlich darin begründet, daß die politische Prophezeiung von den Griechen am ptolemäischen Hof vereinnahmt wurde. Die Gattung allein reichte daher nicht mehr zur Legitimation eines antiptolemäischen Königs aus. Um der Legitimität des einheimischen Königs größeren Nachdruck zu verleihen, griff man auf die Fiktion von alten Orakelworten zurück, die eine Gewähr für die Richtigkeit der Prophezeiung bieten.

---

[88] In den erhaltenen Tafeln wird die gleiche Folge der Ereignisse zweimal behandelt, zum ersten Mal auf den Tafeln 6–9 und zum zweiten Mal auf den Tafeln 10–13.

II. DAS ESCHATOLOGISCHE GESCHICHTSBILD DES ÄGYPTISCHEN HELLENISMUS ANHAND DES TÖPFERORAKELS

Die hellenistische Fremdherrschaft in Ägypten führte unter den Einheimischen zu einer antigriechischen Opposition, die zum Ziel hatte, das altägyptische Königtum wiederherzustellen. Bestand im ausgehenden 4. und noch im 3. Jahrhundert eine scharfe Trennung zwischen der griechischen Oberschicht und den Einheimischen, begann sich im Verlauf des 2. Jahrhunderts die Trennung von Griechen und Einheimischen zu verwischen, als Einheimische sich die griechische Bildung anzueignen und nach griechischem Stil zu leben begannen. Bei vielen gräzisierten Einheimischen floß die altägyptische Tradition mit der griechischen Bildung zusammen, so daß ein griechischsprachiger Antihellenismus möglich war. Hellenisierte Einheimische, die keinem einheimischen Führer zutrauten, die ptolemäische Herrschaft zu brechen, die aber die Hoffnung auf ein einheimisches Königtum nicht aufgaben, verwandelten die nationalen Traditionen vom Auftreten eines Heilskönigs in eine Eschatologie um. Als Ausgangspunkt für die Entwicklung der Eschatologie griff man auf Form und Inhalt der politischen Prophezeiung zurück, nicht aber auf den altägyptischen Prototyp, sondern auf die politische Prophezeiung ptolemäischer Prägung. Es entstand dadurch ein von der Tradition der politischen Prophezeiung geprägtes eschatologisches Geschichtsbild, das eschatologische Geschichtsbild des ägyptischen Hellenismus.

Exkurs: Die Prophezeiung des Lammes

In noch ungeklärter Beziehung zu der Entwicklung einer Eschatologie innerhalb des ägyptischen Hellenismus fand eine ähnliche Eschatologisierung nationaler Hoffnungen unter Demotischsprechenden statt. Ihr Beleg ist die Prophezeiung des Lammes[89]. Die erhaltene Abschrift

---

[89] Die Teilübersetzungen von *J. Krall*, Vom König Bokchoris (Festgaben zu Ehren Max Büdinger's, 1898, S. 1–11), S. 7–8, und *Jozef M. A. Janssen*, Over Farao Bocchoris (Varia

ist durch das Kolophon in das Jahr 4 n. Chr.[90] datiert. Die Abfassung[91] fällt in die persische[92] oder die frühhellenistische[93] Zeit, vermutlich vor Manetho[94], aber jedenfalls vor das Ende des 2. Jahrhunderts v. Chr.[95]

(Anmerkung 95 steht auf der nächsten Seite.)
Historica. Aangeboden aan Professor Doctor A. W. Byvanck, 1954, S. 17–29), S. 28–29, sind durch die *editio princeps*, die 85 Jahre nach der Ersterwähnung gemacht wurde, überholt. Text und Übersetzung: *Karl-Theodor Zauzich*, Das Lamm des Bokchoris (Papyrus Erzherzog Rainer. Festschrift zum 100jährigen Bestehen der Papyrussammlung der österreichischen Nationalbibliothek. Textband, 1983, S. 165–174).

[90] Die Diskussion um die Datierung des Textes muß, da der ganze Text nunmehr zugänglich ist, erneut aufgegriffen werden. Die inhaltlichen Hinweise auf die Entstehungszeit sind allerdings dürftig. *Karl-Theodor Zauzich*, Art. Lamm des Bokchoris (LÄ 3, 1980), Sp. 912–913, verzichtet wohl absichtlich auf eine Datierung.

[91] *Karl-Theodor Zauzich*, Der Schreiber der Weissagung des Lammes (Enchoria 6, 1976, S. 127–128), S. 127.

[92] *L. Koenen*, A Supplementary Note on the Date of the Oracle of the Potter (ZPE 54, 1984, S. 9–13), S. 11 Anm. 12, stellt die Argumente aufgrund von internen Hinweisen zusammen. „Meder" – die gängige ägyptische Bezeichnung für die Perser – werden zweimal erwähnt. Einmal ist das Kommen des Meders festgestellt: „Aber der Meder wird kommen nach [Ägypten . . .]" 1,22. Das andere Mal seine Entfernung: „Und es wird geschehen, daß der Meder, der sein Gesicht nach Ägypten gewandt hat, sich (wieder) entfernen wird nach den Fremdländern (und) nach seinen äußeren Orten" 2,21–22. *Koenen*, ebenda, S. 11 Anm. 12, folgert in Bezug auf 2,21–22: „The passage seems to have been written without knowledge of, or without acknowledging, the Greek rule in Egypt". Die Griechen werden zwar einmal erwähnt, aber in fragmentarischem und inhaltlich nicht deutbarem Zusammenhang in 2,1. In 2,5 kommen die Zahlen 2 und 55 vor, die wahrscheinlich auf Regierungszeiten von Königen zu beziehen ist. *Koenen* entscheidet sich für eine Datierung in der persischen Zeit mit Hinweis auf diese Stelle: „The early Greek rule in Egypt, however, does not provide for any historical explanation of either the two or the fifty-five years."

[93] Nach PrLamm 2,23–3,1 wird man in der Heilszeit den Preis der Götterkapellen nach Nineve im Gau des Assyrers geben und die Ägypter, ins Land Syrien ziehend, werden die Götterkapellen von Ägypten finden. *Günter Lanczkowski*, Altägyptischer Prophetismus (ÄA 4), 1960, S. 5, meint, daß der zeitgeschichtliche Hintergrund des Textes die Bedrohung des Nillandes durch die von Sargon II. geführte assyrische Militärmacht sei. *Françoise Dunand*, L'Oracle du Potier et la formation de l'apocalyptique en Égypte (L'Apocalyptique [Études d'histoire des religions 3], 1977, S. 41–67), S. 50–51, verweist dagegen auf die Übereinstimmung mit dem Kanopos-Dekret, nach dem Ptolemaios III. Euergetes I. die Götterbilder, die die Perser aus Ägypten weggeführt hatten, bemächtigt und nach Ägypten zurückgebracht hat. Aufgrund dieser Übereinstimmung folgert *Dunand*, daß „la rédaction" der Prophezeiung des Lammes in die Regierungszeit von Euergetes I. fällt. Nach *L. Koenen*, Die Prophezeiungen des „Töpfers" (ZPE 2, 1968, S. 178–209), S. 181–182, gehört die Vorstellung, daß der Heilskönig die von den Fremdländern verschleppten Götterbilder zurückführen wird, zum Bestandteil der ptolemäischen Königsideologie. Die Beobachtungen von *Lanczkowski* und *Dunand* können so gedeutet werden, daß die Prophezeiung des Lammes in frühhellenistischer Zeit entstanden ist und eine Anlehnung an die ptolemäische Hofideologie beinhaltet, deren Inhalt historisch bis in die assyrische Zeit zurückzuverfolgen ist. Eine Beschränkung auf die Zeit von Euergetes I. ist dagegen unnötig.

[94] Die Epitome von Manethos Aigyptiaca wurde von Sextus Julius Africanus sowie von

Der Inhalt des fragmentarisch erhaltenen Textes kann nur mit Vorbehalt rekonstruiert werden[96]. Ein gewisser Psinyris ist auf ein altes Buch gestoßen, das Ereignisse aus Vergangenheit und Zukunft enthält. Die chaotischen Zustände, die für Ägypten vorausgesagt werden, erschrecken ihn sehr. Er berichtet alles seiner Frau, die vergebens versucht, ihn von der weiteren Beschäftigung mit dem Buch abzubringen. Psinyris, der auch das Schicksal, das seinen noch ungeborenen Kindern bevorsteht, aus dem Buch entnimmt, beschließt mit seiner Frau, die Kinder sogleich nach ihrer Geburt ins Wasser zu werfen, damit sie ihrem Schicksal entkommen. Nachdem zwei Knaben geboren sind, bringt die Frau es nicht übers Herz, den Vorsatz auszuführen. Die Kinder wachsen heran, und der Vater unterrichtet sie über die bevorstehende Unglückszeit. Ein Lamm[97] bestätigt oder deutet die Weissagungen des Buches. Es be-

---

Eusebios exzerpiert, die Exzerpte werden bei Synkellos zitiert. Synkellos bezeugt sowohl für Africanus als auch für Eusebios unmittelbar und somit für die Epitome mittelbar die Angabe über Bokchoris: ἐφ' οὗ ἀρνίον ἐφθέγξατο Manetho, ed. Waddell Fr. 64.65a (*W. G. Waddell*, Manetho (Loeb Classical Library), 1940 [1964]). Aelian, De nat. animal. 12,3, bietet eine entsprechende Tradition, die eventuell von der Epitome von Manetho abhängig sein könnte. Wenn die Angabe schon in der ursprünglichen Fassung der Epitome stand und wenn die Epitome die Originalschrift darin wiedergibt, kannte Manetho eine Tradition vom sprechenden Lamm. Was der Hinweis belegt, ist aber umstritten. *J. Krall*, Vom König Bokchoris, S. 10–11, verweist auf Manetho, ohne die Beziehung zwischen dem Vermerk und der Prophezeiung des Lammes näher zu bestimmen. *J. Gwyn Griffiths*, Apocalyptic in die Hellenistic Era (Apocalypticism in the Mediterranean World and the Near East, 1983, S. 273–293), S. 286, meint „the evidence of Manetho shows that the work goes back to at least the third century B. C." und behauptet damit, daß Manetho die Existenz des vorliegenden Textes bezeugt. *C. C. McCown*, Hebrew and Egyptian Apocalyptic Literature (HThR 18, 1925, S. 357–411), S. 394–396, analysiert das manethonische Zeugnis für das redende Lamm und meint, daß auch wenn „the legend of the speaking lamb" ptolemäisch oder gar vorptolemäisch sein sollte, der vorliegende Text erst aus der Zeit von Augustus herzuleiten ist; demnach wäre zu folgern, daß, auch wenn die manethonische Angabe echt ist, Manetho nur eine Legende von einem redenden Lamm bezeugt, die bei der Entstehung des betreffenden Textes verwertet wurde. *J. Janssen*, Farao Bocchoris, S. 23, bleibt dagegen hinsichtlich des Vorhandenseins des vorliegenden Textes zur Zeit von Manetho unentschieden, indem er meint, daß „dese profetie" eine „volksoverlevering" war, die von Manetho „opgetekend" wurde.

[95] Die Schrift wird von der unten näher zu behandelnden Interpolation in dem zwischen 130 und 126 v. Chr. entstandenen Töpferorakel zitiert.

[96] Das Folgende lehnt sich eng an den „Rekonstruktionsversuch" bei *K.-Th. Zauzich*, Lamm des Bokchoris, S. 172–173, an.

[97] Über die Art und Weise, wie das Lamm in die Handlung eingeführt wurde, läßt sich nur spekulieren. *K.-Th. Zauzich*, Lamm des Bokchoris, S. 173, geht davon aus, daß zwischen der erhaltenen Kolumne I und II eine weitere vollständig verlorene Kolumne gestanden hat, in der das Lamm auftritt. *Zauzich* erwägt die Möglichkeit, „daß Psinyris in seiner Verzweiflung zum Beten in den Tempel des Re ... geht und ihm dort das Lamm

schreibt zuerst die kommenden Unglücksfälle. Psinyris fragt nach einem Vorzeichen und das Lamm antwortet, daß dies geschehen wird, wenn es selbst ein Uräus an der Stirn des Königs ist. Das Lamm fügt hinzu, daß es selbst nach neunhundert Jahren über Ägypten herrschen wird und daß dann eine glückliche Zeit für Ägypten anbrechen werde. Das Lamm endet seine Ausführungen und stirbt. Psinyris begibt sich zum König Bokchoris und das Buch wird dem König vorgelesen. Auf die Frage des Königs, ob das Unglück wirklich eintreten wird, bestätigt Psinyris, daß es noch vor dem Tod Bokchoris beginnen müsse. Das Lamm wird zum Schluß auf Befehl des Königs wie ein Gott bestattet.

Die deutende Rede des Lammes beschreibt eine Abfolge von Chaoszeit und Heilszeit. Die Ereignisse der Chaoszeit sind nur fragmentarisch erkennbar. Zahlreiche Abscheulichkeiten werden geschehen. Die Vögel und die Fische werden Blut und Fleisch essen, und die klugen Menschen werden ihre Kinder ins Wasser werfen. Der kleine Mann wird das Lob der großen Leute für sich beanspruchen. Man wird die jungen Knaben und die Frauen, die junge Knaben gebären werden, ins Land Syrien weg von Vater und Mutter führen. Dazu gehört auch[98], daß die Götterkapellen nach Ninive im Gau des Assyrers verschleppt werden. Die Darstellung der Chaoszeit schließt mit Unheilsweissagungen: Die Städte Heliopolis, Bubastis, Nilupolis, Memphis, Theben und Letopolis sowie die Priester von Upoke werden wegen des ihnen zugestoßenen Unheils weinen. Nach Ablauf der Chaoszeit, die neunhundert Jahre währen wird, werden die Meder sich aus Ägypten wieder entfernen. Unrecht wird zugrundegehen, und Recht und Ordnung werden wieder entstehen. Man wird den Preis der Götterkapellen nach Ninive im Gau des Assyrers geben. Ferner werden die Ägypter ins Land Syrien ziehen, über seine Gaue herrschen und die Kapellen der Götter von Ägypten finden. Dem, der Gott verhaßt ist, wird es schlecht ergehen, und der, der Gott wohlgefällig ist, wird Gott wiederum wohlgefällig sein, wenn man ihn begräbt. Die Unfruchtbare wird jubeln, und die ein Kind hat, wird sich freuen wegen der guten Dinge, die in Ägypten geschehen werden. Die kleine Zahl der Menschen, die in Ägypten sein wird, wird

---

erscheint". Nach *Zauzich* ist auch denkbar, „daß das von Psinyris gefundene Buch die Zukunft in Gleichnissen und dunklen Orakelsprüchen . . . voraussagte und dem Psinyris nur ein Teil verständlich wurde", während ihm der Inhalt des übrigen Buches erst vom Lamm erschlossen wurde.

[98] Dies ist im erhaltenen Teil der Chaosbeschreibung nicht erwähnt, wird aber in der Heilsbeschreibung in PrLamm 2,23–24 vorausgesetzt.

wünschen, daß auch Vater und Großvater zugegen wären, um die gute Zeit, die kommen wird, zu genießen.

Die Verwandtschaft der Rede des Lammes mit der politischen Prophezeiung nach Art der Prophezeiung des Neferti ist offenkundig: In der Form einer Prophezeiung wird die Abfolge von Chaos- und Heilszeit beschrieben, und zwar auch unter Verwendung gleicher oder ähnlicher Topoi; zudem wird zumindest die Chaoszeit als Prophezeiung *post eventum* gestaltet und spielt auf historische Ereignisse in den Jahrhunderten nach Bokchoris an. Die Darstellung der Heilszeit ist dagegen mit der der politischen Prophezeiung nicht kongruent. Während in der politischen Prophezeiung die Darstellung der Heilszeit auch als Prophezeiung *post eventum* zu verstehen ist, läßt sich die Angabe, daß sie erst neunhundert Jahre nach der Regierungszeit des Bokchoris anfangen wird, nur so deuten, daß sie zur Abfassungszeit des Textes noch aussteht und damit Prophezeiung *ante eventum* ist. Damit stimmt überein, daß, während in der politischen Prophezeiung der Heilskönig, dessen Legitimierung die Prophezeiung dienen soll, deutlich identifiziert wird, in der Rede des Lammes ein König in der Heilszeit – wenngleich sicherlich vorausgesetzt – nicht ausdrücklich erwähnt wird. Die Prophezeiung des Lammes belegt eine Eschatologisierung nationaler Hoffnungen in Anlehnung an die Tradition der politischen Prophezeiung. Unter dem Eindruck der Fremdherrschaft und des damit verbundenen Verlustes des einheimischen Königtums[99] gab man die Hoffnung auf ein einheimisches Königtum nicht auf, sondern man wandelte die Tradition der Wiederherstellung der Heilszeit durch einen einheimischen König in eine Eschatologie um.

Zusammen mit der Eschatologisierung sind aber zugleich einzelne Verschiebungen gegenüber der Tradition der politischen Prophezeiung, wie diese durch die Prophezeiung des Neferti belegt ist, eingetreten. Die Struktur der Rahmenerzählung wird abgeändert: Die Prophezeiung wird nicht mehr in der Gegenwart des Königs unvermittelt vorgetragen, sondern sie wird dadurch bedingt, daß ein altes Buch, das das prophezeiende Lamm aufschlüsselt, der Prophezeiung zugrunde gelegt wird[100].

---

[99] J. *Assmann*, Königsdogma und Heilserwartung, S. 363, meint, daß der Verfasser Bokchoris, den letzten König vor der assyrischen Herrschaft, als den letzten legitimen König ansieht, nach dem alles folgende eine Unheilszeit ist.

[100] Die Übereinstimmung mit der Demotischen Chronik, in der Orakelworte, die auf alten Tafeln geschrieben worden waren, gedeutet werden, ist auffallend. Wenn die These zutrifft, daß der Verfasser der Demotischen Chronik zu dieser Fiktion griff, weil die

Die Gestalt des Prophezeienden ist eine andere: Der Prophezeiende ist nicht mehr ein Mensch, sondern ein Tier, das als eindeutiger Repräsentant eines Gottes erkennbar ist[101]. Die Struktur der Prophezeiung unterscheidet sich geringfügig: Die Prophezeiung erfolgt nicht mehr aus einem Guß, sondern zwischen der Chaos- und Heilsbeschreibung steht eine Rückfrage des Psinyris. Auch im Inhalt der Prophezeiung sind Verschiebungen erkennbar: Am Ende der Chaosbeschreibung werden Unheilsweissagungen gegen einzelne Städte zusammengestellt[102]; eine Zeitspanne von neunhundert Jahren[103] bis zum Beginn der Heilszeit wird angesagt; ein Heilskönig in der Heilszeit wird nicht ausdrücklich erwähnt. Trotz der eindeutigen Kontinuität mit der Tradition der politischen Prophezeiung ist in mehreren Hinsichten auch Diskontinuität erkennbar.

Tradition der politischen Prophezeiung durch den ptolemäischen Hof zur Legitimierung des griechischen Königs vereinnahmt wurde, wäre die Annahme einer frühhellenistischen Entstehung der Prophezeiung des Lammes und einer entsprechenden Erklärung für die Fiktion des alten Buches naheliegend.

[101] Nach *L. Kákosy,* Prophecies of Ram Gods (AOH 19, 1966, S. 341–458), S. 344–345, ist der prophezeiende Gott Chnum.

[102] Zu der Form der Unheilsweissagung „es weint Heliopolis" *(K.-Th. Zauzich)/*„Heliopolis weent" *(J. Jannsen)* sowie zu den Entsprechungen mit den anderen Städten führt *J. Griffiths,* Apocalyptic in the Hellenistic Era, S. 286, eine Parallele aus den sogenannten Admonitions des Ipu-Wer an: „Lower Egypt weeps" *(J. Griffiths)* Adm 10,3. Diese Gliedgattung fehlt allerdings in der Prophezeiung des Neferti. Sie wurde wahrscheinlich gewählt, um auf die konkreten zeitgeschichtlichen Zustände in den genannten Städten Bezug zu nehmen.

[103] *J. Krall,* Vom König Bokchoris, S. 10, verweist darauf, daß 900 Jahre nach Bokchoris kalendarisch in die 2. Hälfte des 2. Jh. n. Chr. führt. *Ulrich Wilcken,* Zur aegyptischen Prophetie (Hermes 40, 1905, S. 544–560), S. 558–559, erinnert daran, daß kurz vor der Mitte des 2. Jh. n.Chr. (nach *Wilcken* 140 n.Chr.) eine neue Sothisperiode anfangen sollte, und stellt die Vermutung auf, daß mit der Zeitangabe der Beginn der Heilszeit mit dem Anfang der neuen Sothisperiode in Verbindung gebracht werden sollte. Diese Deutung der Zahl ist aber wenig überzeugend. *C. McCown,* Apocalyptic Literature, S. 395–397, hat geltend gemacht, daß, wenn der Anbruch der Heilszeit mit dem Anfang der Sothisperiode zusammenfallen soll, eine Entstehung des Textes Jahrhunderte vor diesem Termin unwahrscheinlich sei. Er hält an der Verbindung von beginnender Sothisperiode und Heilszeit fest und datiert die Schrift in die römische Zeit; da aber diese Spätdatierung unmöglich ist, zwingt seine Argumentation dazu, die Deutung der Zahl auf den Anfang der Sothisperiode aufzugeben. So meint *K.-Th. Zauzich,* Lamm des Bokchoris, S. 173 Anm. 5, mit Recht, daß die Zahl „zunächst nicht historisch, sondern symbolisch" gemeint ist. *Zauzich,* ebenda, S. 173 Anm. 5, bietet einige mögliche mathematische Kombinationen. Notwendig ist aber der Nachweis, daß die bestimmte Zahl faktisch in Ägypten als symbolträchtig angesehen wurde.

1. Die Entstehungszeit des Töpferorakels

Am Anfang des Jahres 131 war es zu einem Bruch zwischen Ptolemaios VIII. Euergetes II. und Kleopatra II. gekommen und im Mai floh Euergetes nach Kypros. Euergetes kehrte nach kurzer Zeit nach Ägypten zurück. Memphis hatte er seit September oder Oktober wieder in seiner Macht. Er wandte sich darauf südwärts und eroberte die Thebais zurück. Ab November 131 war Theben zeitweilig, ab Januar 130 durchgängig in seiner Macht. Dann zog er von Süden nach Norden zum Meer gegen Alexandrien. Datierungen nach Euergetes aus den Jahren 130 und 129 aus verschiedenen oberägyptischen Orten beweisen, daß zu dieser Zeit Kleopatra in Oberägypten nicht mehr die Macht ausübte. Erst in der Zeit zwischen August 127 und August 126 gelang es ihm, Alexandrien einzunehmen und sich wieder als König über ganz Ägypten zu behaupten.

Als Reaktion auf diese Ereignisse entstand das Töpferorakel[104]. Diese Prophezeiung mit Rahmenerzählung[105] wurde von einem griechisch-

---

[104] Forschungsbeiträge: *Ulrich Wilcken,* Zur ägyptisch-hellenistischen Litteratur (Aegyptiaca. Festschrift für Georg Ebers, 1897, S. 142–152), S. 146–152; *R. Reitzenstein,* Ein Stück hellenistischer Kleinliteratur (NGWG.PH 1904, S. 309–332); *Ulrich Wilcken,* Zur aegyptischen Prophetie (Hermes 40, 1905, S. 544–560); *W. Struve,* Zum Töpferorakel (Raccolta di scritti in onore di Giacomo Lumbroso, 1925, S. 273–281); *C. C. McCown,* Hebrew and Egyptian Apocalyptic Literature (HThR 18, 1925, S. 357–441), S. 397–400; *R. Reitzenstein* in *R. Reitzenstein* und *H. H. Schaeder,* Studien zum antiken Synkretismus aus Iran und Griechenland (SBW 7), 1926, S. 38–45; *August Freiherr von Gall,* ΒΑΣΙΛΕΙΑ ΤΟΥ ΘΕΟΥ (RWB 7), 1926, S. 69–74; *Hugo Greßmann,* Der Messias (FRLANT 26), 1929, S. 422–425; *C. H. Roberts,* Text 2332 (*E. Lobel* und *C. H. Roberts,* The Oxyrhynchus Papyri XXII, 1954, S. 89–99); *Ludwig Koenen,* Die Prophezeiungen eines Töpfers. Von der Welterneuerungspolitik zur Apokalypse (X. Internationaler Kongreß für Religionsgeschichte, 1961, S. 103–104); *Samuel K. Eddy,* The King is Dead, 1961, S. 292–294; *L. Koenen,* Die Prophezeiungen des „Töpfers" (ZPE 2, 1968, S. 178–209), S. 178–194; *Ludwig Koenen,* The Prophecies of a Potter: A Prophecy of World Renewal Becomes an Apocalypse (Proceedings of the Twelfth International Congress of Papyrology [American Studies in Papyrology 7], 1970, S. 249–254); *Françoise Dunand,* L'Oracle du Potier et la formation de l'apocalyptique en Égypte (L'apocalyptique [Études d'histoire des religions 3]), 1977, S. 41–67; *J. Gwyn Griffiths,* Apocalyptic in the Hellenistic Era (Apocalypticism in the Mediterranean World and the Near East, 1983, S. 273–293), S. 287–290; *Jan Assmann,* Königsdogma und Heilserwartung (Apocalypticism in the Mediterranean World and the Near East, 1983, S. 345–377), S. 362–363; *L. Koenen,* A Supplementary Note on the Date of the Oracle of the Potter (ZPE 54, 1984, S. 9–13). Zudem unveröffentlicht: *Ludwig Koenen,* Die Prophezeiungen des Töpfers. Von der Welterneuerungsprophetie zur Eschatologie, Habil. Köln 1969.

[105] Der Text ist in P. Graf (G. 29787) aus dem 2. Jh. n. Chr., P. Rainer (G. 19813) aus dem 3. Jh. n. Chr. und P. Oxy. 2332 aus dem späten 3. Jh. n. Chr. erhalten. Da alle drei Papyri schlecht erhalten sind, hängt die Geschichte der Deutung des Textes eng mit der

sprechenden[106] Einheimischen niedergeschrieben. Sie kann mit einiger

---

fortschreitenden Textwiederherstellung zusammen. Die erste Edition von P. Graf und P. Rainer bot *C. Wessely,* Neue griechische Zauberpapyri (DAWW.PH 42,2), 1893, S. 3–6. Aufgrund einer in der Zwischenzeit angefertigten Photographie boten *R. Reitzenstein,* Stück hellenistischer Kleinliteratur, S. 310–314, und nach der gleichen Photographie *U. Wilcken,* Zur aegyptischen Prophetie, S. 546–549, jeweils neue Editionen. Ein nach Glättung des Papyrus vorgenommenes, von *Hans Gerstinger* hergestelltes Agraphon von P. Rainer wurde von *R. Reitzenstein* in *R. Reitzenstein/H. Schaeder,* Studien zum antiken Synkretismus, S. 39–40, mit einigen Ergänzungen herausgegeben. Sowohl P. Graf als auch P. Rainer wurden erneut ediert von *Georgius Manteuffel,* De opusculis Graecis Aegypti e papyris, ostracis lapidibusque collectis, 1930, S. 99–106. Die Kenntnis des Textes wurde wesentlich erweitert, als *C. Roberts,* Text 2332, S. 89–99, den P. Oxy. 2332 edierte. Auf Photographien und auf die früheren Kollationen gestützt bot *L. Koenen,* Prophezeiungen des „Töpfers", S. 193–209, eine Neuedition aller drei Papyri. Einige Korrekturen dazu finden sich bei ders., Nachträge zu Band 1 und 2 (ZPE 3, 1968, S. 137–138), S. 137. Aufgrund eines unmittelbaren Studiums des Papyrus selbst legte ders., Bemerkungen zum Text des Töpferorakels und zu dem Akaziensymbol (ZPE 13, 1974, S. 313–319), S. 313–317, neue Lesungen und Vorschläge zu P. Oxy. 2332 vor. Eine weitere neue Lesung findet sich bei ders., Supplementary Note, S. 10. Im folgenden wird die Neuedition von *Koenen* samt der Korrekturen und neuen Lesungen zugrunde gelegt. Bei der Behandlung des Textes müssen die Papyri unmittelbar herangezogen werden, da nach *Koenen,* Prophezeiungen des „Töpfers", S. 193–194, zwei verschiedene Rezensionen des Textes – P. Graf und P. Rainer einerseits und P. Oxyrhynchos andererseits – vorliegen, die nicht auf eine unmittelbar gemeinsame Vorlage zurückführbar sind.

[106] Nach dem Abschluß der Rahmenerzählung P. Rainer 50–53 stammt das Orakel aus der Bibliothek des Pharaos Amenophis. Diese Fiktion wird durch den im Stil eines Kanzleivermerkes verfaßten Kolophon P. Rainer 55–56 untermauert, nach dem der Text aus dem Ägyptischen ins Griechische übersetzt wurde. *R. Reitzenstein,* Stück hellenistischer Kleinliteratur, S. 326, nennt es „unwahrscheinlich", daß das Töpferorakel jemals in ägyptischer Sprache bestanden hat und ordnet es den Kreisen nationalgesinnter Ägypter zu, die die griechische Sprache angenommen haben und auch ihre religiösen Schriften griechisch abfaßten. *R. Reitzenstein* in *R. Reitzenstein/H. Schaeder,* Studien zum antiken Synkretismus, S. 40–41, verweist auf entsprechend fiktive Angaben in griechischen Texten ägyptischer Provenienz und folgert, daß die Bezeugung auch für das Töpferorakel fiktiv ist. Diese Vermutung wird durch den Wortlaut des Vermerks wahrscheinlich gemacht. *U. Wilcken,* Zur ägyptisch-hellenistischen Litteratur, S. 147, verweist darauf, daß μεθηρμενευμένη πρὸ[ς] 'Αμενῶπιν τὸν βασιλέα, κατὰ τὸ δυν[α]τό[ν]· περὶ τῶν τῇ 'Αιγύπτῳ [με]λλόντων P. Rainer 54–57 in der Wortstellung verworren ist und daß μεθηρμενευμένη und κατὰ τὸ δυν[α]τό[ν] als formelhafte Formulierung ursprünglich zusammengehört haben muß. *Reitzenstein,* ebenda, S. 38, erklärt die Verwirrung dadurch, daß diese Formulierung ursprünglich nicht zum Kolophon gehörte, sondern eine Randbemerkung war, die sekundär in zerrissener Gestalt in den Text aufgenommen wurde. Nach dem Abschluß der Rahmenerzählung P. Rainer 50–53 stammt das Orakel aus der Bibliothek des Pharaos Amenophis. Daß ein späterer Schreiber die Spannung zwischen Herkunft aus einer altägyptischen Bibliothek – wie der Abschluß der Rahmenerzählung feststellt – und der griechischen Sprachgestalt durch eine solche Bemerkung glätten wollte, ist verständlich. *Eduard Norden,* Die Geburt des Kindes (SBW 3), 1924 (²1931), S. 55/56 Anm. 2, ergänzt diese Überlegung durch eine Analyse der Sprache. Nach *Norden* liegt „gespreizte Prosa" vor, in der „hexametrische Fetzen" erkennbar sind, so daß die Annahme naheliegt,

Genauigkeit datiert werden[107], weil die Auseinandersetzung zwischen

daß der Verfasser „seine bombastische Prosa durch Anlehnung an Orakelpoesie aufgeputzt habe". *Norden* vermutet darüber hinaus, daß es sich bei der genannten Orakelpoesie um Orakel der ägyptischen Sibylle handelt. *U. Wilcken,* Zur aegyptischen Prophetie, S. 552, verweist zu ψυγμ[ὸς] ἁλιέων P. Rainer 35/(P. Oxy. 59) auf ψυγμὸς σαγηνῶν LXX Ezech 26,5 als Parallele. Da der Begriff des Trocknens in der hebräischen Vorlage nicht vorhanden ist, hat man in der griechischen Übersetzung der alttestamentlichen Stelle eine eigentümlich griechische Formulierung zu sehen. Die Formulierung im Töpferorakel ist keinesfalls als Septuagintismus anzusehen, sondern belegt eine entsprechende eigentümlich griechische Formulierung. *L. Koenen,* Prophezeiungen des „Töpfers", S. 181 Anm. 6, vermutet darüber hinaus, daß in φυλλόρ[οι]α P. Oxy. 53/(P. Rainer 31) ein griechisches Wortspiel vorliegt, demnach φῦλα ‚die fremden Völker' wie φύλλα ‚Blätter' vom Baum fallen. Die vereinzelten Anspielungen auf ägyptischen Sprachgebrauch sind auf das Konto der zweisprachigen Umgebung und der Verwurzelung des Verfassers in der ägyptischen Gedankenwelt zurückzuführen.

[107] Ein Überblick über ältere Datierungsversuche bietet *Fr. Dunand,* L'Oracle du Potier, S. 42–46. Erst die Neuedition der Texte von *L. Koenen* hat die textliche Grundlage geschaffen, eine überzeugende Datierung vorzunehmen. Im Zusammenhang mit der Neuedition hat *L. Koenen,* Prophezeiungen des „Töpfers", S. 186–193, sieben Argumente für eine Datierung um 129 v. Chr. geboten, von denen zumindest vier überzeugend sind. Erstens wird in P. Oxy. 1–4 auf die Gründung Alexandriens durch Alexander und die Schaffung des Sarapiskultes angespielt. Zweitens kann der König von Syrien in P. Rainer 16–17/P. Oxy. 30–31 nur auf Antiochos IV. Epiphanes bezogen sein, denn nur der 6. syrische Krieg brachte den syrischen König auf ägyptischen Boden. Drittens ist P. Rainer 14–16/P. Oxy. 27–30 eine Anspielung auf die Niederschlagung des Aufstandes von Harsiesis durch Euergetes und dessen Zug von Süden nach Norden gegen Alexandrien zu. Viertens sind die zwei Glossen P. Rainer 19–20 und P. Oxy. 31–34 von dieser Voraussetzung aus als Hinweise auf Harsiesis und Euergetes verständlich. Ein Argument von *Koenen* ist nicht gleichermaßen zwingend: *Koenen* verweist darauf, daß in P. Rainer 10–12/P. Oxy. 23–25 von Brüder- und Gattenmord die Rede ist und meint, daß der Brudermord in Ägypten zur Topik der Unglücksschilderungen gehörte, nicht aber der Gattenmord; man konnte aber Gattenmord um 130 unter den Ptolemäern erwarten. Eine geschichtliche Anspielung ist zwar möglich, aber braucht nicht ohne weiteres nur auf die Zeit der Auseinandersetzung zwischen Euergetes und Kleopatra anzuspielen. Zwei andere Argumente von *Koenen* sind dagegen weniger beweiskräftig, da sie sich auf Teile des Orakels, die nicht Prophezeiungen *post eventum,* sondern *ante eventum* sind, beziehen, denn, wenngleich Ereignisse der Vergangenheit die prophetische Vorhersage über die Zukunft mitbeeinflussen können, darf man bei solche Prophezeiungen nicht allzu konkret auswerten: Erstens verweist *Koenen* auf P. Oxy. 49–50/(P. Rainer 27–28), nach dem der Untergang Alexandriens nicht durch einen äußeren Feind, nämlich Rom, sondern durch innere Streitigkeiten stattfindet; die Stelle reicht dazu aus, eine Datierung in vorrömischer Zeit zu begründen, daß aber die als künftig hingestellten Streitigkeiten der Auseinandersetzung zwischen Euergetes und Kleopatra nachgebildet sind, ist nicht notwendig. Zweitens verweist *Koenen* auf P. Oxy. 48–49, in dem die Ermordung der männlichen Nachkommenschaft vorhergesagt wird; daß in diesem Topos die Ermordung des Kindes von Euergetes, Memphites, den Euergetes nach Kypros kommen und umbringen ließ, in die Zukunft projiziert wird, ist auch nicht notwendig. Die oben genannte, ziemlich genaue Datierung wird von *Koenen,* Adaptation, S. 184–186, zu Unrecht abgeschwächt. Demnach sind die vorliegenden Fassungen des Töpferorakels „das Ergebnis einer langen Textgeschichte immer neuer Bearbeitungen der früheren Fassungen . . . Ursprünglich dienten diese Prophezeiungen zur Legitimation des regierenden Königs . . . Griechen-

Euergetes und Kleopatra[108], der Herrschaftsverlust des Euergetes[109] und sein Zug dem Nil entlang von Süden nach Norden[110] als letzte Ereignisse[111] erwähnt werden. Die Schrift setzt demnach die Einnahme der Thebais voraus, kennt aber noch nicht die Einnahme von Alexandrien und muß damit zwischen den Jahren 130 und 126 entstanden sein.

2. Die geistige Heimat des Töpferorakels

Das Töpferorakel – in seiner ursprünglichen Fassung – besteht aus einer in eine Rahmenerzählung eingebetteten Prophezeiung von Geschichtsereignissen. Das Geschehen der Rahmenerzählung ist in die Zeit von Amenophis, einem König der 18. Dynastie[112], verlegt, der weissagende Töpfer ist ein Repräsentant[113] des Gottes Chnum[114].

(Anmerkung 114 steht auf der nächsten Seite.)
feindlich wurde das Orakel erst im 2. Jahrhundert". Zur Begründung verweist *Koenen* auf Übereinstimmungen zwischen Traditionen, die dem Kallimachos bekannt waren und in denen Philadelphos der Heilskönig war, und dem Töpferorakel. Übereinstimmungen liegen in der Tat vor. Die Auswertung von *Koenen* ist aber kaum zutreffend. Eine gattungsmäßige Verwandtschaft besteht zwischen der politischen Prophezeiung am ptolemäischen Hof und dem Töpferorakel. Es gibt aber keinen Grund zu der Annahme, daß das Töpferorakel in einer früheren Entwicklungsstufe eine politische Prophezeiung war, die erst durch Umarbeitung in eine antigriechische Prophezeiung geändert wurde. Übereinstimmungen mit Kallimachos stammen nicht daher, daß eine dem Kallimachos bekannte Prophezeiung ein direkter Vorfahr des Töpferorakels war, sondern in der gattungsmäßigen Verwandtschaft und darin, daß die ptolemäische Verwertung der politischen Prophezeiung sich bei der Entstehung des Töpferorakels sprachlich ausgewirkt hat.

[108] καὶ ἑαυτοὺς οἱ ζωνοφόροι ἀνελοῦσι⟨ν⟩ ὄν[τες Τυφώνιοι] P. Rainer 13–14/(P. Oxy. 26–27). ‚Gürtelträger' (siehe Anm. 155) und ‚Typhonanhänger' (siehe Anm. 154) sind Bezeichnungen für die Griechen.

[109]]λατος κακωθήσεται P. Rainer 14/(P. Oxy. 27). Das Subjekt von κακωθήσεται ist Euergetes.

[110] μετελεύσεται δὲ ποσὶ [πρὸς θά]λασσ∫αν [ἐν τ]ῷ μηνί⟨ει⟩ν καὶ πολλοὺς καταστρέψει αὐτῶν ͺἀσεβεῖς͵ [ὄντας] P. Rainer 14–16/(P. Oxy. 27–30). Nach *L. Koenen*, Prophezeiungen des „Töpfers", S. 188, zieht Euergetes ‚zu Fuß', weil der Nil kein Wasser hat. Die ‚Gottlosen', die niedergestreckt werden, sind die Anhänger von Kleopatra (siehe Anm. 163).

[111] Das unmittelbar anschließend beschriebene Auftreten des Königs von Syrien in P. Rainer 16–17/P. Oxy. 30–31 ist schon ein eschatologisches Ereignis (siehe Anm. 180). Der Bezug auf den Aufstand von Harsiesis in P. Rainer 17–19, die *L. Koenen*, Prophezeiungen des „Töpfers", S. 188, zur Datierung heranzieht, ist vermutlich als frühe Glosse, nicht als Teil des ursprünglichen Textes einzuordnen (siehe Anm. 222).

[112] Es gab vier Könige dieses Namens in der 18. Dynastie. *J. Griffiths*, Apocalyptic in the Hellenistic Era, S. 287/288 Anm. 68, vermutet, daß es sich um Amenophis III. handeln soll.

[113]Nach *W. Struve*, Zum Töpferorakel, S. 274, ist der Töpfer eine „Inkarnation" des

Als[115] der König Amenophis sich auf die Insel der Sonne[116] begab und das dortige Heiligtum des Osiris besuchte, begann ein Töpfer Keramik in einem Töpferofen zu brennen. Weil dies als Sakrileg aufgefaßt wurde, riß man die Töpferware aus dem Ofen und zerstörte sie. Der Töpfer begann zu prophezeien. Man führte ihn vor den König. In der anberaumten Gerichtsverhandlung verteidigte sich der Töpfer, indem er das Geschehen als symbolische Handlung deutete, die auf kommende geschichtliche Ereignisse hinwies. Am Ende seiner Prophezeiung brach der Töpfer tot zusammen. Der König ließ ihn in Heliopolis bestatten und verwahrte die Prophezeiungen, die er hatte aufzeichnen lassen, in seiner Schatzkammer. Die Prophezeiung an sich beschreibt einen Geschichtsablauf, der in vier Geschichtsperioden aufgeteilt wird: Am Anfang steht eine Chaoszeit, die über Ägypten hereinbricht; der Überfall des Königs von Syrien leitet eine Zeit des gesteigerten Chaos ein; in der Zeit der göttlichen Fügung zieht der Agathos Daimon aus der Stadt am Meer nach Memphis und die Stadt am Meer verödet; schließlich tritt der Heilskönig auf, und eine Heilszeit beginnt.

Das Töpferorakel ist strukturell und inhaltlich von der Tradition der politischen Prophezeiung abhängig. Dies geht vordergründig daraus hervor, daß zwischen der Prophezeiung des Neferti[117] und dem Töpfer-

---

Gottes. *J. Griffiths*, Apocalyptic in the Hellenistic Era, S. 287 mit Anm. 67, macht aber geltend, daß in der Situation eines Orakels der Gott durch einen Priester vertreten wird, und schränkt entsprechend ein, daß der Töpfer den Gott „represented".

[114] Der Töpfer wird mit ὁ κεραμεύς P. Graf 13.19 und P. Rainer 54 bezeichnet. *W. Struve*, Zum Töpferorakel, S. 274, verweist darauf, daß die ägyptischen Wörter ḳd und nḥp, die mit κεραμεύς gleichbedeutend sind, Beinamen des Gottes Chnum waren. *L. Kákosy*, Prophecies of Ram Gods, S. 345–346, bestätigt dieses Urteil mit Hinweis darauf, daß Chnum das Epitheton nb nḥp ‚Herr der Töpferscheibe' trägt. Die Bezeugung im einzelnen bietet *Ahmad Mohamad Badawi*, Der Gott Chnum, Diss. Berlin 1937, S. 18.28.37.44.48. Aus Der-el-Bahari stammt eine Darstellung von Chnum als „Töpfer vor seiner Töpferscheibe sitzend und das Kind formend"; in der beigegebenen Beschriftung wird Chnum ‚Töpfer' genannt. In Antinoe heißt er ‚der Töpfer' mit einem Determinativ, in Dendera ‚Herr der Töpferscheibe'. In Elephantine gilt er als Schöpfer, der auf der Töpferscheibe ‚Menschen formt und Götter bildet'. In Esne ist er der Gott, welchem die Töpferscheibe dargebracht wird, auf welche sich die Gestalt eines Menschen befindet.

[115] Der Anfang der Rahmenerzählung ist in dem sehr fragmentarisch erhaltenen P. Graf enthalten, der Abschluß in P. Rainer 49–53. Die folgende Zusammenfassung lehnt sich an die Rekonstruktion bei *L. Koenen*, Prophezeiungen des „Töpfers", S. 183, an.

[116] τὸ πρότερον Ἡλίου νῆσον P. Graf 4. *L. Koenen*, Prophezeiungen des „Töpfers", S. 184–185, versucht die mythische Funktion der Insel, die geographisch nicht zu identifizieren ist, von dem Kultmythos von Hermopolis her zu erklären.

[117] *R. Reitzenstein*, Stück hellenistischer Kleinliteratur, S. 315 Anm. 2, verweist zum Vergleich auf die Prophezeiung des Neferti. Eine Analyse des Textes im Vergleich mit dem Töpferorakel bieten: *C. McCown*, Apocalyptic Literature, S. 383–386; *A. von Gall*,

Das eschatologische Geschichtsbild des ägyptischen Hellenismus 115

orakel neben Übereinstimmungen im Inhalt der Rahmenerzählung – ein Mann wird vor einen altägyptischen König geführt und prophezeit Geschichtsereignisse der Zukunft – auch mehrere Topoi der Chaos- und Heilsbeschreibung gemeinsam sind: Die Verdunkelung der Sonne[118], die Austrocknung des Nils[119], die überhöhten Steuern[120], Streit wegen Mangel an Nahrungsmitteln[121], Raub[122], Gegnerschaft unter Verwandten[123], Bürgerkrieg und Aufruhr[124], Mord[125], die Umkehr der sozialen Ordnung[126], der Auftritt des Heilskönigs[127] und die Freude der Heilszeit[128]. Zudem haben zwei Elemente der Beschreibung der Heilszeit im

ΒΑΣΙΛΕΙΑ ΤΟΥ ΘΕΟΥ, S. 51–55; *J. Assmann*, Königsdogma und Heilserwartung, S. 357–361. Eine Zusammenstellung von gemeinsamen Topoi bietet *Fr. Dunand*, Oracle du Potier, S. 46–50. *Assmann*, ebenda, S. 360.362, faßt zusammen, daß die Prophezeiung des Neferti ein „Vorbild . . . bis hin zum Töpferorakel" ist und daß zwischen ihr und dem Töpferorakel „die Übereinstimmungen frappant" sind.

[118] P. Oxy. 17–18. – ‚Die Sonnenscheibe ist nun bedeckt, ohne daß sie strahlt, damit die Menschen sehen könnten.' PrNef 24–25. Der Topos wird theologisiert, indem der Sonnengott Re anstelle der Sonne tritt: ‚Re hat sich von den Menschen getrennt. Geht er auf und wäre (dadurch) die Stundenrechnung möglich, so kann man doch nicht den Mittag erkennen, denn nicht kann man seinen Schatten berechnen, nicht kann das Gesicht geblendet werden, wenn man blickt, und nicht tränen die Augen mit Wasser, da er am Himmel ist (nur) wie der Mond, dessen Nachtzeit doch nicht überschritten werden kann.' PrNef 51–53.

[119] P. Rainer 1–3/P. Oxy. 13–14. – ‚Der Fluß Ägyptens ist trocken und man überquert das Wasser zu Fuß. Man wird Wasser für das Schiff suchen für seine Fahrt, denn sein Weg ist eine Sandbank geworden und die Sandbank zur Flut; Wäßriges (wurde) zu Sandigem.' PrNef 26–28.

[120] P. Rainer 8–9/P. Oxy. 20–21. – ‚. . . aber das Kornmaß ist groß und man mißt es überfließend.' PrNef 50–51.

[121] P. Rainer 9/P. Oxy. 21–22. – ‚Das Getreide ist wenig . . .' PrNef 50; ‚Man wird Waffen aus Kupfer herstellen und Brot mit Blut fordern.' PrNef 40–41.

[122] P. Rainer 10/P. Oxy. 22–23. – Der Topos des Raubes, der im Töpferorakel ausdrücklich auf das Ernten bezogen wird, wird in der Prophezeiung des Neferti allgemeiner formuliert: ‚Der Besitz eines Menschen wird ihm geraubt und dem gegeben, der draußen ist . . . Einer, der für sich nicht anfüllte, leert nun aus.' PrNef 47–48.

[123] P. Rainer 10–12/P. Oxy. 23–25. – ‚Ich zeige den Sohn als Gegner, den Bruder als Feind, einen Menschen, der seinen Vater tötet.' PrNef 44–45.

[124] P. Rainer 13–14/P. Oxy. 26–27. – ‚Man wird Waffen ergreifen, indem das Land in Unruhe lebt.' PrNef 39–40.

[125] P. Rainer 24–26/P. Oxy. 40–41. – ‚Man antwortet auf eine Anrede, indem der Arm mit dem Stock herausgeht, und man redet durch Mord.' PrNef 50.

[126] P. Oxy. 44–46. – ‚Der Machtlose ist ein Mächtiger, man grüßt den, der (eigentlich) grüßen sollte . . . Arme werden sehr Schätze erwerben und [ein Getümmel] wird entstehen; die Mittellosen essen Brot und die Diener sind oben auf.' PrNef 54–55.56–57.

[127] P. Rainer 38–41/P. Oxy. 63–67. – ‚Ein König des Südens wird kommen, Ameni [*W. Helck:* Imnjj] mit Namen, der Gerechtfertigte . . . Er wird die Weiße Krone nehmen und wird die Rote Krone aufsetzen; so wird er die beiden Mächtigen vereinigen, um die beiden Herren zu besänftigen mit dem, was sie wünschen.' PrNef 57–60.

[128] P. Rainer 41–43/P. Oxy. 67–71. – Die Prophezeiung des Neferti drückt die Freude in

Töpferorakel eine Entsprechung in Umkehrung in der Chaosbeschreibung der Prophezeiung des Neferti: Der wasserarme Nil wird sich füllen[129]; die Winde werden wohlgeordnet sein[130].
Eine unmittelbare historische Beziehung zwischen den beiden Texten besteht allerdings nicht. Die Verwandtschaft ist vielmehr dadurch zu erklären, daß die Tradition der politischen Prophezeiung, die ihren Anfang in der Prophezeiung des Neferti hatte, am ptolemäischen Hof fortgeführt wurde und daß griechischsprechende Einheimische im Wechselspiel von Ablehnung und Annahme des hellenistischen Gedankengutes[131] die politische Prophezeiung ptolemäischer Prägung verwerteten. Weil kein unmittelbares Exemplar einer politischen Prophezeiung ptolemäischer Prägung erhalten ist, kann ein direkter Vergleich nicht durchgeführt werden. Aus den erhaltenen Anspielungen kann man aber die grundsätzliche Abhängigkeit nachweisen. Die Anspielungen bei Kallimachos[132] und bei der jüdischen Sibylle[133] sind dürftig. Dagegen bieten die ausführlicheren Anspielungen in der Eliaapokalypse[134] eine gewisse Basis für einen Vergleich, der auch historisch tragfähig ist, weil die Eliaapokalypse auf eine politische Prophezeiung zur Zeit von Vaballath anspielt, die ihrerseits eine politische Prophezeiung anscheinend aus der Zeit von Ptolemaios VIII. Euergetes II. – die Zeit der

---

allgemeinerer Fassung als das Töpferorakel aus: ‚Freuen wird sich der, der es sehen wird und der in der Begleitung des Königs sein wird.' PrNef 69–70.

[129] P. Rainer 43–44/P. Oxy. 73–75. – ‚Der Fluß Ägyptens ist trocken . . .' PrNef 26.

[130] P. Rainer 46–47/P. Oxy. 78–79. – ‚Es wird der Südwind mit dem Nordwind streiten und der Himmel wird nicht ein einziger Wind sein.' PrNef 28–29.

[131] *Carsten Colpe*, Der Begriff „Menschensohn" und die Methode der Erforschung messianischer Prototypen III 1 (Kairos NF 12, 1970, S. 81–112), S. 101, versucht dieses Phänomen kategorial zu erfassen als einen „Homogenisierungsprozeß", „der sich im Wechselspiel von Annahme und Ablehnung der Hellenisierung des Orients vollzog".

[132] Auf die grundlegenden Entsprechungen verweist *L. Koenen*, Adaptation, S. 181–186.

[133] Ein Vergleich zwischen Begriffen im 3. Sibyllinischen Buch und dem Töpferorakel bietet *Fr. Dunand*, Oracle du Potier, S. 53–54.

[134] *C. Roberts*, Text 2332, S. 93 Anm. 2, *L. Koenen*, Prophezeiungen des „Töpfers", S. 192 Anm. 26, sowie *W. Schrage*, Elia-Apokalypse, S. 216, verweisen auf die Verwandtschaft zwischen der Eliaapokalypse und dem Töpferorakel. *Fr. Dunand*, Oracle du Potier, S. 54–56, stellt die Übereinstimmungen zusammen und faßt zusammen: „. . . on peut admettre que l'auteur de l'Apocalypse a connu une version de l'Oracle et lui a emprunté quelques détails égyptisants." Diese Folgerung ist aber kaum zutreffend. Grundsätzlich besteht zwar eine traditionsgeschichtliche Verwandtschaft, weil die Eliaapokalypse die Gattung fortführt, nämlich die politische Prophezeiung, aus der das Töpferorakel hervorging, die Entsprechungen im einzelnen sind aber nicht als eine unmittelbare Abhängigkeit zu beurteilen.

Entstehung des Töpferorakels – nachahmt[135]. Gemäß der Eliaapokalypse hat die politische Prophezeiung ptolemäischer Prägung die Geschichtsdarstellung nicht später als bei Alexander dem Großen anfangen lassen[136], und auch das Töpferorakel setzt spätestens bei Alexander an[137]. Die Eliaapokalypse betont das Unheil, das unter dem Sohn des Königs des Friedens, dem mit dem teuflischen Gesicht, nämlich unter Antiochos IV. Epiphanes[138], stattfinden wird; die jüdische Sibylle bestätigt, daß Antiochos, der ἐξ ’Ασίης βασιλεὺς μέγας[139] genannt wird, als Widersacher in der Chaoszeit in der politischen Prophezeiung zur Zeit von Ptolemaios VIII. Euergetes II. vorkam, und auch in dem Töpferorakel begegnet eine Anspielung auf ihn als ἐκ Συρίας βασιλεύς[140]. Vaballath, der Heilskönig, wird in der Eliaapokalypse als ‚ein König in der Stadt, die man die Stadt der Sonne zu nennen pflegt'[141] bezeichnet; darin liegt eine Abwandlung des durch die jüdische Sibylle

---

[135] Zwei Parallelen, die *Fr. Dunand,* Oracle du Potier, S. 56, anführt, können nicht als Hinweis auf eine traditionsgeschichtliche Abhängigkeit bewertet werden. *Dunand* verweist auf die Entsprechung zwischen ἡ . . . παραθαλάσσιος πόλις P. Rainer 35/(P. Oxy. 58–59) und ‚die Hauptstadt am Meer' ElApok 26,17–18; es handelt sich vermutlich dabei um eine im ägyptischen Griechisch gängige Bezeichnung für Alexandrien, die beide Texte unabhängig voneinander verwendeten. *Dunand* verweist auch auf die Entsprechung von τάλαινα Αἴγυπτος P. Rainer 4 und ‚wehe Ägypten' ElApok 30,4; auch darin dürfte nur eine gängige Redeweise vorliegen. Drei andere von *Dunand* angeführte Parallelen sind kaum echte Entsprechungen. *Dunand,* ebenda, S. 56, verweist darauf, daß nach ElApk 30,8–9, wenn der König in der Stadt der Sonne sich erhebt, das ganze Land in Bestürzung geraten und nach Memphis fliehen wird und daß nach P. Oxy. 50–52 der dritte Geschichtsabschnitt dadurch eingeleitet wird, daß der Agathos Daimon Alexandrien verläßt und in die Stadt Memphis zieht; die Übereinstimmung dürfte aber nur zufällig sein, weil, wenngleich die Vorstellung eines Zuges nach Memphis beiden Texten gemeinsam ist, doch die Funktion verschieden ist, denn in der Eliaapokalypse handelt es sich nach *W. Schrage,* Elia-Apokalypse, S. 224, um die römischen und ägyptischen Feinde der Juden, während im Töpferorakel der Schutzgeist der Stadt Alexandrien genannt wird. *Dunand,* ebenda, S. 55, will in den assyrischen Königen in der Eliaapokalypse und in den Typhonanhängern im Töpferorakel eine Parallele sehen; die Übereinstimmung ist aber – weil die Typhonanhänger die griechischen Herrscher in Ägypten sind, die assyrischen Könige dagegen historisch nicht faßbar bleiben – äußerst vage, wie *Dunand,* ebenda, S. 55 Anm. 50, zugibt: „. . . il n'y a pas de correspondance trait pour trait dans ces deux évocations." *Dunand,* ebenda, S. 56, will auch eine Parallele darin sehen, daß nach ElApk 28,3–7 man die Kinder von 12 Jahren aufwärts zum Kriegsdienst heranziehen wird und daß nach P. Oxy. 48–49 die männlichen Kinder gewalttätig geschändet werden; ob darin überhaupt eine Parallele besteht, ist fraglich.
[136] ElApok 25,12–26,7,1.
[137] P. Oxy. 1–2.
[138] ElApok 26,7,4–28,17.
[139] Sib 3,611.
[140] P. Oxy. 30/(P. Rainer 16).
[141] ElApok 30,6–7.

für Ptolemaios VIII. Euergetes II. belegten Epithetons ἀπ' 'Ηελίοιο . . . βασιλεύς[142], das im Töpferorakel als ἀπὸ 'Ηλίου . . . βασιλεύς[143] auf den Heilskönig angewandt wird. Ein weiterer Topos der Heilsbeschreibung in der Eliaapokalypse, die auch in der nichtgriechischsprachigen Prophezeiung des Lammes belegt ist, dürfte durch die politische Prophezeiung ptolemäischer Prägung vermittelt worden sein: Die Lebenden werden wünschen, daß die Toten auferstehen und das Heil genießen mögen[144]. Über die Abhängigkeit des Töpferorakels von der politischen Prophezeiung ptolemäischer Prägung hinaus ist eine Abhängigkeit von ägyptisch-griechischem Gedankengut überhaupt zu konstatieren[145], die auch in der verwerteten Mythologie spürbar ist: Wenn es darum geht, die Chaosmächte zu bezeichnen, nennt der Verfasser sie in Anlehnung an Typhon, das Chaosungeheuer der griechischen Mythologie, die Τυφώνιοι[146]; der Schutzgeist der Stadt, dessen Abzug aus Alexandrien den Untergang der Stadt herbeiführt, ist der griechische 'Αγαθὸς Δαίμων[147]; auch wenn der Verfasser versucht, den Agathos Daimon einen ägyptischen Namen zu geben, nennt er keinen eigentlichen ägyptischen Gott, sondern bildet die Pseudobezeichnung Μῆφις, die aufgrund des griechischen Namens der altägyptischen Hauptstadt Μέμφις gebildet ist[148].

---

[142] Sib 3,652.
[143] P. Rainer 40/(P. Oxy. 65).
[144] P. Rainer 41–42/P. Oxy. 67–71. – ‚Die Lebenden werden zu den Toten gehen mit den Worten: Steht auf und seid mit uns in dieser Ruhe.' ElApok 31,11–14. – ‚Die kleine Zahl der Menschen, die in Ägypten sein wird, wird sagen: Wäre doch mein Vater und der Vater meines Vaters hier mit mir in der guten Zeit, die kommen wird.' PrLamm 3,3–5.
[145] *Alan E. Samuel,* From Athens to Alexandria: Hellenism and Social Goals in Ptolemaic Egypt (StHell 26), 1983, S. 74, vermerkt, daß der Verfasser des Töpferorakels keinen Versuch macht, „to draw on earlier Greek traditions". Dies ist insofern richtig, als er kein Grieche war und keine Abhängigkeit von der klassischen Bildung des griechischen Gymnasiums bezeugt.
[146] P. Oxy. 4, P. Oxy. 9, P. Rainer 3/P. Oxy. 15, P. Rainer 28/P. Oxy. 50, P. Rainer 47. Ägyptisch stand Seth zur Verfügung (siehe Anm. 154), dessen *interpretatio graeca* Typhon ist.
[147] P. Rainer 28/P. Oxy. 50–51, P. Rainer 36/P. Oxy. 60. Der Kult scheint rein griechisch gewesen zu sein. Nach *Martin P. Nilsson,* Geschichte der griechischen Religion II (HAW 5,2,2), ³1974, S. 215–218, ging der Gott aus dem griechischen Hauskult der schützenden Hausschlange hervor. *Jan Quaegebeur,* Le dieu égyptien Shaï dans la religion et l'onomastique (Orientalia Lovaniensia Analecta 2), 1975, S. 170–176.263–264, zeigt, daß die ägyptische Entsprechung zum Agathos Daimon der ägyptische Gott Schai war, und meint, daß die Bedeutung des Kultes des Agathos Daimon in Ägypten durch die Popularität von Schai in einheimischen Kreisen gesteigert wurde.
[148] P. Oxy. 25, P. Oxy. 60 (siehe Anm. 195).

Trotz der engen Anlehnung an die politische Prophezeiung ptolemäischer Prägung und an griechisches Gedankengut überhaupt ist der Verfasser des Töpferorakels kein Grieche, sondern ein Vertreter der von Einheimischen getragenen antigriechischen Opposition[149]. Nicht die Fortführung des ptolemäischen Königshauses in Alexandrien, sondern die Wiederherstellung des altägyptischen Königtums in Memphis ist sein Anliegen. Dementsprechend erfährt die politische Prophezeiung ptolemäischer Prägung eine Umwertung. Aus der Sicht des Philadelphos waren die Chaosmächte die Gallier, die von Philadelphos vernichtet wurden, aus der Sicht des Euergetes II. waren sie das Heer von Antiochos IV., das von Euergetes II. zum Abwenden gezwungen wurde. Das Töpferorakel setzt das Vorhandensein der Chaosmächte fort, die Typhonanhänger sind aber nunmehr die Griechen selbst. In den entsprechenden politischen Prophezeiungen ptolemäischer Prägung waren es Philadelphos und Euergetes II., die als Heilskönig gepriesen wurden. Gemäß dem Töpferorakel ist der Heilskönig kein Ptolemäer, sondern ein in der alten ägyptischen Hauptstadt Memphis auftretender einheimischer König.

Diese Änderungen allein reichten zwar aus, um aus einer politischen Prophezeiung ptolemäischer Prägung eine antigriechische Prophezeiung zugunsten eines einheimischen Gegenkönigs zu machen[150]. Der

---

[149] Eine Übersicht über die Opposition insgesamt bietet *Samuel K. Eddy*, The King is Dead. Studies in the Near Eastern Resistance to Hellenism 334–31 B.C., 1961, S. 257–323, in die ders., ebenda, S. 292–294.309–316, das Töpferorakel mit Recht einordnet. *Claire Préaux*, Le Monde hellénistique I (NC 6), 1978, S. 394–396, tritt der These entgegen, daß das Töpferorakel „un sentiment anti-hellène" verkörpert. Mit Hinweis darauf, daß gängige Themen der „littérature oraculaire" Ägyptens vorkommen, meint sie, daß das Töpferorakel kein Dokument einer antigriechischen Stimmung sei, sondern „il attest le sentiment de culpabilité et d'imminence des catastrophes qu'avivent les troubles sociaux et les invasions". Dieses Urteil ignoriert aber die Tatsache, daß für das Töpferorakel spezifisch antigriechische Züge maßgebend sind: Die Griechen werden ausdrücklich als die Chaosmächte hingestellt; die Selbstzerfleischung der Griechen und der Untergang der griechischen Hauptstadt Alexandrien sind die Voraussetzungen für das Auftreten des Heilskönigs; der Heilskönig wird ein in der alten ägyptischen Hauptstadt Memphis auftretender einheimischer König sein. Der Gebrauch von althergebrachten Themen im Töpferorakel und das Fortwirken des Töpferorakels nach dem Ende der ptolemäischen Zeit dürfen nicht gegen die spezifisch antigriechische Ausrichtung der Verwertung dieser Themen zur Zeit seiner Entstehung ausgespielt werden.

[150] Eine demotischsprachige, wenig stark gräzisierende politische Prophezeiung zugunsten eines einheimischen Gegenkönigs aus Herakleopolis liegt in der Demotischen Chronik vor. Eine Analyse des Textes im Vergleich mit dem Töpferorakel bieten: *C. McCown*, Apocalyptic Literature, S. 387–392; *A. von Gall*, ΒΑΣΙΛΕΙΑ ΤΟΥ ΘΕΟΥ, S. 77–80; *Fr. Dunand*, Oracle du Potier, S. 51–52.

Verfasser des Töpferorakels traute es keinem einheimischen Anführer seiner Gegenwart zu, die ptolemäische Herrschaft zu brechen. Der einheimische König in Memphis war für ihn nur für die Zukunft denkbar. Es fand daher eine Änderung des Zeitverständnisses statt. Verstand die politische Prophezeiung die Chaoszeit als Vergangenheit und die Herrschaft des Heilskönigs als Gegenwart, wurde nun die Chaoszeit, in der die Griechen herrschten, als bis über die Gegenwart hinausreichend gedeutet. Das Auftreten des Heilskönigs wurde damit zu einem künftigen Ereignis. Aus dem an Vergangenheit und Gegenwart orientierten Geschichtsbild der politischen Prophezeiung wurde ein eschatologisches Geschichtsbild[151].

Die Umwertung der Griechen und die Änderung des Zeitverständnisses wurde von einer neuen Sicht der Geschichte begleitet. Die politische Prophezeiung ptolemäischer Prägung stellte den Heilskönig als den

---

[151] Da auch die Prophezeiung des Lammes eine entsprechende Eschatologisierung bezeugt, stellt sich die Frage nach der Verwandtschaft zwischen beiden. Eine Analyse der Prophezeiung des Lammes im Zusammenhang mit dem Töpferorakel bieten: *C. McCown*, Apocalyptic Literature, S. 392–397; *A. von Gall*, ΒΑΣΙΛΕΙΑ ΤΟΥ ΘΕΟΥ, S. 65–68; *Fr. Dunand*, Oracle du Potier, S. 50–51; *J. Griffiths*, Apocalyptic in the Hellenistic Era, S. 285–287. Weil das Lamm und der Töpfer beide als Repräsentanten von Chnum dienen, ist eine Entstehung und Tradierung in denselben Kreisen anzunehmen. *L. Koenen*, Supplementary Note, S. 13, vermutet, daß beide Texte mit Heliopolis in Verbindung zu bringen sind. Daraus folgert er: „. . . both originated from, and were circulated and interpreted by, the priests of the same temples and their followers". Dennoch sind die traditionsgeschichtlichen Beziehungen zwischen den beiden Schriften – abgesehen von dem Zitat aus der Prophezeiung des Lammes in der späteren Glosse P. Rainer 19–20/P. Oxy. 31–34 – auf Gemeinsamkeiten beschränkt, die durch die Tradition der politischen Prophezeiung vermittelt wurden. Eigentümlichkeiten der Prophezeiung des Lammes, durch die sich die Prophezeiung des Lammes von der Tradition der politischen Prophezeiung unterscheidet, finden sich im Töpferorakel eben nicht. Eine inhaltliche Entsprechung zwischen der Aussage des Töpferorakels P. Rainer 41–43/P. Oxy. 67–71, daß in der Heilszeit die Überlebenden wünschen werden, die zuvor Gestorbenen möchten auferstehen, damit sie Anteil erhielten am Guten, und der Prophezeiung des Lammes besteht: ‚Die kleine Zahl der Menschen, die in Ägypten sein wird, wird sagen: Wäre doch mein Vater und der Vater meines Vaters hier mit mir in der guten Zeit, die kommen wird.' PrLamm 3,3–5. *Koenen*, ebenda, S. 13, meint, daß darin ein Einfluß der Prophezeiung des Lammes auf das Töpferorakel zu spüren ist. In dem Teil der Eliaapokalypse, die eine politische Prophezeiung verwertet, gibt es allerdings auch eine Entsprechung: ‚Die Lebenden werden zu den Toten gehen mit den Worten: Steht auf und seid mit uns in dieser Ruhe.' ElApok 31,11–14. Es kann sich demnach auch um einen ägyptischen Topos der Heilszeit handeln, der an das Töpferorakel durch die Tradition der politischen Prophezeiung vermittelt wurde. Eine unmittelbare Abhängigkeit des Töpferorakels von der Prophezeiung des Lammes liegt kaum vor. Dennoch ist in der Eschatologisierung einer politischen Prophezeiung eine grundsätzliche Entsprechung vorhanden. Inwiefern die Entsprechung durch historische Vermittlung und inwiefern eine unabhängige Parallelentwicklung vorliegt, ist nicht feststellbar.

Krieger vor, der die Chaosmächte besiegte: Nach Kallimachos hat Philadelphos die Gallier auf einer Nilinsel verbrannt und ihre Schilder als Kampfpreis aufstellen lassen; die jüdische Sibylle berichtet, daß Euergetes II. im ganzen Land dem bösen Krieg ein Ende gemacht hat, indem er die einen tötete und mit den anderen sichere Verträge schloß. Obwohl das Töpferorakel in einer politisch gärenden Zeit entstand, schenkt es den einheimischen Aufständischen, die eine Wiederherstellung des altägyptischen Königtums durch einen militärischen Sieg über die Ptolemäer anstrebten, kein Vertrauen. Die Vorstellung von einem Sieg des Heilskönigs über die Chaosmächte entfällt, und an seine Stelle tritt die Erwartung, daß die Griechen sich selbst zerfleischend in der Selbstzerstörung untergehen werden und daß eine göttliche Fügung ihren Untergang besiegeln werde. Anstelle der zweiteiligen Periodisierung der Geschichte in eine Chaos- und eine Heilszeit tritt ein Geschichtsentwurf mit vier Geschichtsperioden. Die erste Geschichtsperiode ist die Chaoszeit. Es folgt die zweite, die Zeit des gesteigerten Chaos, in der die Selbstzerfleischung der Ptolemäer zu ihrem eigenen Untergang führen wird. In der dritten, der Zeit der göttlichen Fügung, wird der Agathos Daimon von Alexandrien nach Memphis ziehen und die ehemalige Hauptstadt der Ptolemäer veröden lassen. Nachdem die ptolemäische Herrschaft zugrundegegangen ist, fängt die vierte, die Heilszeit an, in der der Heilskönig ohne Gegner auftritt.

3. Das eschatologische Geschichtsbild des Töpferorakels

Im Töpferorakel[152] besteht die erste Geschichtsperiode, die als Prophezeiung *post eventum* verfaßt ist, aus einer historisch genau abgegrenzten Chaoszeit[153], die die Herrschaft der sowohl Typhonanhänger[154] als auch Gürtelträger[155] genannten Griechen von Alexander dem

---

(Anmerkung 155 steht auf der nächsten Seite.)

[152] Eine Exegese des Töpferorakels, die sowohl die Topoi ägyptischer Literatur als auch die ptolemäische Zeitgeschichte berücksichtigt, bleibt ein Desiderat. Das Folgende will keinen Ersatz dafür bieten, sondern lediglich die bisherigen Forschungsergebnisse, die unmittelbar auf das Töpferorakel bezogen sind, zusammenfassen.

[153] Einschränkend ist allerdings zu vermerken, daß der Anfang der Prophezeiung nicht erhalten ist, denn P. Oxy. 1 setzt mitten in der Prophezeiung ein. *L. Koenen*, Prophezeiungen des Töpfers (Habil.), S. 10, rechnet damit, daß der verlorene Teil von P. Oxyrhynchos etwa eine Kolumne füllte, daß er damit „ein knappes Drittel des erhaltenen Textes der eigentlichen Prophezeiungen ausmachte".

[154] Τυφώνιοι P. Oxy. 4, P. Oxy. 9, P. Rainer 3/P. Oxy. 15, P. Rainer 28/P. Oxy. 50, P.

Großen bis zu Ptolemaios VIII. Euergetes II. umfaßt. Die Ereignisse dieser Geschichtsperiode laufen auf die Entzweiung des ptolemäischen Königshauses hinaus, die in dem in offene militärische Konfrontation ausgearteten dynastischen Kampf zwischen Euergetes und Kleopatra stattfand.

Rainer 47. Typhon war die *interpretatio graeca* von Seth. *L. Koenen,* Prophecies of a Potter, S. 250, zeigt, daß der Begriff von dem der ägyptischen Königsideologie zugrunde liegenden Osirismythos her zu deuten ist. Seth begehrt sich gegen Osiris auf und tötet ihn, womit das Chaos beginnt. Der herrschende König tritt geschichtlich an die Stelle von Osiris. Darüber hinaus wurde der Mythos in den Tempelritualen so auf die Geschichte übertragen, daß in Zeiten von Fremdherrschaft – als kein ägyptischer König mehr herrscht – Seth zurückkehrt, um das Land gewaltsam auszurauben. Die Griechen sind die Anhänger von Seth.

[155] ζωνοφόροι P. Rainer 13.27.32/P. Oxy. 26.49.55, P. Oxy. 44, P. Rainer 49. Die Herkunft des Begriffes ist umstritten. *W. Struve,* Zum Töpferorakel, S. 275–277, verweist darauf, daß in der Lehre der Merikare, die er in die 10. Dynastie datiert, von feindlichen Nomaden, die den Kampf beginnen, gesagt wird, daß sie den '*gśw* ‚Gürtel' anlegen. *Struve* meint daher, daß seit der 10. Dynastie das Tragen eines Gürtels als Merkmal ausländischer Landesfeinde galt, und vermutet, daß hinter ζωνοφόροι den (nicht unmittelbar belegten) ägyptischen Begriff *rmt ḥr* '*gśw* ‚Menschen mit dem Gürtel' steht. *L. Koenen,* Adaptation, S. 182 Anm. 106, verweist darauf, daß die Übersetzung ‚Gürtel' für '*gśw* nicht sicher ist, da der Bedeutungsspielraum „von Band, Gürtel zu Kopftuch bzw. Mundschutz . . . und Hosen" reicht. Auch wenn die Bedeutung von '*gśw* sich decken sollte, ist längst nicht nachgewiesen, daß ein festes ägyptisches Bild für Landesfeinde vorliegt, das bis in die ptolemäische Zeit lebendig geblieben ist. – *R. Reitzenstein* in *R. Reitzenstein/H. Schaeder,* Studien zum antiken Synkretismus, S. 44–45, vermutet im Begriff ζωνοφόροι einen Einfluß iranischer Tradition, denn im Bahman-Yast sind die Feinde, die Iran beherrschen, „die Dämonen mit dem aufgelösten Haar, die . . . den Ledergürtel tragen". *Geo Widengren,* Leitende Ideen und Quellen der iranischen Apokalyptik (Apocalypticism in the Mediterranean World and the Near East, 1983, S. 77–162), S. 107–108.114.119, verweist auf das Alter dieser Vorstellung, die im altiranischen Männerbund begründet war, wo der Ledergurt symbolisierte, daß der Männerbündler an seinen Führer gebunden ist, und als Waffengürtel auch den kriegerischen Charakter des Männerbundes hervorhebt. Auch wenn die Vorstellung in der iranischen Apokalyptik genügend alt ist, um einen iranischen Einfluß zeitlich möglich zu machen, ist eine direkte Einwirkung der iranischen Apokalyptik auf das Töpferorakel, wie es *Reitzenstein* vorschwebt, kaum anzunehmen. – *Struve,* ebenda, S. 277, verweist auch darauf, daß der Gürtel in der Bewaffnung der Perser eine Rolle gespielt hat. Aufgrund dessen wäre es möglich, daß die Vorstellung, daß die Landesfeinde Gürtelträger sind, in der Zeit der persischen Fremdherrschaft aufgekommen ist, und in nationalgesinnten Kreisen hellenistischer Zeit sekundär, wenngleich ohne faktische Grundlage, auf die Griechen übertragen wurde. – *L. Koenen,* Prophezeiungen des „Töpfers", S. 180 Anm. 4, verweist auf den ζωστήρ des epischen Kriegers in griechischer Tradition und vermutet, daß dieser Begriff als ζωνοφόρος auf die Griechen angewandt wurde. – Ders., Adaptation, S. 182–186, verweist auch auf die ζωστῆρας ἀναιδέας der Gallier bei Kallimachos. Er stellt die These zur Diskussion, daß der Begriff ζωνοφόροι als eine historische Anspielung auf die Gallier zurückzuführen ist, die Philadelphos auf einer Nilinsel als Aufständische verbrannt hat. Sie waren die Übeltäter. Als man die historische Anspielung vergaß, bezeichnete der Begriff nur noch die feindlichen und

Sie beginnt mit dem Einzug Alexanders[156] in Alexandrien[157]: Er wird herrschen über Ägypten, nachdem er in die neugegründete Stadt[158] eingezogen ist. Mit Alexander in Verbindung gebracht wird die Begründung des Sarapiskultes[159]: Die Stadt wird sich die Götter von neuem gießend ein eigenes Gottesbild anfertigen. Der Einfall Antiochos IV.

---

kriegerischen Übeltäter, die nunmehr aus einheimischer Sicht die griechische Herrschaftsschicht war.

[156] Der Satzbau ist nicht eindeutig, aber vermutlich ist der Herrscher, der in Alexandrien einzieht, auch der, der für die Einführung des Sarapiskultes verantwortlich ist. In Frage kommen Alexander der Große oder Ptolemaios I. Entscheidend ist dabei nicht die umstrittene historische Frage, wer tatsächlich dafür verantwortlich war, sondern das in Ägypten zur Zeit der Entstehung des Töpferorakels vorhandene Geschichtsverständnis. *L. Koenen*, Prophezeiungen des „Töpfers", S. 187, stellt die These auf, daß Alexander gemeint sei. Ders., Adaptation, S. 148 Anm. 18, verweist zur Begründung darauf, daß in dem Papyrus ed. Vogliano Nr. 21 (*Achille Vogliano*, Papiri della Regia Università di Milano I, 1937) die Gründung des Sarapisheiligtums zu Alexandrien eben auf Alexander zurückgeführt wird.

[157] ἡ κτιζομένη πόλις P. Oxy. 2 wird auch ἡ . . . παραθαλάσσιος πόλις P. Rainer 35/ (P. Oxy. 59) genannt. *R. Reitzenstein*, Stück hellenistischer Kleinliteratur, S. 317, stellt fest, daß nur eine einzige παραθαλάσσιος πόλις mit Memphis in Rivalität stehen konnte, nämlich Alexandrien. Dazu paßt nach *Reitzenstein* auch die Tatsache, daß der Agathos Daimon, der nach P. Rainer 29/P. Oxy. 51 die κτιζομένη πόλις verläßt, Alexandrien als seinen ursprünglichen Kultort hatte. *U. Wilcken*, Zur aegyptischen Prophetie, S. 552, fügt hinzu, daß eine Stadt am Meer, die als παντοτρόφος εἰς ἣν κατοικίσθη πᾶν γένος ἀνδρῶν P. Rainer 37–38/(P. Oxy. 61–62) charakterisiert wird, keinen anderen als Alexandrien sein kann. *L. Koenen*, Adaptation, S. 149 Anm. 19, verweist zudem darauf, daß παντοτρόφος P. Rainer 37/P. Oxy. 61–62 in ὅλην τὴν οἰκουμένην θρέψει Pseudo-Kallisthenes, Hist. Alex. I 32,4, eine Parallele hat.

[158] *C. Roberts*, Text 2332, S. 93 Anm. 3, verweist darauf, daß ἡ κτιζομένη πόλις P. Oxy. 2 als „the city which is being founded" gedeutet werden muß, und *John J. Collins*, Sibylline Oracles, S. 13, argumentiert aufgrund dessen, daß das Orakel zur Zeit der Gründung der Stadt Alexandrien entstanden sein muß. Diese Frühdatierung ist aber im Hinblick auf den sonstigen Inhalt des Textes nicht haltbar. *L. Koenen*, Adaptation, S. 185 Anm. 114, meint auch, daß die Erfindung einer solchen Formulierung eher in die frühe Ptolemäerzeit als in die Zeit der Abfassung des Töpferorakels paßt, und sieht darin eine Spur alter Tradition, die aus einer Vorstufe des Töpferorakels stammt und im Töpferorakel noch fortgeschrieben wurde. Wenngleich das Töpferorakel ältere Traditionen verwertet, wurde es dennoch auf einmal zwischen dem Jahr 130 und 126 verfaßt, so daß die Fortschreibung eines veralteten Begriffes aus älteren Vorlagen nicht zur Erklärung reicht. Die Herkunft der Form bleibt damit vorerst unerklärt. Man könnte darin eventuell ein weiteres Beispiel für das etwas barbarische Griechisch sehen, das das Töpferorakel sonst aufweist. Demnach wäre die Form ein sprachlich ungeschickter Versuch anzudeuten, daß in der Zeit, als Alexander Einzug in die Stadt hielt, die Stadt noch in der Gründungsphase war, oder aber gemäß *Fr. Dunand*, Oracle du Potier, S. 61, die den Begriff als „la cité nouvelle, non-égyptienne, par opposition à l'ancienne et vénérable Memphis" versteht, ein Hinweis darauf, daß die Stadt gegenüber den alten ägyptischen Städten noch ein Neuling ist.

[159] *L. Koenen*, Prophezeiungen des „Töpfers", S. 187.

Epiphanes in Ägypten und seine Niederschlagung von Aufständen in Palästina und Phönizien werden erwähnt[160]: Er[161] wird Ägypten und den Libanon zu Boden werfen. Zum Abschluß wird der Kampf von Euergetes, der von Ägypten entflohen und später zurückgekehrt war, gegen Kleopatra geschildert, bei der Euergetes von der Thebais gegen Alexandrien zog und die Orte seiner Gegnerin anzündete[162]: Ihm wird es schlecht ergehen; zu Fuß wird er zornig zum Meer ziehen und die Gottlosen[163] in den angezündeten Orten niederstrecken. Die Folgen der

---

[160] } ⟨ ⟩ κατὰ τὴν Αἰ[γύ]π[τ]ου γῆ[ν] καὶ κατὰ ⟨τὸν⟩ Λίβανον κα⟨τ⟩ώ⟨σ⟩ει P. Oxy. 11–12 bezieht sich auch auf historische Ereignisse. Nach *L. Koenen,* Bemerkungen zum Text, S. 314, sind die Wörter unmittelbar vor dieser Stelle als Glosse auszuscheiden, und zudem vermutet *Koenen* auch einen Textausfall da, wo die Glosse nun steht. Ein durchgehender Zusammenhang ist daher nicht wiederherstellbar. *L. Koenen,* Prophezeiungen des Töpfers (Habil.), S. 24, deutet: „Einer der ersten ptolemäischen Könige wird etwas in seinem Herrschaftsbereich, in Ägypten und im Libanon, zu Boden stoßen." Eher ist eine Anspielung auf Antiochos IV. Epiphanes und die Besetzung von Ägypten sowie die Niederwerfung der Aufständischen in Jerusalem und in den phönikischen Küstenstädten im Jahr 169 vorhanden. Im Frühjahr 169 fiel Antiochos in Ägypten ein, nahm das Land bis auf die Stadt Alexandrien ein und ließ Ptolemaios VI. Philometor als seinen Günstling in Memphis zurück. Noch während der erfolglosen Belagerung von Alexandrien fand „eine bedenkliche Aufstandsbewegung" *(W. Otto)* im seleukidischen Staatsbereich statt. Aufgrund eines in Palästina kursierenden Gerüchtes, daß Antiochos bei der Belagerung von Alexandrien getötet worden sei, kehrte der von Antiochos früher abgesetzte jüdische Hohepriester Jason aus Transjordanien nach Jerusalem zurück und nahm die Stadt mit Gewalt ein. *W. Otto,* Zur Geschichte, S. 66, vermutet zudem, daß in dieser Zeit auch der Abfall des phönikischen Arados und vielleicht noch anderer Orte des phönikischen Küstengebietes stattfand. Als Antiochos von Ägypten zurückkehrte, wandte er sich zuerst nach Jerusalem, wo er die Aufständischen niederschlug, und befriedete anschließend das phönikische Küstengebiet.

[161] Eventuell ist das vor der Glosse stehende Satzfragment als nähere Bestimmung des Subjekts von κα⟨τ⟩ώ⟨σ⟩ει zu verstehen: ἐν δὲ τ[ῷ] δέοντι καιρῷ οὐξ ἰδίας {ας} [ἐκ]μάνας ἀσεβείας P. Oxy. 9–10. In diesem Fall wäre die von *Koenen* vertretene Annahme eines Textausfalles, wo die Glosse P. Oxy. 10–11 steht, nicht notwendig.

[162] *L. Koenen,* Prophezeiungen des „Töpfers", S. 188.

[163] ἀσεβεῖς P. Oxy. 29/(P. Rainer 16). *Ludwig Koenen,* ΘΕΟΙΣΙΝ ΕΧΘΡΟΣ. Ein einheimischer Gegenkönig in Ägypten (CEg 34, 1959, S. 103–119), S. 106–112, bietet Belege aus dem griechischsprachigen Ägypten für ἀσεβεῖς als Bezeichnung für Aufständische gegen die ptolemäische Herrschaft. Nach *L. Koenen,* Prophezeiungen des „Töpfers", S. 188, ist demnach ἀσεβεῖς P. Oxy. 29/(P. Rainer 16) „ein technischer Ausdruck, der die Landesverräter bezeichnet". *Koenen,* ebenda, S. 188, deutet den Begriff implizit auf die Anhänger des Harsiesis, eines Einheimischen, der die Thronwirren dazu nützte, einen Aufstand in Oberägypten zwecks Wiederherstellung des altägyptischen Königtums einzuleiten. *Fr. Dunand,* Oracle du Potier, S. 63, wendet zwar dagegen ein, daß diese Deutung nicht überzeugend sei: „On voit mal en effet comment dans cette prophétie nationaliste et antigrecque un roi pourrait apparaître comme celui qui châtie des ‚impies' identifiés aux Egyptiens – alors que dans tous le reste du texte ce sont ses Grecs qui sont les impies." Auf die Kritik hin änderte *L. Koenen,* Adaptation, S. 184 Anm. 112, seine Deutung: Die ἀσεβεῖς sind „die Griechen", gegen die Euergetes vorging. Dies dürfte richtig sein, denn

ptolemäischen Herrschaft werden durch Topoi der Chaosbeschreibung ausgemalt, die zu verschiedenen Zeiten und in verschiedenem Maß mit den tatsächlichen Zuständen der Ptolemäerzeit übereinstimmten: Die Güter der Tempel werden verringert[164], die Festzüge der Tempel werden selten und der König wird den heiligen Sieg zu der festgelegten Zeit nicht mehr bewirken[165]; das Grab wird in dem feuchten Schlamm sein[166], und der Gestank der unbeerdigten Toten[167] wird sich bis in die Stadt verbreiten[168]; die Sonne wird sich verdunkeln[169]; durch den Mangel des Nils[170] wird der unfruchtbare Boden, der bis zur Erschöpfung produziert haben wird, zerstört[171] beziehungsweise verbrannt werden[172]; die Erde wird den Samen nicht aufnehmen, weil sie vom Wind weggetragen wird[173]; Abgaben werden für das Land eingetrieben, das nicht besät werden konnte[174]; man wird gegeneinander wegen des Mangels an Nahrungsmitteln kämpfen[175], und was der Bauer bestellt haben

---

aus der Sicht von Euergetes sind die Anhänger von Kleopatra die Aufständischen. Wenn P. Rainer 17–19 eine spätere Randglosse sein sollte (siehe Anm. 222), wurde ja der Aufstand von Harsiesis in der ursprünglichen Fassung des Töpferorakels nicht einmal erwähnt. Die erste Geschichtsperiode läuft konsequent auf die innergriechischen Streitigkeiten hinaus.

[164] P. Oxy. 5. *L. Koenen*, Prophezeiungen des Töpfers (Habil.), S. 12.24, deutet: „Die Einkünfte der Tempel werden gering werden". Er verweist als Beispiel auf Ptolemaios II. Philadelphos, der den Priestern die Verfügung über die Apomoira entzogen hat.

[165] P. Oxy. 5–6.7–9. *J. Assmann*, Königsdogma und Heilserwartung, S. 354, zeigt, daß seit dem Mittleren Reich die Vorstellung, daß die Pläne der Götter mißachtet und die Opferversorgung vernachlässigt wird, ein Topos der Chaosbeschreibung der Klagen war. *Fr. Dunand*, Oracle du Potier, S. 58, verweist auf einen verwandten Topos in der Asklepiosapokalypse, demgemäß die Fremden anordnen, daß man religiöse Handlungen unterlassen soll.

[166] P. Oxy. 6. *J. Assmann*, Königsdogma und Heilserwartung, S. 349, zeigt, daß seit dem Mittleren Reich die Vorstellung, daß die Toten im Fluß begraben werden, daß der Fluß damit zum Grab und das Grab zum Fluß wird, ein Topos der Chaosbeschreibung der Klagen war.

[167] Deutung von ὑπὸ τῶν δεόντ[ω]ν ταφῆς P. Oxy. 7 nach *L. Koenen*, Prophezeiungen des Töpfers (Habil.), S. 12.

[168] P. Oxy. 6–7.

[169] P. Oxy. 17–18.

[170] P. Rainer 1–3/P. Oxy. 13–14.

[171] P. Oxy. 13–14.

[172] P. Rainer 2.

[173] P. Rainer 7–8/P. Oxy. 18–20.

[174] P. Rainer 8–9/P. Oxy. 20–21. *L. Koenen*, Prophezeiungen des Töpfers (Habil.), S. 36 Anm. 71, verdeutlicht die Vorstellung: Bauern, die ihr Land wegen kriegerischer Verwicklungen oder wegen des Ausbleibens der Nilflut nicht bebauen konnten, wurde für gewöhnlich eine Reduktion oder Erlaß der Abgaben gewährt; in der geschilderten Chaoszeit werden von ihnen dennoch die vorgesehenen Abgaben gefordert.

[175] P. Rainer 9/P. Oxy. 21–22.

wird, werden andere ernten[176]. Am Schluß werden als Überleitung zu der Darstellung des Kampfes zwischen Euergetes und Kleopatra die innerptolemäischen Streitigkeiten erwähnt: Es wird Krieg und gottlosen Mord unter Brüdern und Eheleuten geben[177], und die Griechen werden sich selbst vernichten[178].

Weil zur Abfassungszeit des Töpferorakels das ptolemäische Königshaus zerspalten, aber noch mächtig war, wird für die Zukunft eine zweite Geschichtsperiode in Aussicht gestellt, in der die innere Zerrissenheit der Griechen zum vollständigen Untergang der griechischen Herrschaft in Ägypten führen wird. Um diese Prophezeiung *ante eventum* einzuleiten, griff man auf ein Ereignis der näheren Vergangenheit zurück, den ersten Feldzug des Antiochos IV. Epiphanes gegen Ägypten. Dieses Ereignis war ein Beispiel für die innere Zerrissenheit der griechischen Herrscher, denn Antiochos, selbst ein Grieche, stellte sich hinter den in seine Macht geratenen Ptolemaios VI. Philometor in Memphis, während in Alexandrien der durch die Bevölkerung zum König ausgerufene Ptolemaios VIII. Euergetes II. herrschte. Wenngleich dieses Ereignis in der ersten Geschichtsperiode als eigentliches historisches Geschehen schon gestreift wurde[179], wird es dennoch als Prototyp für ein noch kommendes Geschehen gleichen Charakters benutzt[180]. Man erwartet einen erneuten Angriff des Königs von Syrien[181]

---

[176] P. Rainer 10/P. Oxy. 22–23.
[177] P. Rainer 10–12/P. Oxy. 23–25.
[178] P. Rainer 13–14/P. Oxy. 26–27.
[179] P. Oxy. 11–12 (siehe Anm. 160).
[180] P. Rainer 16–17/P. Oxy. 30–31. *U. Wilcken,* Zur aegyptischen Prophetie, S. 557 Anm. 2, verweist darauf, daß bei dem König von Syrien man „leicht auf Antiochus IV. Epiphanes raten" könnte. *L. Koenen,* Prophezeiungen des „Töpfers", S. 187, argumentiert, daß der König von Syrien Antiochos ist: „Die Erwähnung der syrischen Feinde ist in einer ägyptischen Prophezeiung nicht verwunderlich; in ptolemäischer Zeit ist jedoch konkret an die syrischen Kriege zu denken; nur der 6. von 170/168 brachte den syrischen König auf ägyptischen Boden." Diese Gleichsetzung ist berechtigt. Man muß allerdings die Reihenfolge beachten, um die Stelle richtig zu deuten. Das Auftreten des Königs von Syrien findet nach der Niederschlagung des Aufstandes durch Ptolemaios VIII. Euergetes II. statt. Der Angriff des Antiochos gegen Ägypten lag fast vierzig Jahre zurück. *Koenen,* ebenda, S. 187, meint zwar, „dem Charakter solcher Prophezeiungen entsprechend wird man dabei nicht erwarten, daß die Ereignisse in ihrer historischen Aufeinanderfolge erwähnt werden". Der sonst klare Aufbau des Textes widerspricht einer solchen Beurteilung. Wie die Stellung der Erwähnung des Königs von Syrien zeigt, handelt es sich nicht um eine historische Reminiszenz, denn der Einfall des Antiochos kam einige Jahrzehnte vor dem Zug des Euergetes. Vielmehr wird Antiochos als Prototyp eines künftigen feindlichen Königs verstanden und das Auftreten des Königs von Syrien als ein noch ausbleibendes Ereignis dargestellt. Das Töpferorakel erwartet den Niedergang der Grie-

auf Ägypten. Der König, der als Grieche gegen Griechen kämpfen wird, wird eine Zeit von gesteigertem Chaos einleiten, während der die Selbstzerfleischung der Ptolemäer zu ihrem eigenen Untergang führen wird. Der König von Syrien – letztlich eine mythische Gestalt – wird von allen verhaßt sein[182]. Sein Auftreten in Ägypten bringt die Erniedrigung der ptolemäischen Herrscherschicht, denn Glück wird ihnen genommen[183] und ihre heiligen Dinge werden entweiht[184]. Die Folgen des Auftretens des Königs von Syrien werden wiederum mit Topoi der Chaosbeschreibung dargestellt und sind damit Fortsetzung und Steigerung der vorangehenden Chaoszeit: Das Land wird unruhig werden wegen derer, die ihre Heimatdörfer verlassen haben[185], aber den Zurückgebliebenen wird es nicht weniger schlecht ergehen[186]; Menschen werden sich gegenseitig töten und wegen der Armut werden sie für einen einzigen Gewinn in den Tot gehen[187]; unter den schwangeren Frauen wird der Tod wüten[188]; Sklaven werden befreit werden, und ihre Herren werden mittellos sein[189]; Eltern werden Mädchen schänden und der

---

chen durch Selbstzerstörung. Der historische Angriff des Antiochos auf Ägypten führte im 1. Feldzug zu einer Spaltung der ptolemäischen Herrschaft, bei der Ptolemaios VI. Philometor zum Günstling von Antiochos in Memphis, Ptolemaios VIII. Euergetes II. zum Gegenkönig in Alexandrien wurde. Der Abzug des Antiochos und die Versöhnung der beiden Brüder machte den Streitigkeiten vorerst ein Ende. Dadurch war aber ein Vorbild geschaffen für die Möglichkeit, daß die Ptolemäer durch innere Zwistigkeiten sich selbst zerstören. Um die Hoffnung auf eine solche Selbstzerstörung in der Zukunft zum Ausdruck zu bringen, wußte der Verfasser des Töpferorakels nichts anderes, als einen nochmaligen Angriff des Königs von Syrien anzukündigen.

[181] ἐκ Συρίας *(Koenen)* oder eventuell ἐκ Συρίας ⟨βασιλεύς⟩ P. Rainer 16/[ἐ]κ Συρίας βασιλεύς P. Oxy. 30. In einer Anspielung auf eine politische Prophezeiung zur Zeit der ersten Alleinherrschaft des Ptolemaios VIII. Euergetes II. in Alexandrien wird Antiochos durch die jüdische Sibylle ἐξ Ἀσίης βασιλεὺς μέγας Sib 3,611 genannt. Darin dürfte der Sprachgebrauch des ptolemäischen Hofes vorliegen. Der Gebrauch von ἐκ Συρίας βασιλεύς greift diesen Begriff auf.

[182] P. Rainer 16–17/P. Oxy. 30–31.
[183] P. Oxy. 34–35.
[184] P. Rainer 21/P. Oxy. 35–36.
[185] P. Rainer 21–23/P. Oxy. 36–38. L. *Koenen,* Prophezeiungen des Töpfers (Habil.), S. 13.19.36, verdeutlicht den sozialgeschichtlichen Hintergrund. Wenn es den ägyptischen Bauern schwer fiel, ihre Leistungsverpflichtungen gegenüber dem Staat zu erfüllen, entzogen sie sich ihrer, indem sie den jeweiligen Ort ihrer Leistungspflicht verließen und sich in die Wüste zurückzogen. Nach ders., ebenda, S. 36 Anm. 73, sind ἡ ἰδία P. Oxy. 37/ τὰ ἴδια P. Rainer 23 synonyme Bezeichnungen des Ortes der Leistungspflicht.
[186] P. Rainer 23–24/P. Oxy. 38–39.
[187] P. Rainer 24–26/P. Oxy. 40–41.
[188] P. Rainer 26–27/P. Oxy. 41–42.
[189] P. Oxy. 44–46.

Vater wird seiner Tochter den Mann wegnehmen[190]; es wird Mutterehe geben, und männliche Kinder werden gewalttätig geschändet werden[191]. Der Ausgang der Ereignisse ist der Untergang der griechischen Herrschaftsschicht: Die Griechen werden sich selbst zerfleischen[192]; Alexandrien wird veröden[193].

Sogar der selbst herbeigeführte Untergang der Griechen reicht noch nicht dazu aus, das Auftreten des Heilskönigs zu ermöglichen, sondern auch eine göttliche Fügung wird nötig sein. Diesem gilt die dritte Geschichtsperiode. Zu deren Gestaltung griff man auf den Agathos Daimon[194], den Schutzgeist von Alexandrien, zurück. Erst der gottbewirkte Abzug des Agathos Daimon aus Alexandrien und sein Einzug in die altägyptische Königsstadt Memphis wird das Auftreten des Heilskönigs ermöglichen.

Der Agathos Daimon[195] wird von sich aus die Stadt Alexandrien

---

[190] P. Oxy. 46–48. Die Gegenüberstellung mit dem folgenden μητρογάμοι P. Oxy. 48 zeigt, daß ein Zusammenleben von Vater und Tochter gemeint ist.

[191] P. Oxy. 48–49.

[192] P. Rainer 27–28/P. Oxy. 49–50. Fr. *Dunand*, Oracle du Potier, S. 62, meint, daß die Selbstvernichtung der Gürtelträger auf die dynastischen Kämpfe zwischen Ptolemaios VI. Philometor, Ptolemaios VIII. Euergetes II. und Kleopatra II. verweist. Wie im Fall des Königs von Syrien dürften die historischen Ereignisse das Vorbild für eine Selbstzerstörung der Griechen geliefert haben, die Aussage ist aber im Zusammenhang des Töpferorakels eine Vorhersage von noch ausstehenden Ereignissen.

[193] P. Oxy. 43–44.

[194] Die Identität des Agathos Daimon als des Schutzgeistes von Alexandrien stellt *R. Reitzenstein*, Stück hellenistischer Kleinliteratur, S. 317–321, heraus. Eine Zusammenstellung der Belege für den Ἀγαθὸς Δαίμων in Alexandrien und deren Auswertung bietet *Elizabeth Visser*, Götter und Kulte im ptolemäischen Alexandrien (Archaeologisch-historische Bijdragen 5), 1938, S. 65–66.5–8. Daraus geht hervor, daß für die ptolemäische Zeit der Agathos Daimon als Stadtgott von Alexandrien nur durch das Töpferorakel unmittelbar bezeugt wird. Hinzu käme nur eine eventuelle Bezeugung durch Manetho. Vereinzelte Zitate aus der Epitome von Manethos Aigyptiaca, an deren Anfang eine Göttergeneration stand, führen zwar den Agathos Daimon als Gott an, dies ist aber eine sekundäre Änderung des ursprünglichen Textes. Die Zusammenstellung der Bezeugung für Manetho bei *Felix Jacoby*, Die Fragmente der griechischen Historiker III C 1, 1958, S. 64–65, zeigt, daß Eusebios und das Palaion Chronikon die Lesart Ἀγαθοδαίμων, daß dagegen Barbarus, Malalas, Johannes von Antiochien und Pseudo-Johannes von Antiochien alle eine auf griechisches Σῶσις zurückgehende Form haben. Nach *W. Waddell*, Manetho, S. 2 Anm. 2, ist aufgrund von Malalas, Chron. 24, auch für Eusebios die ursprüngliche Lesart als Σῶσις anzusetzen. *Wolfgang Helck*, Untersuchungen zu Manetho und den ägyptischen Königslisten (UGAÄ 18), 1956, S. 8, zeigt, daß in der ägyptischen Überlieferung des P. Turin der dritte Gott der Göttergeneration šw war. So dürfte die ursprüngliche Lesart der Epitome von Manetho Σῶσις gewesen sein, und die Abänderung in Ἀγαθοδαίμων erst nach der Zeit von Eusebios stattgefunden haben.

[195] ὁ Ἀγαθὸς Δαίμων . . . εἰσελεύ⌊σ⌋εται ε⌊ἰς Μέμφιν⌋ P. Rainer 28–29/(P. Oxy. 50–52) wurde durch διὰ τ[ὸ] τὸν Ἀγαθὸν Δαίμονα καὶ Κνῆφιν εἰς [Μ]έμφιν πεπορεῦσθαι

Das eschatologische Geschichtsbild des ägyptischen Hellenismus   129

verlassen und in die altägyptische Königsstadt Memphis[196] zurückkehren[197]. Die Stadt, die die Fremdlinge geschaffen haben, wird veröden[198], und die Macht der Fremden wird zerfallen[199]. Dann werden die dorthin überführten Götterbilder Ägyptens wieder nach Ägypten zurückkehren[200]. Die Stadt am Meer wird zu einem Platz werden, an dem

---

P. Rainer 35–36/διὰ ⟨τὸ⟩ τὸν Ἀγαθὸν Δαίμονα κ‸αὶ‸ Μῆφιν ⟨εἰς Μέμφιν⟩ πορεύεσθαι P. Oxy. 60 wieder aufgenommen. In der Darstellung der ersten Geschichtsperiode wird auf dieses Ereignis vorausgeblickt: ἐπεὶ ὁ μέγας θεὸς Ἡφα[ισ]τος ἐ‸βο‸υ‸λήθη ‸εἰς τὴν‸ [πόλιν ἀνελθ]εῖν P. Rainer 12–13/[ὁ γὰρ] Μῆφις ἐβουλήθη εἰς τὴν [πόλιν ἀνελθ]‸εῖν‸ P. Oxy. 25–26. Es handelt sich um einen einzigen Gott, denn ὁ Ἀγαθὸς Δαίμων καὶ Κνῆφις/ ὁ Ἀγαθὸς Δαίμων καὶ Μῆφις ist als Hendiadyoin zu verstehen. Die zwei Fassungen des Textes bieten verschiedene Götternamen: Ἡφα[ισ]τος P. Rainer 12/Μῆφις P. Oxy. 25 und Κνῆφις P. Rainer 36/Μῆφις P. Oxy. 60. L. Koenen, Prophezeiungen des „Töpfers", S. 206, meint, daß Μῆφις ursprünglich war. Dieses Urteil wird von L. Koenen, Prophezeiungen des Töpfers (Habil.), S. 13 Anm. 8, dadurch begründet, daß ein Wortspiel zwischen Μῆφις und Μέμφις vorliegt: „Der Gott . . . nimmt beim Verlassen dieser Stadt wieder seinen ägyptischen Namen an und kehrt unter seinem eigentlichen Namen in die alte Hauptstadt der Ägypter zurück; die Verfasser . . . beweisen durch das Wortspiel, daß Mephis zu Memphis gehört." Auf die Gründe für die Ersetzung von Mephis durch Knephis einerseits, Hephaistos andererseits geht Koenen nicht ein. Μῆφις wurde in der Tradierung des Töpferorakels sekundär in Κνῆφις aufgrund der religionsphänomenologischen Parallelität zwischen ihm und dem Agathos Daimon umgewandelt: Nach M. Nilsson, Geschichte der griechischen Religion II, S. 216–217, war der Agathos Daimon in Ägypten mit der Hausschlange verbunden, nach Winfried Barta, Art. Kematef (LÄ 3, 1980), Sp. 382–383, bezeichnet km-3t.f/Κνῆφις eine als Schöpfergottheit verstandene Urschlange; Philo von Byblos bei Eusebius, Praep. evang. I 10,48, bezeugt für Ägypten die Gleichsetzung von beiden. Die sekundäre Umwandlung von Μῆφις in Ἡφαιστος ist dagegen daraus hervorgegangen, daß der Stadtgott von Memphis Ptah war. Man verstand Mephis aufgrund des Anklanges an Memphis als Bezeichnung für Ptah, drückte nach Hermann Ranke, Prophezeiungen eines Töpfers unter einem König Amenopis (Altorientalische Texte zum Alten Testament, ²1926, S. 49–50), S. 50 Anm. a, diese Deutung durch dessen interpretatio graeca Hephaistos aus.

[196] Memphis wird θεοτόκος P. Oxy. 52 genannt. Fr. Dunand, Oracle du Potier, S. 49 Anm. 31, verweist darauf, daß in der Prophezeiung des Neferti das ägyptische mshnt ntr nb ‚der Geburtsort jedes Gottes' PrNef 57 als Epitheton von Heliopolis eine begriffliche Entsprechung bietet. Das Vorzeichen, unter dem der Begriff angewandt wird, ist allerdings ein anderes, denn in der Prophezeiung des Neferti wird in der Chaosbeschreibung beklagt, daß es für die Welt keine Königsstadt mehr gibt, während im Töpferorakel die Rückkehr des Agathos Daimon nach Memphis die Wiederherstellung der Königsstadt bedeutet.

[197] P. Rainer 28–29/P. Oxy. 50–52. L. Koenen, Adaptation, S. 149 Anm. 19, meint, daß hier auf die Gründungslegende von Alexandrien angespielt wird. Nach Pseudo-Kallisthenes, Hist. Alex. I 32,6–10, wurden die Arbeiter beim Bau Alexandriens von einer Schlange weggeschreckt. Alexander befahl sie zu töten, ließ sie begraben und baute ihr ein Heroon. Aus dem Grab krochen junge Schlangen hervor und gingen in die Häuser der Stadt.

[198] P. Rainer 29–30.32/P. Oxy. 52–53.54–55.

[199] P. Rainer 30–32/P. Oxy. 53–54.

[200] P. Rainer 34–35/P. Oxy. 57–58. L. Koenen, Prophezeiungen des „Töpfers", S. 181, verweist darauf, daß es zu der ägyptischen Königsideologie ptolemäischer Zeit gehörte,

Fischer ihre Netze trocknen[201], und die vorbeiziehenden Fremden werden vermerken, daß diese einst eine allernährende Stadt war, die jedes Geschlecht der Menschen bewohnte[202].

Nur dann kann in der vierten Geschichtsperiode der Heilskönig auftreten.

Er ist der König[203] von der Sonne[204], der Geber guter Dinge[205], der

---

daß der König sich rühmt, die von den Persern verschleppten Götterbilder zurückgebracht zu haben. So sollen Alexander, Soter, Philadelphos, Euergetes I. und Philopator diese Tat vollendet haben. Dieser Topos wird im Töpferorakel abgewandelt. Das ἐκεῖ bezieht sich nicht mehr auf Persien, sondern auf Alexandrien und die Rückführung ist die aus Alexandrien in die Chora.

[201] P. Rainer 35/P. Oxy. 58–59.
[202] P. Rainer 37–38/P. Oxy. 60–62.
[203] βασιλεύς P. Rainer 40 fehlt in P. Oxy. 65–66. Es liegt vermutlich eine Auslassung in P. Oxy. 65–66 vor, die allerdings nicht von *Koenen* als solche vermerkt wird.
[204] *C. McCown,* Apocalyptic Literature, S. 398 Anm. 80, stellt fest, daß ῝Ηλιος als *interpretatio graeca* des ägyptischen Re zu verstehen ist. Durch die Bezeichnung ἀπὸ Ἡλίου . . . βασιλεύς wird auf die ägyptische Königsideologie angespielt, nach der der König Sohn von Re ist. Die Umschreibung dieses Tatbestandes mit ἀπὸ Ἡλίου . . . βασιλεύς scheint schon am ptolemäischen Hof stattgefunden zu haben, denn die Anspielung auf die politische Prophezeiung am Hof von Ptolemaios VIII. Euergetes II. durch die jüdische Sibylle benutzte ebenfalls ἀπ' Ἡελίοιο . . . βασιλεύς Sib 3,652. *Fr. Dunand,* Oracle du Potier, S. 53–54, verweist auf die begriffliche Entsprechung und stellt mit Recht fest: „On a peine à croire que la rencontre de ces deux textes soit purement fortuite." Die Beziehung zwischen den beiden Texten, der *Dunand* nicht nachgeht, dürfte der Sprachgebrauch des ptolemäischen Hofes und vielleicht spezifischer der der politischen Prophezeiung sein. Als Bezeichnung des Heilskönigs bediente sich der Verfasser des Töpferorakels der geläufigen Bezeichnung des ptolemäischen Königs.
[205] Der König erhält den Beinamen ἀγαθῶν δοτήρ P. Rainer 40/P. Oxy. 66. *R. Reitzenstein,* Stück hellenistischer Kleinliteratur, S. 324, verweist darauf, daß dieses Epitheton „geradezu eine Umschreibung des officiellen Beinamens des Königs" Ptolemaios VIII. Euergetes II. ist. *Reitzensteins* Folgerung, daß der Heilskönig Euergetes ist und daß die Prophezeiung kurz nach dem Tode des Herrschers geschrieben wurde, so daß nur P. Rainer 43–47/P. Oxy. 71–78 als eigentliche Prophezeiung für die Zeit der nächsten Regenten zu gelten hat, ist zwar nicht zwingend. Dagegen aber könnte, weil das Töpferorakel während der Regierungszeit von Euergetes geschrieben wurde, dieses Epitheton bewußt als Anspielung auf εὐεργέτης formuliert worden sein, um eben den Heilskönig als den echten im Gegensatz zu dem angeblichen Wohltäter hinzustellen. *L. Koenen,* Prophezeiungen des Töpfers (Habil.), S. 35–37, zeigt aber, daß das Epitheton unmittelbarer auf die Philanthropa der Ptolemäer bezogen ist. Die Philanthropa waren Gnadenerlasse, die der König zu Beginn seiner Regierung oder bei ähnlichen Ereignissen verkündete. In ihnen „wurden Straftaten amnestiert, Schulden erlassen, Steuern und Abgaben gesenkt, Gefangene entlassen, den Tempeln und den Priestern . . . regelmäßige Einkünfte gesichert", den wegen Nichtbezahlung von Steuern Geflohenen Rückkehr ohne Bestrafung gestattet, und „die Bevölkerung . . . vor den Übergriffen der Beamten gesichert". Philanthropa sind für Ptolemaios V. Epiphanes im Jahr 196 und 186, Ptolemaios VI. Philometor im Jahr 163 und Ptolemaios VIII. Euergetes II. im Jahr 145 und 118 bezeugt. *Koenen* zeigt, daß in der Chaosbeschreibung des Töpferorakels gleiche Mißstände begegnen, die durch

von der großen Göttin[206] Isis[207] eingesetzt wird und fünfundfünfzig Jahre[208] regieren wird[209]. Das Gedeihen Ägyptens unter dem Heilskönig wird unter den Überlebenden den Wunsch aufkommen lassen, die zuvor Gestorbenen mögen auferstehen, damit sie Anteil am Guten erhielten[210]. Im einzelnen wird die Heilszeit durch die Umkehrung der Topoi der Chaosbeschreibung dargestellt[211]: Wenn die Akazien ihre Blätter bekommen[212], wird das begossene Land blühen[213] und der

---

(Anmerkung 213 steht auf der nächsten Seite.)
die Philanthropa überwunden werden sollten. Demzufolge hat man das Epitheton ἀγαθῶν δοτήρ als Verweis darauf zu verstehen, daß der Heilskönig sich als solcher in den Philanthropa erweisen wird.

[206] Die Verflechtung der Vorstellung in der ägyptischen Königsideologie hebt *Fr. Dunand*, Oracle du Potier, S. 54 Anm. 46, hervor: Die Göttin Isis ist es, die den ägyptischen König einsetzt.

[207] P. Rainer 41/P. Oxy. 67 nennen sie θεὰ μεγίστη. P. Rainer 41 fügt Ἶσις – das von *Koenen* als spätere Interpolation gekennzeichnet wird – sachgemäß hinzu.

[208] *R. Reitzenstein*, Stück hellenistischer Kleinliteratur, S. 324, verweist zur Erklärung der Zahl 55 darauf, daß 110 Jahre in Ägypten als die „äußerste Grenze menschlicher Lebenszeit" angesehen wurde. *W. Struve*, Zum Töpferorakel, S. 278, korrigiert, daß 110 Jahre „als ein wünschenswertes Alter galten". 55 Jahre ist davon die Hälfte. *L. Koenen*, Prophezeiungen des „Töpfers", S. 190, stellt mit Recht fest, daß 110 Jahre eine „ideale" Zeit ist und daß in Ägypten die Hälfte den gleichen Symbolwert wie das Ganze haben kann, daß also 55 Jahre in diesem Fall als die ideale Regierungszeit zu verstehen ist.

[209] P. Rainer 38–41/P. Oxy. 63–67.

[210] P. Rainer 41–43/P. Oxy. 67–71.

[211] καὶ ⌊ὁ⌋ μετημφιεσμένος ⟨ἀσυμφώνως⟩ χειμῶν ἰδί⌊ῳ⌋ δραμεῖται κύκλῳ καὶ τό⟨τε τὸ⟩ θέρο⌊ς⌋ λήμψεται ἴδιον δρόμο⌊ν⌋ P. Oxy. 75–78/(P. Rainer 44–46) ist in der Deutung umstritten. *U. Wilcken*, Zur ägyptisch-hellenistischen Literatur, S. 150–151, deutet sie so, daß das Wandeljahr nun wieder mit dem natürlichen Sonnenjahr zusammenfallen wird, nämlich auf den Beginn einer neuen Sothisperiode. Der Beginn der Sothisperiode war für etwa das Jahr 137 n. Chr. erwartet. Träfe diese Deutung zu, hätte man in dem Anbruch der Heilszeit ein festes historisches Datum angegeben, so daß trotz der mythischen Komponente in der Eschatologie ein historischer Bezug noch deutlich erhalten geblieben wäre. *R. Reitzenstein*, Stück hellenistischer Kleinliteratur, S. 316–317, meint dagegen, daß die Verbindung der Wiederherstellung von Winter und Sommer mit dem erneuten Wasserreichtum des Nils und dem neugeordneten Wehen der Winde zeigt, daß „es sich ganz allgemein um ein Eintreten einer günstigen, segensvollen Epoche, durchaus nicht notwendig um einen Zusammenfall des bürgerlichen und des astronomischen Jahres handelt". *J. Assmann*, Königsdogma und Heilserwartung, S. 363 Anm. 85, verweist zudem darauf, daß die Verschiebung des Wandeljahres im Laufe einer Sothisperiode in Ägypten nie als ein Chaosphänomen empfunden wurde und ebensowenig mit ihrer Aufhebung irgendwelche Heilserwartungen verbunden wurden. Man hat daher in dem geordneten Wechsel der Jahreszeiten „mehr einen bildhaften Topos der Heilszeit . . . als eine konkrete kalendarische Anspielung" zu sehen.

[212] εἰ ἄκανθα φυλλοήσει P. Oxy. 72–73/(P. Rainer 43). Nach *L. Koenen*, Bemerkungen zum Text, S. 317, kann nur gemeint sein, daß sie wieder Blätter bekommt als Zeichen für den Beginn der neuen Heilszeit. *E. Norden*, Geburt des Kindes, S. 55 Anm. 2, schlägt die Korrektur in φυλλο⟨φορ⟩ήσει vor, eine Korrektur, die *Koenen* übernimmt. *Koenen*,

wasserarme Nil wird sich füllen[214]; der Winter wird in seinem eigenen Kreis laufen[215], die Sonne wird ihren eigenen Lauf nehmen[216] und das Wehen der Winde wird wohlgeordnet sein[217].

Zum Abschluß steht als zusammenfassende Feststellung: Die Sonne hat sich zur Zeit der Griechen verfinstert, um erst wieder die Bestrafung der Übeltäter und die Not der Griechen zu bescheinen[218].

4. Das Nachleben des Töpferorakels

Die Existenz einer Abschrift aus dem 2. und zweier aus dem 3. Jahrhundert n. Chr.[219] zeigt, daß das Töpferorakel in Oppositionskreisen des ägyptischen Hellenismus lange wirksam blieb[220]. Die Tradierung des Textes fand nicht ohne umdeutende Auslegungen des Inhaltes statt. Die Geschichte dieser Deutung hat zwar nur einen geringfügigen Nie-

---

ebenda, S. 317, vermutet, daß die Vorstellung des Blätterfallens aus P. Oxy. 53–54 eingedrungen ist. *Koenen,* ebenda, S. 317–319, sammelt die Spuren für die Deutung des Akaziensymbols. Bis ins Alte Reich läßt es sich zurückverfolgen: Sowohl Horus wie der König wurden aus der Akazie geboren und nach seinem Tod wird der König aus diesem Baum zu göttlichem Jenseitsleben erweckt. Demnach deutet *Koenen,* ebenda, S. 319, das Symbol: Weil Seth und seine Rebellion zu Ende sind, kann auch die Akazie wieder neue Blätter bekommen, und Horos, der neue Heilskönig, kann aus ihr geboren werden.

[213] P. Oxy. 71–73.
[214] P. Rainer 43–44/P. Oxy. 73–75.
[215] P. Rainer 44–45/P. Oxy. 75–76.
[216] P. Rainer 45–46/P. Oxy. 77–78.
[217] P. Rainer 46–47/P. Oxy. 78–79.
[218] P. Rainer 47–49.
[219] P. Graf wird von *C. Wessely,* Zauberpapyri, S. 5, in das 2. Jh. n. Chr., P. Rainer von ders., ebenda, S. 3, in das 3. Jh. n. Chr. datiert. Nach *C. Roberts,* Text 2332, S. 89, ist P. Oxyrhynchos, der auf der Rückseite eines Prozeßberichtes von etwa 284 n. Chr. geschrieben wurde, „nearly contemporary with the recto hand" und damit in das späte 3. Jh. zu datieren.
[220] *C. Roberts,* Text 2332, S. 94, charakterisiert die sozialgeschichtliche Voraussetzung der Tradierung des Töpferorakels – zusammen mit einigen anderen von ihm als sachlich entsprechend bezeichneten Texten – zur Zeit der Entstehung von P. Oxyrhynchos folgendermaßen: „If an explanation has to be found for the existence of these texts in Greek . . . at this time, we may find it in the social and political crises of the third century, the economic exploitation and suffering of the Greco-Egyptian middle class in cities such as Oxyrhynchus, the indifference of most of the Emperors of the third century to their position, and, not least, Roman failures in the eastern wars . . . These prophetic texts may convey the feelings of the humbler Greek-speaking population who were no longer conscious of any common bond with the Greek upper class, let alone with their Roman governors . . ."

derschlag im Text selbst gefunden, vier verschiedene Deutungstendenzen sind aber dennoch erkennbar.

Als Ptolemaios VIII. Euergetes II. und Kleopatra II. sich entzweiten und Euergetes die Flucht nach Kypros ergreifen mußte, nutzte ein gewisser Harsiesis in Theben die Situation zu einem Aufstand gegen Kleopatra mit dem Ziel, das altägyptische Königtum wiederzuerrichten[221]. Als Euergetes im September oder Oktober 131 nach Ägypten zurückkehrte, galt sein Kampf sowohl Kleopatra als auch Harsiesis. Mit der Einnahme von Theben durch Euergetes verlor Harsiesis wesentliche Gebiete. Er konnte sich trotzdem in bestimmten Gegenden behaupten und verschanzte sich schließlich in Panopolis. Kurz nach dem 28. Juli 129 wurde der Aufstand endgültig niedergeschlagen, als eine kleine Truppe unter Paos, der in der Vollmacht von Euergetes handelte, die Stadt zerstörte. Die Darstellung des durch Euergetes niedergeschlagenen Aufstandes umfaßte in der ursprünglichen Fassung des Töpferorakels nur die Anhänger von Kleopatra. Harsiesis und sein Aufstand wurden nicht erwähnt. Vermutlich nicht allzulange nach der Abfassung des Werkes wurde dieser Teil des Orakels glossiert[222]. Man wollte – der Text ist hier äußerst fragmentarisch erhalten und daher schwer deutbar[223] – vermutlich[224] die Ereignisse um Harsiesis durch eine Randglos-

---

[221] Die folgende Rekonstruktion des Aufstandes des Harsiesis folgt *L. Koenen*, ΘΕΟΙΣΙΝ ΕΧΘΡΟΣ, S. 116–119.

[222]]ολης ὑπάρχων καὶ ἀπὸ Αἰθ[ι]οπίας τε [καθή]ξ[ει] αὐτὸς ἐκ τῶν ἀνοσίων εἰς Αἴγυπτον καὶ καθ[εσθή]σεται [ ] ὕστερον ἐρημωθήσεται P. Rainer 17–19. Der Abschnitt entspricht im Stil dem übrigen Text des Orakels und wird dementsprechend von *Koenen* nicht als Glosse ausgewiesen. Er ist aber inhaltlich problematisch. P. Rainer 14–16 handelt von der Niederschlagung der Anhänger von Kleopatra. Es folgt in P. Rainer 16–17 die Erwähnung des (Königs) von Syrien. Der König von Syrien spielte keine historische Rolle bei den Ereignissen um die Jahre 131–129 und dürfte, wie dargestellt, der Anfang der Prophezeiung *ante eventum* sein. Damit müßte alles, was darauf folgt, auch nicht mehr historische, sondern künftige Ereignisse sein. Wenn aber, wie *L. Koenen*, Prophezeiungen des „Töpfers", S. 188, argumentiert, P. Rainer 17–19 auf Harsiesis (oder Euergetes) bezogen werden muß, ist der Abschnitt an der falschen Stelle, denn er gehört vor P. Rainer 16–17. Der Text wird dann verständlich, wenn man annimmt, daß er eine ursprüngliche Randglosse zu P. Rainer 14–16 war, die an falscher Stelle in den Text interpoliert wurde. Diese Einordnung wird eventuell durch den Vergleich mit der anderen Fassung des Töpferorakels untermauert. Genau dieser Abschnitt fehlt nämlich in P. Oxyrhynchos. Er wurde aber entweder nachträglich gestrichen – nach *Koenen*, ebenda, S. 190, „weggelassen" –, eventuell von jemandem, der die Inkonsequenz der Anordnung erkannte, oder er war in der Vorlage von P. Oxyrhynchos noch nicht vorhanden.

[223] *L. Koenen*, Prophezeiungen des „Töpfers", S. 188, ergänzt die Stelle folgendermaßen: ‚Von Äthiopien [zieht dann der heran, der] selbst von den Gottlosen [abstammt], und er [wird sich in einer Stadt niederlassen, die] später verwüstet werden wird.'

[224] *L. Koenen*, Prophezeiungen des „Töpfers", S. 188, erwägt die Möglichkeit, daß an

se in bezug zum Siegeszug des Euergetes stellen. Die Glosse, die in demselben Stil wie das ursprüngliche Orakel abgefaßt wurde, erwähnt das Auftreten von Harsiesis, dessen Zugehörigkeit zu den Aufständischen betont wird[225], sein Niederlassen in Panopolis und die spätere Zerstörung der Stadt. Die Glosse bezieht auch das Phänomen des einheimischen Aufstandes in das Geschichtsbild ein[226]. Es bestand von vornherein ein Gegensatz zwischen der Aussage des Töpferorakels, daß der Heilskönig nur durch göttliche Fügung eingesetzt wird, und der Hoffnung der Anhänger des Harsiesis, daß man das altägyptische Königtum durch Aufstand wird wiedererrichten können. Gegen das eventuell entstandene Mißverständnis, daß der Heilskönig durch einen Aufstand wie den des Harsiesis die Macht ergreifen könnte, ist die Glosse gerichtet. Der Urheber der Glosse beurteilte den Aufstand und seine Niederschlagung deshalb als Bestandteil der Chaoszeit. Der Aufstand des Harsiesis hatte nichts mit der Errichtung des Königtums des Heilskönigs zu tun. Der echte Heilskönig wird – wie das Orakel ausführt – nur durch die Selbstzerstörung der Griechen und göttliche Fügung eingeleitet werden. Die Glosse wurde in einem Teil der Textüberlieferung an falscher Stelle in den Text aufgenommen[227], in einem anderen Teil der Textüberlieferung fortgelassen[228].

Davon abhängig entstand eine zweite Glosse[229]. Sie zitiert einen Satz

---

Euergetes gedacht ist, der im Jahr 127/126 Alexandrien endlich eroberte und das von der alexandrinischen Jugend voll besetzte Stadion anzündete.

[225] *L. Koenen*, ΘΕΟΙΣΙΝ ΕΧΘΡΟΣ, S. 107–108, führt den Nachweis, daß im ägyptisch-hellenistischen Sprachgebrauch ἀνόσιοι eine Bezeichnung für die Aufrührer gegen den Gottkönig war. Der Urheber der Glosse gebraucht den Begriff für Harsiesis und seine Anhänger und benutzt damit den aus der Sicht des ptolemäischen Hofes gültigen Begriff. Darin zeigt sich die Abhängigkeit des Urhebers der Glosse – ähnlich wie die des Verfassers des Töpferorakels – vom griechischsprachigen Gedankengut. Zugleich wird auch daraus deutlich, daß der Urheber der Glosse kein Anhänger von Harsiesis war und wohl gegenüber einem solchen Aufstand ablehnend gegenüberstand. Im ursprünglichen Text des Töpferorakels werden die Griechen, die Anhänger von Kleopatra, ἀσεβεῖς genannt. Der Verfasser der Glosse hat vielleicht ἀνόσιοι gewählt, um darauf hinzudeuten, daß eine andere Art von Aufständischen gemeint ist.

[226] Da sich die Glosse stilistisch nicht vom ursprünglichen Text des Töpferorakels unterscheidet, ist die Vermutung naheliegend, daß der Verfasser des Töpferorakels selbst oder ein ihm Nahestehender nach der Abfassung den Hinweis auf den Aufstand eintragen wollte.

[227] Die Glosse galt ursprünglich P. Rainer 14–16, wurde aber bei der Abschrift des Textes an der falschen Stelle hinter ⌊ἀνθρώποις⌋ P. Rainer 17 gestellt.

[228] Sie fehlt in P. Oxyrhynchos sowohl da, wo sie hingehört – nach [ὄντας] P. Oxy. 30 – als auch dort, wo sie in P. Rainer aufgenommen wurde – nach ἀνθρώποις P. Oxy. 31.

[229] P. Rainer 19–20/P. Oxy. 31–34. Das Vorhandensein einer Interpolation wird von

aus der Prophezeiung des Lammes[230], was ein ausdrücklicher Hinweis hervorhebt[231]. Der Satz[232] stellt ὁ δὲ τὰ δυό[233] und ὁ δὲ τὰ πεντήκοντα πέντε ἔτη[234] gegenüber. Das erste ὁ δέ ist von αὐτός in der vorangehenden Glosse abhängig und bezieht ὁ δὲ τὰ δυό auf Harsiesis, der eine zweijährige Regierungszeit hatte[235]. Mit ὁ δὲ τὰ πεντήκοντα πέντε ἔτη blickt man auf den am Abschluß der Prophezeiung verheißenen Heilskönig, dem eine Regierungszeit von fünfundfünfzig Jahren zugesprochen wird. Der Glossator, der Harsiesis als οὐκ ἡμέ⌊τερο⌋ς[236], den

Koenen in der Ausgabe gekennzeichnet und in ders., Prophezeiungen des „Töpfers", S. 190–191, begründet.

[230] Der Satz im demotischen Originaltext steht in einem fragmentarisch erhaltenen Zusammenhang: „. . . der von den 2 (Jahren?), welcher (?) nicht unser (Gekrönter?) ist. Der von den 55 (Jahren?) (ist) unser Gekrönter (?).' PrLamm 2,5. L. Koenen, Supplementary Note, S. 10, verweist allerdings auf den weiteren Kontext: „. . . indem sie die weiße Krone der [Könige?] aus Ägypten entfernen' PrLamm 2,3. Er meint, daß daraus hervorgeht, daß in dieser Zeit kein König in Ägypten herrschen wird. Demnach ist der in Rede stehende Satz so zu verstehen, daß der König von zwei Jahren kein legitimer König ist, denn der legitime König wird 55 Jahre regieren. Koenen, ebenda, S. 11, vermutet daher, daß die zwei Jahre auf die Regierungszeit von einem der Könige der 29. Dynastie zu beziehen und daß die 55 Jahre nicht zeitgeschichtlich zu deuten sind, sondern die Regierungszeit des idealen Königs angeben. Der Kontext ist die Darstellung der Chaoszeit in der Rede des Lammes. Die Bedeutung des Satzes im Original ist unklar. K.-Th. Zauzich, Lamm des Bokchoris, S. 170, meint: „Man könnte . . . an Necho I. aus der Familie des Bokchoris (?) und Psammetich I. denken . . . Es ist freilich noch nicht einmal erwiesen, daß eine Anspielung auf historische Regierungsjahre vorliegt. Die Erklärung könnte auch in einer ganz anderen Richtung liegen, z. B. in einem durch die Zahlen verschlüsselten Wort."
[231] [κα]λῶς [ ]ημενα ἀμ{ω}νός τε ἔφη καλῶς P. Rainer 20/ἃ [Β]ακχάρει ἀπήγγειλεν ὁ ἀμ{μ}νός P. Oxy. 34. Die beiden Sätze lassen sich nicht auf einen gemeinsamen Prototyp zurückführen, sondern zumindest einer der beiden stellt eine bewußte Änderung eines ursprünglichen Textes dar.
[232] Die vollständigere Fassung des Zitats liegt in P. Oxyrhynchos vor: ὁ δὲ δύο οὐκ ἦν ἡμέτερος ὁ δὲ τὰ πεντήκοντα πέντε ἔτη ἡμέτερος ὑπάρχων P. Oxy. 31–33. Zur wörtlichen Übereinstimmung meint K.-Th. Zauzich, Lamm des Bokchoris, S. 170, daß für pa-ḫ-shny.t ‚der von der Krone'/‚Gekrönter' ὑπάρχων sich als die griechische Entsprechung anbietet. Nach ὑπάρχων P. Oxy. 33 folgt τοῖς Ἕλλησιν ⟨οἴσει⟩ P. Oxy. 33/τοῖ[ς P. Rainer 20. L. Koenen, Supplementary Note, S. 11, versteht dies als eine Zusammenfassung des Inhaltes der Prophezeiung des Lammes, die der alten Prophezeiung zugleich einen neuen antigriechischen Sinn gibt.
[233] P. Rainer 19/ὁ δὲ δύο P. Oxy. 31–32.
[234] P. Oxy. 32 mit Dittographie {κοντα πέντε ἔτη} P. Oxy. 33. Dieser Satzteil ist in P. Rainer nicht vorhanden. L. Koenen, Supplementary Note, S. 12–13, erwägt zwei Erklärungen der textgeschichtlichen Entwicklung: Entweder wurde der Hinweis auf zwei Jahre zuerst eingetragen und zu einer späteren Zeit das Zitat um den Hinweis auf die 55 Jahre erweitert, die nur durch P. Oxy. 32–33 bezeugt ist, oder ist in P. Rainer 20 das Fehlen des Hinweises auf die 55 Jahre als späterer Ausfall zu beurteilen.
[235] L. Koenen, Prophezeiungen des „Töpfers", S. 191.
[236] P. Rainer 19–20/οὐκ ἦν ἡμέτερος P. Oxy. 32.

Heilskönig als ἡμέτερος[237] bezeichnet, will die ursprüngliche Absicht der Prophezeiung unterstreichen[238], daß der Heilskönig nicht durch einen Aufstand der Einheimischen an die Macht gebracht werden kann[239]. Gegen das Mißverständnis aus den Kreisen, die Harsiesis und seinen Aufstand unterstützen, daß nämlich Harsiesis das einheimische Königtum hätte wiederherstellen können, betont der Glossator nunmehr unter Heranziehung eines aufgrund seines Alters Autorität beanspruchenden Zitates, daß Harsiesis nicht der erwartete Heilskönig sein könne, daß also die Hoffnung, die seine Anhänger in ihn gesetzt hatten, falsch war. Die Glosse, die voraussetzt, daß der Aufstand des Harsiesis noch deutlich in Erinnerung geblieben ist, dürfte nicht allzulange nach der Niederschlagung des Aufstandes[240] und damit bald nach der Entstehung der Schrift selbst eingefügt worden sein.

Die dritte Deutungstendenz bestand darin, daß man die Wirklichkeit an den Vorhersagen maß und in bestimmten Ereignissen die Erfüllung

---

[237] P. Oxy. 33.
[238] L. *Koenen,* Supplementary Note, S. 13, erkennt mit Recht, „the insertion of the quotation indicates a reaction to what was perceived as a wrong interpretation of an existing oracle". Darüber, wie diese falsche Auslegung genauer aussah, kann man nur Mutmaßungen anstellen.
[239] L. *Koenen,* Prophezeiungen des „Töpfers", S. 190, will in der durch P. Oxy. 31–34 belegten, vollständigeren Gestalt der Glosse zusätzlich einen Hinweis auf Ptolemaios VIII. Euergetes II. sehen. Die Glosse – zumindest in dieser Form – sei erst kurz nach dem Tod von Euergetes entstanden und wende sich „gegen Ägypter, die ihre Hoffnung auf ägypterfreundliche Politik des Euergetes gesetzt hatten". Euergetes zählte 54 Regierungsjahre. Die Glosse besage demnach, daß der wahre Heilskönig ein Jahr länger regieren wird, folglich ist Euergetes nicht der prophezeite König gewesen. Die These von *Koenen* läßt sich kaum erhärten. Da die Angabe über die 55 Jahre ein Bestandteil des Zitates aus der Prophezeiung des Lammes ist und durch den Bezug auf die 55 Jahre der Regierungszeit des Heilskönigs in dem ursprünglichen Töpferorakel die Verwendung des Zitates völlig erklärt wird, ist es nicht nötig, daß auch ein weiterer Bezug vorliegt. Ein Hinweis, daß der Urheber der Glosse einen solchen weiteren Bezug beabsichtigte, liegt auch nicht vor. Ein solcher Bezug wäre allerdings ausgeschlossen, wenn die Glosse schon kurz nach der Niederschlagung des Aufstandes – also kurz nach dem Jahr 129 – und nicht erst nach dem Tod von Euergetes – also nach dem Jahr 116 – entstand. L. *Koenen,* Supplementary Note, S. 12, erkennt dies insofern an, als er meint, daß die 55 Jahre eventuell anfänglich symbolisch im Sinne des ursprünglichen Töpferorakels gemeint waren. Dennoch hält er daran fest, daß, auch wenn die Glosse vor dem Tod von Euergetes entstanden ist und die Jahreszahl anfänglich nur symbolisch gemeint war, die Jahreszahl nach dem Tod von Euergetes aktualisiert wurde und als Ablehnung des Anspruches von Euergetes, der Heilskönig zu sein, gedeutet wurde. Ein solcher Vorgang ist keinesfalls ausgeschlossen, einen Hinweis im Text selbst, daß er tatsächlich stattfand, gibt es dennoch nicht.
[240] L. *Koenen,* Supplementary Note, S. 12, stellt nur fest, daß die Glosse nach dem Jahr 129 und „most likely" bald nach dem Jahr 116 gesetzt wurde. Sein Datierungsvorschlag nach dem Jahr 116 hängt allein davon ab, daß er eine Beziehung zwischen den 55 Jahren des Zitates und den 54 Regierungsjahren des Euergetes annimmt.

von Vorhersagen erkannte. Eine Vorhersage im Rahmen der zweiten Geschichtsperiode war die Anachoresis, die Flucht der Bauern in die Wüste, um der bedrückenden Steuerlast zu entgehen[241]. Dieser Vorhersage galt die interpolierte Randglosse ἀνεχώ[ρησ]αν ἐν τοῖς ἄνω τόποις[242]. Die Glosse stellt fest, daß die Anachoresis schon stattgefunden hat, daß also die Vorhersage des Orakels in Erfüllung gegangen ist. Da die Vorhersage eigentlich als Prophezeiung *ante eventum* zu verstehen war, zeigt diese Deutung, daß das Verständnis des Bruches zwischen der ersten und der zweiten Geschichtsperiode, zwischen Prophezeiung *post eventum* und Prophezeiung *ante eventum* in der Tradierung des Töpferorakels verwischt worden ist.

Die vierte Deutungstendenz bestand darin, daß man die Rahmenerzählung entfernte, so daß nur das alleinstehende Orakel tradiert wurde[243]. Eine gewisse Inkonsequenz ist darin zu spüren, daß zwei Rückbezüge auf die Rahmenerzählung im Orakel stehengeblieben sind, die nunmehr unverständlich, weil bezuglos sind[244]. Mit der Streichung der Rahmenerzählung wurde auch ein Satz des Orakels, der eine abschließende negative Charakterisierung der Ptolemäer enthielt[245] sowie ein abgebrochener Satz, der den Tod des Töpfers ankündigte[246], durch die Bestätigungsformel ἔσται ταῦτα[247] ersetzt. Die Streichung der Rahmenerzählung ist Zeichen einer Umdeutung des Inhaltes der Prophezeiung. Daß die Umdeutung eine gewisse Transzendentalisierung der eschatologischen Ereignisse beinhaltete, ist eine berechtigte Vermutung[248].

---

[241] P. Rainer 21–24/P. Oxy. 36–38.
[242] P. Oxy. 42–43. *L. Koenen*, Prophezeiungen des „Töpfers", S. 189.
[243] Diese Gestalt des Orakels ist durch P. Oxyrhynchos bezeugt.
[244] Beide Rückbezüge beziehen sich auf die Verödung Alexandriens: Die Stadt der Gürtelträger wird öde gemacht werden ὃν τρόπον ⟨ἡ⟩ ἐμὴ{ν} κάμινο⟨ς⟩ P. Oxy. 44; beziehungsweise ὃν τρόπον {ὡς} ⟨ἡ⟩ ἐμὴ{ν} κάμινο⟨ς⟩ διὰ ⌊τὰς⌋ ἀνομίας ἃς ἐποιήσαντο{ι} P. Oxy. 55–57.
[245] P. Rainer 47–49.
[246] P. Rainer 49.
[247] P. Oxy. 79.
[248] *L. Koenen*, Prophezeiungen eines Töpfers, S. 104, stellt die These zur Diskussion, daß man das Töpferorakel in der Zeit, als die erhaltenen Papyri entstanden sind, nach dem Vorbild der etwa gleichzeitig entstandenen Asklepiosapokalypse verstanden hat, daß man sie also als „Apokalypse" las, in der die Erneuerung Ägyptens zugleich als „Erneuerung der Welt" verstanden wurde. Ders., Prophecies of a Potter, S. 253–254, formuliert denselben Gedanken so, daß man die Erneuerung Ägyptens als „a new cycle of time" verstand. Ders., Prophezeiungen des Töpfers (Habil.), S. 65, grenzt aber sachgemäß ein, daß der Transzendentalisierung dadurch Grenzen gesetzt wurden, als das Töpferorakel

Exkurs: Die Asklepiosapokalypse

Wenngleich ein Papyrusfragment eventuell einen Text eschatologischen Inhaltes enthält[249], ist neben dem Töpferorakel die einzige nachweisbare eschatologische Prophezeiung ägyptisch-hellenistischer Provenienz, die weder jüdisch noch christlich beeinflußt ist, die Asklepiosapokalypse[250], die etwa im 2. Jahrhundert n. Chr. entstanden ist[251].

---

einen irdischen König voraussetzt: „Die Prophezeiungen des Töpfers konnten in der erhaltenen Form nicht selbst zu einer konsequent durchdachten Eschatologie werden, sie blieben eine Entwicklungsstufe auf dem Weg zur Eschatologie." Ders., Prophecies of a Potter, S. 253, verbindet die Streichung der Rahmenerzählung mit diesem veränderten Verständnis des Inhaltes.

[249] C. Roberts, Text 2332, S. 92, verweist auf das aus der Mitte des 3. Jh. stammende Papyrusfragment P. Trinity College Dublin 192 und meint, der Inhalt „may perhaps be akin to the Oracle of the Potter". Der Text ist aber zu fragmentarisch erhalten, um inhaltlich sicher deutbar zu sein. Nach *Arthur Darby Nock* bei *Roberts,* ebenda, S. 92 Anm. 3, ist der Papyrus eventuell „an historical text". *Roberts,* ebenda, S. 89 Anm. 4, verweist auch auf PSI VIII 982 und PSI VII 760, „one of which certainly, the other probably, preserves a Greco-Egyptian prophetic text akin to the Oracle of the Potter". *Georg v. Manteuffel,* Zur Prophetie in *P.S.I.,* VIII. 982 (Mélanges Maspero II, 1934–1937, S. 119–124), S. 120, verweist auf eine Entsprechung zwischen PSI VII 760 und dem Töpferorakel. Die von ihm hergestellten Parallelen sind insofern nicht so deutlich wie seine Wiedergabe von Zitaten aus PSI VII 760 hervorgehen läßt, denn in 760,7–8 übergeht er eine doppelte Textlücke und in 760,9–10 unterläßt er die Wiedergabe von einigen lesbaren Wörtern. Dennoch sind gewisse Entsprechungen vorhanden. In 15 fragmentarisch lesbaren Zeilen stehen mit διατελεσθήσονται und συντε[λ]έσονται zwei Verben im Futur. Wie *von Manteuffel* hervorhebt, sind in οὐδὲ οὐρανὸς βλαβερό[ς] und εὔκρατο[ς] ὁ ἀὴρ ὁμιχλώδης περικέχυ[ται] eventuell Bestandteile einer utopischen Naturschilderung vorhanden, die mit P. Oxy. 78–79 zu vergleichen wären. Daß aber in]αντα κατ[α]τιθεὶς τύραννος ἀπολειπ[zusammen mit]αι συντε[λ]έσονται τοῖς Αἰγυπτίοις κ[eine eschatologische Rückführung von Götterbildern in die Chora entsprechend P. Oxy. 57–58 vorliegt, ist kaum sicher. Der Text ist jedenfalls zu fragmentarisch erhalten, um weitreichende Schlüsse ziehen zu können. Dagegen ist nach *von Manteuffel,* ebenda, S. 120–124, PSI VIII 982 „ohne Zweifel eine Prophetie", die „auch nach dem Muster der aegyptischen Orakeln verfasst worden" ist, doch „eine viel spätere und ausgelaufene Art" darstellt. In den Vordergrund rückt eine Auseinandersetzung auf dem religiösen Gebiet, die *von Manteuffel* mit dem jüdischen Aufstand in Ägypten in den Jahren 115–117 in Zusammenhang bringt. Der Text ist demnach neben die heidnischen Märtyrerakten des alexandrinischen Antisemitismus zu stellen.

[250] Lactantius, Div. inst. VII 18,3 (griechisches Fragment), Asklepiostraktat 24–26 (lateinisch) und NHC VI 70,2–74,17 (koptisch): Text *Samuel Brandt,* L. Caeli Firmiani Lactanti opera omnia I (CSEL 19), 1890; *A. D. Nock* und *A.-J. Festugière,* Corpus Hermeticum II, 1945; *Peter A. Dirkse* and *Douglas M. Parrott,* Asclepius 21–29 (Nag Hammadi Codices V,2–5 and VI [Nag Hammadi Studies 11], 1979, S. 395–451). Das Fragment ist ein Rest des griechischen Originals. Nach *M. Krause,* Ägyptisches Gedankengut in der Apokalypse des Asclepius (ZDMG Supplementa I, 1969, S. 48–57), S. 50, ergibt ein Vergleich der verschiedenen Versionen des ganzen Asklepiostraktates – der *mutatis mutandis* auch für die darin eingebettete Asklepiosapokalypse gilt – „einesteils

In seinem vorliegenden Kontext wird die Asklepiosapokalypse als Offenbarung von Hermes Trismegistos an Asklepios verstanden. Eine Zeit wird in Ägypten kommen, in der der ägyptische Dienst an den Göttern als vergeblich erscheinen wird und die religiösen Handlungen verachtet werden. Alles Göttliche wird Ägypten verlassen und in den Himmel fliehen. Fremde werden Ägypten besetzen und die Ägypter von der Verehrung Gottes abhalten. Das Land wird gottlos werden: Nicht mehr wird es voll von Tempeln sein, sondern von Gräbern, nicht mehr voll von Gütern, sondern von Leichen. Nur Fabeln und Inschriften werden von der ägyptischen Religion übrig bleiben. Die Ägypter werden sterben, das Land Ägypten wird zur Wüste werden. Der Nil wird von Blut und das Land mit Leichenbergen voll sein. Wer übrig bleibt, wird allein an seiner Sprache als Ägypter erkennbar sein, denn nach seinen Sitten wird er als Fremder erscheinen. Es findet eine Umwertung der Werte statt: Der Fromme wird als Verrückter, der Gottlose als Weiser angesehen; wer fürchtet, wird als stark betrachtet, wer gut ist, wird als Verbrecher bestraft. Da die Götter von den Menschen Abschied genommen haben, bleiben nur die bösen Engel im Land, die die Menschen zu Krieg, Plünderung und Verbrechen zwingen. Es wird weder das Land sicher noch die See schiffbar sein. Wenn dies alles geschehen ist, wird Gott allem entweder durch Flut oder Feuer oder Pest ein Ende setzen. Er wird die Welt erneuern, so daß die Welt der Ehre würdig sein und man Gott als Schöpfer und Wiederhersteller der Welt verehren wird.

Die Prophezeiung enthält ein mythisch-eschatologisches Geschichtsbild, das auf ägyptischen Vorstellungen basiert[252]. Die Eschatologisie-

---

weitgehende Übereinstimmung des koptischen Textes mit dem griechischen, andererseits aber viele Abweichungen des lateinischen von den beiden anderen Versionen". Die Analyse hat daher von der koptischen Übersetzung auszugehen.

[251] Der *terminus ante quem* ist der Anfang des 4. Jh. n. Chr., denn der Asklepiostraktat, in den die Asklepiosapokalypse eingearbeitet wurde, wird von Lactantius zitiert. *Walter Scott,* Hermetica I, 1924, S. 61–76, ausgehend davon, daß die Apokalypse Anspielungen auf konkrete historische Ereignisse beinhaltet, vermeint Bezüge zu der Zeit der palmyrenischen Besetzung von Ägypten zu finden und datiert das Werk zwischen 268 und 273 n. Chr. A. S. Ferguson in *Walter Scott* (und *A. S. Ferguson*), Hermetica IV, 1936, S. X–XIII, zeigt aber, daß die angeblichen historischen Anspielungen Topoi sind, die Parallelen in den sibyllinischen Büchern des ägyptischen Judentums des ausgehenden 1. und beginnenden 2. Jh. n. Chr. haben, und datiert das Werk in diese Zeit. Da aber solche Topoi langlebig sind, ist eine spätere Datierung nicht ausgeschlossen.

[252] M. Krause, Ägyptisches Gedankengut, S. 51–54, stellt die Motive zusammen, die in vorhellenistisch-ägyptischen Überlieferungen bezeugt sind.

rung von ehemals nicht eschatologischen Vorstellungen entspricht grundsätzlich der des Töpferorakels[253], so daß eine geistige Verwandtschaft zu konstatieren ist. Die Art der Verwandtschaft bleibt dagegen dunkel, denn es ist unklar, ob eine traditionsgeschichtliche Genealogie zwischen dem Töpferorakel und der Asklepiosapokalypse hergestellt werden kann oder ob nur eine phänomenologisch entsprechende Eschatologisierung von ägyptischen Vorstellungen ohne unmittelbaren Bezug zum Töpferorakel stattfand[254]. Sei es, daß in der Tat eine genealogische Verwandtschaft besteht, sei es, daß nur eine phänomenologische Entsprechung vorliegt, liegt in der Asklepiosapokalypse trotz der Verwertung von ähnlichen Vorstellungen[255] keine Fortführung des spezifischen

---

[253] R. *Reitzenstein* in R. *Reitzenstein/H. Schaeder,* Studien zum antiken Synkretismus, S. 43–44, verweist auf gewisse Ähnlichkeiten zwischen dem Töpferorakel und der Asklepiosapokalypse, *Fr. Dunand,* Oracle du Potier, S. 58–59, stellt die Themen zusammen, die beide Texte gemeinsam haben.

[254] A. *Nock/A.-J. Festugière,* Corpus Hermeticum II, S. 288, meinen, daß die Asklepiosapokalypse aus verschiedenen Quellen gespeist wurde, wozu auch mit Verweis auf das Töpferorakel „la prophétie du type égyptien" genannt wird. *L. Koenen,* Prophecies of a Potter, S. 253–254, nennt die Asklepiosapokalypse „a further reinterpretation" des Töpferorakels mit dem Hinweis darauf, daß „many details in its description of disaster resemble the potter's prophecies". *Fr. Dunand,* Oracle du Potier, S. 59, urteilt: „L'apocalypse de l'*Asclepius* a repris, dans une perspective très différente . . . les thèmes essentiels de l'Oracle du Potier et, qui plus est, en lui empruntant quelques formulations tout à fait caractéristiques."

[255] *Fr. Dunand,* Oracle du Potier, S. 58–59, stellt Übereinstimmungen zwischen der Asklepiosapokalypse und dem Töpferorakel zusammen. Die in Anspruch genommenen Entsprechungen sind allerdings unterschiedlich zu beurteilen. *Dunand* vergleicht „fuite des dieux qui abandonneront l'Egypte pour regagner le ciel" mit P. Rainer 34–35/P. Oxy. 57–58: Der Vergleich ist kaum zutreffend, denn in der Asklepiosapokalypse leitet die Flucht der Götter aus Ägypten in den Himmel die Chaoszeit ein, während im Töpferorakel die Rückkehr der Götterbilder von Alexandrien in die Chora ein vorläufiges Heilsereignis ist, die das Auftreten des Heilskönigs anbahnt. *Dunand* vergleicht „des étrangers rempliront cette terre" mit der Herrschaft der Typhonanhänger über Ägypten: Die Beobachtung ist zutreffend; daß aber Ägypten unter der Fremdherrschaft leidet, ist seit der persischen Zeit eine gängige Vorstellung unter Einheimischen gewesen, die nicht nur für das Töpferorakel, sondern auch beispielsweise für die Prophezeiung des Lammes kennzeichnend ist. *Dunand* vergleicht „leurs lois ordonneront de s'abstenir de toute pratique religieuse" mit P. Oxy. 4–5: Daß im Töpferorakel die Güter der Tempel eingezogen werden, ist nur eine lose Parallele zu der Feststellung der Asklepiosapokalypse, daß neue Gesetze erlassen werden. Nach *Dunand* entspricht „l'Egypte sera couverte de sépulcres et de morts" dem P. Oxy. 6–7: Die spezifische Vorstellung des Töpferorakels, daß ein Todesgeruch bis in die Stadt dringt, ist nicht in der Asklepiosapokalypse belegt; gemeinsam ist nur der Topos der Todesverfallenheit der Menschen. *Dunand* vergleicht „l'Egypte ne sera plus qu'un désert" mit P. Rainer 21–23.32/P. Oxy. 36–38.54–55: An der einen Stelle im Töpferorakel handelt es sich darum, daß die Bauern, die die Steuern nicht aufbringen können, die Orte ihrer Steuerpflicht verlassen, was zu der angegebenen Vorstellung in der Asklepiosapokalypse keine echte Parallele ist; an der anderen Stelle handelt es sich im Töpferorakel um die

Geschichtsbildes des Töpferorakels vor[256]. Die kennzeichnende Unterteilung der Geschichte in vier Geschichtsperioden fehlt, denn in der Asklepiosapokalypse gibt es nur eine ausführlich dargestellte Chaoszeit und eine verhältnismäßig knapp beschriebene Heilszeit. Auch der über gemeinägyptische Vorstellungen hinausgehende Inhalt der Geschichts-

---

Verödung Alexandriens, die im Rahmen des Töpferorakels ein Zeichen der nahenden Heilszeit, nicht ein Bestandteil der Chaoszeit ist. *Dunand* vergleicht „la cruauté la plus atroce y sera pratiquée" mit P. Rainer 10–12/P. Oxy. 23–25: Die Entsprechung ist äußerst allgemein, denn die spezifische Vorstellung des Töpferorakels, daß es Krieg und Mord unter Brüdern und Eheleuten geben wird, findet sich in der Asklepiosapokalypse nicht. *Dunand* verweist auf die Entsprechung zwischen ‚O Egypt' NHC VI 70,36 und τάλαινα Αἴγυπτος P. Rainer 4: Darin liegen nur gängige sprachliche Ausdrucksweisen des Griechischen vor, die zudem nicht genau gleich sind. *Dunand* vergleicht „le criminel passera pour homme de bien" mit P. Oxy. 45–46: Der Topos der Umkehrung der sozialen Ordnung ist beiden gemeinsam, die Formulierung des Topos – einerseits die Vertauschung von Verbrecher und unbescholtenem Bürger, andererseits die von Sklave und Herrn – ist jedoch anders. *Dunand* vergleicht „on créera un droit nouveau des lois nouvelles" mit P. Oxy. 47–48: Bei der Mutterehe im Töpferorakel liegt die Betonung aber kaum auf einer Aufstellung von neuem Recht oder neuen Gesetzen, sondern auf der Mißachtung der göttlich festgesetzten Ordnung. *Dunand* vergleicht „rupture de . . . équilibre [du monde] et arrêt de la course desastres" mit P. Rainer 44–46/P. Oxy. 75–78: Die spezifischen Themen von unpassend verkleidetem Winter, aus seinem eigenen Lauf gekommenem Sommer und Verkehrung der Winde kommen in der Asklepiosapokalypse nicht vor; zudem ist von der Aufhebung der genannten Erscheinungen in der Heilszeit, nicht aber von ihrem Auftreten in der Chaoszeit im Töpferorakel die Rede. *Dunand* vergleicht „stérilité de la terre dont les fruits pourriront" mit P. Rainer 7–8/P. Oxy. 18–20: Derselbe Topos liegt vor; er ist aber ein gängiger Topos der ägyptischen Chaosbeschreibung. *Dunand* vergleicht „engourdissement de l'air" mit P. Rainer 46–47/Oxy. 78–79: Daß die Winde ungeordnet wehen, ist eine etwas andere Vorstellung als *aër ipse maesto torpore languescet* ed. Nock S. 329,23; zudem erscheint die Vorstellung im Töpferorakel nur als das geordnete Wehen der Winde in der Heilszeit, nicht als Merkmal der Chaoszeit. *Dunand* vergleicht schließlich „nouvelle naissance du monde" mit P. Rainer 43–47/P. Oxy. 73–79: Die Entsprechung liegt lediglich in der Vorstellung einer eschatologischen Heilszeit; die Inhalte der Heilszeit im einzelnen sind dagegen verschieden.

[256] *M. Krause*, Ägyptisches Gedankengut, S. 55, behauptet, daß das Töpferorakel „nachweislich in der Apokalypse des Asclepius zitiert wird". In den darauf bezogenen Anmerkungen verweist er auf „die Rückkehr der Götterbilder" P. Rainer 34–35/P. Oxy. 57–58, gibt aber die von ihm in Anspruch genommene Stelle in der Asklepiosapokalypse nicht an. Eine solche gibt es auch nicht. Zudem verweist er darauf, daß die gleiche Vorstellung „auch" in NHC VI 75,26–27 – einer Stelle, die im Asklepiostraktat, aber außerhalb der Asklepiosapokalypse steht – vorkommt. Die Stellen lauten: τ̣ὰ ἀγά̣[λμ]α-τα ἐκεῖ μετενεχθέντα πάλιν ἐ̣[πα]νήξει ἐπὶ τὴν Αἴγυπτον P. Rainer 34–35/(P. Oxy. 57–58); ‚And the lords of the earth will withdraw themselves. And they will establish themselves in a city that is in a corner of Egypt and that will be built toward the setting of the sun.' NHC VI 75,26–30. Die Entsprechung ist sehr ungenau. τὰ ἀγάλματα und ‚the lords of the earth'/*qui terrae dominantur* sind nicht Übersetzungsgleichungen. Im Töpferorakel kehren die Götterbilder nach Memphis zurück; nach *L. Koenen*, Prophezeiungen des Töpfers (Habil.), S. 63, ist die Stadt im Asklepiostraktat das wiederaufgebaute Alexandrien. Eher als ein Zitat liegt ein gemeinsamer ägyptischer Topos an beiden Stellen vor.

perioden fehlt: Der Bezug der ersten Geschichtsperiode als Prophezeiung *post eventum* zu spezifischen Geschichtsereignissen, das Auftreten des Königs von Syrien als Auftakt zur zweiten Geschichtsperiode, die göttliche Fügung als Inhalt der dritten Geschichtsperiode und das Auftreten des Heilskönigs als Mittelpunkt der vierten Geschichtsperiode fehlen allesamt. Die Asklepiosapokalypse ist nur Zeugnis für eine Spätform ägyptischer Eschatologie, in der Modifizierungen und terminologische Angleichungen an hermetisches Gedankengut spürbar sind[257].

---

[257] M. *Krause,* Ägyptisches Gedankengut, S. 57.

III. DIE VERWERTUNG DES ESCHATOLOGISCHEN GESCHICHTSBILDES DES ÄGYPTISCHEN HELLENISMUS IM JUDENTUM ÄGYPTENS

Daß im Judentum Ägyptens das eschatologische Geschichtsbild des ägyptischen Hellenismus rezipiert wurde, bezeugen sowohl Lactantius als auch das 5. Sibyllinische Buch. Zwei Tendenzen der jüdischen Verarbeitung sind erkennbar. Zum einen wurde die Tradition von der Wiederkehr des Elia in die Darstellung vom Auftreten des Königs von Syrien einbezogen, zum anderen wurde der Heilskönig als ein für die Juden künftig eingreifender Herrscher gedeutet.

1. Die hellenistisch-jüdische Schultradition nach Lactantius

Zwischen den Jahren 307 und 313 schrieb der aus Nordafrika stammende, in Nikomedien wirkende Lactantius sein Hauptwerk, Divinae Institutiones, in der er dem gebildeten römischen Heidentum die auf Offenbarung beruhende christliche Heilslehre vorlegen wollte[258]. Im 7. Buch, in dem er verschiedene eschatologische Überlieferungen unausgeglichen nebeneinanderstellt[259], bietet er auch eine eschatologische Darstellung[260], die als Fortbildung eines Teiles des eschatologischen Geschichtsbildes des ägyptischen Hellenismus erkennbar ist. Seine Quelle gibt er nicht an. Da er aber auch sonst jüdische Vorlagen seinen eschatologischen Stücken zugrunde gelegt hat, ist wegen des deutlich jüdischen Gepräges eine solche auch an dieser Stelle anzunehmen[261]. Es handelt sich dabei kaum um ein ediertes Buch, sondern um eine Schrift aus dem jüdischen Schulbetrieb, und zwar entweder um ein nur zur

---

[258] Text: *Samuel Brandt*, L. Caeli Firmiani Lactanti opera omnia I (CSEL 19), 1890.
[259] Ein Abriß von Lactantius, Div. inst. VII 14–20, bietet *Klaus Berger,* Die Auferstehung des Propheten und die Erhöhung des Menschensohnes (StUNT 13), 1976, S. 67.
[260] Láctantius, Div. inst. VII 17,1–6.8.
[261] *Wilhelm Bousset,* Beiträge zur Geschichte der Eschatologie (ZKG 20, 1900, S. 103–131.261–290), S. 109–110.

interne Benutzung bestimmtes Schulbuch oder eine von Schülern angefertigte Kollegaufzeichnung[262]. Wenngleich diese, wie auch andere solche Schulüberlieferungen, sicherlich mehrfach überarbeitet wurde, gehen zumindest Grundbestandteile in die Zeit vor der Zerstörung des Jerusalemer Tempels zurück, denn *eruere templum dei conabitur*[263] setzt voraus, daß der Tempel noch existiert[264].

Lactantius bietet eine Beschreibung von dem, was vor der Heilszeit kommen wird. Zuerst wird Gott einen großen Propheten schicken. Er wird die Menschen zur Erkenntnis Gottes bekehren und wird die Vollmacht empfangen, Wunder zu bewirken. Wo immer die Menschen auf ihn nicht hören, wird er den Himmel verschließen und den Regen zurückhalten, das Wasser in Blut verwandeln und die Menschen mit Durst und Hunger quälen. Wer wagen wird, ihn zu verletzen, wird durch das Feuer, das aus seinem Mund hervorgeht, völlig vernichtet werden. Durch solche Wunder und Zeichen wird er viele zur Verehrung Gottes bekehren. Nachdem er diese Werke ausgeführt hat, wird ein König aus Syrien entstehen, ein Zerstörer und Verderber des menschlichen Geschlechtes, der durch einen schlechten Geist erzeugt wurde. Er wird gegen den Propheten Gottes kämpfen, ihn besiegen, ihn töten und es dulden, daß er unbestattet daliegt. Aber nach drei Tagen wird der Prophet auferstehen und, während alle es mit ansehen und staunen, wird er in den Himmel fortgerissen werden. Der König aber wird als Prophet der Lügner sich selbst als einen Gott ausgeben und befehlen, daß man ihn als den Sohn Gottes verehrt. Ihm wird Macht gegeben, Zeichen und Wunder zu bewirken, wodurch er Menschen dazu verführen wird, ihn zu ehren. Er wird durch Befehl Feuer vom Himmel herabholen, die Sonne zum Stillstand bringen und eine Statue reden lassen. Sogar einige von den Weisen werden ihm zugeneigt sein. Er wird versuchen, den Tempel Gottes zu zerstören und wird die Gerechten verfolgen. Es wird ein Leiden sein, wie es seit dem Anfang der Welt noch nicht gewesen ist[265], und ihm wird es erlaubt sein, die Erde zweiundvierzig Monate zu verwüsten[266].

---

[262] Einiges zum Charakter schriftlicher Überlieferungen der jüdischen Exegetenschulen in Alexandrien bietet W. *Bousset,* Jüdisch-christlicher Schulbetrieb in Alexandrien und Rom (FRLANT 23), 1915, S. 2–7.
[263] Lactantius, Div. inst. VII 17,6.
[264] W. *Bousset,* Beiträge, S. 110.
[265] Im Anschluß an diese Aussage steht bei Lactantius, Div. inst. VII 17,7–8, folgendes: Wer an ihn (den König von Syrien) glaubt, wird gebrandmarkt wie Vieh, wer sein Zeichen verwirft, wird entweder in die Berge fliehen oder wird gefangen genommen und durch

Lactantius fährt fort mit der Beschreibung von Chaoserscheinungen und dem Eingreifen des großen Königs vom Himmel, der die Gerechten retten wird[267]. Wenngleich in dieser Fortführung gewisse Parallelen mit dem Inhalt der zweiten und vierten Geschichtsperiode des Geschichtsbilds des Töpferorakels vorhanden sind[268], liegt darin eine Verwertung von den Orakeln des Hystaspes[269] und nicht von der im Vorhergehenden benutzten jüdischen Vorlage[270] vor[271].

(Anmerkungen 270 und 271 stehen auf der nächsten Seite.)
Marterwerkzeuge getötet werden. Er wird die Bücher der Propheten auf die Gerechten häufen und sie so verbrennen. – Die Beschreibung des Martyriums wirkt nach *et erit pressura et contritio qualis numquam fuit a principio mundi* VII 17,6 wie ein Nachtrag. Vermutlich liegt darin eine sekundäre – entweder von Lactantius selbst oder schon in seiner Quelle gesetzte – nachträgliche Verdeutlichung von *iustum populum persequetur* VII 17,6 vor.

[266] *K. Berger,* Auferstehung des Propheten, S. 69, verweist darauf, daß die zweiundvierzig Monate in Lactantius, Div. inst. VII 17,1–6, die Anwendung des danielischen Zeitschemas von dreieinhalb Zeiten ist, die sonst in dem Traditionsgefüge vorkommt. Der Satz war daher vermutlich der Abschluß der Vorlage des Lactantius.

[267] Lactantius, Div. inst. VII 17,9–11: Es wird eine Chaoszeit entstehen, als ob die ganze Welt in einem freien Spiel zerstört wird; die Gerechten werden in die Wüste auf einen hohen Berg fliehen, aber der Gottlose wird sie dorthin verfolgen und sie mit einem großen Heer umzingeln; wenn sie sich von allen Seiten belagert wissen, werden sie mit lauter Stimme Gott um himmlische Rettung bitten, und Gott wird einen großen König vom Himmel schicken, der sie erretten wird.

[268] Die ziemlich konkreten Voraussagen im Töpferorakel haben nur verallgemeinerte Entsprechungen bei Lactantius. Zwischen P. Oxy. 45–49 und Lactantius, Div. inst. VII 17,9, gibt es folgende Übereinstimmungen: Daß junge Frauen von den Eltern zugrundegerichtet werden und daß der Vater den Ehemann der Tochter vertreibt und sich mit der Tochter einläßt, entspricht verallgemeinert, daß man sich der Frauen nicht erbarmen wird; daß Jungen gewaltsam geschändet werden, entspricht verallgemeinert, daß man sich der Kinder nicht erbarmen wird; daß Sklaven befreit werden und nach dem Leben ihrer Herren trachten, entspricht verallgemeinert, daß alles gegen das Recht und das Naturgesetz geschehen wird. Zudem gibt es eine Übereinstimmung zwischen P. Rainer 21–23/P. Oxy. 36–37 und Lactantius, Div. inst. VII 17,10: Nach dem Töpferorakel werden die Bauern ihre Heimatdörfer verlassen und in die Wüste fliehen, nach Lactantius werden die Gerechten und Anhänger der Wahrheit sich von dem Bösen trennen und in die Wüste fliehen. Das Auftreten des Heilskönigs im Töpferorakel P. Rainer 38–47/P. Oxy. 63–79 und bei Lactantius, Div. inst. VII 17,11, ist grundsätzlich entsprechend, wobei auch das Epitheton ἀπὸ Ἡλίου . . . βασιλεύς P. Rainer 40/(P. Oxy. 65) und *rex magnus de coelo* Lactantius, Div. inst. VII 17,11, semantisch eng verwandt sind.

[269] Dieser Abschnitt wird von *Joseph Bidez* und *Franz Cumont,* Les mages hellénisés II, 1938 (²1973), S. 370, als Anlehnung oder Zitat aus den Orakeln des Hystaspes eingeordnet. Nach der Analyse von *H. Windisch,* Die Orakel des Hystaspes (VAW NR 28,3), 1929, S. 71–75, liegt ein geschlossenes Zitat nicht vor, sondern es werden „Motive" oder „Zitate" aus Hystaspes verarbeitet, die mit anderen Quellen verschmolzen sind, zudem war die Fassung des Hystaspes, die Lactantius vorlag, christlich interpoliert. *Fr. Cumont,* La fin du monde selon les mages occidentaux (RHR 103, 1931, S. 29–96), S. 80–84, sowie *Geo Widengren,* Die Religionen Irans (RM 14), 1965, S. 201–202, setzen etwas undifferenzierter voraus, daß der Abschnitt insgesamt den Inhalt des Hystaspes wiedergibt.

Eine grundlegende Verwandtschaft zwischen der Darstellung der zweiten Geschichtsperiode im Töpferorakel und dem Inhalt der Vorlage von Lactantius liegt vor. Die zweite Geschichtsperiode im Töpferorakel wird durch das Auftreten des ἐκ Συρίας βασιλεύς[272] eingeleitet; der König von Syrien wird bei Lactantius begrifflich genau gleichlautend *rex . . . e Syria*[273] genannt. Beidesmal ist er der Feind der Menschen – ⌊μισητὸς πᾶσ⌋ιν ἀνθρώποις[274] im Töpferorakel entspricht sinngemäß *eversor ac perditor generis humani*[275] des Lactantius – und beidesmal häufen sich die chaotischen Zustände unter seiner Herrschaft.

Die Darstellung bei Lactantius zeigt aber auch mehrere Spuren von hellenistisch-jüdischen Erweiterungen. Der große Prophet, der die Menschen zur wahren Gottesverehrung ruft, um anschließend vom König von Syrien getötet zu werden[276], ist der wiederkehrende Elia[277]. Der König von Syrien, der als Lügenprophet bezeichnet wird, wird

---

[270] Die Übereinstimmungen mit dem Töpferorakel sind in diesem Fall mit *C. Colpe*, Begriff „Menschensohn", S. 81–112, so zu verstehen, daß sie Resultat der Zugehörigkeit ägyptischer und iranischer Eschatologie zu demselben Prozeß der Hellenisierung des östlichen Mittelmeerraumes sind, der heterogene nationale Traditionen und unspezifische Alltagserfahrungen eschatologisch homogenisierte. Eine traditionsgeschichtliche Verwandtschaft ist dementsprechend nicht anzunehmen.

[271] Problematisch ist allerdings die Herkunft der Gestalt des *rex magnus de caelo* Lactantius, Div. inst. VII 17,11. *J. Bidez/Fr. Cumont,* Mages hellénisés II, S. 372, vergleichen die Formulierung unter anderem mit ἀπὸ Ἡλίου . . . βασιλεύς P. Rainer 40/ (P. Oxy. 65). Eine direkte Abhängigkeit vom Töpferorakel ist nicht anzunehmen. Man könnte allerdings erwägen, ob die jüdische Vorlage zu VII 17,1–8 eine Fortführung hatte, in der entsprechend dem eschatologischen Geschichtsbild des ägyptischen Hellenismus das Auftreten des Heilskönigs erwähnt wurde, und ob Lactantius aus dem Orakel des Hystaspes die Aussage über den Heilskönig in seine Vorlage einschob, so daß der große König vom Himmel an die Stelle der jüdischen Darstellung des Heilskönigs trat. *H. Windisch,* Orakel des Hystaspes, S. 72, meint, daß die Darstellung der Errettung der Frommen entweder vor oder von Lactantius interpoliert wurde und daß die Gestalt des großen Königs vom Himmel aus den Sibyllinen, und zwar genauer aus ἀπ' Ἡελίοιο . . . βασιλεύς Sib 3,652, stammt. *Fr. Cumont,* Fin du monde, S. 84–92, argumentiert, daß die Gestalt des großen Königs vom Himmel aus dem Orakel des Hystaspes stammt; der König ist der Sonnengott, der für die Mazdäer Mithra war und der in Hystaspes vielleicht Apollo genannt wurde. *C. Colpe,* Begriff „Menschensohn", S. 107–108, geht auch von der Zugehörigkeit des großen Königs vom Himmel zum Hystaspes aus und stellt die These zur Diskussion, daß in der Ideologie der hellenisierten Magier eine Prototypisierung des nationalen Königs stattfand und daß der große König vom Himmel ein wiederkehrender König, vielleicht sogar aus dem Geschlecht der Achämeniden, sein sollte.

[272] P. Oxy. 30.
[273] Lactantius, Div. inst. VII 17,2.
[274] P. Oxy. 31.
[275] Lactantius, Div. inst. VII 17,2.
[276] Lactantius, Div. inst. VII 17,1–3.
[277] *K. Berger,* Auferstehung des Propheten, S. 66–74.

Wunder bewirken, die denen der israelitischen Propheten entsprechen[278]: Dadurch daß er befehlen wird, daß Feuer vom Himmel herabkommen soll, ahmt er Elia[279], dadurch daß er die Sonne in ihrem Lauf zum Stillstand bringen soll, ahmt er Josua[280] nach. Die Darstellung des Königs von Syrien wird durch die Übertragung der durch den Kaiserkult geforderten, von den Juden abgelehnten Verehrung des Kaisers als Gott erweitert[281]: Er wird sich Gott nennen und verlangen, daß man ihn als Sohn Gottes verehrt. Das Wirken des Königs von Syrien wird durch das danielische Zeitschema von dreieinhalb Zeiten zeitlich auf zweiundvierzig Monate begrenzt[282].

Von besonderem Interesse im vorliegenden Zusammenhang ist die Tradition vom wiederkehrenden Elia.

Die Erwartungen der endzeitlichen Rückkehr Elias entstand im palästinischen Judentum in spätpersischer oder frühhellenistischer Zeit. Der älteste Zeuge ist eine Notiz, die an den Schluß des Prophetenkanons gestellt wurde[283], in der Elia als Wegbereiter der eschatologischen Erscheinung Gottes dargestellt wird. Die Erwartung hat eine erkennbare Geschichte im aramäischsprechenden palästinischen Judentum und in bescheidenem Maß auch im griechischsprechenden Judentum in den folgenden Jahrhunderten, wo der wiederkehrende Elia durchgehend eine Gestalt blieb, der als Vorbereiter der eschatologischen Vollendung dient[284]. Im Vollzug der hellenistisch-jüdischen Bearbeitung des eschatologischen Geschichtsbildes des ägyptischen Hellenismus fand eine Weiterentwicklung der Eliatradition statt. Die Voraussetzung dafür war die Vorstellung im zugrunde gelegten Geschichtsbild, daß die Chaoszeit eine Zeit des Verfalls der Religion ist[285], eine Vorstellung, die in jüdischer Deutung nicht der Untergang der altägyptischen Religion, sondern der Abfall von der wahren Gottesverehrung war. Das Auftreten

---

[278] Lactantius, Div. inst. VII 17,5.
[279] I Kön 16,36–38.
[280] Jos 10,12–13.
[281] Lactantius, Div. inst. VII 17,5.
[282] K. Berger, Auferstehung des Propheten, S. 69.
[283] Mal 3,22–24. Beurteilung nach *Wilhelm Rudolph,* Haggai – Sacharja 1–8 – Sacharja 9–14 – Maleachi (KAT 13,4), 1976, S. 290–293.
[284] Materialsammlungen bieten *Paul Billerbeck,* Kommentar zum Neuen Testament aus Talmud und Midrasch IV,2, 1928 (²1956), S. 779–798, und *Joach. Jeremias,* Art. Ἠλ(ε)ίας (ThWNT 2, 1935), S. 933–936.
[285] Nach P. Oxy. 2–6 werden in der Chaoszeit, die damit anfängt, daß die Typhonanhänger die Götter neugießend einen neuen Gott schaffen, die Güter der Tempel eingezogen und die Festzüge der Tempel seltener werden.

von Elia ließ sich so in das Geschichtsbild einfügen, daß Elia von Gott in dieser Situation geschickt wird als der, der Menschen zur Erkenntnis Gottes bekehrt. Weil sich das Wirken von Elia bis an das Ende der Chaoszeit ausdehnt, überschneidet seine Anwesenheit sich mit dem Auftreten des Königs von Syrien am Anfang der gesteigerten Chaoszeit. Diese Überschneidung wurde mit einer Verquickung der Auslegungstradition von Daniel 7[286] und der Märtyrertradition[287] bewältigt[288]: Der König wird gegen den Propheten Gottes kämpfen, ihn besiegen, ihn töten und erlauben, daß er unbegraben daliegt, aber Elia wird auferstehen und wird in den Himmel aufgenommen, während alle das mitansehen und staunen.

Die erkennbare Nachwirkung dieser Tradition ist unter das Vorzeichen gestellt, daß zu Elia auch Henoch als zweiter eschatologischer Prophet hinzutritt[289]. Die Ergänzung durch Henoch ist eine sekundäre Erweiterung der Tradition[290], die in der späteren Entwicklung abge-

---

[286] *pugnabit adversus . . . et vincet* Lactantius, Div. inst. VII 17,3 entstammt wörtlich Dan 7,21, wo es um den Kampf des kleinen Horns gegen die Heiligen handelt.

[287] *reviviscere* Lactantius, Div. inst. VII 17,3 entspricht ἀνιστάναι, dessen Gebrauch zur Erfassung des Geschickes des einzelnen Märtyrers schon in der in der Mitte des 1. Jh. v.Chr. in Alexandrien entstandenen Epitome des am Ende des 2. Jh. v.Chr. von Jason von Kyrene verfaßte Geschichtswerks, und zwar in II Makk 7,9–14, belegt ist. *K. Berger*, Auferstehung des Propheten, S. 50–52, zeigt, daß über den gewaltsamen Tod des Elia insgesamt parallel zu anderen Martyrien berichtet wird.

[288] *K. Berger*, Auferstehung des Propheten, S. 40–42, stellt die These auf, daß in der Auslegungstradition von Daniel 7 die Heiligen als Märtyrer gedeutet wurden, und daß die Tradition von der Tötung des Elia und Henoch – was damit *mutatis mutandis* für die frühere Stufe der Tötung von Elia allein gelten würde – als eine „Eingrenzung" auf die zwei Zeugen entstand. Die mehr assoziative als die Geschichte der Tradition verfolgende Darstellung bedarf der Überprüfung.

[289] Nur noch Commodian, Carmen de duobus populis 839–852, verwertet die Tradition vom alleinigen Auftreten Elias. Das eschatologische Geschichtsbild des ägyptischen Hellenismus bildet dabei die Grundlage, denn sein Widersacher ist ein *Syrus* 823, der *ab oriente* 837 kommt, der aber auch mit dem wiederkehrenden Nero gleichgesetzt wird. Sein Auftreten wird allerdings mit Rom verbunden und entsprechend wird er als Feind der Römer gekennzeichnet. In 853 wechselt Commodian unvermittelt in den Plural über und bringt die Tradition von der gewaltsamen Tötung und Auferstehung von Elia und Henoch. *Wilhelm Bousset*, Der Antichrist, 1895, S. 50, sagt mit Recht, „eine höchst nachlässige Ineinanderarbeitung zweier Überlieferungen".

[290] *K. Berger*, Auferstehung des Propheten, S. 71, argumentiert überzeugend, daß die Zweizahl der Propheten als Ausweitung einer ursprünglich auf Elia allein bezogenen Tradition, nicht aber die Einzahl als Einschränkung der Zweizahl begreiflich zu machen ist. *Richard Bauckham*, The Martyrdom of Enoch and Elijah: Jewish or Christian? (JBL 95, 1976, S. 447–458), geht davon aus, daß die Tradition von einer Wiederkehr von Elia und Henoch ohne Bezug zum König von Syrien und ohne Tötung stand, daß die Verbindung mit dem König von Syrien, um ihn zu vernichten oder ihn zu entblößen, sekundär

schliffen oder ausgeweitet worden ist[291]. Die Tradition vom Auftreten von Elia und Henoch, bei der sowohl die Tötung als auch die Auferstehung der beiden Zeugen beschrieben wird, ist folgendermaßen belegt: Offenbarung Johannes[292], Koptische Danielapokalypse[293], Koptische Eliaapokalypse[294], Äthiopische Esraapokalypse[295], Äthiopische Petrusapokalypse II[296], Arabische Schenuteapokalypse[297], Griechische Tiburtinische Sibylle[298], Lateinische Tiburtinische Sibylle[299], Arabische Tiburtinische Sibylle[300], Griechisches Nicodemusevangelium[301], Lateinisches Nicodemusevangelium[302], Vita Prophetarum[303], Brief des Pisuntios[304], Synaxarium Alexandrinum[305], Commodian[306], Ephraem Syrus[307], Lateinischer Pseudo-Ephraem[308], Griechischer Pseudo-Me-

---

und schließlich daß die Tötung der beiden Zeugen tertiär entstand. Die Rekonstruktion der Entwicklung ignoriert aber die Tatsache, daß die Tötung von Elia allein am Anfang der gesamten Entwicklung steht. Dennoch ist eventuell die Vermutung von *Bauckham* erwägenswert, daß es neben der palästinischen Tradition einer Wiederkehr von Elia ohne Tötung auch eine palästinische Tradition von einer Wiederkehr der beiden Zeugen ohne Tötung gegeben hat. Dann wäre die Entstehung der Tradition von der Wiederkehr und Tötung von Elia und Henoch aus einer sekundären Erweiterung der griechischsprachigen Tradition von der Wiederkehr und Tötung von Elia um die von der Wiederkehr der beiden Zeugen ohne Tötung entstanden.

[291] Die grundlegende Zusammenstellung der Quellen bei W. *Bousset*, Antichrist, S. 20–75, wird von *K. Berger*, Auferstehung des Propheten, S. 52–99, und *Klaus Berger*, Die griechische Daniel-Diegese (StPB 27), 1976, nach S. 148, wesentlich ergänzt. Eine eingehende Analyse der Quellen findet sich bei *K. Berger*, Auferstehung des Propheten, S. 52–99, eine tabellarische Zusammenstellung der in den Quellen vorhandenen Motive bei ders., Daniel-Diegese, nach S. 148. Mehrere Quellen werden auch von *R. Bauckham*, Martyrdom of Enoch and Elijah, S. 447–449, und *Johannes M. Nützel*, Zum Schicksal der eschatologischen Propheten (BZ NF 20, 1976, S. 59–94), S. 59–87, angeführt.
[292] *K. Berger*, Auferstehung des Propheten, S. 22–40.
[293] *K. Berger*, Auferstehung des Propheten, S. 90–91.
[294] *W. Bousset*, Antichrist, S. 136; *K. Berger*, Auferstehung des Propheten, S. 74–82.
[295] *K. Berger*, Auferstehung des Propheten, S. 82–83.
[296] *W. Bousset*, Antichrist, S. 135; *K. Berger*, Auferstehung des Propheten, S. 88–90.
[297] *K. Berger*, Auferstehung des Propheten, S. 650.
[298] *K. Berger*, Auferstehung des Propheten, S. 93–94.
[299] *K. Berger*, Auferstehung des Propheten, S. 94.
[300] *K. Berger*, Auferstehung des Propheten, S. 94–97.
[301] *K. Berger*, Auferstehung des Propheten, S. 98.
[302] *K. Berger*, Auferstehung des Propheten, S. 98.
[303] *K. Berger*, Auferstehung des Propheten, S. 91–92.
[304] *K. Berger*, Daniel-Diegese, nach S. 148.
[305] *K. Berger*, Daniel-Diegese, nach S. 148.
[306] *K. Berger*, Auferstehung des Propheten, S. 68/331 Anm. 313.
[307] *W. Bousset*, Antichrist, S. 134; *K. Berger*, Auferstehung des Propheten, S. 83–88.
[308] *W. Bousset*, Antichrist, S. 134–135; *K. Berger*, Auferstehung des Propheten, S. 92–93.

thodius (GV)[309], Andreas von Kreta[310], Pseudo-Cyprian[311], Pseudo-Beda[312], Adso[313], Dionysios bar Salibi[314]. Die gleiche Tradition von Elia und Henoch, wobei nur die Tötung, nicht aber die Auferstehung der beiden Zeugen beschrieben wird, begegnet in den folgenden Schriften: Arabische Danielapokalypse[315], Apokalypse des Pseudo-Johannes[316], Äthiopische Petrusapokalypse I[317], Arabische Petrusapokalypse II[318], Äthiopische Tiburtinische Sibylle[319], Karschunische Tirburtinische Sibylle[320], Geschichte von Joseph[321], Oracula Leonis[322], Vita Andreae Sali[323], Arabisches Testamentum Domini Nostri Jesu Christi[324], Griechische Danieldiegese[325], Vision Daniels I[326], Hippolytus[327], Pseudo-Hippolytus[328], Griechischer Pseudo-Methodius (VLRS)[329]. Schließlich sind auch Bruchstücke der Tradition, und zwar Syrische Esraapokalypse[330], Vision Daniels II[331], Hippolytus[332], Griechischer Ephraem[333], Syrischer Pseudo-Methodius[334] und Georgius Arbelensis[335], vorhanden[336].

---

[309] W. *Bousset*, Antichrist, S. 136; K. *Berger*, Auferstehung des Propheten, S. 55–60.
[310] K. *Berger*, Auferstehung des Propheten, S. 98.
[311] K. *Berger*, Auferstehung des Propheten, S. 97–98.
[312] W. *Bousset*, Antichrist, S. 136.
[313] W. *Bousset*, Antichrist, S. 136.
[314] K. *Berger*, Daniel-Diegese, nach S. 148.
[315] K. *Berger*, Auferstehung des Propheten, S. 64.
[316] W. *Bousset*, Antichrist, S. 135; K. *Berger*, Auferstehung des Propheten, S. 60–63.
[317] K. *Berger*, Auferstehung des Propheten, S. 64–65.
[318] K. *Berger*, Daniel-Diegese, nach S. 148.
[319] K. *Berger*, Daniel-Diegese, nach S. 148.
[320] K. *Berger*, Daniel-Diegese, nach S. 148.
[321] K. *Berger*, Auferstehung des Propheten, S. 63–64.
[322] K. *Berger*, Auferstehung des Propheten, S. 64.
[323] K. *Berger*, Daniel-Diegese, nach S. 148.
[324] K. *Berger*, Daniel-Diegese, nach S. 148.
[325] K. *Berger*, Daniel-Diegese, nach S. 148.
[326] K. *Berger*, Daniel-Diegese, nach S. 148.
[327] K. *Berger*, Daniel-Diegese, nach S. 148.
[328] W. *Bousset*, Antichrist, S. 135; K. *Berger*, Auferstehung des Propheten, S. 54–55.
[329] K. *Berger*, Auferstehung des Propheten, S. 55–60.
[330] W. *Bousset*, Antichrist, S. 136; K. *Berger*, Auferstehung des Propheten, S. 63.
[331] K. *Berger*, Daniel-Diegese, nach S. 148.
[332] K. *Berger*, Auferstehung des Propheten, S. 36.
[333] W. *Bousset*, Antichrist, S. 135; K. *Berger*, Daniel-Diegese, nach S. 148.
[334] K. *Berger*, Daniel-Diegese, nach S. 148.
[335] K. *Berger*, Daniel-Diegese, nach S. 148.
[336] R. *Bauckham*, Martyrdom of Enoch and Elijah, S. 447.449, stellt auch Tertullianus, De anima 50, hierher, M. *Black*, The ‚Two Witnesses' of Rev. 11:3f. in Jewish and Christian Apocalyptic Tradition (Donum Gentilicium. New Testament Studies in Honour of David Daube, 1978, S. 227–237), S. 231–232, Pseudo-Philo, Bibl. ant. 48,1.

Für die vorliegende Fragestellung ist die begriffliche Erfassung der Tötung und der Auferstehung von Interesse. Lactantius beschreibt die Tötung mit *interficiet* und die Auferstehung mit *post diem tertium reviviscet*. Die Lactantius zugekommene Tradition war ursprünglich griechischsprachig. Das lateinische *interficere* und *reviviscere* entsprechen dem griechischen ἀποκτείνειν und ἀνιστάναι. Während die Begriffe ἀποκτείνειν und ἀνιστάναι gängige griechische Begriffe für die bezeichnete Sache sind, ist in *post diem tertium* ein eigentümlicher *terminus technicus* vorhanden. Die gleiche Formulierung ist auch sonst belegt: Lateinische Tiburtinische Sibylle[337], Arabische Tiburtinische Sibylle[338], Griechisches Nikodemusevangelium[339], Adso[340] und Pseudo-Beda[341].

Das Griechische Nikodemusevangelium belegt die griechische Form μετὰ τρεῖς ἡμέρας und, weil auch alle anderen Belege das Substantiv im Plural bieten, dürfte das bei Lactantius vorhandene *post diem tertium* mit Substantiv im Singular als eine übersetzungstechnische Abänderung der ursprünglichen Formel zu gelten haben. Die Wendung war verschiedenen Umformungen ausgesetzt. Die Vorstellung, daß die Auferstehung nach drei Tagen stattfinden soll, wurde zum einen als genaue Zeitangabe gedeutet und folglich sachgemäß in *quarto die* ‚am vierten Tag' bei Commodian[342] und entsprechend in der Koptischen Eliaapokalypse[343] und bei Victorinus[344] abgeändert, zum anderen als Angabe einer unbestimmt kurzen Zeit verstanden und zu μετ' οὐ πολύ ‚nach kurzer Zeit' verallgemeinert[345]. Eine bedeutsame Erneuerung fand statt, als man das Totliegen der Zeugen durch eine Zeitangabe ergänzte,

---

[337] ed. Sackur S. 186 (*Ernst Sackur,* Sibyllinische Texte und Forschungen, 1898, S. 177–187).

[338] tr. Schleifer S. 72 (*J. Schleifer,* Die Erzählung der Sibylle [DAWW.PH 53,1, 1910]).

[339] ed. von Tischendorf S. 331 (*Constantinus de Tischendorf,* Evangelia apocrypha, ²1876 [1966], S. 210–332).

[340] ed. MPL 101, Sp. 1297 (*J.-P. Migne,* Patrologiae cursus completus. Series latina 101, 1851).

[341] ed. MPL 90, Sp. 1186 (*J.-P. Migne,* Patrologiae cursus completus. Series latina 90, 1850).

[342] ed. Martin S. 104 (*Josephus Martin,* Commodiani carmina [CChr.SL 128], 1960, S. 71–113).

[343] tr. Schrage S. 259 (*W. Schrage,* Elia-Apokalypse, S. 193–288).

[344] ed. Haussleiter S. 102–103 (*Johannes Haussleiter,* Victorini Episcopi Petavionensis opera [CSEL 49], 1916).

[345] Angeblich Andreas von Kreta nach *K. Berger,* Auferstehung des Propheten, S. 107. Nach *Berger,* ebenda, S. 98/360 Anm. 440, findet sich die Darstellung der Auferstehung von Henoch und Elia bei „Andreas v. Creta Homilie I, In Laudem Ioannis § 32 (p. 104)". Die jedenfalls bibliographisch unvollständige Angabe ist anscheinend fehlerhaft.

und dafür die Zahl dreieinhalb benutzte, nämlich Offenbarung Johannes[346], Koptische Danielapokalypse[347], Koptische Eliaapokalypse[348], Synaxarium Alexandrinum[349], Brief des Pisuntios[350], Arabische Schenuteapokalypse[351], Griechischer Pseudo-Methodius[352] und Lateinischer Pseudo-Ephraem[353]. Das traditionsmäßige Nebeneinander von der Auferstehung nach drei Tagen und dem Todsein dreieinhalb Tage lang – mit zwei Ausnahmen[354] beinhaltete jede Überlieferung nur die eine oder die andere Angabe – führte zu vereinzelten Kontaminationen. Eine Abänderung der dreieinhalb Tage Totliegen liegt dort vor, wo nach der Arabischen Petrusapokalypse[355] die Zeugen drei Tage auf der Erde tot liegen werden und nach der Äthiopischen Esraapokalypse[356] gar drei Tage und drei Nächte. Die Offenbarung Johannes[357], die die beiden Zeitangaben nebeneinander bietet, geht dagegen von der Zahl dreieinhalb aus und gleicht mit μετὰ τὰς τρεῖς ἡμέρας καὶ ἥμισυ die Angabe über die Auferstehung an. Die alleinstehende Feststellung der Auferstehung nach dreieinhalb Tagen bietet nur das Lateinische Nikodemusevangelium[358]. Die Wendung μετὰ τρεῖς ἡμέρας als Zeitbestimmung

---

[346] Apk 11,9.

[347] tr. Macler S. 54 (*Frédéric Macler,* Les apocalypses apocryphes de Daniel, Diss. Paris 1895).

[348] tr. Schrage S. 259 (*W. Schrage,* Elia-Apokalypse, S. 193–288).

[349] tr. Forget S. 318 (*Jacobus Forget,* Synaxarium Alexandrinum [CSCO.A 3. Ser. 18 Versio], 1921).

[350] tr. Périer S. 322 (*A. Périer,* Lettre de Pisuntios, évêque de Qeft, à ses fidèles [ROC 2. Ser. 9 (19), 1914, S. 79–92.302–323.445–446], S. 80–87.302–316).

[351] tr. Amélineau S. 345 (*E. Amélineau,* Monuments pour servir à l'histoire de l'Égypte chrétienne aux IVe et Ve siècles, 1888, S. 289–478).

[352] ed. Berger G und V (*K. Berger,* Auferstehung des Propheten, S. 55–58).

[353] ed. Caspari S. 219 (*C. P. Caspari,* Briefe, Abhandlungen und Predigten aus den zwei letzten Jahrhunderten des kirchlichen Alterthums und dem Anfang des Mittelalters, 1890, S. 208–220).

[354] Koptische Eliaapokalypse (siehe Anm. 343 und 348) und Offenbarung Johannes (siehe Anm. 346 und 357).

[355] tr. Bratke S. 472 (*Eduard Bratke,* Handschriftliche Überlieferung und Bruchstücke der arabisch-aethiopischen Petrus-Apokalypse [ZWT 36,1, 1893, S. 454–493], S. 469–474).

[356] tr. Halévy S. 195 (*J. Halévy,* Tĕ'ĕzâza Sanbat [Commandements du Sabbat] [BEHE.H 137], 1902, S. 178–195).

[357] Apk 11,11.

[358] ed. von Tischendorf S. 405 (*Constantinus de Tischendorf,* Evangelia apocrypha, ²1876 [1966], S. 389–432). Dieser Text ist nach *Edgar Hennecke* und *Wilhelm Schneemelcher,* Neutestamentliche Apokryphen I, ⁴1968, S. 333.353, eine lateinische Bearbeitung der griechischen Urfassung. Griechisch steht μετὰ τρεῖς ἡμέρας ed. von Tischendorf S. 331, so daß die Angabe von dreieinhalb Tagen auf den lateinischen Bearbeiter zurückzuführen ist. Da abgesehen von Apk 11,11, wo eine Kontamination mit Apk 11,9 naheliegt,

einer postmortalen Auferstehung ist abgesehen von der Eliatradition nicht nachweisbar[359] und dürfte daher als *terminus technicus* dieses Traditionsgefüges gelten.

Die Herkunft der formelhaften Wendung, die wegen der griechischsprachigen Provenienz der Vorstellung von Tod und postmortaler Auferstehung von Elia im griechischen Sprachraum zu suchen ist, ist ungeklärt[360]. Es liegt wohl kein traditionsgeschichtlich vorbereiteter Begriff[361], sondern ein Begriff der Alltagssprache[362] in der Bedeutung ‚in

---

dies der einzige Beleg für die Auferstehung nach dreieinhalb Tagen ist, gibt es keinen Grund zu der Annahme, daß die Angabe ursprünglich dreieinhalb Tage beinhaltete.

[359] Über die angeführten Belege hinaus sind bislang nur drei neutestamentliche – samt der davon abhängigen Verwertungen der Schriftstellen in der christlichen Literatur – als weitere Belege für die Wendung nachgewiesen worden: Mk 8,31, 9,31 und 10,34. Diese sind als Übernahme der Wendung aus der Eliatradition zu werten (siehe Anm. 418).

[360] Nur *K. Berger,* Auferstehung des Propheten, S. 107–109, hat die Sonderstellung der mit μετά gebildeten Wendung unter den verschiedenen Drei-Tage-Zeitangaben erkannt. Er stellt die Belege für die Zeitangabe in der Eliatradition mehr assoziativ als der Geschichte des Traditionsgefüges folgend zusammen und folgert unrichtig, daß die Angabe μετὰ (τὰς) τρεῖς ἡμέρας καὶ ἥμισυ am Anfang stand. Zur Erklärung der Zahl dreieinhalb verweist er auf die dreieinhalb Zeiten in Dan 7,25, 12,7, die – wie die Korrekturen 1290 Tage Dan 12,11 und 1335 Tage Dan 12,12 zeigen – ursprünglich dreieinhalb Jahre meinten. *Berger* meint, daß, da dreieinhalb Jahre ursprünglich aus einem Wochenjahrschema entstanden, es leicht denkbar sei, daß man sich „auch als Tage" formulieren konnte. *Berger* hat zwar recht, daß das Zeitschema von Daniel in die Eliatradition aufgenommen wurde. Schon Lactantius, Div. inst. VII 17,8, berechnet die Länge der Zeit der Herrschaft des Königs von Syrien mit zweiundvierzig Monaten. Dies kann aber nicht die Herkunft der Zeitspanne vor der Auferstehung von Elia sein, denn diese war am Anfang der Traditionsentwicklung drei Tage, nicht dreieinhalb.

[361] *Jacques Dupont,* Ressuscité „le troisième jour" (Bib. 40, 1959, S. 742–761), S. 742–761, argumentiert hinsichtlich der neutestamentlichen Drei-Tage-Worte für eine Ableitung aus Hos 6,2, eine Argumentation, die *mutatis mutandis* auf die Wendung μετὰ τρεῖς ἡμέρας in der Eliatradition bezogen werden könnte. Dies ist aber kaum wahrscheinlich. Da die Wendung μετὰ τρεῖς ἡμέρας im griechischen Sprachgebiet entstanden ist, wäre man von LXX Hos 6,2 ausgegangen, in dem μετὰ δύο ἡμέρας und ἐν τῇ ἡμέρᾳ τῇ τρίτῃ steht. Bei einer bewußten Anlehnung an LXX Hos 6,2 hätte man eine dieser beiden Wendungen wählen müssen.

[362] *Friederick Field,* Notes on the Translation of the New Testament, 1899, S. 12–13, gibt Beispiele für Zeitangaben im Griechischen, die eine Zeitspanne von drei Tagen umfassen. Für Übermorgen benutzt man τρίτῃ Aristophanes, Pax 894, und τῇ τρίτῃ Plutarchus, Lys. 10, sowie εἰς τρίτην Plutarchus, Phoc. 22, und εἰς τὴν τρίτην Epictetus, Diss. IV 10,31. Auch τῇ . . . τρίτῃ ἡμέρῃ Antipho, Or. 6,34, ist belegt. Die Wendung τῇ ἡμέρᾳ τῇ τρίτῃ LXX II Chr 5,12 und εἰς τὴν ἡμέραν τὴν τρίτην LXX Ex 19,10 scheinen nach der Bezeugung bei *Field* Septuagintismen zu sein. Die von *Field* ohne Belege aufgestellte Behauptung, daß die entsprechende Bildung mit μετά nur eine Variante dieser Formulierungen sei, ist unwahrscheinlich. Sowohl μετὰ ἡμέρας τρεῖς Apg 28,17 als auch μετὰ τρεῖς ἡμέρας Apg 25,1 sind belegt, aber in solchen Fällen kann eine genaue Zeitangabe, ein Geschehen nach Ablauf von drei Tagen, vorliegen.

Bälde' vor, sei es ein im Griechischen der jüdischen Diaspora eingebürgerter Aramaismus[363], sei es das griechische μεθ' ἡμέρας[364] mit einer septuagintisierenden Erweiterung[365].

Die Tradition von der Tötung und Auferstehung des wiederkehrenden Elia ist also im Rahmen der jüdischen Verarbeitung des eschatologischen Geschichtsbildes des ägyptischen Hellenismus entstanden und ist unter anderem an der Verbindung der Begriffe ἀποκτείνειν und ἀνιστάναι mit μετὰ τρεῖς ἡμέρας erkennbar.

---

[363] *Joachim Jeremias*, Die Drei-Tage-Worte der Evangelien (Tradition und Glaube. Festgabe für Karl Georg Kuhn, 1971, S. 221–229), S. 221–222, zeigt, daß im Aramäischen ein Wort für Zeit im durativen Sinn fehlt und daß man anstatt dessen *jmjn* ‚Tage' gebrauchte. Weiterhin, da es eine Bezeichnung für eine kleine, aber unbestimmte Zahl nicht gab, diente *jmjn tlt* ‚drei Tage', um eine kurze, aber unbestimmte Frist anzugeben. In einem präpositionellen Gefüge gebrauchte man dabei die Präposition *l*. Die Wendung *ljmjn tlt* bedeutete ‚in Bälde'; sie war allerdings doppeldeutig, denn *l* konnte sowohl den Zeitraum als auch den Zeitpunkt nach Ablauf der Frist bedeuten. Man könnte erwägen, ob nicht μετὰ τρεῖς ἡμέρας auf *ljmjn tlt* zurückzuführen und als Aramaismus einzustufen wäre. Dies kann kaum ganz ausgeschlossen werden, wenngleich als Übersetzung für *l* eher διά mit Genitiv oder ἐν mit Dativ gebraucht worden wäre.

[364] Der Brief eines gewissen Gloutas ed. Grenfell/Hunt Nr. 130 (*Bernard P. Grenfell* und *Arthur S. Hunt*, The Amherst Papyri I.II, 1900.1901), aus Ägypten im 1. Jh. n. Chr., behandelt wirtschaftliche Geschäfte. In einer Geldangelegenheit meint Gloutas außerstande zu sein, mehr Geld zu finden, ἀλλὰ μεθ' ἡμέρας ὄψωμαι Nr. 130,11. *Friedrich Preisigke*, Wörterbuch der griechischen Papyrusurkunden I.II, 1925.1927, Stw. ἡμέρα, deutet μεθ' ἡμέρας als ‚nach ein paar Tagen'. Gloutas legt sich auf keinen genauen Zeitpunkt in der Zukunft fest, verspricht aber, sich bald mit der Sache erneut auseinanderzusetzen. Die Formulierung scheint eine zumindest im ägyptischen Griechisch gebräuchliche Ausdrucksweise gewesen zu sein, um eine unbestimmte, aber dennoch kurze Frist in der Zukunft anzugeben.

[365] Der Jude in Ägypten, der den griechischen Sprachgebrauch des Landes kannte, war auch mit der Septuaginta vertraut. *J. B. Bauer*, Drei Tage (Bib. 39, 1958, S. 354–358), S. 357–358, bietet Belege dafür, daß im Alten Testament mehrfach die Zeitbestimmung drei Tage als Angabe für eine kurze Frist vorkommt, ein Sprachgebrauch, der durch wörtliche Übersetzung in die Septuaginta überging. Denkbar ist, daß ein hellenistischer Jude von dem ägyptisch-griechischen Sprachgebrauch μεθ' ἡμέρας ausging, um festzustellen, daß die Auferstehung von Elia ‚nach ein paar Tagen', also ‚in Bälde' stattfinden würde. Da der Traditionsraum, in dem diese Tradition ausgebildet wurde, durch die griechischsprachige Synagoge beeinflußt war, hätte die Sprache der Septuaginta kontaminierend einwirken können, so daß man sprachschöpfend μετὰ τρεῖς ἡμέρας bildete. Die neugebildete Wendung wäre im ägyptischen Griechisch verständlich, hätte aber zudem einen biblischen Klang, der für eine Tradition über Elia angebracht wäre. Da es sich dabei um eine theologische Sprachschöpfung, nicht um eine in der Alltagssprache geläufige Formulierung handelt, blieb die Wendung auf die Eliatradition beschränkt.

2. Die sibyllinische Dichtung im 5. Sibyllinischen Buch

Das 5. Sibyllinische Buch besteht aus vier strukturell einander ähnelnden Orakelgängen[366], die durch eine Einleitung[367] und einen anschließenden, strukturell andersartigen Orakelgang[368] umrahmt werden. Die Einleitung entstammt der Zeit Hadrians, die Orakelgänge, die aus verschiedenen Bestandteilen zusammengesetzt sind[369], der Zeit zwischen Nero und Trajan[370]. Für die Frage nach der jüdischen Verwertung des eschatologischen Geschichtsbildes des ägyptischen Hellenismus kommt weder die Interpolation im vierten Orakelgang[371], in der Lu-

---

[366] *J. Collins*, Sibylline Oracles, S. 73–76, verweist darauf, daß die Abschnitte Sib 5,52–110, 5,111–178, 5,179–285 und 5,286–433 eine gemeinsame Struktur haben. Jeder fängt mit einer Reflexion der Sibylle an, worauf „oracles against nations", „Nero's return", „a saviour figure" und „a destruction" folgen. Diese Beschreibung verschleiert allerdings die Tatsache, daß traditionsgeschichtlich verschiedene Geschichtsentwürfe den Orakelgängen zugrunde liegen. Im ersten Orakelgang ist die Struktur eigentlich dreiteilig: Unheilsweissagungen 5,54–92, das Auftreten Neros 5,93–107 und das des Heilskönigs 5,108–110, wobei die knapp vermerkte Zerstörung das einzige Werk des Heilskönigs ist. Der zweite Orakelgang ist strukturell entsprechend: Unheilsweissagungen 5,115–142, das Auftreten Neros 5,143–154, das Herabkommen des Sterns vom Himmel 5,155–161 und über die Gemeinsamkeit hinausgehend eine letzte Unheilsweissagung gegen Rom 5,162–178. Der traditionsgeschichtliche Unterschied zeigt sich darin, daß nach der Darstellung des Auftretens Neros kein Heilskönig erscheint, sondern es kommt ein großer Stern vom Himmel herab, der das tiefe Meer, Rom und das Land Italien verbrennen wird. Wenngleich der Stern strukturell an die Stelle des Heilskönigs im ersten Orakelgang tritt, ist von einem Heilskönig nicht unmittelbar die Rede. Der dritte Orakelgang weicht geringfügig davon ab: Unheilsweissagungen 5,180–214, das Auftreten Neros 5,215–246, eine Heilszeit ohne Verbindung mit einer Heilsgestalt 5,247–255, ein wiederum über die Gemeinsamkeit mit dem ersten Orakelgang hinaus überschießendes Trostwort 5,260–285. Der Abschnitt 5,256–259 ist eine Interpolation (siehe Anm. 374). Der vierte Orakelgang entspricht im wesentlichen dem dritten: Unheilsweissagungen 5,289–360, das Auftreten Neros 5,361–374, ein himmlisches Gericht und eine darauffolgende Friedenszeit ohne Verbindung mit einer Heilsgestalt 5,375–385 und eine wiederum über die Gemeinsamkeit mit dem ersten Orakelgang hinausgehende Paränese 5,386–413.428–433. Der Abschnitt 5,414–427 ist eine Interpolation (siehe Anm. 371).
[367] Sib 5,1–51.
[368] Sib 5,434–531.
[369] [*Alois*] *Rzach*, Sibyllinische Orakel (PRE 2. Reihe 2. Band, 1923), Sp. 2134.
[370] *J. Geffcken*, Komposition und Entstehungszeit, S. 23–30.
[371] Sib 5,414–427. Während die Sibylle sonst durchgehend in Futur redet, ist der Gebrauch des Vergangenheitstempus in diesem Abschnitt befremdlich. *J. Geffcken*, Komposition und Entstehungszeit, S. 25, vermutet, daß der Dichter, anstatt immer „im ermüdenden Futurum" zu reden, „auch brünstigen Herzens das Erscheinen des erst erhofften Erretters . . . schon als vollzogen seinen Glaubensgenossen verkündet". Da das ermüdende Futurum gerade kennzeichnend für die Sibylle ist, ist diese Erklärung wenig überzeugend. Der vierte Orakelgang 5,286–433 beinhaltet eine Beschreibung einer Heilszeit ohne Heilsgestalt, so daß der Abschnitt 5,414–427 an sich überflüssig ist. Man hat

kuas[372] als οὐρανίων νώτων ἀνὴρ μακαρίτης bezeichnet wird[373], noch die im dritten Orakelgang[374], in der nach der Niederlage von Lukuas die in ihn gesetzten Hoffnungen auf den als ἀπ' αἰθέρος ἔξοχος ἀνήρ

---

daher am ehesten an einen Einschub zu denken, der gattungsmäßig ursprünglich nicht als sibyllinische Weissagung formuliert und erst sekundär in das 5. Sibyllinische Buch interpoliert wurde.

[372] Zusammenfassende Darstellungen des jüdischen Aufstandes unter Trajan bei *E. Mary Smallwood*, The Jews under Roman Rule (Studies in Judaism in Late Antiquity 20), 1976, S. 389–427, *Shim'on Applebaum*, Jews and Greeks in Ancient Cyrene (Studies in Judaism in Late Antiquity 28), 1979, S. 261–344. Unter Trajan in den Jahren 115–117 n. Chr. fand ein jüdischer Aufstand in den ehemals ptolemäischen Gebieten Ägypten, der Cyrenaika und Zypern statt. Die Juden führten den Krieg mit dem Ziel einer Eroberung oder zumindest einer Zerstörung der überwiegend heidnischen Territorien. Die militärische Führung oblag einem Führer namens Lukuas, der Juden aus der Cyrenaika nach Ägypten führte, dort vorerst erfolgreich den Aufstand befehligte und sich danach Judäa zuwandte, bevor er von Lusius Quietus besiegt wurde. *J. Geffcken*, Komposition und Entstehungszeit, S. 24, verweist in bezug auf Sib 5,414–427 auf die Möglichkeit, daß „jemand an den Judenaufstand von 116 . . . denken" könnte. Zur Ablehnung verweist er auf 5,247–255, wo von einer Friedenszeit zwischen Rom und dem Partherreich die Rede ist, was aber nicht für die Zeit von Trajan galt. Dieses Argument wäre aber nur dann tragfähig, wenn 5,414–427 einheitlich mit 5,247–255 entstanden wäre. *Geffckens* Hinweis dürfte gegen seine eigene Intention zutreffend sein.

[373] Der selige Mann von dem Himmelsgewölbe trägt das Szepter, das ihm Gott verliehen hat, in den Händen. Nach dem zusammenhängenden Bericht der Ereignisse bei Eusebios trat Lukuas spätestens im Jahr 116 als ὁ βασιλεὺς αὐτῶν Eusebius, Hist. eccl. IV 2,4, auf. Die Acta Pauli et Antonini berichten von ὁ ἀπὸ [σ]κηνῆς καὶ ἐκ μείμου βασιλεύς CPI 158a,6–7 (*Victor A. Tcherikover* und *Alexander Fuks,* Corpus papyrorum Judaicarum I–III, 1957–1964); nach *Alexander Fuks,* Aspects of the Jewish Revolt in A.D. 115–117 (JRS 51, 1961, S. 98–104), S. 103, hat das Ereignis – ein jüdischer König „was ridiculed in effigy in a theatrical performance" in Alexandrien – seinen Ursprung in der Person des Lukuas. – Der selige Mann brachte alles in seine Gewalt. *Fuks,* ebenda, S. 99, stellt die Belege für die Kämpfe zusammen: Während literarische Quellen von Kämpfen in der ganzen Thebais reden, sind spezifische Spuren durch die Papyri für Pelousion, den Distrikt von Athribis, Memphis, Faijum, die Nome von Herakleopolis, Oxyrhynchos, die Nome von Kynopolis, den Distrikt von Hermopolis, von Lycopolis und von Apollinopolis nachweisbar. *Martin Hengel,* Messianische Hoffnung und politischer „Radikalismus" in der „jüdisch-hellenistischen Diaspora" (Apocalypticism in the Mediterranean World and the Near East, 1983, S. 655–686), S. 660, stellt zusammenfassend fest, daß im Jahr 116 „die Aufständischen . . . weite Teile von der Thebais im Süden bis vor Pelusium im Nordosten und bis vor die Tore Alexandriens unter ihre Kontrolle" brachten. – Alle Städte nahm er von Grund aus ein mit vielem Feuer und verbrannte die Volksgemeinden der vorher Böses beginnenden Sterblichen. *Fuks,* ebenda, S. 102, faßt den Charakter des Zerstörungskrieges der Juden zusammen: „The Jews waged not only an unusually atrocious and cruel war, but also a war of annihilation and destruction . . . The papyri refer to heavy damage to roads, buildings, fields and agricultural property in the *chora* . . . Wholesale annihilation and destruction was an objective in itself." – Der selige Mann machte die Stadt, nach welcher Gott Verlangen trägt, glänzender als die Sterne, Sonne und Mond; er legte Schmuck darin nieder, machte ein heiliges Haus, baute einen unendlich hohen Turm, so daß alle die Herrlichkeit des ewigen Gottes schauen können. Die Kriegsführung von Lukuas scheint

bezeichneten wiederkehrenden Josua übertragen wird[375], sondern nur der erste Orakelgang in Frage. Der erste Orakelgang hat ein erkennbares Grundschema[376]. Einleitend steht eine Selbstreflexion der Sibyl-

---

nicht nur auf einen Vernichtungskrieg in Ägypten abgezielt zu haben, sondern auch auf die Eroberung Judäas, denn nach Michael Syrus, Chron. tr. Chabot I S. 172, und Bar-Hebraeus, Chron. Syr. tr. Bruns/Kirsch S. 54, hat sich Lukuas von Ägypten aus Judäa zugewandt und wurde erst dort von Lusius Quietus besiegt. Die Fortsetzung des Einschubes scheint eine überschwängliche Beschreibung der noch an Lukuas geknüpften Hoffnungen, bis nach Jerusalem vorzudringen, zu sein, ohne daß die Geschichte die Beschreibung im Nachhinein rechtfertigte.

[374] *J. Geffcken*, Komposition und Entstehungszeit, S. 29, erkennt in Sib 5,256–259 eine Interpolation, die er, weil 5,257 christlich ist, als christlich einordnet. Die Interpolation soll einheitlich auf Jesus bezogen sein, der „einst das Weltende bringen wird, indem er den Lauf der Sonne hemmt". Um die Deutung aufrechtzuhalten, muß *Geffcken* στήσεν in στήσει korrigieren, wodurch ποτὲ στήσει zustande kommt, das *Geffcken* als einen „prosodische[n] Fehler" einordnen muß. *Theodor Zahn*, Apokalyptische Studien (ZKWL 7, 1886, S. 32–45), S. 43–44, sieht mit Recht, daß in 5,256.258–259 auf Josua angespielt wird, und daß 5,257 als eine Interpolation zu verstehen ist, die von jemanden stammt, der durch Josua „an Jesus und zugleich an die übliche allegorische Behandlung der Erzählung in Exod[us] 17 erinnert wurde".

[375] *Th. Zahn*, Apokalyptische Studien, S. 43, urteilt mit Recht, daß der, der den Lauf der Sonne gehemmt hat, Josua gemäß Jos 10,12 sei. Der Einwand von *J. Geffcken*, Komposition und Entstehungszeit, S. 29, daß von Josua nicht die Rede sein kann, weil er Sonne und Mond hat stehen lassen, ist kaum tragfähig, denn der Verfasser, der in Hexametern schrieb, mußte seinen Inhalt gegebenenfalls durch die Form diktieren lassen. Vorhergesagt wird eine Wiederkehr von Josua – *Zahn* spricht von der Erscheinung „eines zweiten Josua" –, dem Besten der Hebräer, der mit schönem Wort und mit reinen Lippen reden wird. Die weitere Deutung der Stelle ist schwierig. Es liegt kein Einschub aus einem andersgearteten Text, nach Art von 5,414–427 vor, sondern, wie das futurische ἔσσεται zeigt, eine Interpolation im Stil der sibyllinischen Weissagung. Die begriffliche Entsprechung zwischen οὐρανίων νώτων ἀνὴρ μακαρίτης 5,414 und ἀπ' αἰθέρος ἔξοχος ἀνὴρ 5,256 läßt die Vermutung zu, daß ein Zusammenhang besteht. Wenn die Interpolation 5,414–427 älter als 5,256.258–259 ist, kann der Interpolator in 5,256 von 5,414 abhängig gewesen sein, indem er eine begriffliche Anspielung, nunmehr im sibyllinischen Stil, verwendet, um eine echte Weissagung zu bilden. Auch die inhaltlichen Entsprechungen zwischen dem Kontext des Begriffes in 5,414 und dem Kontext der Interpolation in 5,256.258–259, auf die *Zahn*, ebenda, S. 45, hinweist, spricht für eine Abhängigkeit der späteren Interpolation: Wie nach 5,414–427 der selige Mann die Stadt Jerusalem prachtvoll ausbauen und Tempel sowie einen hohen Turm bauen soll, wird unmittelbar vor der Interpolation 5,256.258–259 gesagt, daß die Juden die Stadt Jerusalem bis nach Joppe hinab mit einer stattlichen Mauer umschließen werden. War aber in 5,414–427 von Lukuas die Rede, ist nunmehr in der späteren Interpolation eine künftige Wiederkehr von Josua in Aussicht gestellt. Denkbar wäre, daß der Interpolator den beabsichtigten Zug des Lukuas nach Judäa als Wiederholung der Einnahme des Landes durch Josua verstanden hatte. Da sich die Hoffnung, die man in Lukuas setzte, nicht erfüllte, projizierte er sie in die Zukunft und übertrug sie auf den Mann, der das prototypische Geschehen verwirklichte, nämlich Josua. So entstand an dieser Stelle die Erwartung von einer Wiederkehr des Josua.

[376] Die Entstehungsgeschichte von Sib 5,52–110 ist noch unbearbeitet. Im folgenden wird davon ausgegangen, daß in 5,52–53.60–72.88–110 ein ursprünglich selbständiges

le[377]. Dem ersten Hauptteil des Orakelganges liegen Unheilsweissagungen gegen Memphis und Alexandrien zugrunde[378]. Es folgt im zweiten Hauptteil eine Prophezeiung: Der Perser wird auftreten, der das ganze Land verderben wird und der auch die selige Stadt wird angreifen wollen, aber von Gott her wird ein König kommen, der all die großen Könige und besten Männer umbringen wird[379].

Eine zentrale Stellung nimmt die Gestalt des Persers ein. Damit ist sicherlich Nero gemeint[380]. Wenngleich an den wiederkehrenden Nero gedacht werden könnte[381], ist eine Deutung auf Nero noch zu seinen Lebzeiten näherliegend[382]. Genauer scheint die Beschreibung, die den

---

Orakel vorliegt, das unter Nero entstand (siehe Anm. 382) und das das Gottesgericht in der Judenverfolgung begründet. Als das Orakel etwa zur Zeit von Trajan in 5,52–531 eingearbeitet wurde, wurde 5,73–87, in dem der ägyptische Götzendienst als Ursache des Gottesgerichtes expliziert wird, und wohl auch 5,54–59, in dem das Geschick des ‚vielbeweinten Tempels' behandelt wird, ergänzt. Beide später eingefügten Abschnitte heben sich stilistisch von den zugrunde liegenden Unheilsweissagungen über namentlich genannte Städte ab.

[377] Sib 5,52–53.
[378] Sib 5,60–72.88–92.
[379] Sib 5,93–110.
[380] *Theodor Zahn,* Apokalyptische Studien IV (ZKWL 7, 1886, S. 337–352), S. 346–348, begründet die Deutung des Widergöttlichen als Nero. *J. Geffcken,* Studien zur älteren Nerosage (NGWG 1899, S. 441–462), S. 449 Anm. 4, meint zwar, daß Nero nicht gemeint ist, und ders., Oracula, S. 108, begründet dieses Urteil damit, daß an dieser Stelle eine „ältere jüdische Vorstellung vom Partherkrieg" ähnlich wie in äthHen 56,5–7 vorliegt. Die von *Geffcken* in Anspruch genommene Parallelität mit äthHen 56,5–7 ist aber keinesfalls offensichtlich. Allein die Nennung des Widergöttlichen als Perser Sib 5,93 könnte in diese Richtung deuten, wobei allerdings in äthHen 56,5–7 nicht von einem einzelnen König, sondern durchgehend von mehreren Königen die Rede ist.
[381] *Th. Zahn,* Apokalyptische Studien IV, S. 346–348. Die Darstellung von Nero in Sib 5,93–110 ist insofern problematisch, als sie von den entsprechenden Darstellungen in 5,143–154.215–227.361–374 deutlich abweicht. *Zahn,* ebenda, S. 346–348, postuliert, daß an dieser Stelle eine spätere Entwicklung der Nerolegende vorliegt: Während die ältere Nerolegende von der Flucht Neros zu den Parthern ausgeht und sein Wiederauftreten an der Spitze des parthischen Heeres erwartet, meint *Zahn,* daß 5,93–110 erst um 120–125 n. Chr. entstanden ist, zu einer Zeit, als Nero nicht mehr am Leben sein konnte; man hat daher die Nerolegende so umgeändert, daß Nero aus der Totenwelt wiederkehrt.
[282] Die Abweichung in der Darstellung von Nero in Sib 5,93–110, die vermutlich der Grund ist, daß *J. Geffcken* die Zugehörigkeit zur Nerolegende leugnet und der Grund dafür ist, daß *Th. Zahn* ein späteres Stadium der Nerolegende voraussetzt, läßt auch eine andere Erklärung zu, nämlich daß hier ein Vorstadium der Nerolegende vorliegt, das eine noch zu Lebzeit von Nero unter Juden entstandene Erwartung eines Auftretens Neros im Osten beinhaltet. Der deutlichste Hinweis liegt darin, daß Nero vom Westen herankommen soll. Nach der Nerolegende ist Nero über den Euphrat zu den Parthern geflohen und wird vom Osten her auftreten. Die Ankunft aus dem Westen kann dagegen nur von Rom her sein, eine Vorstellung, die am ehesten zu der Zeit paßt, als Nero noch in Rom

Tod von Nero im Jahr 68 noch nicht kennt, auf die Situation in oder nach dem Sommer 66 anzuspielen.

Nero hat sich in privaten Phantasien mit den östlichen Provinzen, und zwar besonders mit Ägypten, beschäftigt[383]. Nachdem Astrologen seine gewaltsame Absetzung vorhergesagt, ihm aber für diesen Fall die Herrschaft über den Orient zugesagt hatten[384], scheint er in Zeiten, als ihm seine Stellung in Rom unsicher vorkam, mit dem Gedanken gespielt zu haben, auf den Thron in Rom zu verzichten und sich auf die Präfektur von Ägypten zurückzuziehen[385]. Nero ging vermutlich davon aus, daß die rechtliche Sonderstellung Ägyptens[386] ihm freistellte, Ägypten als sein eigenes Herrschaftsgebiet vom Römischen Reich abzutrennen[387]. Im Jahr 64 plante er eine Reise nach Ägypten, die eventuell als Auftakt zu einem Herrschaftswechsel nach Ägypten hätte verstanden werden können, die aber am Tag der Abreise infolge eines ungünstigen Zeichens aufgegeben wurde. Die pisonische Verschwörung im Jahr 65 wurde von Nero erfolgreich vereitelt, die Existenz einer solchen Verschwörung unter der römischen Aristokratie und die Brutalität ihrer Niederschlagung zeigte aber die prekäre Stellung Neros in Rom. Im Herbst 66, nachdem Tiradates nach Rom gekommen war, um die Unterwerfung der Parther unter die Römer durch seine Einsetzung zum Vasallenherrscher zu bekunden, trat Nero eine Reise nach Griechenland an, an die eine Weiterfahrt nach Alexandrien angeschlossen werden sollte. Im Sommer vor seiner Abreise aus Rom ließ Nero Truppen in Alexandrien zusammenziehen, zu denen im Herbst die Legion XV Apollinaris, eine der Legionen von Corbulo, der den erfolgreichen Krieg gegen die Parther geführt hat, hinzukam. Als Nero seine Reise antrat, lag die Vermutung nahe, daß die Übersiedlung Neros nach Ägypten bevorstand.

---

herrschte. Bei der gegenwärtigen Forschungslage kann die folgende Deutung nur als Hypothese gelten.
[383] Tacitus, Ann. 15,36.
[384] Suetonius, Nero 40.
[385] Suetonius, Nero 47.
[386] Als einzige der Provinzen war es nicht von einem Prokurator, sondern von einem Präfekten verwaltet, der sein Amt ausschließlich nach dem Geheiß des Kaisers innehatte. Senatoren war es ausdrücklich untersagt, das Land ohne Erlaubnis des Kaisers zu betreten. Der Kaiser war den Ägyptern nicht weniger der König als irgendeiner der Ptolemäer, und sein Präfekt war sein Stellvertreter, dem bei offiziellen Anlässen königliche Ehren zuteil wurden.
[387] *Ulrich von Wilamowitz-Moellendorf* und *F. Zicker*, Zwei Edikte des Germanicus auf einem Papyrus des Berliner Museums (SDAW 1911, S. 794–821), S. 816 Anm. 3.

Man hat aber diesen Ereignissen auch einen tieferen Sinn abgewonnen. Die Vorstellung, daß man die Stadt Rom als Sitz der Herrschaft aufgeben und eine neue Hauptstadt schaffen solle, war selbst den römischen Bürgern vertraut[388]. Nachdem Julius Caesar die Diktatur auf Lebenszeit anerkannt wurde, ging das Gerücht um, daß Caesar nach Alexandrien oder nach Ilium übersiedeln und den Schwerpunkt des Reiches aus dem durch Aushebungen erschöpften Italien dorthin verlegen wolle[389]. In antirömischen Kreisen wurde im Stil eines Orakels die Gestalt des Caesar, der den Sitz der Herrschaft nach Osten verlegen wollte, als die eines feindlich gesinnten Gewaltherrschers gedeutet[390].

---

[388] Darstellung bei *Harald Fuchs,* Der geistige Widerstand gegen Rom in der antiken Welt, 1938, S. 11–13.

[389] Suetonius, Div. Iul. 79; Nicolaus Damascenus, Frag. 130,68. Die Wirkung dieser Idee ist bei Antonius noch zu spüren, der nach Dio Cassius, Hist. X 4,1, in der angemaßten Nachfolge Caesars den Plan hatte, Rom der Kleopatra zu schenken und den Sitz der Herrschaft nach Ägypten zu übertragen. Wenn Horaz, Car. III 3,57–60, auf Augustus zu beziehen ist und nicht einen Reflex der Tradition über Caesar darstellt, gab es ein ähnliches Gerücht zur Zeit von Augustus. Diese Vorstellung ist von einer anderen zu trennen. Es gab verschiedentlich Orakel, die die Übertragung der Weltherrschaft auf einen aus dem jeweiligen Gebiet stammenden Herrscher vorhersagten. Solche Orakel sind für Judäa durch Josephus, Bell. Iud. 6,312, Tacitus, Hist. 5,13, und Suetonius, Vespas. 4,5, für Spanien durch Suetonius, Galba 9,2, und für Gallien durch Tacitus, Hist. 4,54, belegt.

[390] Lactantius, Div, inst. VII 16,4. Die Quellenlage in VII 16 ist problematisch. *Fr. Cumont,* Fin du monde, S. 76–80, hat den Beweis erbracht, daß in VII 16,5–11 Lactantius von den Orakeln des Hystaspes abhängig ist, wenn auch eine eigene schriftstellerische Leistung des Lactantius nicht zu leugnen ist. *H. Fuchs,* Der geistige Widerstand, S. 33, argumentiert, daß man innerhalb von VII 16,1–4 zwei verschiedene Überlieferungen unterscheiden kann. Auf der einen Seite steht in VII 16,1–3 eine alte kirchliche Lehre vom Antichrist: Mit Bezugnahme auf Dan 2.7.11 wird erklärt, daß am Ende der Zeiten das Römische Reich unter zehn Könige wird aufgeteilt werden, und daß drei von ihnen dem von Norden heranziehenden Antichrist zum Opfer fallen, die sieben übrigen aber sich ihm unterordnen werden. Davon getrennt ist die Überlieferung, die für die vorliegende Fragestellung von Bedeutung ist. Die Abgrenzung des Endes der Überlieferung ist dagegen schwieriger. *J. Bidez/Fr. Cumont,* Mages hellénisés II, S. 368, lassen den letzten Satz dieses Abschnittes – *denique inmutato nomine atque imperii sede translata confusio ac perturbatio humani generis consequetur* – als mögliche Anspielung auf die Orakel des Hystaspes gelten. Man muß aber differenzierter urteilen. *Fr. Cumont,* Fin du monde, S. 71–72, zeigt, daß die Orakel des Hystaspes nach VII 15,11 den Untergang von Rom und die Rückkehr der Weltherrschaft nach Asien, demzufolge der Orient herrschen und der Okzident dienen wird, beinhalten. Dies ist eine andere Vorstellung als die Abänderung des Namens des Römischen Reiches und die Verlegung des Herrschaftssitzes. Es gibt daher keinen Grund, *denique inmutato nomine atque imperii sede translata* als Anspielung auf die Orakel des Hystaspes anzusehen, sondern der Satz dürfte ein integraler Bestandteil der von Lactantius in VII 16,4 verwerteten Überlieferung sein. Dagegen dürften *Bidez/ Cumont* darin recht haben, daß in *confusio ac perturbatio humani generis consequetur* eine Anspielung auf die Orakel des Hystaspes vorliegt. Gemäß dem Zitat in VII 15,11 wird der

Er, der die Welt mit einer unerträglichen Gewaltherrschaft peinigen wird, wird Göttliches und Menschliches vermischen[391], wird neue Pläne entwerfen, ein eigenes Reich zu schaffen[392], wird die Gesetze ändern und seine eigenen Gesetze in Kraft setzen[393], wird Schändung, Plünderung, Raub und Tod über die Menschen bringen[394] und schließlich unter Abänderung des Namens des Reiches[395] den Sitz der Herrschaft verlegen. Dieses Zeugnis einer geistigen Ablehnung Caesars wurde nach der

---

Untergang von Rom und die Rückkehr der Weltherrschaft nach Asien *vastitatis et confusionis . . . causa* sein. Lactantius dürfte dieses Motiv auch auf die Vorstellung der Verlegung des Sitzes des Römischen Reiches übertragen haben.

[391] *Matthias Gelzer,* Caesar. Der Politiker und Staatsmann, ⁶1960, S. 257.285.293–294; *F. E. Adcock,* Caesar's Dictatorship (CAH 9, 1932, S. 691–740), S. 719–722. Die überschwänglichen Ehrungen, die Caesar seit der Übertragung der Diktatur auf zehn Jahre und insbesondere seit der Verlängerung der Diktatur auf Lebenszeit empfing, haben vielfach religiösen Charakter gehabt. Sei es, daß „der Herrscherkult in Rom offiziell durch Senats- und Volksbeschluß eingeführt" *(M. Gelzer)* wurde und der mit *divus* bezeichnete Caesar von den Römern als „der neue Gott" *(M. Gelzer)* verehrt wurde, sei es, daß man meint, „the evidence falls short of attesting the official admission of Caesar in his lifetime to a place among the gods of the Roman state" *(F. Adcock),* waren die religiös geprägten Ehrungen für viele Zeichen eines göttlichen Anspruches.

[392] Es gab Anzeichen dafür, daß Caesar die Monarchie wieder einführen wollte: *M. Gelzer,* Caesar, S. 296–298; *F. E. Adcock,* Caesar's Dictatorship, S. 736–738. Nach Cicero, De divin. 2,54(110.112), Suetonius, Div. Iul. 79,4, Dio Cassius, Hist. XLIV 15,3, Appianus, (Rom. hist.) Bell. civ. 2,16(110), und Plutarchus, Caes. 60,2, besagte sogar ein umständlichen Geschäftsganges die Zeit mangelte." *(M. Gelzer).* Der Eindruck eines Spruch nur ein König die Parther besiegen könne und folglich in der nächsten Senatssitzung beantragt werde, Caesar zum König zu ernennen. Daß der Herrscher *proprium sibi constituat imperium* Lactantius, Div. inst. VII 16,4, beziehungsweise *rem publicam suam faciet* Epit. 66,3 scheint eine solche staatsrechtliche Änderung anzuvisieren.

[393] Darstellung der Reformgesetzgebung Caesars: *M. Gelzer,* Caesar, S. 266–269. Sobald Caesar die Diktatur auf zehn Jahre übernommen hatte, begann er eine Neuordnung durchzuführen, wobei er sich der verfassungsmäßigen Formen des Edikts, des Senatsbeschlusses und des Volksgesetzes bediente. „Dabei war aber schon die Menge der Erlasse, die er selbst noch herausbrachte, so groß, daß zum Einhalten des üblichen umständlichen Geschäftsganges die Zeit mangelte." *(M. Gelzer)* Der Eindruck eines eigenmächtig vorgehenden Alleinherrschers wurde dadurch verstärkt, daß Caesar zum *dictator perpetuus* eingesetzt wurde, ein neuer und mit der republikanischen Verfassung unvereinbarer Begriff, der „staatsrechtlich im wesentlichen dasselbe wie *rex"* (*M. Gelzer* [Druckfehler korrigiert]) bedeutete.

[394] Darstellung des Bürgerkrieges: *M. Gelzer,* Caesar, S. 179–251. „Die Schauplätze dieses Bürgerkrieges lagen in Italien und allen Provinzen. Viele Menschen waren umgekommen, die Überlebenden hatten schwer gelitten unter Lieferungen, Kontributionen, Plünderungen, Zerstörungen." *(M. Gelzer).*

[395] *denique inmutato nomine atque imperii sede translata* Lactantius, Div. inst. VII 16,4, ist insofern zweideutig, als man sowohl an die Abänderung des Namens des Herrschers als die des Reiches denken könnte. In der Epitome – die auch von Lactantius stammt – wird durch *nomen imperii sedemque mutabit* Epit. 66,3 deutlich, daß eine Abänderung des Namens des Reiches gemeint ist.

Ermordung Caesars von der Person Caesars gelöst tradiert. Es entstand die Tradition von einem nunmehr letztlich mythischen römischen Gewaltherrscher[396]. Entweder unter griechischsprechenden Einheimischen, die noch dem altägyptischen Königtum verpflichtet waren, oder unter Griechen, die auf das ptolemäische Königtum zurückblickten, fiel die Gestalt des römischen Gewaltherrschers, der den Sitz der Herrschaft verlegen wird, mit der des unberechenbaren, gewalttätigen Nero, der sich auf die Präfektur von Ägypten zurückziehen wollte, zusammen. In der geistigen Umgebung des ägyptischen Nationalismus, in der die Römer grundsätzlich unrechtmäßige Fremdherrscher waren, war der widersprüchliche Zweck der Ankunft von Nero – Rückzug auf die Präfektur oder Verlegung des Sitzes des Römischen Reiches – von wenig Belang, so daß Nero nur als der schändende, plündernde, raubende und tötende römische Gewaltherrscher verstanden wurde.

Auf dem Hintergrund eines solchen Verständnisses von Nero sind die Aussagen der jüdischen Sibylle deutbar. Nero[397], als Perser[398] apostrophiert, ist ein Mann[399] in üblen Künsten beflissen[400], mit Blut und

---

[396] Die Aufnahme einer solchen Caesar feindlich gesonnenen Überlieferung in Ägypten wäre verständlich. Caesar führte einen Feldzug gegen Ägypten in den Jahren 48 und 47: *M. Gelzer*, Caesar, S. 227–237. Die Stimmung der Bürger von Alexandrien, „der von glühendem Römerhaß erfüllten Großstadt" *(M. Gelzer)*, galt sicherlich über die Hauptstadt Ägyptens hinaus.

[397] Die Hauptquellen für Leben und Prinzipat von Nero sind: Tacitus, Ann. XIII–XVI; Suetonius, Nero; Dio Cassius, Epitome LXI–LXIII.

[398] Plinius, Nat. hist. XXX 17. *Bernard W. Henderson*, The Life and Principate of the Emperor Nero, 1903 (1905), S. 193; *A. D. Nock*, Religious Developments from the Close of the Republic to the Death of Nero (CAH 10, 1934, S. 465–511), S. 502. Als Tiridates nach Rom kam, brachte er Magier mit sich, die Nero in ihre Rituale einführten. Der Begriff Πέρσης für Nero ist auf dieses Geschehnis anspielend eine Spottbezeichnung.

[399] Der Text ist problematisch: καὶ σὴν γαῖαν ὀλεῖ καὶ ἀνθρώπους κακοτέχνους Sib 5,94 ed. Geffcken. Es paßt zu dem Perser, der eine böswillige Gestalt ist, schlecht, daß er ‚die in üblen Künsten beflissenen Menschen' vernichtet; eher gesellt er sich zu ihnen oder ist selbst ein solcher. Die Erkenntnis, daß der Perser Nero ist, der durch seine künstlerischen Ambitionen besonders hervortrat, legt es nahe, hinter ἀνθρώπους κακοτέχνους einen ursprünglichen Singular vorauszusetzen. So emendiert *J. H. Friedlieb*, Die Sibyllinischen Weissagungen, 1852, zu ἄνθρωπος κακότεχνος, und *Alfons Kurfess*, Sibyllinische Weissagungen, 1951, zu ἀνὴρ κακότεχνος. Die Textverbesserung ist überzeugend, die Entstehung der überlieferten Lesarten aber noch nicht geklärt.

[400] Suetonius, Nero 11–13.20–25.52–54. *John Bishop*, Nero. The Man and the Legend, 1964, S. 114–130. Nero hatte „a passion for self-indulgent enjoyment" *(J. Bishop)*, die sich in der Betätigung als Dichter, Schauspieler, Musiker und Athlet entfaltete. Seiner eigenen Hochschätzung, die in seinem angeblich letzten Wort *qualis artefex pereo* zum Ausdruck kommt, stand die Verachtung gegenüber, die man dem Kaiser entgegenbrachte, der sich als Amateur in künstlerischen Dingen versuchte.

Leichen bei den schrecklichen Altären[401], barbarisch gesinnt, mächtig, furchtbar, rasend in Torheit. Er, der das Land der Perser bezwungen hat[402], wird sich aus dem Westen kommend gegen Alexandrien wenden[403]. Das Land belagernd und verwüstend wird er Krieg führen[404], töten und plündern[405]. Anschließend wird er sich gegen Jerusalem wenden[406]. Es wird aber von Gott ein König gegen ihn geschickt werden, der all die großen Könige und besten Männer umbringen wird.

Die Zeit, in der die Sibylle diese Beschreibung von Nero dichtete, war eine Zeit höchster Spannung zwischen Juden und Griechen[407]. Obgleich

---

[401] *B. Henderson*, Life and Principate, S. 288–291; *J. Bishop*, Nero, S. 147–157; *A. Momigliano*, Nero (CAH 10, 1934, S. 702–742), S. 729–731. Im Jahr 65 vereinigten sich verschiedene Fraktionen der römischen Aristokratie zu der pisonischen Verschwörung, die die Beseitigung von Nero zum Ziel hatte. Sie wurde von Nero vereitelt. Neunzehn Personen wurden hingerichtet und andere starben durch indirekte Folgen. Neros Reaktion auf die Verschwörung leitete „a reign of terror" *(B. Henderson)* ein, die die römische Aristokratie von dem Kaiser durch „a sea of blood" *(A. Momigliano)* abschnitt.

[402] *B. Henderson*, Life and Principate, S. 153–195; *J. Bishop*, Nero, S. 131–140; *J. G. C. Anderson*, The Eastern Frontier from Tiberius to Nero (CAH 10, 1934, S. 743–780), S. 758–773. Zu den wichtigen politischen Ereignissen an den Grenzen des römischen Reiches während des Principats von Nero gehörte der Krieg zwischen den Römern und den Parthern über den Pufferstaat Armenien. Die Römer siegten, und die Einführung von Tiridates, dem Bruder des parthischen Königs, als Vasallenkönig von Armenien wurde im Jahr 66 in Rom mit großem Prunk gefeiert.

[403] *J. Bishop*, Nero, S. 158; *H. Idris Bell*, Egypt under the Early Principate (CAH 10, 1934, S. 284–315), S. 312; *A. Momigliano*, Nero, S. 735; *J. Anderson*, Eastern Frontier, S. 778. Nero, der eine geplante Reise nach Alexandrien kurzfristig absagte, trat im Herbst des Jahres 66 eine Reise nach Griechenland an. Er hatte vor, von Griechenland weiter nach Alexandrien zu fahren. Für die Sibylle ist die Reise nach Alexandrien ein künftiges Ereignis.

[404] *J. Anderson*, Eastern Frontier, S. 778. Die militärischen Vorbereitungen in Alexandrien waren wahrscheinlich der Auftakt einer großangelegten Erweiterung des Römischen Reiches nach Osten und nach Süden. Von der Tradition des römischen Gewaltherrschers her, der Schändung, Plünderung, Raub und Tod über die Menschen bringen wird, verstand man aber die Zusammenziehung von römischen Truppen in Alexandrien als Vorbereitung für einen Krieg gegen Ägypten.

[405] Die Vorstellung entstammt der Tradition des römischen Gewaltherrschers. Von ihm wird gesagt: *contaminabit diripiet spoliabit occidet* Lactantius, Div. Inst. VII 16,4. Daß Nero κτείνας τ' ἄνδρα ἕκαστον ὅλον βίον ἐξαλαπάξει Sib 5,102, entspricht bis in den Wortlaut hinein *diripiet* und *occidet*.

[406] *B. Henderson*, Nero, S. 362–376; *J. Anderson*, Eastern Frontier, S. 779–780. Der jüdische Aufstand in Judäa brach im Jahr 66 aus. Ein Eingreifen der Römer war vorhersehbar. Eventuell spielte aber auch die Tatsache eine Rolle, daß nach Suetonius, Nero 40, einige Sterndeuter Nero für den Fall seiner Absetzung die Herrschaft spezifisch über das Reich von Jerusalem vorhersagten.

[407] Josephus, Bell. Jud. 2,489–498. In der Zeit vor dem Sommer 66 hat es in Ägypten ununterbrochen Zusammenstöße zwischen den Juden und den Griechen gegeben und obgleich die Statthalter Tag um Tag viele auf beiden Seiten bestrafen ließen, nahmen die

die Juden Ägyptens ursprünglich die Römer gegen die Ptolemäer unterstützten und auch später die Oberschicht der Juden die Loyalität gegenüber Rom bewahrte, entstand unter Juden der einfacheren Schichten eine antirömische Stimmung, die in den Zusammenstößen zwischen Juden und Griechen zum Ausdruck kam[408]. Das eschatologische Geschichtsbild des ägyptischen Hellenismus war anfangs ein Produkt des Widerstandes gegen die Fremdherrschaft und wurde seit der römischen Besetzung von Ägypten kaum anders als in antirömischer Ummünzung tradiert. Die antirömische Stimmung unter ihrer Volksgenossen war wohl der Grund dafür, daß sich die jüdische Sibylle das eschatologische Geschichtsbild des ägyptischen Hellenismus aneignete[409], denn das gesamte Orakel, in das die Beschreibung von Nero eingebettet ist, ist auf der Grundlage dieses Traditionsgefüges gebildet.

Dem Auftreten von Nero vorgeschaltet sind zwei Unheilsweissagungen. Gegen Memphis und Alexandrien gerichtet, beschreiben sie Gottes Strafgericht über Ägypten, wobei Memphis als alte Königsstadt Ägyptens und Alexandrien als römische Hauptstadt das ganze Land vertreten: Memphis, das einst mächtig über die Erde herrschte, wird armselig werden, und Alexandrien, die Nährerin von Städten, wird lange Zeit

---

Unruhen an Schärfe zu. Als im Sommer 66 jüdisch-griechische Auseinandersetzungen auch auf andere ehemals ptolemäische Gebiete übergriffen, verstärkte sich der Aufruhr. Im Herbst 66 brach ein Aufstand der Juden gegen die Griechen aus. Die beiden in der Stadt stationierten Legionen richteten mit Erlaubnis des römischen Statthalters bei uneingeschränktem Waffengebrauch ein Blutbad an.

[408] Man kann dies daran ablesen, daß die beiden großen Aufstände unter Caligula und Nero letztlich durch römische Angelegenheiten entfacht wurden. Im Jahr 38, nachdem Caligula mit dem Kaiserkult ernst gemacht hatte, gestattete der römische Statthalter A. Avillius Flaccus, dem jedes Mittel recht war, sich die Gunst des Kaisers zu sichern, dem alexandrinischen Pöbel, Götterbilder des Kaisers in den Synagogen gewaltsam gegen den Widerstand der Juden aufzustellen, erklärte die Juden durch ein Edikt für Nichtbürger und erlaubte die allgemeine Verfolgung der Juden. Der Anlaß des Aufstandes im Jahr 66 war eine beabsichtigte Gesandtschaft der Bürger von Alexandrien an Nero. Der Zweck der Gesandtschaft ist zwar unbekannt; *August Bludau,* Juden und Judenverfolgungen im alten Alexandria, 1906, S. 88–89, vermutet, daß die Griechen Alexandriens den Kaiser darum angehen wollten, den Juden „die Gleichstellung zu nehmen und überhaupt ihre Rechte zu schmälern". Es gab jedenfalls jüdische Opposition zu der Gesandtschaft – als die alexandrinischen Bürger die Gesandtschaft behandeln wollten, schlichen einige Juden in das Amphitheater, die von den Bürgern als Feinde und Spione apostrophiert wurden –, die den Aufstand auflöste.

[409] Der Vermittlungsweg bleibt dunkel. Eine Übernahme des Traditionsgefüges aus dem jüdischen Schulbetrieb wäre zwar denkbar, wenngleich die in dieser Schultradition nachweisbare Erweiterung des Traditionsgefüges durch die Wiederkehr von Elia durch die Sibylle nicht verwertet wird. Aber auch eine unmittelbare Übernahme aus nichtjüdischer antirömischer Tradierung käme in Frage.

schweigen. Die Begründung des Strafgerichtes liegt in der Verfolgung der Juden[410] im römischen Ägypten. Der Vollstrecker des Gerichtes ist Nero[411]. Der Inhalt der Weissagungen entspricht dem Inhalt der ersten drei Geschichtsperioden des Töpferorakels: Das Töpferorakel beginnt mit der Chaoszeit, die zur Zeit des Königs von Syrien gesteigert und durch die göttliche Fügung in der Verödung von Alexandrien zu ihrem Abschluß geführt wird; die Unheilsweissagungen, die aus jüdischer Sicht verfaßt sowohl die altägyptische als auch die römische Hauptstadt umfassen, laufen auf die Verödung beider Städte infolge des Auftretens Neros hinaus.

Nachdem die Unheilsweissagungen inhaltlich die ersten drei Geschichtsperioden zusammenfassen, wird das Auftreten von Nero als Aktualisierung des Auftretens des Königs von Syrien nachträglich detaillierter dargestellt. Die Einzelheiten stammen vornehmlich aus der aktuellen historischen Situation. Daß Nero gegen Ägypten Krieg führt, hat seine Wurzel in der Tradition vom König von Syrien[412], wird aber durch die Tradition des römischen Gewaltherrschers, der tötet und plündert, interpretiert. Die spezifisch jüdische Verarbeitung drückt sich darin aus, daß nach dem Angriff auf Ägypten Nero sich auch gegen Jerusalem wenden wird.

Die vierte Geschichtsperiode, die Heilszeit, in der der Heilskönig auftritt, wird eigens dargestellt. Auf dem Höhepunkt der Zerstörung wird von Gott her ein König kommen, der all die großen Könige und besten Männer umbringen wird. Im Töpferorakel wird er ἀπὸ Ἡλίου . . . βασιλεύς[413] genannt, von der Sibylle τις θεόθεν βασιλεύς[414]. Darin liegt eine begriffliche Kontinuität, denn Ἥλιος ist im ägyptischen Hellenismus die Umschreibung des ägyptischen Gottes Re, die im Judentum in den mit θεο- bezeichneten Jahwe umgeformt werden mußte, und -θεν ist die dichterische Form von ἀπό. Die politische Auseinandersetzung ist nicht mehr wie zur Zeit des Töpferorakels

---

[410] Nach *M. Hengel,* Messianische Hoffnung, S. 674, ist unter der ungewöhnlichen Bezeichnung παῖδας θεοχρίστους Sib 5,68 „ganz Israel" zu verstehen.
[411] Nach *M. Hengel,* Messianische Hoffnung, S. 672 Anm. 62, ist der τροφός Sib 5,70 auf den Perser in 5,93–97 zu beziehen.
[412] Das Töpferorakel beschreibt das Auftreten des Königs von Syrien äußerst knapp: [καὶ κ]αθήξει δ' ἐκ Συρίας βασιλεύς P. Oxy. 30/(P. Rainer 16). Die Vorstellung aber, die historisch aus dem Angriff Antiochos IV. Epiphanes auf Ägypten herzuleiten ist, ist ein Angriff des Königs auf Ägypten.
[413] P. Rainer 40/(P. Oxy. 65).
[414] Sib 5,108.

die zwischen dem altägyptischen Königtum und der ptolemäischen Fremdherrschaft, sondern die zwischen dem ägyptischen Königsreich und der römischen Oberherrschaft. Dementsprechend wird der Heilskönig weder als Einheimischer noch als Grieche, sondern als Bestreiter der Sache Ägyptens und auch – so meint die Sibylle prophezeien zu können – als Bestreiter der Sache der Juden auftreten[415].

Die Selbstreflexion der Sibylle, die am Anfang der Prophezeiung steht, schließt sich dem Bezug auf das eschatologische Geschichtsbild des ägyptischen Hellenismus an. In der den Unheilsweissagungen vorangestellten Selbstreflexion bezeichnet sich die Sibylle als die Freundin von Isis, womit Isis euhemeristisch[416] als die Sibylle[417] gedeutet wird. War es Isis im Töpferorakel, die den das altägyptische Königtum wiederherstellenden Heilskönig einsetzen sollte, ist es nun die mit Isis identische jüdische Sibylle, die das Auftreten des für die Juden eintretenden Heilskönigs ansagt.

---

[415] Sowohl die Zugrundelegung des eschatologischen Geschichtsbildes des ägyptischen Hellenismus als auch die Anlehnung an die dadurch vermittelte ägyptische Königstitulatur macht unwahrscheinlich, daß von einem jüdischen König nach Art des in palästinischer Tradition bezeugten königlichen Gesalbten die Rede ist. Der Heilskönig wird ein nichtjüdischer Ägypter, zugleich aber Werkzeug Jahwes sein. Eine sachliche Parallele liegt in Jes 45,1 vor, wo Deuterojesaja den nichtjüdischen Perser Kyros als Jahwes Beauftragten zugunsten seines Volkes deutet. Während allerdings Deuterojesaja die judäische Königsbezeichnung auf den persischen König überträgt, begnügt sich die jüdische Sibylle mit einer jüdischen Abwandlung der ägyptischen Königsbezeichnung.

[416] Nach *M. Hengel,* Messianische Hoffnung, S. 672 Anm. 63.

[417] ἡ τριτάλαινα, mit dem sich die Sibylle selbst in Sib 5,52 bezeichnet, ist nach 5,484 ein Epitheton von Isis. Das ἡ γνωστή 5,53 dürfte daher die euhemeristische Identität, nicht nur eine Bekanntschaft, aussagen.

IV. DIE KONTAMINATION DES TRADITIONSGEFÜGES UM DEN MENSCHENSOHN MIT DEM ESCHATOLOGISCHEN GESCHICHTSBILD DES ÄGYPTISCHEN HELLENISMUS

Es war im Rahmen des eschatologischen Geschichtsbildes des ägyptischen Hellenismus, und zwar im Spannungsfeld zwischen der einheimisch-hellenistischen Urform und der jüdischen Umformung, daß das Traditionsgefüge um den Menschensohn kontaminiert wurde. Dabei wurden die beiden Arten der Epiphanie des Menschensohnes voneinander gelöst und mit völlig verschiedenen Gestalten kontaminiert: Der welthaft epiphane Menschensohn wurde mit dem künftig wiederkehrenden Elia, der transzendental-eschatologisch epiphane Menschensohn mit der göttlich-menschenähnlichen Gestalt, einer Verschmelzung des Heilskönigs mit Jahwe, kontaminiert. Wenngleich deren Anlaß unerkennbar bleibt, wurde die Kontamination des Menschensohnes mit einer menschlichen beziehungsweise menschenähnlichen Gestalt dadurch erleichtert, daß die Formulierung ὁ υἱὸς τοῦ ἀνθρώπου – aufgrund der Verwendung von υἱός für eine abstrakte Abhängigkeit – die Teilhabe am Menschsein bezeichnete und damit auf eine menschliche oder menschenähnliche Gestalt sprachlich sachgemäß bezogen werden konnte.

1. Elia als Menschensohn

Die thematisierte Überlieferung welthaften Inhaltes wurde in der mündlichen Tradierung zu einer nicht näher bestimmten Zeit sekundär erweitert:
[ὁ υἱὸς τοῦ ἀνθρώπου παραδίδοται εἰς χεῖρας ἀνθρώπων] καὶ ἀποκτανθεὶς μετὰ τρεῖς ἡμέρας ἀναστήσεται.
Die Ergänzung besteht ausschließlich aus begrifflich feststehenden Traditionselementen der Tradition vom wiederkehrenden Elia: Die formelhafte Wendung μετὰ τρεῖς ἡμέρας als Fristangabe für eine durch ἀποκτείνειν und ἀνιστάναι festgestellte Tötung und postmortale Auferste-

hung ist ausschließlich im Rahmen der Eliatradition[418] belegt. Die Ergänzung belegt die Kontamination der Tradition des welthaft epiphanen Menschensohnes mit der von der Tötung und Auferstehung Elias[419].

[418] Die weitere Bezeugung der formelhaften Wendung μετὰ τρεῖς ἡμέρας in Verbindung mit ἀποκτείνειν und ἀνιστάναι in der frühchristlichen Literatur ist von der Überlieferung Mk 9,31 abhängig. Die weitere Geschichte der Menschensohntradition gehört nicht in den Rahmen der vorliegenden Untersuchung, weil aber in den einschlägigen Forschungsbeiträgen diese Tatsache ungenügend beachtet wird, sollen die beiden neutestamentlichen Belege kurz gesichtet werden. – Abgesehen von der thematisierten Überlieferung ist der einzige in Frage kommende neutestamentliche Beleg, der den Anspruch erhebt, ursprünglich der mündlichen Tradierung zu entstammen, Mk 8,31. Der Spruch ist von Anfang an griechisch formuliert. Die vorliegende Fassung zeigt Spuren der markinischen Redaktion. *Georg Strecker*, Die Leidens- und Auferstehungsvoraussagen im Markusevangelium (ZThK 64, 1967, S. 16–39), S. 26–27, begründet den redaktionellen Charakter von πολλὰ παθεῖν; diese Einordnung wird von *Ferdinand Hahn*, Christologische Hoheitstitel (FRLANT 83), 1963, S. 51.216–217, durch den Nachweis, daß πάσχειν einem anderen christologischen Traditionsgefüge entstammt, und von *E. J. Pryke*, Redactional Style in the Marcan Gospel (MSSNTS 33), 1978, S. 70–72, durch den Hinweis, daß der Gebrauch von adverbialem πολλά für den markinischen Redaktor typisch ist, untermauert. *Ludger Schenke*, Studien zur Passionsgeschichte des Markus (Forschung zur Bibel 4), 1971, S. 256–257, begründet mit Hinweis auf die ungewohnte Vorrangsstellung von οἱ πρεσβύτεροι das Urteil, daß die Formulierung οἱ ἀρχιερεῖς καὶ οἱ γραμματεῖς markinischer Sprachgebrauch sei. Die ursprüngliche Überlieferung Mk 8,31 ist eine Nachahmung der ergänzten thematisierten Überlieferung welthaften Inhaltes, bei der der Menschensohntitel auf Jesus übertragen werden soll. Daher werden auch die Traditionselemente in der thematisierten Überlieferung auf Jesus übertragen, aber zugleich auf die konkreten Umstände des Lebens Jesu hin umgebildet. Die durch seine Entstehung zu erklärende, faktisch inkonsequente Handhabung der Verbformen in der thematisierten Überlieferung – παραδίδοται, ἀποκτανθείς und ἀναστήσεται, nämlich Präsens, Partizip und Futur – werden durch das hellenistisch-jüdische δεῖ als Ausdruck der Schriftnotwendigkeit und Infinitiv ausgeglichen. Das δεῖ mit Infinitiv Aorist drückt die bleibende Notwendigkeit eines einmaligen Geschehens aus und ist vom Zeitpunkt der Entstehung der Überlieferung als Aussage über das vergangene Geschick Jesu zu verstehen. Die Gegner Jesu waren nicht ἄνθρωποι, sondern konkret das Synhedrium. Folglich wurde der Begriff ἄνθρωποι durch οἱ πρεσβύτεροι, einen altertümlichen Ausdruck für das Synhedrium, ersetzt. Die allgemeine Formulierung παραδίδοται εἰς χεῖρας wurde durch das für das Verhalten des Synhedriums genauer kennzeichnende ἀποδοκιμασθῆναι ὑπό ersetzt. Sonst wurde die thematisierte Überlieferung ungebrochen nachgebildet. Die formelhafte Wendung μετὰ τρεῖς ἡμέρας zusammen mit ἀποκτείνειν und ἀνιστάναι blieb erhalten. – Der markinische Redaktor, der die ergänzte thematisierte Überlieferung in Mk 9,31 und die Nachbildung in Mk 8,31 verwertete, bildete, indem er beide zum Vorbild nahm, eine redaktionelle Entsprechung in Mk 10,33–34. In dieser redaktionellen Bildung blieb μετὰ τρεῖς ἡμέρας zusammen mit ἀποκτείνειν und ἀνιστάναι erhalten. – Die Fassung des Markusevangeliums, die dem matthäischen und dem lukanischen Redaktor zur Verfügung stand, wies gegenüber dem Original verschiedene sprachliche Verbesserungen auf. Dazu gehörte die Abänderung von μετὰ τρεῖς ἡμέρας in τῇ τρίτῃ ἡμέρᾳ. Die Abänderung in Mk 8,31 wird durch Mt 16,21 und Lk 9,22, in Mk 9,31 durch Mt 17,23 (der entsprechende Satzteil ist in Lk 9,44 gestrichen) und in Mk 10,34 durch Mt 20,19 und geringfügig abgeändert Lk 18,33 belegt. – Vermutlich nicht hierher gehört μετὰ τρεῖς ἡμέρας Mt 27,63. Die Fristangabe bezieht sich zwar auf die Auferstehung Jesu, die aber mit ἐγείρειν ausgedrückt wird. So

Die bei Lactantius belegte Fassung der Eliatradition besagt, daß nach seinem Auftreten der König von Syrien gegen den großen Propheten streiten, ihn in seine Gewalt bringen, ihn töten und es zulassen wird, daß er unbestattet liegenbleibt, daß aber nach drei Tagen der große Prophet auferstehen und, während alle zuschauen und sich wundern, in den Himmel aufgenommen wird[420]. Durch die Ergänzung wurde die thematisierte Überlieferung welthaften Inhaltes so in die Eliatradition einbezogen, daß die ergänzte Überlieferung insgesamt als Aussage über den wiederkehrenden Elia zu verstehen ist. Der Menschensohntitel und Traditionselemente aus dem Traditionsgefüge um den Menschensohn wurden auf Elia übertragen und die ursprüngliche Wesensart des Menschensohnes damit aufgehoben.

---

liegt die Koordination mit ἀποκτείνειν und ἀνιστάναι nicht vor, die eine unmittelbare Abhängigkeit von der Eliatradition anzeigen würde. Eine unmittelbare Abhängigkeit von den Belegen in Mk 8,31, 9,31 und 10,34 kann auch kaum vorliegen, denn die markinische Vorlage des Matthäus enthielt τῇ τρίτῃ ἡμέρᾳ in Mt 16,21, 17,23 und 20,19. Es handelt sich wohl nicht um eine traditionsgeschichtlich ableitbare formelhafte Wendung, sondern um eine kontextgebundene redaktionelle Formulierung, die den Ablauf von faktisch drei Tagen angeben soll. Der Bezug zu der Frist von drei Tagen wird durch ἕως τῆς τρίτης ἡμέρας Mt 27,64 gegeben, wenngleich die Koordination der beiden Aussagen nicht deutlich ist – das Grab für drei Tage abzusichern, reicht nicht aus, wenn Jesus erst nach Ablauf von drei Tagen auferstehen soll. *Walter Grundmann,* Das Evangelium nach Matthäus (ThHK 1), ¹1968, S. 566, stellt einen redaktionellen Bezug zu Mt 12,40 her. Er argumentiert, daß der matthäische Redaktor die Pharisäer neben den Hohenpriestern in Mt 27,62 nenne, weil sie es waren, die das Wort Jesu in Mt 12,40 gehört haben, worin Jesus von sich sagte, daß er τρεῖς ἡμέρας καὶ τρεῖς νύκτας in der Erde sein wird. Dieses Wort werde dann im Kontext des Matthäus von den Pharisäern aufgegriffen und so abgewandelt, daß Jesu gesagt habe, daß er – der drei Tage in der Erde sein wird – nach Ablauf der drei Tage auferstehen wird. Diese Argumentation setzt allerdings voraus, daß die vorliegende Formulierung von 12,40 zum ursprünglichen Matthäusevangelium gehörte. *Krister Stendahl,* The School of St. Matthew and its Use of the Old Testament (ASNU 20), 1954 (²1969), S. 132–133, verweist allerdings darauf, daß Mt 12,40 einen reinen Septuaginta-Text bezeugt, was für Matthäus nicht kennzeichnend ist, und daß Justin, Dial. 107,2, der Mt 12,39 zitiert, Mt 12,40 in der vorliegenden Form nicht gelesen haben kann. *Stendahl* schließt daraus, daß Mt 12,40 eine nachmatthäische Interpolation ist. – Die nachneutestamentliche Bezeugung der Wendung μετὰ τρεῖς ἡμέρας in bezug auf die Auferstehung Jesu, deren ältester Beleg anscheinend in der zur Zeit des Hadrian in griechischer Sprache entstandenen, vollständig nur in syrischer Übersetzung erhaltenen Apologie des Aristides vorhanden ist, ist wohl unmittelbar vom Sprachgebrauch des Markusevangeliums abhängig: ApArist 2 tr. Harris S. 37 (*J. Rendel Harris,* The Apology of Aristides [TaS 1,1], 1891).

[419] Für die traditionsgeschichtliche Einordnung der ergänzten thematisierten Überlieferung ist *K. Berger,* Auferstehung des Propheten, S. 132–141, bahnbrechend. Seine stark assoziative, die Überlieferungs- und Traditionsgeschichte nicht präzis verfolgende Darstellung verschleiert allerdings den historischen Sachverhalt.
[420] Lactantius, Div. inst. VII 17,2–3.

Anstelle von *propheta magnus* tritt der Menschensohntitel, so daß ὁ υἱὸς τοῦ ἀνθρώπου nunmehr als Epitheton für Elia dient. Elia, der in Israel unter Ahab als Prophet aufgetreten ist, dem aber durch seine wunderbare Aufnahme in den Himmel ein übermenschliches Geschick zuteil wurde, kehrt insofern mit menschlichen Eigenschaften zurück, daß er noch getötet werden kann. Durch die Deutung des Menschensohntitels als eine Zusammensetzung von υἱός und ἄνθρωπος, wobei υἱός eine abstrakte Abhängigkeit zum Ausdruck bringt, wird die Teilhabe des wiederkehrenden Elia am Menschlichen hervorgehoben.

Für *rex . . . e Syria* steht ἄνθρωποι. Die Ausweitung des Gegners Elias auf eine Mehrzahl von Menschen – die nicht durch eine autochtone Traditionsentwicklung der Eliatradition, sondern durch den Zwang der Verwertung der thematisierten Überlieferung stattfand – war in der Eliatradition dadurch vorbereitet, daß es beim Auftreten von Elia *homines* geben sollte, die *non audierint eum*. Die Gegnerschaft Elias wird nun auf die ausgeweitet, die seine Sendung, Menschen zur Erkenntnis Gottes zu führen, ablehnen.

Daß der König von Syrien Elia *vincet*, hat eine inhaltliche Entsprechung in παραδίδοται εἰς χεῖρας, wenngleich durch den Zwang der verwerteten Überlieferung die aktivische Formulierung in eine passivische umgewandelt wird.

Im neuformulierten Teil der Überlieferung werden *interficiet* und *post diem tertium reviviscet* durch ἀποκτανθείς und μετὰ τρεῖς ἡμέρας ἀναστήσεται begrifflich genau wiedergegeben. Wenngleich das präsentische παραδίδοται der ursprünglichen Überlieferung beibehalten wurde, zeigt das futurische ἀναστήσεται in der Ergänzung, daß ein künftiges Auftreten von Elia als Menschensohn erwartet wird.

2. Die göttlich-menschenähnliche Gestalt als Menschensohn

Das von Anfang an schriftlich abgefaßte Orakel, in dem die thematisierte Überlieferung eschatologischen Inhaltes verarbeitet ist, bietet eine Formung des eschatologischen Geschichtsbildes des ägyptischen Hellenismus. Die Formung stimmt in seinem Grundentwurf weitgehend mit der des Töpferorakels überein. Die Prophezeiung des anonymen Orakels zerfällt wie die des Töpferorakels in vier Geschichtsperioden, und thematisch gleichen die Geschichtsperioden denen des Töpferorakels. In Übereinstimmung mit der einen Entwicklungslinie des Nachwirkens des Töpferorakels, in der die Rahmenerzählung gestrichen wurde, hat das anonyme Orakel keine Rahmenerzählung. Das anonyme Orakel bezeugt eine am Töpferorakel gemessen ursprünglichere Fassung des eschatologischen Geschichtsbildes des ägyptischen Hellenismus als die bei Lactantius bezeugte jüdische Schultradition oder die Bearbeitung der jüdischen Sibylle, ist aber dennoch, wie vordergründig aus den Septuagintismen hervorgeht, im Judentum, und wie darüber hinaus die Benutzung von nur ägyptisch-jüdisch belegten Traditionen beweist, in einem mit Ägypten verbundenen Judentum beheimatet.

Die Abfassungszeit des anonymen Orakels muß aus dem Inhalt der ersten Geschichtsperiode, gattungsmäßig eine Prophezeiung *post eventum*, erschlossen werden. Genaue historische Anspielungen sind, weil die Darstellung von Topoi beherrscht ist, nicht vorhanden, der Tenor ist aber der einer Zeit von kriegsähnlichen Unruhen. In dem für die Abfassung des anonymen Orakels in Frage kommenden ersten Jahrhundert der römischen Herrschaft in Ägypten käme am ehesten der Pogrom unter Caligula im Jahr 38 oder der Aufstand unter Nero im Herbst 66 in Frage. Letzterer ist deswegen als Hintergrund für die Ereignisse, auf die das anonyme Orakel aus zeitlicher Nähe zurückblickt, wahrscheinlicher, weil in genau dieser Zeit eine geistesgeschichtliche Analogie nachweisbar ist; die jüdische Sibylle hat ja in oder kurz nach dem Sommer 66 das eschatologische Geschichtsbild des ägyptischen Hellenismus einem eigenen Orakel zugrunde gelegt.

Im Gegensatz zum Töpferorakel hat das anonyme Orakel eine paränetische Einleitung:

ὅταν δὲ ἀκούσητε πολέμους καὶ ἀκοὰς πολέμων, μὴ θροεῖσθε· δεῖ γενέσθαι.

Mit ὅταν δὲ ἀκούσητε . . . μὴ θροεῖσθε werden die Leser des Orakels unmittelbar angesprochen[421].

eigentliche Prophezeiung *ante eventum* fängt mit dem Anfang der Dar-

---

[421] Der Grund für diese Abänderung der Gattung bleibt unklar. Zwei gebrochene Entsprechungen gibt es in der sibyllinischen Bearbeitung des eschatologischen Geschichtsbildes des ägyptischen Hellenismus in Sib 5,52–53.60–72.88–110. Einerseits steht einleitend eine Selbstreflexion der Sibylle, die vor die den ersten drei Geschichtsperioden entsprechenden Unheilsweissagungen gesetzt wurde und damit wie im anonymen Orakel eine gewisse Einführung bildet; die Sibylle aber redet den Leser nicht an, sondern hält ein Selbstgespräch. Andererseits werden die Unheilsweissagungen gegen Memphis und Alexandrien nicht wie im Töpferorakel als Feststellungen über das Geschick der Städte, sondern als Anreden an die Städte formuliert; die Anrede ist aber eine drohende, nicht eine mahnende.

Sachlich bezieht sich die paränetische Einleitung auf die Darstellung der zweiten Geschichtsperiode. Die erste Geschichtsperiode ist gattungsmäßig eine Prophezeiung *post eventum* und damit von der Gegenwart des Lesers betrachtet eine Beschreibung der Vergangenheit. Die eigentliche Prophezeiung *ante eventum* fängt mit dem Anfang der Darstellung der zweiten Geschichtsperiode an. Die in die Zukunft weisende Kondition ὅταν δὲ ἀκούσητε gehört damit als Auftakt zur zweiten Geschichtsperiode. Diese Annahme wird dadurch bestätigt, daß in der Darstellung der ersten Geschichtsperiode eine Wiederholung der paränetischen Formulierung nicht auftritt, dagegen aber am Anfang der Darstellung der zweiten Geschichtsperiode ὅταν δὲ ἀκούσητε mit ὅταν δὲ ἴδητε wiederaufgenommen wird. Die Aufforderung μὴ θροεῖσθε gilt den Erlebnissen am Anfang der zweiten Geschichtsperiode.

Im Verlauf der Tradierung des Töpferorakels wurde in der Entwicklungslinie, in der die Rahmenerzählung gestrichen wurde, die Beteuerungsformel ἔσται ταῦτα[422] an das Ende des rahmenlosen Orakels gestellt. In dieser Tradition steht das anonyme Orakel, nur daß die Beteuerungsformel an den Anfang anstatt an das Ende der Prophezeiung gestellt wurde. Sie liegt in δεῖ γενέσθαι, einem Septuagintismus[423], vor. Der paränetische Anfang des anonymen Orakels ist gattungsgeschichtlich eine Erweiterung der Beteuerungsformel, in der die Beteuerungsformel nunmehr ein Mittel ist, die Betroffenen vor Erschütterungen zu bewahren[424].

Im Töpferorakel beinhaltet die erste Geschichtsperiode eine Chaoszeit. Entsprechend ist auch das Thema des ersten Abschnitts des anonymen Orakels:

ἐγερθήσεται γὰρ ἔθνος ἐπ' ἔθνος καὶ βασιλεία ἐπὶ βασιλείαν, ἔσονται σεισμοὶ κατὰ τόπους, ἔσονται λιμοί. καὶ παραδώσει

---

[422] P. Oxy. 79.
[423] LXX Dan 2,28. Einordnung bei *T. Francis Glasson,* Mark xiii. and the Greek Old Testament (ET 69, 1957, S. 213–215), S. 214.
[424] *Erich Fascher,* Theologische Betrachtungen zu δεῖ (Neutestamentliche Studien für Rudolf Bultmann [BZNW 21], 1954, S. 228–254), S. 229.238, versucht die Bedeutung der Formel näher zu bestimmen. In Bezug auf δεῖ in LXX Dan 2,28 stellt er die These zur Diskussion, „ob es nicht eingekleidete retrospektive Geschichtsbetrachtung ist, die Geschehenes nachträglich als göttliches Muß verstehen und ihm durch literarische Vordatierung nachträglich den Charakter einer Weissagung gegeben hat". Das δεῖ in Mk 13,7, nunmehr auf die Zukunft bezogen, dient „nicht . . . als Grundlage und Maßstab der Berechnung geschichtlicher Abläufe, sondern als Mittel, die Gemeinde vor Erschütterung zu bewahren".

ἀδελφὸς ἀδελφὸν εἰς θάνατον καὶ πατὴρ τέκνον, καὶ ἐπαναστήσονται τέκνα ἐπὶ γονεῖς καὶ θανατώσουσιν αὐτούς.
Von der Gattung her hat man diesen Abschnitt als Prophezeiung *post eventum* zu verstehen. Im Töpferorakel findet sich in der Darstellung der ersten Geschichtsperiode ein Ineinander von überkommenen Topoi aus einheimisch-ägyptischer Tradition und Anspielungen auf aktuelle historische Ereignisse. Das anonyme Orakel läßt die Geschichte hinter Topoi jüdischer Tradition völlig verschwinden.

Im Gegensatz zu den vielfältigen Chaoserscheinungen im Töpferorakel sind die Topoi im anonymen Orakel alle auf kriegsähnliche Unruhen bezogen. Wenn das anonyme Orakel kurz nach dem Herbst 66 entstand, sind die Ereignisse, auf die angespielt werden, bekannt[425]. In eine Versammlung der alexandrinischen Bürger, in der eine Gesandtschaft an Nero behandelt werden sollte, schlichen sich einige Juden ein. Drei wurden von der erregten Menge gefaßt und fortgeschleppt, um lebendig verbrannt zu werden. Daraufhin erhob sich die Judenschaft Alexandriens, um sie zu befreien. Sie schickten sich an, Feuer an das Amphitheater zu legen und die Volksmenge darin zu verbrennen. Der Statthalter bot die beiden in Alexandrien stationierten Legionen auf, die mit uneingeschränktem Waffengebrauch gegen die Juden vorgingen. Die in das jüdische Stadtviertel gedrängten Juden fochten mit dem Mut der Verzweiflung. Jüdischer Besitz wurde geplündert, jüdische Häuser niedergebrannt und ein Blutbad angerichtet, in dem Tausende von Juden umkamen. Dieser Aufruhr war nicht ein isoliertes Ereignis, sondern wurde durch Auseinandersetzungen zwischen Juden und Griechen in anderen Städten des ehemals ptolemäischen Gebietes entfacht[426]. Etwa gleichzeitig hatten nämlich die griechischen Einwohner Caesareas auf einmal die gesamte jüdische Bevölkerung der Stadt niedergemetzelt und so die Stadt gänzlich von Juden gesäubert; daraufhin verteilten sich Juden in mehrere Kriegshaufen und verwüsteten verschiedene an Palästina angrenzende griechische Städte, unter anderem die Küstenstädte Gaza, Askalon, Ptolemais und Tyros und in der Dekapolis Philadelphia, Gerasa, Pella, Gadara, Hippos und Skythopolis.

Im Töpferorakel beinhaltet die erste Geschichtsperiode die kriegerischen Auseinandersetzungen unter den ptolemäischen Herrschern. Der

---

[425] Josephus, Bell. Jud. 2,490–498. *H. I. Bell,* Juden und Griechen im römischen Alexandreia (BAO 9), 1926, S. 30–31; *E. Smallwood,* Jews under Roman Rule, S. 364–366.
[426] Josephus, Bell. Jud. 2,457–460.490.

Angriff von Antiochos IV. Epiphanes auf Ägypten wird erwähnt[427], der als Kampf zwischen den Seleukiden und den Ptolemäern auch der Anlaß zu einer innerptolemäischen Rivalität zwischen Ptolemaios VI. Philometor und Ptolemaios VIII. Euergetes II. war. Als Abschluß der Geschichtsperiode wird der Kampf zwischen Euergetes II. und Kleopatra II. geschildert[428]. Anstelle solcher konkreter Anspielungen tritt im anonymen Orakel der Topos[429], daß sich Volk gegen Volk[430] und Königreich gegen Königreich erheben wird.

Aus dem Bereich des Chaos in der Natur betont das Töpferorakel die Auswirkung des Austrocknens des Nils. Der Boden wird unfrucht-

---

[427] ⟨ ⟩ κατὰ τὴν Αἰ[γύ]π[τ]ου γῆ[ν] καὶ κατὰ ⟨τὸν⟩ Λίβανον κα⟨τ⟩ώ⟨σ⟩ει P. Oxy. 11–12.

[428] μετελεύσεται δὲ ποσὶ [πρὸς θά]ˌλασσˌαν [ἐν τ]ῷ μηνί⟨ει⟩ν καὶ πολλοὺς καταστρέψει αὐτῶν ˌἀσεβεῖςˌ [ὄντας] P. Rainer 14–16/(P. Oxy. 27–29).

[429] Die Geschichte des Topos ist noch nicht aufgearbeitet. *Howard Clark Kee,* The Function of Scriptural Quotations and Allusions in Mark 11–16 (Jesus und Paulus. Festschrift für Werner Georg Kümmel zum 70. Geburtstag, 1975, S. 165–188), S. 169, bietet eine Anzahl von Stellen aus alttestamentlicher und nachalttestamentlicher jüdischer Literatur, die er in „quotation", „allusion" und "influence" unterteilt. Die Grundstruktur der Aussage bietet *'jr b'jr mmlkh bmmlkh* ‚Stadt gegen Stadt und Königreich gegen Königreich' Jes 19,2 und *gwj bgwj w'jr b'jr* ‚Volk gegen Volk und Stadt gegen Stadt' II Chr 15,6. Die engste Verwandtschaft mit dem anonymen Orakel bietet die in Palästina nach der Zerstörung des Tempels entstandene Schrift IV Esra: *et in alisalio cogitabunt bellare civitates civitatem et locus locum et gens ad gentem et regnum adversus regnum* IV Esr 13,31. *Lars Hartman,* Prophecy interpreted (CB.NT 1), 1966, S. 149, der den gesamten Inhalt des anonymen Orakels als Anspielungen auf alttestamentliche Stellen verstehen will, verweist zur Erklärung der vorliegenden Formulierung auf II Chr 15,6 und Jes 19,2: An der einen Stelle wird von Auseinandersetzungen von Volk gegen Volk, in der anderen von solchen von Königreich gegen Königreich berichtet; die beiden Stellen sind durch ein gemeinsames Stichwort, nämlich Auseinandersetzungen von Stadt gegen Stadt, miteinander verbunden. Die Übereinstimmung zwischen Jes 19,2 und dem anonymen Orakel sind sogar enger als *Hartman* erkennt, denn nach der Stelle stachelt Jahwe Ägypten gegen Ägypten auf, so daß die Kämpfe von Stadt gegen Stadt und Königreich gegen Königreich als ägyptisches Phänomen zu verstehen sind. Eine direkte Abhängigkeit des anonymen Orakels von Jes 19,2 ist aber nicht zu begründen. Der Urheber des anonymen Orakels ist in seinen alttestamentlichen Zitaten von dem Text der Septuaginta abhängig. Die griechische Übersetzung mit πόλις ἐπὶ πόλιν καὶ νομὸς ἐπὶ νομόν LXX Jes 19,2 deutet *mmlkh* ‚Königreich' als νομός, die ägyptische Verwaltungseinheit, um und versteht die Auseinandersetzungen als innerägyptische, demzufolge Stadt gegen Stadt und Nomos gegen Nomos kämpfen wird. Damit aber entfällt die sprachliche Übereinstimmung mit dem anonymen Orakel.

[430] Der Begriff ἔθνος kann bewußt gewählt worden sein, denn der Aufstand in Alexandrien – wie auch die gleichzeitigen Unruhen in den anderen ehemals ptolemäischen Gebieten – war eine Auseinandersetzung zwischen Griechen und Juden, Josephus, Bell. Jud. 2,490–492, sagt ausdrücklich zwischen Ἰουδαῖοι und Ἕλληνες.

bar[431], die Erde wird nicht mehr zur Saat taugen[432], der Boden wird vom Wind weggetragen[433]. Man wird daher gegeneinander streiten, da Mangel an Nahrungsmitteln herrschen wird[434]. Schon im Töpferorakel sind diese Ereignisse als Topoi zu verstehen. Das anonyme Orakel führt die Topoi durch den einen Topos fort, daß es Hungersnöte geben wird. Der Topos gewinnt aber im anonymen Orakel einen anderen Stellenwert, denn im Anschluß an die vorangehende Darstellung von Unruhen hat man in den Hungersnöten deren Folgen zu verstehen. Der Topos wird im anonymen Orakel auf eine Art erweitert, die durch das Töpferorakel nicht ausdrücklich vorbereitet wird: Mit ἔσονται λιμοί asyndetisch koordiniert steht ἔσονται σεισμοὶ κατὰ τόπους. Die Schrecken[435] an verschiedenen Orten sind wie die Hungersnöte Folgen der Unruhen.

Das Töpferorakel sagt Krieg und gottlosen Mord unter Brüdern und Eheleuten voraus[436], was auf die Zustände im ptolemäischen Königshaus zu beziehen ist. Diese historische Beschreibung wird im anonymen Orakel durch den jüdischen Topos[437] fortgeführt, daß der Bruder den Bruder und der Vater das Kind dem Tod übergeben wird und Kinder sich gegen Eltern erheben und sie töten werden. Im Kontext des anonymen Orakels ist auch dieser Topos als Teil der Unruhen zu deuten.

Die zweite Geschichtsperiode im Töpferorakel ist die gesteigerte Chaoszeit und schließt sich damit eng an die erste Geschichtsperiode an. Entsprechend ist der zweite Abschnitt des anonymen Orakels zu verstehen:

---

[431] ἡ ἄτοκος [γ]ῆ ἐκφθαρεῖσα ἔσται ἀποτετοκυῖα P. Oxy. 13–14.

[432] ἡ γῆ οὐ συμφωνήσει τοῖς σπόροις P. Rainer 7/(P. Oxy. 18–19).

[433] ἔσται τὰ π[λ]εῖστα αὐτῆς ἀνεμόφθορα P. Rainer 7–8/(P. Oxy. 19–20).

[434] [μά]χονται ἐν Αἰγύπτῳ διὰ τὸ {ἐν} ἐνδεεῖς αὐτο[ὺς ε]ἶναι τροφῶ(ν) P. Rainer 9/(P. Oxy. 21–22).

[435] Das Wort σεισμός, das ‚Erdbeben' bedeuten kann, wird auch übertragen – nach *Henry George Liddell* und *Robert Scott*, A Greek-English Lexicon, ⁹1940, Stw. σεισμός, „shock, agitation, commotion" – gebraucht, und zwar nach den Belegen bei *Rudolf Pesch*, Naherwartungen. Tradition und Redaktion in Mk 13 (KBANT), 1968, S. 123, auch zur Ausmalung von Kriegsschrecken. *Pesch*, ebenda, S. 123, hat wohl recht, daß die Stellung von σεισμός im anonymen Orakel zwischen den Kriegen und der traditionellen Kriegsfolge der Hungersnot es nahelegt, σεισμός übertragen auf Kriegsereignisse zu deuten.

[436] τούτου τοῦ γένους [πόλεμός τε καὶ φόνος] ἔσται ὃς καὶ τοὺς ἀδελφο[ὺς] καὶ [τὰς γα]μετὰ⟨ς⟩ [ἀνελεῖ] P. Rainer 10–12/(P. Oxy. 23–25).

[437] Die Geschichte des Topos, „ein Gemeinplatz der jüdischen Apokalyptik" *(J. Wellhausen)*, ist noch nicht erarbeitet. *L. Hartman*, Prophecy Interpreted, S. 168, bietet Belege aus den alttestamentlichen Schriften, *Wilhelm Bousset* und *Hugo Greßmann,* Die Religion des Judentums im späthellenistischen Zeitalter (HNT 21), ³1925 (⁴1966), S. 250–251, und *P. Volz*, Eschatologie der jüdischen Gemeinde, S. 156–157, bieten Belege aus der nachalttestamentlichen Literatur.

ὅταν δὲ ἴδητε τὸ βδέλυγμα τῆς ἐρημώσεως ἑστηκότα ὅπου οὐ δεῖ, ὁ ἀναγινώσκων νοείτω, τότε φευγέτωσαν εἰς τὰ ὄρη, ὁ δὲ ἐπὶ τοῦ δώματος μὴ καταβάτω μηδὲ εἰσελθάτω ἆραί τι ἐκ τῆς οἰκίας αὐτοῦ, καὶ ὁ εἰς τὸν ἀγρὸν μὴ ἐπιστρεψάτω εἰς τὰ ὀπίσω ἆραι τὸ ἱμάτιον αὐτοῦ. οὐαὶ δὲ ταῖς ἐν γαστρὶ ἐχούσαις καὶ ταῖς θηλαζούσαις ἐν ἐκείναις ταῖς ἡμέραις. ἔσονται γὰρ αἱ ἡμέραι ἐκεῖναι θλῖψις οἵα οὐ γέγονεν τοιαύτη ἀπ' ἀρχῆς κτίσεως ἕως τοῦ νῦν καὶ οὐ μὴ γένηται.

Aufgrund der Struktur des eschatologischen Geschichtsbildes des ägyptischen Hellenismus hat man diesen Teil des Orakels als Prophezeiung *ante eventum* zu verstehen.

Die Ereignisse in der zweiten Geschichtsperiode werden im Töpferorakel durch das Auftreten des Königs von Syrien eingeleitet[438]. Als mythische Gestalt wird sein Erscheinen die gesteigerte Chaoszeit einleiten. Aufgrund der Übereinstimmung zwischen dem Töpferorakel und dem anonymen Orakel hat man am Anfang des zweiten Teiles das Auftreten des Königs von Syrien zu erwarten. Der Septuagintismus τὸ βδέλυγμα τῆς ἐρημώσεως[439] verschleiert – wie das nachfolgende ὁ ἀναγινώσκων νοείτω ausdrücklich hervorhebt – den intendierten Sachverhalt, ist aber, wie aus dem grammatisch unsachgemäßen maskulinen ἑστηκότα hervorgeht, auf eine Person und nicht eine Sache zu beziehen. Anstelle von ἐκ Συρίας βασιλεύς[440] des Töpferorakels tritt τὸ βδέλυγμα τῆς ἐρημώσεως. Der Begriff, der aus LXX Daniel 12 stammt[441], be-

---

[438] [καὶ κ]αθήξει δ' ἐ]κ Συρίας βασιλεὺς ὃς [ἔσται] ₁μισητὸς πᾶς₁ιν ἀνθρώποις P. Oxy. 30–31/(P. Rainer 16–17).
[439] LXX Dan 12,11. Einordnung bei *T. Glasson*, Mark xiii., S. 214.
[440] P. Oxy. 30/(P. Rainer 16).
[441] Das Rätseldoppelwort *šqwṣ šmm* ist als eine Anspielung auf den Gottesnamen Zeus Olympios zu verstehen. Die semitische Entsprechung zu Zeus Olympios war der phönikische Baʻalšamem; *O. Eißfeldt*, Baʻalšamēm und Jahwe (1939: ders., Kleine Schriften II, 1963, S. 171–198), S. 191–192, zeigt, daß im Begriff *šqwṣ šmm* das erste Wort ein polemischer Ersatz für *b'l* ‚Herr' und das zweite eine Anspielung auf *šmm* ‚Himmel' ist. Grammatisch ist *šmm* als Kurzform des Partizips *mšmm* mit *Otto Plöger*, Das Buch Daniel (KAT 18), 1965, S. 169, als ‚verwüstender Greuel' zu deuten. Die Septuaginta gibt den Begriff mit τὸ βδέλυγμα τῆς ἐρημώσεως wieder, wobei das Partizip mit einem *genitivus qualitativus* wiedergegeben wird. Nur LXX Dan 12,11 kommt der Begriff in genau dieser Gestalt, nämlich mit doppelter Determination, vor. Die Übersetzung der Septuaginta ließ allerdings zwei weitere ähnliche Bildungen entstehen. Die beiden Formulierungen *šqwṣjm mšmm* Dan 9,27 und *hšqwṣ mšwmm* Dan 11,31 sind zwar textkritisch problematisch, wie aber auch immer die Urformen gelautet haben, werden sie im Griechischen durch βδέλυγμα τῶν ἐρημώσεων LXX Dan 9,27 und βδέλυγμα ἐρημώσεως LXX Dan 11,31 wiedergegeben. Auch der Verfasser von I Makkabäer, das ursprünglich hebräisch abgefaßt wurde,

zeichnet im ursprünglichen Kontext eine Sache und nicht eine Person[442]. Die Umwandlung des Begriffes[443] in eine Bezeichnung des Königs von Syrien kam dadurch zustande, daß man die Danielstelle vom größeren Kontext des Danielbuches isoliert im Sinne einer jüdischen Deutung des eschatologischen Geschichtsbildes des ägyptischen Hellenismus gelesen hat. Im Stil einer Vorhersage wird nämlich berichtet, ἂν ἀποσταθῇ ἡ θυσία . . . καὶ ἑτοιμασθῇ δοθῆναι τὸ βδέλυγμα τῆς ἐρημώσεως. Diese beiden Aussagen lassen sich als Teildarstellungen der ersten und zweiten Geschichtsperiode des eschatologischen Geschichtsbildes verstehen. Im Töpferorakel finden sich im Rahmen der ersten Geschichtsperiode Zeichen des Rückganges der einheimischen Kulte: Die Güter der Tempel werden eingezogen und die Festzüge der Tempel werden selten. Daß nach Daniel das Opfer aufhören wird, läßt sich als ein Zeichen des Rückganges des jüdischen Kultes verstehen. Im Töpferorakel wird die zweite Geschichtsperiode durch das Auftreten des Königs von Syrien eingeleitet. Die passivische Formulierung ἑτοιμασθῇ δοθῆναι in Daniel läßt – wenn man den Kontext des ganzen Buches ignoriert – eine Deutung auf das Auftreten einer Person zu. So konnte im Zusammenhang mit dem Aufhören des Opfers die Feststellung, daß der Greuel der Verwüstung bereitet werden wird, eingesetzt

---

hat in I Makk 1,54 einen entsprechenden Begriff aus Daniel entlehnt, der in der griechischen Übersetzung als βδέλυγμα ἐρημώσεως erscheint.

[442] Im Urtext stand der verwüstende Greuel mit den Ereignissen von Dezember 167 in Zusammenhang. Antiochos hat den jüdischen Kult im Tempel verboten und wandelte den Tempel in ein Heiligtum des Zeus Olympios um. Der verwüstende Greuel war entweder ein dem griechischen Gott gewidmeter Altar oder dessen Standbild. Eine durchgreifende Umdeutung des Begriffes fand durch die Übersetzung ins Griechische nicht statt. Der Begriff in LXX Dan 12,11 war aber – nicht anders als im Urtext – insofern für andere Deutungen offen, als der Charakter des Bezeichneten nicht aus der Stelle allein hervorging. Im Kontext mußte er allerdings im Zusammenhang mit LXX Dan 9,27 und 11,31 gedeutet werden. Daß ein Greuel der Verwüstungen ἐπὶ τὸ ἱερόν . . . ἔσται LXX Dan 9,27 und daß βραχίονες . . . δώσουσι einen Greuel der Verwüstung LXX Dan 11,31, macht aber deutlich, daß es sich um eine Sache handelt.

[443] Das Problem, daß der Begriff in Daniel auf eine Sache bezogen ist und sich als Biblizismus nicht ohne weiteres eignet, eine Person zu bezeichnen, ist von *Béda Rigaux*, ΒΔΕΛΥΓΜΑ ΤΗΣ ΕΡΗΜΩΣΕΩΣ (Bib. 40, 1959, S. 675–683), deutlich gesehen. *Rigaux* macht darauf aufmerksam, daß in Dan 9,27 neben šqwsjm mšmm 9,27c auch šmm 9,27d vorkommt und daß letzteres als Bezeichnung für den Verwüster gebraucht wird. *Rigaux*, ebenda, S. 676, folgert: „Il est naturel de reporter sur 9,27c le sens clair de 9,27d . . ." Wenngleich das Problem scharf gesehen wird, ist die Lösung nicht überzeugend. Davon abgesehen, daß die Tradierung des Begriffes von einer bewußten Deutung des hebräischen Textes bis zum griechischsprachig verfaßten anonymen Orakel unerklärt bleibt, ist die Annahme einer solchen vom Text her nicht erforderlichen Bedeutungsübertragung nicht zwingend.

zu werden, als verschleierter Hinweis auf das Auftreten des Königs von Syrien verstanden werden. Daß man im anonymen Orakel den Begriff König von Syrien durch den Septuagintismus ersetzte, ist darauf zurückzuführen, daß man in römischer Zeit die Gestalt des Königs von Syrien aktualisierte und die Aussage des Begriffes, nämlich die Herkunft des Königs aus Syrien, nicht mehr inhaltlich zutreffend war.

Die Aktualisierung wird nur durch ἑστηκότα ὅπου οὐ δεῖ, das sachlich an die Stelle von καθήξει[444] des Töpferorakels tritt, angedeutet. Ihr genauer Inhalt geht aus der Formulierung nicht eindeutig hervor. Die traditionsmäßige Orientierung des anonymen Orakels auf Ägypten läßt einen Bezug zum Jerusalemer Tempel[445] als unwahrscheinlich erscheinen. Denkbar wäre es, daß an die Stelle des mythischen Königs von Syrien der gleichermaßen mythische römische Gewaltherrscher, der den Sitz der Herrschaft verlegen wird, getreten ist. Daß der Gewaltherrscher

---

[444] P. Oxy. 30/(P. Rainer 16).
[445] Es handelt sich im vorliegenden Zusammenhang nur um die Deutung des Satzes auf der überlieferungsgeschichtlichen Stufe des anonymen Orakels. Daß dieser Satz bei der Einarbeitung des Orakels in das jesuanische Apophthegma anders als im anonymen Orakel gedeutet wurde und daß ihm bei der Einarbeitung des Apophthegmas in das Markusevangelium nochmals eine andere Deutung beigelegt wurde, ist wahrscheinlich. In der exegetischen Diskussion wird selten zwischen den verschiedenen überlieferungsgeschichtlichen Stufen und den eventuell verschiedenen Deutungen des Satzes unterschieden. Aufgrund des Kontextes in den synoptischen Evangelien wird fast durchgehend ein Bezug zum Jerusalemer Tempel oder zu Jerusalemer Ereignissen hergestellt. Seit der Deutung von Mk 13,14 durch den lukanischen Redaktor in Lk 21,20 wird der Greuel der Verwüstung auf die römische Armee bezogen; diese Deutung wird von *Jo. Albertus Bengelius,* Gnomon Novi Testamenti, 1742, S. 136, für Mt 24,15 und damit implizit für Mk 13,14 übernommen, mit der Begründung, daß die Feldzeichen der Römer von den Juden als Götzenbilder beurteilt wurden, weil die Römer ihnen Göttlichkeit zuerkannten. Seit der Alten Kirche wird nach *G. R. Beasley-Murray,* A Commentary on Mark Thirteen, 1957, S. 66–69, der Greuel der Verwüstung als der Antichrist gedeutet; *W. Bousset,* Antichrist, S. 104–106, stellt Belege dafür zusammen, daß sich der Antichrist im Tempel von Jerusalem niederlassen wird. Auch seit der Alten Kirche wird nach *Beasley-Murray,* ebenda, S. 63, der Greuel der Verwüstung als eine Statue, die angeblich von Titus im Tempelbereich aufgestellt wurde, gedeutet. *Ferdinand Christian Baur,* Kritische Untersuchungen über die kanonischen Evangelien, 1847, S. 605/609 Anm. *, verweist darauf, daß Hadrian die Bildsäule des kapitolinischen Jupiter auf dem Platz aufstellte, wo vorher der Tempel stand. *Otto Pfleiderer,* Das Urchristentum, seine Schriften und Lehren, in geschichtlichem Zusammenhang, 1887, S. 402–404, bezieht die Aussage auf die Absicht von Caligula, seine Statue im Tempelbezirk aufzustellen. *O. Pfleiderer,* Ueber die Composition der eschatologischen Rede Matth. 24,4ff (JDTh 13, 1868, S. 134–149), S. 139–141, zieht die Greueltaten der Zeloten während der Belagerung von Jerusalem heran. *Sidney Sowers,* The Circumstances and Recollection of the Pella Flight (ThZ 26, 1970, S. 305–320), S. 318–319, weist auf die im Winter 67/68 erfolgte ungesetzliche Wahl des bäurischen Phanni zum Hohenpriester hin.

imperii sede translata[446], ließe sich in ἑστηκότα ὅπου οὐ δεῖ zum Ausdruck bringen. Wenn aber die Ereignisse, auf die die Chaosdarstellung anspielt, die Auseinandersetzungen zwischen Juden und Griechen im Herbst 66 sind, sind die historischen Umstände des anonymen Orakels dieselben wie die der zur gleichen Zeit entstandenen Prophezeiung der jüdischen Sibylle. Die Gemeinsamkeit der beiden Prophezeiungen, die in der gemeinsamen Verwertung des eschatologischen Geschichtsbildes des ägyptischen Hellenismus besteht, macht eine gemeinsame Aktualisierung des Königs von Syrien wahrscheinlich. Dann läge die bei der jüdischen Sibylle belegte Vermengung der Gerüchte um Nero, die auf seinem Rückzug auf die Präfektur von Ägypten deuteten, mit der Tradition des römischen Gewaltherrschers, der den Sitz der Herrschaft verlegen will, vor. Der Greuel der Verwüstung wäre Nero, der sich gegen das Königtum von Ägypten wendend in Ägypten auftreten und das Land belagernd und verwüstend Krieg führen, töten und plündern wird. Daß Nero ὅπου οὐ δεῖ stehen wird – eine Aussage, die gemäß der Rechtslage des Römischen Reiches, nach der Nero König von Ägypten war, nicht zutreffend ist – wäre durch den vom ägyptischen Hellenismus vorgegebenen nationalistischen Anspruch auf ein unabhängiges ägyptisches Königtum, auf das Nero kein Recht hatte, bedingt.

Auf diesem Hintergrund läßt sich die inhaltliche Aussage der das anonyme Orakel einleitenden Paränese deuten. Die Paränese bezieht sich auf die zweite Geschichtsperiode und stellt durch die Parallelisierung von ὅταν δὲ ἀκούσητε und ὅταν δὲ ἴδητε einen Bezug zwischen πολέμους καὶ ἀκοὰς πολέμων und dem Greuel der Verwüstung her. In πολέμους liegt ein augmentativer Plural[447] und in ἀκοὰς πολέμων eine variierende, πολέμους verstärkende Abwandlung desselben[448] vor. Man erwartet beim Auftreten des Greuels der Verwüstung ein gewaltiges Kriegsgeschehen. Im Töpferorakel wird die Auswirkung des Auftretens des Königs von Syrien nicht explizit ausgeführt. Weil der historische Hintergrund der Gestalt der Ägypten angreifende Antiochos IV. Epiphanes war, ist in seinem Auftreten implizit ein kriegerisches Geschehen beinhaltet. Das implizite Kriegsgeschehen wurde in der im 5. Sibyl-

---

[446] Lactantius, Div. inst. VII 16,4.
[447] *Eduard Schwyzer* (und *Albert Debrunner*), Griechische Grammatik II (HAW 2,1,2), 1950, S. 43, bieten Beispiele für den augmentativen Plural bei Vorgängen. Er bezeichnet das Geschehen mit allem Drum und Dran.
[448] *Cornelis Jacobus den Heyer*, Exegetische methoden in discussie, Diss. Kampen 1978, S. 175.

linischen Buch enthaltenen sibyllinischen Verarbeitung des eschatologischen Geschichtsbildes des ägyptischen Hellenismus, in der Nero an die Stelle des Königs von Syrien tritt, explizit ausgeführt. Die Sibylle weiß in diesem Zusammenhang vorherzusagen, daß Nero Ägypten belagernd und verödend πτολεμίξει[449], und zwar wird es ein Vernichtungskrieg sein, bei dem Nero jeden Mann töten und das ganze Lebensgut plündern wird, so daß nur ein Drittel der Bevölkerung übrig bleibt. Dieser Verknüpfung von Vernichtungskrieg und dem Auftreten Neros in Ägypten[450] entspricht die Verbindung von πόλεμοι und dem Auftreten des Greuels der Verwüstung im anonymen Orakel. Der Greuel der Verwüstung wird bei seinem Auftreten einen Vernichtungskrieg führen.

In Ägypten nicht nur ptolemäischer Zeit war für Bauern, Beamte und andere Personen, die ihren Leistungsverpflichtungen gegenüber dem Staat nicht nachkommen konnten, die Anachoresis[451] ein Ausweg. Man entzog sich der Schuld durch die Ortsflucht, indem man den Ort seiner vorrangigen Leistungspflicht verließ und an einen anderen Ort, häufig in die dem Kulturland angrenzende Wüste, ging. Das Töpferorakel sagt die Anachoresis für die gesteigerte Chaoszeit voraus[452]. Der Topos wird im anonymen Orakel mit φευγέτωσαν εἰς τὰ ὄρα formal ungebrochen fortgeführt[453]. Daß man in die Wüste[454] fliehen wird, ließe sich als

---

[449] Sib 5,101–104.
[450] Die Fortführung der ägyptisch-jüdischen Verknüpfung vom Auftreten Neros mit einem Vernichtungskrieg liegt in der sibyllinischen Verarbeitung der Legende vom wiederkehrenden Nero, in der das Auftreten Neros ein κοσμομανὴς πόλεμος Sib 5,362 einleitet.
[451] Der Tatbestand der Anachoresis beschreibt *Walter Schmidt,* Der Einfluß der Anachoresis im Rechtsleben Ägyptens zur Ptolemäerzeit, Diss. Köln 1966, S. 2–11.
[452] ἥ τε {τε} χώρα ἀκατασ⌊τ⌋α[τήσει διὰ] καταλείψαντ[α]ς ἑαυτῶν τὴν ἰδίαν· ἕν τε ⌊ξένῃ πορευ⌋θήσονται παρ⌊ακ⌋λαιόμενοι P. Oxy. 36–38/(P. Rainer 21–23).
[453] Allerdings hebt sich die Formulierung vom Töpferorakel dadurch ab, daß im anonymen Orakel die Imperative der 3. Person φευγέτωσαν ergänzt durch καταβάτω, εἰσελθάτω und ἐπιστρεψάτω anstatt Verben im Futur stehen. Die Funktion der Imperative ist unklar. Die Paränese im anonymen Orakel, die einen Imperativ der 2. Person benutzt, nämlich θροεῖσθε 13,7, wird dadurch nicht fortgeführt: Die durch die Paränese Angeredeten werden nicht zur Flucht aufgefordert, sondern ihnen wird gesagt, daß man fliehen soll. Man hat den Eindruck, daß die Imperative der 3. Person einfach als Ersatz für Verben in Futur dienen sollen. Zu beachten ist, daß im Gegensatz zu der Darstellung der ersten Geschichtsperiode, die eine Prophezeiung *post eventum* ist, die der zweiten Geschichtsperiode eine Prophezeiung *ante eventum* bildet. Möglich ist, daß der Urheber des anonymen Orakels den Übergang von der Prophezeiung *post eventum* zur Prophezeiung *ante eventum* durch den Wechsel von Verben im Futur zu Imperativen der 3. Person hervorheben wollte.
[454] Wie *H. Liddell/R. Scott,* Greek-English Lexicon, Stw. ὄρος, andeuten, indem sie die Bedeutung von τὰ ὄρη für Ägypten mit „desert" angeben, hat man im ägyptischen

ungebrochene Fortführung des Topos verstehen. Weil aber die Flucht dadurch qualifiziert wird, daß man sie in höchster Eile antreten muß, ist eine Verschiebung der sozialgeschichtlichen Voraussetzungen anzunehmen. Die Flucht ist nicht ein bestimmtes Verhalten angesichts einer drückenden Steuerlast, sondern ist die Reaktion der Bevölkerung auf den Vernichtungskrieg[455], den der Greuel der Verwüstung bei seinem Auftreten einleiten wird.

Auch zum Inhalt der zweiten Geschichtsperiode im Töpferorakel gehört die Vorhersage, daß schwangere Frauen in großer Zahl sterben werden[456]. Im anonymen Orakel wird die Vorhersage in einen Wehruf über Schwangere und Stillende abgewandelt.

Das Thema der zweiten Geschichtsperiode im Töpferorakel ist letztlich die Steigerung der Chaoserscheinungen gegenüber der Chaoszeit der ersten Geschichtsperiode. Das Thema wird dabei nicht abstrakt formuliert, sondern nur durch einzelne Vorhersagen zum Ausdruck gebracht[457]. Der Verfasser des anonymen Orakels brach insofern mit der durch das Töpferorakel bezeugten Tradition[458], als er das Thema direkt ansprach: Jene Tage, in denen der Greuel der Verwüstung seinen Vernichtungskrieg führen wird, werden eine Drangsal sein, wie eine solche noch nicht gewesen ist von dem Anfang der Schöpfung bis in die

Griechisch mit τὰ ὄρη die das Kulturland angrenzende, teils gebirgige, unbewohnte Wüste bezeichnet.

[455] Die Sache, um die es geht, wird von Josephus illustriert. Im Zusammenhang mit der Niedermetzelung der alexandrinischen Juden im Herbst 66 durch römische Soldaten berichtet er: ‚Das Verderben kam über sie auf ganz verschiedenartige Weise: die Einen ereilte es auf freiem Felde, die Anderen dicht zusammengedrängt in den Häusern . . .' (O. Bauernfeind/O. Michel) Josephus, Bell. Jud. 2,496. Der Sachverhalt dürfte typisch für die Niederschlagung solcher Aufstände sein. Das anonyme Orakel bezeugt die Übertragung solcher Erfahrungen auf das erwartete Auftreten des Greuels der Verwüstung.

[456] ἐν γυ[ναικῶν] [δὲ] [ἐ]ν[κύοι]ς ἔσται κα[ὶ] θάνατ[ος] πολύς P. Rainer 26–27/(P. Oxy. 41–42).

[457] Das Töpferorakel bezeichnet die Ereignisse der Chaoszeit zusammenfassend als τὰ κακά: In der ersten Geschichtsperiode wird die Sonne sich verdunkeln οὐ θέλων βλέπειν τὰ ἐν Αἰ[γ]ύπτῳ [κακά] P. Rainer 6–7/(P. Oxy. 18); der Abzug des Agathos Daimon aus Alexandrien am Anfang der dritten Geschichtsperiode findet [ἐπὶ τέλει] [τῶν κακ]ῶν P. Rainer 31/(P. Oxy. 53) statt; entsprechend kommt die Heilszeit in der vierten Geschichtsperiode ἐπὶ τέλει δὲ τῶν κακῶν P. Oxy. 71.

[458] Am Ende seiner Wiedergabe der Vorlage aus dem jüdisch-hellenistischen Schulbetrieb stellt Lactantius die folgende Zusammenfassung: *et erit pressura et contritio qualis numquam fuit a principio mundi* Lactantius, Div. inst. VII 17,6. Wenn darin nicht ein aus Mk 13,19 entnommener Zusatz des Lactantius vorliegt, sondern ein Teil seine Vorlage wiedergibt, wird dadurch bewiesen, daß am Abschluß der jüdischen Formung der zweiten Geschichtsperiode eine solche Zusammenfassung gesetzt wurde. In dem Fall könnte eine Abhängigkeit von der jüdischen Schultradition im anonymen Orakel vorliegen.

Gegenwart und nicht noch einmal werden wird. Das θλῖψις οἵα οὐ γέγονεν ist ein nochmaliger Septuagintismus[459], der feststellt, daß die Drangsal sich ins Unermeßliche steigert. Der Hinweis, daß keine solche Drangsal ἀπ' ἀρχῆς κτίσεως ἕως τοῦ νῦν gewesen ist, hebt hervor, daß die Drangsal auch die der gegenwärtigen Chaoszeit übersteigt, und der, daß eine solche οὐ μὴ γένηται, betont, daß der Vernichtungskrieg des Greuels der Verwüstung der Höhepunkt der Chaoserscheinungen sein wird.

Die dritte Geschichtsperiode im Töpferorakel hat als Thema die göttliche Fügung. An der entsprechenden Stelle hat das anonyme Orakel:

ἀλλὰ μετὰ τὴν θλῖψιν ἐκείνην ὁ ἥλιος σκοτισθήσεται, καὶ ἡ σελήνη οὐ δώσει τὸ φέγγος αὐτῆς, καὶ οἱ ἀστέρες ἔσονται ἐκ τοῦ οὐρανοῦ πίπτοντες, καὶ αἱ δυνάμεις αἱ ἐν τοῖς οὐρανοῖς σαλευθήσονται.

Der Abschnitt besteht aus einer knappen Einleitung und einem Zitat.

Im Töpferorakel gehen die erste und die zweite Geschichtsperiode insofern ineinander über, als die erste eine Chaoszeit, die zweite die Steigerung derselben ist. Die dritte Geschichtsperiode ist dagegen durch eine abrupte Änderung des Geschehens gekennzeichnet. Um dies hervorzuheben, wird die Beschreibung mit καὶ τότε[460] eingeleitet und zudem dadurch ergänzt, daß die beschriebenen Ereignisse erst nach dem Ende der schlechten Ereignisse der Chaoszeit, nämlich ⌊ἐπὶ τέ⌊λει ⌊τῶν κακ⌊ῶν[461], stattfinden werden. Das anonyme Orakel wird entsprechend formuliert. Anstelle von καὶ τότε wird ἀλλά, das die abrupte Änderung eines Themas anzeigt, benutzt. Weil das Wort θλῖψις für die Ereignisse der gesteigerten Chaoszeit angewandt wurde, wird die zeitliche Trennung mit μετὰ τὴν θλῖψιν ἐκείνην angegeben.

Das Thema der dritten Geschichtsperiode im Töpferorakel ist die göttliche Fügung, die zu der Verödung der Stadt Alexandrien führt. Der Agathos Daimon, der Schutzgeist der Stadt, wird Alexandrien verlassen und in die altägyptische Königsstadt Memphis zurückkehren. Im anonymen Orakel wird die Beschreibung der dritten Geschichtsperiode durch eine zitierte vierteilige Überlieferung gestaltet. Der Inhalt des Zitates basiert auf einer von der Septuaginta unabhängigen Übersetzung von

---

[459] LXX Dan 12,1. Einordnung bei *T. Glasson*, Mark xiii., S. 214.
[460] P. Rainer 28/P. Oxy. 50.
[461] Es schließt sich allerdings nicht unmittelbar an καὶ τότε an, sondern bildet einen eigenen Satz: τα⌊ῦτα δὲ ἔσ⌊ται ⌊ἐπὶ τέ⌊λει ⌊τῶν κακ⌊ῶν P. Rainer 30–31/(P. Oxy. 53).

Jesaja 13 und 34. Vorstellungen, die im ursprünglichen Zusammenhang die Begleitumstände des Tages Jahwes darstellten[462] und deren Funktion darin bestand, die Identität der erscheinenden Gottheit zu ermitteln, wurden von hellenistischen Juden, die in der Auseinandersetzung mit der heidnischen Religiösität einen Verband von jüdischem und heidnischem Traditionsgut anstrebten, an das heidnische Prodigienverständnis angeglichen[463], so daß die Vorstellungen in Vorzeichen des Tages Jahwes verwandelt wurden. Entsprechend dem heidnischen Verständnis der Prodigien, die den göttlichen Zorn anzeigen und zur Sühne auffordern, wurde die Verdunkelung von Sonne und Mond und das Herabfallen der Sterne als Sonnen- und Mondfinsternis[464] und als Meteore oder Sternschnuppen[465] verstanden und als Vorzeichen des göttlichen Gerichtes hingestellt. Die Verwertung des Zitats im Rahmen des eschatologischen Geschichtsbildes des ägyptischen Hellenismus bringt eine Kontamination von zwei verschiedenen Vorstellungen mit sich. In der zitierten Überlieferung wurden Vorzeichen des göttlichen Gerichtes dargestellt, im eschatologischen Geschichtsbild des ägyptischen Hellenismus war die dritte Geschichtsperiode eine göttliche Fügung, die ein Gericht über die Chaosmächte vorbereitet.

Im Töpferorakel wird die göttliche Fügung durch das unsichtbare Ereignis des Auszuges des Agathos Daimon aus Alexandrien darge-

---

[462] Nach *Hans Wildberger,* Jesaja II (BK.AT 10), 1978, S. 516, ist das Thema von Jes 13,9–10 „das Kommen des Jahwetages". Ders., ebenda, S. 517, führt aus: „Das Kommen des Jahwetages ist von kosmischen Erscheinungen begleitet: Sonne, Mond und Sterne verlieren ihre gewohnte Strahlungsintensität." Nach ders., Jesaja III (BK.AT 10), 1982, S. 1341, gilt das gleiche für Jes 34,2–4.

[463] *Klaus Berger,* Hellenistisch-heidnische Prodigien und die Vorzeichen in der jüdischen und christlichen Apokalyptik (Aufstieg und Niedergang der römischen Welt II 23,2, 1980, S. 1428–1469), S. 1436–1447, argumentiert, daß die Anfänge einer Umdeutung und Ergänzung von Attributen des Tages Jahwes zu Vorzeichen dieses Tages, die mit Hilfe von Material aus der heidnischen Mantik vollzogen wurde, bis in die erste Hälfte des 4. Jh. v. Chr. zurückzuverfolgen sind. Dieser Verbund von aus den alttestamentlichen Texten stammenden Begleitumständen der Theophanie mit der heidnischen Prodigienpraxis setzte sich im hellenistischen Judentum fort und ist insbesondere für die sibyllinischen Orakel kennzeichnend.

[464] Belege für Sonnen- und Mondfinsternis als Prodigien bei den Griechen stellt zusammen *Karl Steinhauser,* Der Prodigienglaube und das Prodigienwesen der Griechen, Diss. Tübingen 1911, S. 25–26, und bei den Römern *Franz Luterbacher,* Der Prodigienglaube und Prodigienstil der Römer (Beilage zum Jahresbericht über das Gymnasium in Burgdorf), ²1904 (1967), S. 18–20.

[465] Belege für Meteore und Sternschnuppen als Prodigien bei den Griechen stellt zusammen *K. Steinhauser,* Prodigienglaube, S. 27–28, und bei den Römern *Fr. Luterbacher,* Prodigienglaube, S. 22.

stellt[466]. Eine entsprechende göttliche Fügung hat auch das anonyme Orakel. Im Rahmen des Orakels ist das vierte Glied des verwendeten Zitates als zusammenfassende Begründung der vorangehenden drei zu verstehen: Die verschiedenen Vorzeichen finden deshalb statt, weil die Himmelsmächte erschüttert werden. In dieser Begründung wird auch ein unsichtbares Eingreifen Gottes in das Weltgeschehen angedeutet.

Der Abzug des Agathos Daimon wirkt sich in einem sichtbaren Geschehen aus, das zugleich ein Gottesgericht über die Chaosmächte, nämlich die Typhonanhänger, ist. Die Abwesenheit des Agathos Daimon führt dazu, daß die Stadt Alexandrien verödet[467]. Daß eine dem Töpferorakel entsprechende Darstellung des Unterganges der Chaosmächte fehlt, ist wohl darauf zurückzuführen, daß der Urheber an dieser Stelle nicht selbständig formuliert, sondern eine vorgebildete Überlieferung verwertet.

Die vierte Geschichtsperiode gemäß dem Töpferorakel beinhaltet das Auftreten des Heilskönigs und die darauffolgende Heilszeit. An der entsprechenden Stelle hat das anonyme Orakel:

καὶ τότε [ὄψονται τὸν υἱὸν τοῦ ἀνθρώπου ἐρχόμενον ἐν νεφέλαις μετὰ δυνάμεως πολλῆς καὶ δόξης. καὶ] τότε [ἀποστελεῖ τοὺς ἀγγέλους] καὶ ἐπισυνάξει τοὺς ἐκλεκτοὺς αὐτοῦ ἐκ τῶν τεσσάρων ἀνέμων ἀπ' ἄκρου γῆς ἕως ἄκρου οὐρανοῦ.

Die Beschreibung ist inhaltlich von der zitierten thematisierten Überlieferung eschatologischen Inhaltes beherrscht.

Im Töpferorakel wird καὶ τότε zur Einleitung sowohl der dritten[468] als auch der vierten[469] Geschichtsperiode benutzt. Im anonymen Orakel wird die Formel nur für die vierte Geschichtsperiode gebraucht. Sie wird wie im Töpferorakel an den Anfang der Beschreibung der gesamten Geschichtsperiode gesetzt, wo sie aber zugleich die Epiphanie des Menschensohnes einleitet.

Im Töpferorakel ist der Heilskönig der menschliche König, der das altägyptische Königtum wiederherstellen wird. Sein Auftreten wird schlicht mit παραγένηται[470] angegeben, sonst liegt die Betonung auf seiner Identifizierung. Er ist der, der fünfundfünfzig Jahre regieren

---

[466] καὶ τότε ὁ Ἀγαθὸς Δαίμων καταλείψει τὴν κτιζομένην πόλιν καὶ εἰσελεύσεται εἰς Μέμφιν P. Rainer 28–29/(P. Oxy. 50–52).
[467] καὶ ἐξερημωθήσεται ἢ ξένων πόλις ἐνκτισθήσεται P. Rainer 29–30/(P. Oxy. 52–53).
[468] P. Rainer 28/P. Oxy. 50.
[469] P. Rainer 38/P. Oxy. 63.
[470] P. Rainer 40/(P. Oxy. 65).

wird, der als König von der Sonne und als Geber guter Dinge die königliche Titulatur hat und der entsprechend ägyptischer Tradition von der großen Göttin eingesetzt werden wird. An die Stelle des Heilskönigs im Töpferorakel tritt im anonymen Orakel der Menschensohn, dessen Erscheinung durch Aussagen der zitierten thematisierten Überlieferung beschrieben wird.

Das Auftreten des Heilskönigs wird im Töpferorakel von einer Beschreibung des Heilszustandes gefolgt, den der Heilskönig einleitet. Im Töpferorakel wird diese Beschreibung durch den Rückgriff auf die Formel eingeleitet, die zur Abhebung der dritten Geschichtsperiode von der Chaoszeit gebraucht wurde, nämlich ἐπὶ τέλει . . . τῶν κακῶν[471]. Innerhalb der Darstellung des Heilszustandes wird καὶ τότε[472] fortführend gesetzt. Eine entsprechende Neueinleitung bietet auch das anonyme Orakel, wobei die Formel καὶ τότε, die zur Einführung des Auftretens des Menschensohnes gebraucht wurde, erneut gesetzt wird, indem καί aus der zitierten thematisierten Überlieferung durch τότε ergänzt wird.

Im Töpferorakel, in dem die Auswirkung der Heilszeit explizit an den Naturerscheinungen verdeutlicht wird – der wasserarme Nil wird sich füllen, der unpassend verkleidete Winter wird in seinem eigenen Kreis laufen, die Sonne wird ihren eigenen Lauf nehmen und die Winde werden wohlgeordnet sein –, wird die Auswirkung im sozialen Bereich nur durch das Epitheton des Heilskönigs als ἀγαθῶν δοτήρ[473] ausgesagt. Darin wird der König als Verkünder des Philanthropaerlasses bezeichnet, in dem etwa Straftaten amnestiert, Schulden erlassen, Steuern und Abgaben gesenkt, Gefangene entlassen, den Tempeln und den Priestern regelmäßige Einkünfte gesichert, die Bevölkerung von den Übergriffen der Beamten geschützt und die straflose Rückkehr derer gestattet wurde, die aus ihrer Heimat geflohen waren, weil sie die Steuern nicht bezahlen oder ihre anderen Verpflichtungen gegenüber dem Staat nicht erfüllen konnten. Im anonymen Orakel wird nur die Auswirkung der Heilszeit im sozialen Bereich angesprochen, zugleich wird aber die Vorstellung des Philanthropaerlasses durch die jüdische Tradition von der endzeitlichen Sammlung der zerstreuten Juden[474] durch Jahwe ersetzt.

---

[471] P. Oxy. 71/(P. Rainer 43).
[472] P. Rainer 45/(P. Oxy. 77).
[473] P. Rainer 40/P. Oxy. 66.
[474] Zusammenfassende Darstellungen: *Emil Schürer,* Die Geschichte des jüdischen

Um das Heilsereignis zu bezeichnen, bediente sich der Verfasser des anonymen Orakels des Verbes ἐπισυνάγειν. Die Wahl des Begriffes ist durch seine Verankerung in der eschatologischen Sprache des Judentums bedingt[475], in der er die bevorstehende Sammlung der in der ganzen Welt zerstreuten Juden durch Jahwe bezeichnet[476]. In dieser Akzentuierung des Wortes[477] wird es vom Menschensohn gesagt, daß er sammeln wird.

Die Gesammelten sind οἱ ἐκλεκτοί. In der hellenistischen Synagoge ist eine Neigung zur Betonung der Erwählung Israels nachweisbar. In der Septuaginta war an einigen Stellen die Wahl von ἐκλεκτοί durch die Vorlage präjudiziert, an anderen Stellen aber kann man die Bevorzugung des Begriffes beobachten, wo die synagogale Exegese den Bezug auf das erwählte Volk festgelegt hat[478]. Durch die Septuaginta wurde οἱ ἐκλεκτοί als ein einheitliches Schlagwort zur Bezeichnung für die Juden geschaffen. Der Verfasser des anonymen Orakels griff diesen Begriff als eschatologische Bezeichnung[479] auf und verstand unter den Erwählten

---

Volkes im Zeitalter Jesu Christi II, ⁴1907, S. 626–628; W. Bousset/H. Greßmann, Religion des Judentums, S. 236–238; P. Volz, Eschatologie der jüdischen Gemeinde, S. 344–348. Zwei Haupttraditionsstränge sind zu unterscheiden: In der einen sammelt Jahwe selbst die Juden, in der anderen werden die Juden durch den königlichen Gesalbten zusammengeführt.

[475] Wolfgang Schrage, Art. ἐπισυναγωγή (ThWNT 7, 1964), S. 840.

[476] In II Makk 1,10–2,18 wird ein Brief zitiert, der nach Otto Eißfeldt, Einleitung in das Alte Testament, ³1964 (⁴1976), S. 787, eine dem Judas zugeschriebene, erst um 60 v. Chr. entstandene Fälschung ist. Die alexandrinische Provenienz des für II Makkabäer verantwortlichen Epitomators legt auch eine ägyptische Entstehung des Briefes nahe. Der Brief beinhaltet die von den Juden Jerusalems und Judäas an die Juden in Ägypten gerichtete Aufforderung, mit ihnen das Fest der Tempelweihe zu feiern. Im Rahmen einer historischen Begründung des Festes ergeht das Gebet: ἐπισυνάγαγε τὴν διασποράν ἡμῶν ἐλευθέρωσον τοὺς δουλεύοντας ἐν τοῖς ἔθνεσιν II Makk 1,27. Zum Schluß wird der gleichen Hoffnung nochmals Ausdruck gegeben: ὅτι ταχέως ἡμᾶς ἐλεήσει καὶ ἐπισυνάξει ἐκ τῆς ὑπὸ τὸν οὐρανὸν εἰς τὸν ἅγιον τόπον II Makk 2,18. Auch der Substantiv ἐπισυναγωγή hat den entsprechenden Sinn, da man auf die Zeit blickt ἕως ἂν συναγάγῃ ὁ θεὸς ἐπισυναγωγήν II Makk 2,7. Dieser Sprachgebrauch ging auch in die Übersetzung der Septuaginta ein. In einem Bittruf bittet die zersprengte Gemeinde Jahwe um die Sammlung der Diaspora: ἐπισυνάγαγε ἡμᾶς ἐκ τῶν ἐθνῶν LXX Ps 105,47. Dementsprechend wird Jahwe ὁ ἐπισυνάγων ὑμᾶς LXX Jes 52,12 genannt.

[477] Es handelt sich wohl um einen *terminus technicus* der Tradition von der Sammlung der Juden durch Jahwe, denn W. Schrage, Art. ἐπισυναγωγή, S. 840, bietet keinen Beleg für ἐπισυνάγειν, der etwa die Zusammenführung der Juden durch den königlichen Gesalbten beinhaltet.

[478] Belege bei [Gottlob] Schrenk, Art. ἐκλεκτός (ThWNT 4, 1942), S. 188.

[479] Eine entsprechende eschatologische Verwendung des Begriffes ist in einem griechischen Textzusatz belegt. Nach LXX Hag 2,21–22 sagt Jahwe: Ich will Himmel und Erde erschüttern, die Throne der Königreiche umstürzen, die mächtigen Königreiche der

die in der ganzen Welt versprengten Juden, die beim Erscheinen des Menschensohnes gesammelt werden.

Die versprengten Juden, die endzeitlich gesammelt werden sollen, werden von der ganzen bewohnten Welt gesammelt[480]. Um die Vorstellung der Sammlung der Erwählten in diesem Sinne auszubauen, griff der Urheber des anonymen Orakels, der selbst ἐπισυνάγειν benutzte, auf zwei Sätze der Septuaginta zurück, die von der eschatologischen Sammlung der Juden durch Jahwe handeln und die συνάγειν enthalten: Aus Sacharja 2[481] entnahm er ἐκ τῶν τεσσάρων ἀνέμων[482] und aus Deuteronomium 30[483] ἀπ' ἄκρου τοῦ οὐρανοῦ ἕως ἄκρου τοῦ οὐρανοῦ[484], das er mit der in der Septuaginta belegten Wendung ἀπ' ἄκρου τῆς γῆς ἕως ἄκρου τῆς γῆς[485] kontaminierend[486] zu ἀπ' ἄκρου γῆς ἕως ἄκρου οὐρανοῦ umformte. Die Septuagintismen haben die Funktion, die weltweite Ausdehnung der Sammlung als eine, die die ganze bewohnte Welt umfaßt, hervorzuheben. Die Wendung ἐκ τῶν τεσσάρων ἀνέμων besagt, daß die Erwählten in allen vier Himmelsrichtungen zerstreut sind, aus denen sie gesammelt werden. Die Formulierung ἀπ' ἄκρου γῆς ἕως ἄκρου οὐρανοῦ steht dazu parallel und besagt faktisch das gleiche, nämlich daß die Erwählten von der einen Grenze[487] der Welt bis zur anderen zerstreut sind, von woher sie gesammelt werden[488]. Trotz der

---

Heiden vertilgen und die Wagen sowie die, die darauf fahren, umwerfen. LXX Hag 2,22 A ergänzt: καὶ καταστρέψω πᾶσαν τὴν δύναμιν αὐτῶν καὶ καταβαλῶ τὰ ὅρια αὐτῶν καὶ ἐνισχύσω τοὺς ἐκλεκτούς μου. Daß Jahwe die Macht der Heiden umstürzen und ihre Verträge nichtig machen, seine Erwählten aber stärken wird, entspricht grundsätzlich dem Inhalt des anonymen Orakels. Der Begriff τοὺς ἐκλεκτούς μου entspricht τοὺς ἐκλεκτοὺς αὐτοῦ des anonymen Orakels.

[480] Eine entsprechende Charakterisierung der mit ἐπισυνάγειν ausgedrückten Sammlung der Juden durch Jahwe findet sich in ὑπὸ τὸν οὐρανόν ‚aus der weiten Welt' *(W. Bousset/H. Greßmann)* II Makk 2,18.

[481] In LXX Sach 2,10 wird die Aufforderung zur Flucht aus dem Land des Nordens mit einem durch λέγει κύριος gekennzeichneten Wort Jahwes begründet: Aus den vier Winden des Himmels συνάξω ὑμᾶς.

[482] LXX Sach 2,10. Einordnung bei *T. Glasson,* Mark xiii., S. 214.

[483] Nach LXX Dt 30,4 versichert Mose den Israeliten, daß, wenn eine Zerstreuung von der Grenze des Himmels bis zur Grenze des Himmels sein sollte, ἐκεῖθεν συνάξει σε κύριος ὁ θεός σου καὶ ἐκεῖθεν λήμψεταί σε κύριος ὁ θεός μου.

[484] LXX Dt 30,4.

[485] LXX Dt 13,8, LXX Jer 12,12.

[486] *Rudolf Pesch,* Das Markusevangelium II (HThK), 1977, S. 304.

[487] ἄκρον mit Genitiv bezeichnet die ‚äußerste Grenze' des mit dem Genitiv angegebenen Bereiches: Belege bei *H. Liddell/R. Scott,* Greek-English Lexicon, Stw. ἄκρος, und *Fr. Preisigke,* Wörterbuch der Papyrusurkunden, Stw. ἄκρον.

[488] Dies ist aber der ursprüngliche Sinn der Wendung in der Septuaginta: ἐὰν ᾖ ἡ διασπορά σου ἀπ' ἄκρου τοῦ οὐρανοῦ ἕως ἄκρου τοῦ οὐρανοῦ ἐκεῖθεν συνάξει σε

eigentümlichen Formulierung[489] bleibt der Horizont der Sammlung ebenso innerweltlich wie der Horizont der Heilszeit im Töpferorakel. Der Verfasser des anonymen Orakels hat das Römische Reich vor Augen, in dem die Juden zerstreut leben und aus dem sie gesammelt werden sollen.

In diese Darstellung der vierten Geschichtsperiode wurde die thematisierte Überlieferung eschatologischen Inhaltes verarbeitet, und zwar derart, daß an die Stelle des Heilskönigs eine eschatologische Gestalt tritt, auf die der Menschensohntitel und Traditionselemente des Traditionsgefüges um den Menschensohn übertragen wurden. Aufgrund der Tatsache, daß das anonyme Orakel als Zeuge für das eschatologische Geschichtsbild des ägyptischen Hellenismus zu gelten hat und in seinem Grundentwurf weitgehend mit dem Töpferorakel übereinstimmt, läge die Annahme am nächsten, daß diese eschatologische Gestalt vom Heilskönig her zu deuten wäre, so daß anstelle von etwa ἀπὸ Ἡλίου . . . βασιλεύς[490] des Töpferorakels oder θεόθεν βασιλεύς[491] der jüdischen Sibylle ὁ υἱὸς τοῦ ἀνθρώπου als Bezeichnung des Heilskönigs getreten wäre. Während aber der Heilskönig im eschatologischen Geschichtsbild des ägyptischen Hellenismus eine rein menschliche Person ist, ist die eschatologische Gestalt im anonymen Orakel nach ihrer Wesensart doch anders zu bestimmen. Der Urheber des anonymen Orakels übertrug auf sie die Tradition der endzeitlichen Sammlung der Juden, eine Tradition, die nach Ausweis der im anonymen Orakel benutzten Begriffe und Zitate zuvor mit Jahwe verbunden wurde. Daß der Urheber des anonymen Orakels Jahwe an die Stelle des Heilskönigs setzen wollte, ist unwahrscheinlich, weil ὁ υἱὸς τοῦ ἀνθρώπου ein

---

κύριος ὁ θεός σου LXX Dt 30,4. Sowohl aus der Parallelität mit ἐκ τῶν τεσσάρων ἀνέμων als auch aus dem erkennbaren Septuagintismus ist die Wendung in diesem Sinn zu verstehen.

[489] Die Eigentümlichkeit der Formulierung mit γῆ im ersten und οὐρανός im zweiten Glied ist darauf zurückzuführen, daß die zitierte Stelle LXX Dt 30,4 mit οὐρανός formuliert wurde. Die ursprüngliche Formulierung in LXX Dt 30,4 hatte die Diaspora und damit auch nur eine innerweltliche Ausdehnung zum Inhalt, war aber mit οὐρανός, der an eine überirdische Ausdehnung denken lassen könnte, nicht ohne weiteres eindeutig. Der Gebrauch von γῆ war zur Bezeichnung einer innerweltlichen Ausdehnung sachgemäßer und war zudem auch durch eine entsprechende Formulierung der Septuaginta gedeckt. Um aber den Charakter des Septuagintismus deutlich hervortreten zu lassen, mußte der Bezug zu LXX Dt 30,4, in dem συνάγειν als Entsprechung zum ἐπισυνάγειν vorkam, deutlich bleiben. Als Kompromiß wurde οὐρανός im zweiten Glied stehen gelassen, aber im ersten Glied durch das sachlich deutlichere γῆ ersetzt.

[490] P. Rainer 40/(P. Oxy. 65).
[491] Sib 5,108.

anthropomorphes Bild hervorruft, das griechischsprechende Judentum dagegen Anthropomorphismen in der Darstellung von Jahwe eher tilgte als ergänzte[492]. Man hat es mit einer Vermengung des Heilskönigs mit Jahwe zu tun, aus der eine menschliche, aber zugleich göttliche Gestalt hervorging.

Die Wesensart dieser Gestalt kann präzisiert werden. Philo[493] bezeugt eine in Ägypten zumindest bekannte Tradition von einer eschatologischen Erscheinung. Wenngleich Philo in seiner Bearbeitung die ethischen Bedingungen des Heils betont[494], das Wesen der genannten Gestalt vergeistigt[495] und deren Wirksamkeit allegorisch auswertet[496], legt er eine nichtallegorische Tradition zugrunde. Die Juden, die an den äußersten Enden der Erde als Knechte der Völker dienen, werden wie auf eine Verabredung alle an einem Tag befreit werden. Die vorher in Hellas, im Barbarenland, auf den Inseln und auf den Festländern Zerstreuten werden sich mit einem Mal erheben und von allen Seiten nach einem ihnen angewiesenen Ort hineilen, geleitet von einer göttlichen, über das Menschliche erhobene Erscheinung. Dann werden die Städte, die noch in Trümmern lagen, wieder aufgebaut werden, die Wüste wird wieder bevölkert und die unfruchtbar gewordene Erde wird zur frühe-

---

[492] Daß unter ägyptischen Juden eine gewisse Zurückhaltung gegenüber anthropomorphen Darstellungen von Jahwe vorhanden war, zeigt – ganz abgesehen von der philosophisch durchsetzten Theologie eines Philo – die Übersetzung der Septuaginta. *Charles T. Fritsch,* The Anti-Anthropomorphisms of the Greek Pentateuch (POT 10), 1943, S. 9–16, gibt Beispiele für Antianthropomorphismen im Pentateuch und faßt zusammen: „... the translators ... avoided, to some extent, those representations which invested the deity with human form." Daß dies nicht konsequent durchgeführt wurde, betont *Harry M. Orlinsky,* Rezension: C. T. Fritsch, The Anti-Anthropomorphisms of the Greek Pentateuch (CrozQ 21, 1944, S. 156–160), und ders., The Treatment of Anthropomorphisms and Anthropopathisms in the Septuagint of Isaiah (HUCA 27, 1956, S. 193–200), der allerdings die überspitzte These vertritt: „What is involved is not theology, but stylism and intelligibility."

[493] Philo, De praem. et poen. 164–168.

[494] *P. Volz,* Eschatologie der jüdischen Gemeinde, S. 61, macht darauf aufmerksam, daß die Befreiung aus der Knechtschaft bei Philo auf die sittliche Umwandlung der Unterjochten und nicht unmittelbar auf die Erscheinung zurückgeführt wird: Der plötzliche Übergang der Geknechteten zur Tugend setzt ihre Gebieter in Erstaunen; sie lassen sie frei, weil sie sich scheuen, über Menschen zu herrschen, die tugendhafter sind als sie selbst.

[495] Daß die Erscheinung nur den Wiedergeretteten sichtbar, allen anderen dagegen unsichtbar sein wird, dürfte der allegorisierenden Tendenz Philos zuzurechnen sein, denn dadurch soll die Gestalt offenkundig vergeistigt werden.

[496] Die Erscheinung wird von drei Helfern begleitet: Die erste ist die Milde und Güte des Angerufenen, die zweite ist die Frömmigkeit der Erzväter des Volkes und die dritte leistet die Besserung der zum Frieden und zur Versöhnung Zurückgeführten.

ren Fruchtbarkeit zurückkehren. Die glücklichen Verhältnisse der Väter und Vorväter werden im Vergleich zu dem gegenwärtigen Überfluß geringfügig erscheinen.

Philos Formulierung τινος δειοτέρας ἢ κατὰ φύσιν ἀνθρωπίνην ὄψεως[497] stellt die Göttlichkeit der Erscheinung anhand des Vergleiches mit dem menschlichen Wesen heraus. Sie ist göttlicher als ein menschliches Wesen, ist aber dennoch vom Menschlichen her zu beschreiben und damit menschenähnlich. Sie ist eine göttlich-menschenähnliche Erscheinung[498].

Zwischen der göttlich-menschenähnlichen Erscheinung und der eschatologischen Gestalt im anonymen Orakel besteht eine grundlegende Affinität. Die göttlich-menschenähnliche Erscheinung wird durch den Vergleich mit κατὰ φύσιν ἀνθρωπίνην beschrieben. Im anonymen Orakel steht infolge der Einarbeitung der thematisierten Überlieferung eschatologischen Inhaltes ὁ υἱὸς τοῦ ἀνθρώπου. Die Formulierung ὁ υἱὸς τοῦ ἀνθρώπου hat man aufgrund der Verwendung von υἱός für eine abstrakte Abhängigkeit als Ausdruck dafür zu verstehen, daß die bezeichnete Gestalt am Menschlichen teilhabend, wenngleich auch nicht eine rein menschliche Person ist. Beide Gestalten haben als Funktion die Sammlung der zerstreuten Juden, was für die göttlich-menschenähnliche Erscheinung durch ξενάγειν[499], für die eschatologische Gestalt im anonymen Orakel durch ἐπισυνάγειν ausgedrückt wird. Hier wie dort werden die Zerstreuten aus allen Gebieten der bewohnten Welt gesammelt, denn bei Philo befinden sie sich ἐν Ἑλλάδι καὶ βαρβάρῳ κατὰ νήσους καὶ κατὰ ἠπείρους[500], während die eschatologische Gestalt im anonymen Orakel sie ἐκ τῶν τεσσάρων ἀνέμων ἀπ' ἄκρου γῆς ἕως ἄκρου οὐρανοῦ sammelt.

Eine unmittelbare Beziehung zwischen Philo beziehungsweise seiner Quelle und dem anonymen Orakel liegt kaum vor. Die Verarbeitung der thematisierten Überlieferung eschatologischen Inhaltes in das anonyme Orakel hat aber in einer geistigen Umgebung stattgefunden, in der auch die Tradition von der göttlich-menschenähnlichen Erscheinung bekannt

---

[497] Philo, De praem. et poen. 165.
[498] Die traditionsgeschichtliche Genealogie der bei Philo bezeugten Gestalt ist ungeklärt. P. *Volz*, Eschatologie der jüdischen Gemeinde, S. 183, stellt mit Recht fest, daß diese Gestalt vom Messias konsequent zu trennen ist. Der Vorschlag von *Volz*, ebenda, S. 346, daß diese Tradition mit dem alttestamentlichen Engel Jahwes in Zusammenhang zu bringen ist, ist nur eine vage Kombination.
[499] Philo, De praem. et poen. 165.
[500] Philo, De praem. et poen. 166.

war. Durch die Vermengung des Heilskönigs mit Jahwe im anonymen Orakel wurde die eschatologische Gestalt zu einer göttlich-menschenähnlichen Gestalt. Durch die Einbeziehung der thematisierten Überlieferung eschatologischen Inhaltes in das anonyme Orakel wurde der Menschensohn in die göttlich-menschenähnliche Gestalt umgedeutet, und die Traditionselemente aus dem Traditionsgefüge um den Menschensohn wurden auf sie übertragen. Die göttlich-menschenähnliche Gestalt als Menschensohn wird auf Wolken mit großem Machtweis und göttlichem Schreckensglanz herankommen, die Boten hinausschikkend wird er die Erwählten von den Enden der bewohnten Welt sammeln.

Exkurs: Die göttlich-menschenähnliche Gestalt in der Septuaginta

In LXX Daniel 7 kommt eine eschatologisch bezogene Gestalt vor, die als ὡς υἱὸς ἀνθρώπου[501] in wörtlicher Wiedergabe der Vorlage[502] bezeichnet wird. Die Formulierung υἱὸς ἀνθρώπου ist keine gängige griechische Redeweise. Da im Kontext von Daniel 7 ein genealogisches Verständnis nicht naheliegend ist, wird man aufgrund der Verwendung von υἱός für eine abstrakte Abhängigkeit ὡς υἱὸς ἀνθρώπου als Ausdruck dafür zu verstehen haben, daß die bezeichnete Gestalt wie am Menschlichen teilhabend und damit menschenähnlich, wenngleich auch nicht eine rein menschliche Person ist. Der Kontext, in dem der Menschenähnliche vorkommt, lautet: ἐπὶ τῶν νεφελῶν τοῦ οὐρανοῦ ὡς υἱὸς ἀνθρώπου ἤρχετο καὶ ὡς παλαιὸς ἡμερῶν παρῆν[503]. Es ist keine

---

[501] LXX Dan 7,13.
[502] Wenngleich nach *Rollin Kearns*, Vorfragen zur Christologie I, 1978, S. 60, eine pseudoetymologische Umsetzung vom westaramäischen *brnš* vorliegt, kann ein den reichsaramäischen Text von Daniel übersetzender Ägypter br 'nš vom reichsaramäischen Wortschatz her sachgemäß als υἱὸς ἀνθρώπου gedeutet haben. In der Übersetzung liegt allerdings entweder eine Unkenntnis des Verhältnisses zwischen dem westaramäischen *brnš* und dessen reichsaramäischer pseudoetymologischer Umsetzung – für einen im Reichsaramäischen ausgebildeten, in Ägypten lebenden, von Hause aus griechischsprechenden Übersetzer verständlich – oder eine bewußt deutende Wiedergabe vor.
[503] LXX Dan 7,13. *Alfred Rahlfs*, Septuaginta. Id est Vetus Testamentum graece iuxta LXX interpretes, ⁸1965, dessen Text auf der Minuskel 88 sowie der Syrohexapla basiert, bietet diese Lesart. Auch der von *Rahlfs* nicht berücksichtigte, von *Angelo Geissen*, Der Septuaginta-Text des Buches Daniel (PTA 5), 1968, S. 18, veröffentlichte Teil des Chester Beatty Papyrus 967 bietet denselben Text. *Joseph Ziegler*, Susanna. Daniel. Bel et Draco (Septuaginta. Vetus Testamentum Graecum. Auctoritate Societatis Litterarum Gottin-

Übersetzung, sondern eine Umdeutung des Urtextes[504]. Die Begriffe ὡς υἱὸς ἀνθρώπου und ὡς παλαιὸς ἡμερῶν sind nicht auf zwei getrennte Wesenheiten zu verteilen[505], sondern sind im Sinne eines Hendiadyoins zu deuten. Der Menschenähnliche, der herankommt, ist nach Art eines[506] Betagten, nämlich Gottes, anwesend. Der Menschenähnliche ist zwar nicht Gott selbst[507], aber dennoch ein göttliches Wesen und damit eine göttlich-menschenähnliche Gestalt[508]. Die traditionsge-

---

gensis editum 16,2), 1954, ändert ὡς παλαιὸς ἡμερῶν in ἕως παλαιοῦ ἡμερῶν. *Ziegler* war in diesem Urteil abhängig von *James A. Montgomery*, Anent Dr. Rendel Harris's „Testamonies" (Exp. 8. Ser. 22, 1921, S. 214–219), S. 216: In der Septuaginta, in der ursprünglich ἕως παλαιοῦ ἡμερῶν stand, wurde ἕως in ὡς abgeändert und folglich der Genitiv durch einen Nominativ ersetzt. Die Korrektur begründet *Ziegler* mit patristischen Zeugen: ἕως παλαιοῦ ἡμερῶν Tertullianus, Adv. Marc. 3,7, Tertullianus, Adv. Jud. 14, Cyprianus, Test. 2,24 und Consultationes Zacchaei et Apollonii ed. Morin; ἕως τοῦ παλαιοῦ τῶν ἡμερῶν Justinus, Dial. Tryph. 31,2–7. Die patristischen Zeugen, auf die *Ziegler* sich beruft, haben wenig Gewicht, denn nach *August Bludau*, Die alexandrinische Übersetzung des Buches Daniel (BSt[F] 2,2–3), 1897, S. 20–25, bezeugen Irenäus, Tertullianus, Cyprianus und Victorinus von Pettau eine auf die Septuaginta und Theodotion beziehungsweise die vortheodotionische Übersetzung basierende Mischversion.

[504] *J. Lust,* Daniel 7,13 and the Septuagint (EThL 54, 1978, S. 62–69), S. 66–69, argumentiert, daß die Septuaginta eine frühere Textstufe des Danieltextes als die masoretische übersetzt – *Lust* denkt dabei sogar an ein hebräisches Original, das im masoretischen Text in aramäischer Übersetzung vorliegt – und daß die Lesart der Septuaginta eine richtige Wiedergabe des Urtextes sei. Die Unterschiede zwischen dem griechischen und dem masoretischen Text sind aber mit *O. Eißfeldt,* Einleitung in das Alte Testament, S. 956, so zu erklären, daß die Übersetzung von Daniel „fast mehr eine Umschreibung als eine Übersetzung", „eher ein Denkmal der vielfach ägyptische Verhältnisse widerspiegelnden und griechischen Geist atmenden Auslegung des hebräischen [beziehungsweise aramäischen] Textes" ist.

[505] *Seyoon Kim,* „The ‚Son of Man'" as the Son of God (WUNT 30), 1983, S. 23, erwägt die Möglichkeit und verwirft sie mit Recht. Die Eigentümlichkeit der Formulierung, daß die Gestalt selbst, deren Anwesenheit als ὡς παλαιὸς ἡμερῶν beschrieben wird, als ὡς υἱὸς ἀνθρώπου – also auch durch einen mit ὡς gebildeten Begriff – bezeichnet wird, ist durch den Zwang der Vorlage bedingt, wird aber vom Übersetzer sachlich verwertet.

[506] Nach *J. Lust,* Daniel 7,13, S. 65 mit Anm. 15, hat *J. Coppens* auf die Möglichkeit hingewiesen, ὡς zeitlich und den griechischen Satz als ‚und wenn der Betagte ankam' zu verstehen. *Lust* lehnt diese Deutung mit Recht ab: „The particle ὡς is, as far as we can see, never used with a temporal connotation in a visionary context. It is always comparative. Moreover the immediate context offers us another attestation of the same particle. In this case the comparative meaning of ὡς cannot be denied. It is very unlikely that the two parallel sections of the same sentence ὡς might have two different meanings."

[507] *J. Lust,* Daniel 7,13, S. 64, meint, daß der ὡς υἱὸς ἀνθρώπου mit dem Betagten identifiziert werden soll: „He is God." Wenn aber, wie *Lust,* ebenda, S. 65, selbst betont, ὡς „comparative" zu verstehen ist, wird nicht die Identität mit dem Betagten, sondern nur eine Anwesenheit ‚nach Art von' dem Betagten festgestellt.

[508] Die terminologische Erfassung der Gestalt ist problematisch. *W. Bousset/H. Greßmann,* Religion des Judentums, S. 264–265, reden von einem „präexistenten Messias". Von Präexistenz ist aber ausdrücklich keine Rede, und von einem Messias kann man in

schichtliche Voraussetzung für die durch den Übersetzer vorgenommene Umdeutung des Urtextes bleibt dunkel[509].

Für einen mit diesem Septuagintatext vertrauten Juden war die thematisierte Überlieferung eschatologischen Inhaltes aufgrund von LXX Daniel 7 vollends deutbar, und zwar so, daß der Menschensohn als die göttlich-menschenähnliche Gestalt zu verstehen war. Die Bezeichnung des Menschensohnes ὁ υἱὸς τοῦ ἀνθρώπου ließe sich als Variante von υἱὸς ἀνθρώπου verstehen; daß der Menschensohn ἐν νεφέλαις herankommt, hat in dem Kommen der göttlich-menschenähnlichen Gestalt ἐπὶ τῶν νεφελῶν τοῦ οὐρανοῦ seine Entsprechung; der Menschensohn kommt mit großem Machterweis und göttlichem Schreckensglanz heran, wie auch der göttlich-menschenähnlichen Gestalt bei ihrer Ankunft ἐξουσία[510] verliehen wird; daß der Menschensohn von ἄγγελοι begleitet wird, entspricht äußerlich, daß von der göttlich-menschenähnlichen Gestalt οἱ παρεστηκότες παρῆσαν αὐτῷ[511] gesagt wird.

Wie die Anwendung von drei Septuagintismen aus LXX Daniel 2 und 12 beweist, war der Urheber des anonymen Orakels von Daniel beeinflußt. Die Vermutung liegt nahe, daß er die ihm zur Verfügung stehende thematisierte Überlieferung von LXX Daniel 7 her deutete und damit

---

diesem Zusammenhang nur dann reden, wenn man bar jeglicher Differenzierung sämtliche jüdische Heilsgestalten Messias nennt. Seyoon Kim, „The ‚Son of Man'", S. 24, bezeichnet die Gestalt als „the Son of God". Im Judentum gab es verschiedene Vorstellungen, die terminologisch mit dem Begriff Sohn Gottes erfaßt wurden. Kim bemüht sich nicht um eine Zuordnung der göttlich-menschenähnlichen Gestalt zu einer bestimmten, terminologisch als Sohn Gottes bezeichneten jüdischen Vorstellung. Das moderne Interpretament „the Son of God" führt für die traditionsgeschichtliche Einordnung der bezeugten Gestalt nicht weiter.

[509] Wegen der ägyptisch-jüdischen Herkunft von LXX Daniel und der alexandrinischen Provenienz Philos ist man geneigt, eine traditionsgeschichtliche Beziehung zwischen dieser Umdeutung der aramäischen Vorlage und der bei Philo, De praem. et poen. 165, bezeugten göttlich-menschenähnlichen Gestalt herzustellen: Die Beschreibung als ὡς υἱὸς ἀνθρώπου und ὡς παλαιὸς ἡμερῶν hat eine sachliche Entsprechung in τινὸς θειοτέρας ἢ κατὰ φύσιν ἀνθρωπίνην ὄψεως; die Göttlichkeit der danielischen Gestalt entspricht der Tatsache, daß bei Philo die göttlich-menschenähnliche Erscheinung die sonst im ägyptischen Judentum Jahwe zugewiesene Funktion der Sammlung der Juden aus der Diaspora innehat; οἱ παρεστηκότες haben eine lose Entsprechung zu den Helfern der göttlich-menschenähnlichen Erscheinung, wenngleich diese bei Philo sekundär allegorisiert werden. Wenn in der Tat eine traditionsgeschichtliche Beziehung besteht, bleibt dennoch unklar, ob die bei Philo bezeugte Tradition aus der exegetischen Auswertung von LXX Dan 7,13–14 stammt oder ob eine eigenständige ägyptisch-jüdische Tradition, die in einer späteren Formung bei Philo bezeugt wird, die Übersetzung von Daniel beeinflußt hat.
[510] Minuskel 88/ἐξουσία βασιλική Papyrus 967.
[511] Minuskel 88/καὶ οἱ παρεστηκότες προσήγαγον αὐτῷ Papyrus 967.

den Menschensohn als göttlich-menschenähnliche Gestalt aufgrund des Danieltextes verstand. Da er aber in seiner Verarbeitung der Überlieferung im anonymen Orakel keine Hinweise auf einen Bezug zum Danieltext gab, kann eine solche Vermutung nicht kontrolliert werden.

BENUTZUNGSHINWEISE

Klammern

Die in der Wiedergabe von Papyrustexten angewandten Klammern folgen den zugrundegelegten Textausgaben und weichen daher zuweilen geringfügig von der in der gegenwärtigen Papyrologie üblichen Handhabung ab. Einer besonderen Erläuterung bedarf nur der Gebrauch von halben eckigen Klammern in P. Rainer (ed. Koenen) und P. Oxyrhynchos 2332 (ed. Koenen): Diese Klammern bezeichnen wie vollständige eckige Klammern eine Lücke im erhaltenen Text, deren Ergänzung aber nicht vom Herausgeber frei vorgenommen wurde, sondern durch die Bezeugung des Paralleltextes abgesichert ist.

Die eckigen Klammern in der zugrundegelegten Ausgabe des Neuen Testaments (ed. Nestle-Aland [26]1979), die Bestandteile bezeichnen, die in ihrer Zugehörigkeit zum ursprünglichen Text nicht gesichert sind, werden nicht berücksichtigt; die textkritische Beurteilung solcher Bestandteile wird nur dann erörtert, wenn sie für die vorliegende Fragestellung von Belang ist. Die eckigen Klammern, die in den neutestamentlichen Texten gesetzt werden, dienen dagegen dazu, die überlieferungsgeschichtliche Entwicklung des Textes anzuzeigen.

Griechische Namen

Griechische Namen werden nicht nach einem einheitlichen Verfahren wiedergegeben. Wo eingebürgerte Formen im Deutschen vorhanden sind, werden diese vielfach bevorzugt. Sonst werden Namen im fortlaufenden Zusammenhang in einer Umschrift der griechischen Urform geboten. Um der Einheitlichkeit willen werden dagegen Namen, die Bestandteil einer mit lateinischem Titel gebildeten Quellenangabe sind, in ihrer lateinischen Form wiedergegeben.

Abkürzungen

Bibliographische Abkürzungen erfolgen nach *Siegfried Schwertner*, Internationales Abkürzungsverzeichnis für Theologie und Grenzgebiete, 1974.

STELLENREGISTER

Das Register beschränkt sich auf Belege für den Menschensohntitel im engeren Sinn, nämlich das doppelt determinierte ὁ υἱὸς τοῦ ἀνθρώπου.

Markus		16,27	17
2,10	12, 15, 26, 27, 35, 38/39, 40	16,28	17, 24
		17,9	17, 23
2,28	10, 12, 15, 26	17,12	17
8,31	8, 9, 15, 16, 17, 20, 23, 24, 45, 168, 169	17,22	17, 168, 169
		18,11	24
8,38	9, 10, 11, 15	19,28	10, 11, 17
9,9	16, 23	20,18	17, 168, 169
9,12	16, 45	20,28	17, 27
9,31	8, 15, 16, 20, 26, (41–43), 53, 54, (75–78), (87), (167–170)	24,27	9, 12, 13, 17, 52, 53, 78, (79)
		24,30a	18
10,33	16, 20, 41, 168	24,30b	17,18
10,45	15, 26, 27, 28, 36, 38, 39, 40	24,37	9, 10, 12, 13, 17, 52
		24,39	12, 13, 17
13,26	15, (43–52), 53, 54, (61–64), (66–67), (68–73), (73–74), (75), (78–80), (87–88), (170–191)	24,44	9/10, 11, 12, 17
		25,31	11, 18
		26,2	18
		26,24a	17
14,21a	14/15, 15, 16, 18, 19, 20, 26	26,24b	17
		26,45	17
14,21b	16,19	26,64	17, 23
14,41	16, 16/17, 17, 20		
14,62	14, 15, 20	Lukas	
		5,24	18
Matthäus		6,5	18
8,20	12, 17, 26, 33, 38	6,22	13, 14, 20
9,6	17	7,34	12, 20, 26, 28, 37, 39
10,23	17	9,22	18, 23, 24, 168
11,19	12, 17, 26, 28, 37, 39	9,26	18
12,8	17	9,44	18, 168
12,32	12, 17, 26, 28, 29, 32, 39, 40	9,55/56	23, 24
		9,58	12, 20, 26, 33, 38
12,40	9, 10, 12, 17, 18, 52, 169	11,30	9, 10, 12, 20, 26
13,37	17	12,8	10, 13, 20, 26
13,41	17/18	12,10	12, 20, 26, 28, 29, 32, 39, 40
16,13	17		

12,40	10, 11, 20, 52	12,34b	21
17,22	20, 21	12,34c	21
17,24	9, 12, 13, 20, 21, 52, 53, 78, (79)	13,31	21
17,26	9, 10, 12, 13, 20, 21, 52	Justin, Dial.	
17,30	12, 13, 20, 21	76,7	23
18,8	20	100,3	23
18,31	18, 24, 168		
19,10	20, 24, 26, 27, 36, 36/37, 38, 39, 40	Clemens von Alexandrien, Excerpta ex scriptis Theodoti	
21,27	18	4	23/24
21,36	20/21, 21	61	23/24
22,22	15, 18, 19, 20, 26		
22,48	14, 20	Hippolytus, Refut.	
22,69	14, 15, 20, 23	V 12,7	23
24,7	20, 24	VIII 13,2	22
		VIII 13,3–4 passim	23
Apostelgeschichte		X 17,1–2 passim	23
7,56	23		
Johannes		Origenes, Contra Celsum	
1,51	22	VIII 15	22
3,13	21		
3,14	8, 21, 23	Eusebius, Hist. eccl.	
6,27	22	II 23,13	23
6,53	22		
6,62	21	Hieronymus, De viris inlustribus	
8,28	21	2	23
9,35	21		
12,23	21		

AUTORENREGISTER

Adcock, F. 161
Altheim, Fr. 100
Amélineau, E. 152
Anderson, J. 163
Andres, F. 62
Applebaum, S. 156
Arens, E. 24, 27, 28, 35, 36, 37
Assmann, J. 83, 85, 86, 108, 110, 115, 125, 131

Badawi, A. 114
Barta, W. 129
Bauckham, R. 148, 149, 150
Bauer, J. 154
Bauer, W. 58, 61, 69
Bauernfeind, O. 181
Baur, F. 178
Beasley-Murray, G. 43, 178
Bell, H. 163, 173
Bellinzoni, A. 23
Bengelius, J. 178
Berger, K. 143, 145, 146, 147, 148, 149, 150, 151, 152, 153, 169, 183
Beyer, K. 35
Bidez, J. 145, 146, 160
Bietenhard, H. 30, 33
Billerbeck, P. 68, 147
Bishop, J. 162, 163
Black, M. 27, 30, 37, 150
Blass, Fr. 19, 41, 79
Bludau, A. 164, 192
Blumenthal, E. 83, 85
Borsch, Fr. 7, 8, 22, 23, 24, 25
Boscherini, S. 59
Bousset, W. 61, 63, 143, 144, 148, 149, 150, 175, 178, 186, 187, 192
Brandenburger, E. 45
Brandt, S. 138, 143
Bratke, E. 152
Breytenbach, C. 43
Büchsel, Fr. 42
Bultmann, R. 7, 12, 14, 21, 22, 26, 35, 52

Casey, M. 30, 66
Caspari, C. 152
Colani, T. 43
Collins, J. 93, 123, 155
Colpe, C. 7, 8, 9, 10, 11, 12, 13, 14, 15, 16, 17, 18, 20, 21, 22, 23, 24, 25, 26, 27, 28, 29, 32, 33, 34, 37, 38, 40, 41, 42, 52, 116, 146
Coppens, J. 192
Cumont, Fr. 62, 63, 145, 146, 160

Dalman, G. 10, 13, 32, 38, 64, 79
Debrunner, A. 10, 11, 41, 79, 179
Deissmann, A. 59, 60, 71
Dibelius, M. 61
Dirkse, P. 138
Dittenberger, W. 94, 99, 100
Dölger, Fr. 63
Dunand, Fr. 105, 110, 112, 115, 116, 117, 119, 120, 123, 124, 125, 128, 129, 130, 131, 140, 141
Dupont, J. 153
Dupont-Sommer, A. 35

Eddy, S. 110, 119
Edwards, R. 52
Eerdmans, B. 25
Eißfeldt, O. 176, 186, 192

Fascher, E. 172
Ferguson, A. 139
Festugière, A.-J. 138, 140
Fiebig, P. 37
Field, Fr. 153
Flückiger, F. 49
Forget, J. 152
France, R. 50
Friedlieb, J. 162
Fritsch, Ch. 189
Fuchs, H. 160
Fuchs, L. 95
Furlani, G. 35

von Gall, A. 101, 110, 114, 120
Geffcken, J. 91, 92, 155, 156, 157, 158
Geissen, A. 191
Gelzer, M. 161, 162
Genebrardus, G. 32
Gerstinger, H. 111
Gerth, B. 19, 67
Glasson, T. 18, 50, 172, 176, 182, 187
Gnilka, J. 41
Goedicke, H. 83, 86
Gourgues, M. 23
Grelot, P. 35
Grenfell, B. 154
Greßmann, H. 63, 110, 175, 186, 187, 192
Griffiths, J. 106, 109, 110, 113, 114, 120
Grimm, W. 39
Grundmann, W. 8, 61, 63, 68, 169

Hahn, F. 8, 16, 40, 41, 44, 46, 47, 168
Halévy, J. 152
Handley, E. 59
Hanslik, R. 100
Harnack, A. 35
Harnisch, W. 57
Harris, J. 169
Hartman, L. 174, 175
Hauck, Fr. 47
Haussleiter, J. 151
Helck, W. 83, 86, 115, 128
Henderson, B. 162, 163
Hengel, M. 39, 156, 165, 166
Hennecke, E. 152
den Heyer, C. 179
Higgins, A. 17, 20
Hitzig, F. 62
Hofius, O. 34
Hunt, A. 154

Iber, G. 8, 9, 25

Jacoby, F. 128
Janssen, J. 104, 106, 109
Jeremias, J. 6, 7, 8, 39, 41, 42, 147, 154
Johnson, A. 98
Johnson, J. 101
Junker, H. 62

Kákosy, L. 109, 114
Kampers, Fr. 97
Kaplony, P. 100, 101
Kearns, R. 24, 30, 31, 32, 53, 56, 57, 58, 60, 63, 65, 66, 67, 68, 70, 73, 76, 77, 191

Kee, H. 174
Kilpatrick, G. 7
Kim, S. 192, 193
Kittel, G. 70, 71, 72
Kittel, H. 70, 71
Kleinknecht, H. 61, 74
Koenen, L. 90, 91, 105, 110, 111, 112, 113, 114, 116, 120, 121, 122, 123, 124, 125, 126, 127, 129, 130, 131, 132, 133, 134, 135, 136, 137, 140, 141
Köster, H. 47, 57
Krall, J. 104, 106, 109
Krause, M. 138, 139, 141, 142
Kuhn, H.-W. 12
Kühner, R. 19, 67
Künzi, M. 17
Kurfess, A. 162

Lagrange, M.-J. 63
Lanczkowski, G. 105
Liddell, H. 42, 63, 80, 175, 180, 187
Lietzmann, H. 5, 6, 7, 24, 25, 26, 28, 32, 33, 34, 37, 38, 41, 43, 52
Lindars, B. 26, 30, 32, 33, 34, 37
Lobel, E. 110
Lods, A. 62
Lohmeyer, E. 45
Lohse, E. 39, 42
Lust, J. 192
Luterbacher, Fr. 183
Luz, U. 56

Macler, F. 152
Mair, A. 89
von Manteuffel, G. 111, 138
Martin, J. 151
von Martitz, P. 58, 59
Marxsen, W. 45
McCown, C. 106, 109, 110, 114, 119, 120, 130
Meyer, A. 25, 30, 34
Meyer, E. 101, 102
Meyer, R. 35
Michel, O. 22, 181
Michl, J. 61, 63
Migne, J.-P. 151
Mohrmann, C. 72
Momigliano, A. 163
Montgomery, J. 192

Nikiprovetzky, V. 92
Nilsson, M. 118, 129

Nock, A. 138, 140, 162
Norden, E. 111, 112
Nützel, J. 149

Orlinsky, H. 189
Otto, W. 93, 94, 124

Pape, W. 80
Parrott, D. 138
Passow, Fr. 80
Pax, E. 72
Périer, A. 152
Perrin, N. 67
Pesch, R. 37, 43, 44, 46, 50, 175, 187
Pfleiderer, O. 44, 45, 46, 47, 48, 49, 178
Plöger, O. 176
Polag, A. 13
Popkes, W. 42
Posener, G. 83, 84, 85, 86
Préaux, C. 119
Preisigke, Fr. 154, 187
Pryke, E. 168

Quaegebeur, J. 118

Rahlfs, A. 50, 191
Ranke, H. 129
Rehkopf, Fr. 15, 18, 19, 41, 79
Reimarus, H. 17
Reitzenstein, R. 110, 111, 114, 122, 123, 128, 130, 131, 140
Resch, A. 22
Rigaux, B. 177
Roberts, C. 110, 111, 116, 123, 132, 138
Robinson, J. 47
Röttger, H. 62
Rudolph, W. 147
Rüger, H. 13
Rybinski, J. 62
Rzach, A. 155

Sackur, E. 151
Samuel, A. 118
Schaeder, H. 110, 111, 122, 140
Schenke, L. 168
Schlatter, A. 42
Schleifer, J. 151
Schlier, H. 29
Schmidt, W. 180
Schneemelcher, W. 152
Schneider, J. 70, 71, 72
Schniewind, J. 61

Schoeps, H. 25
Schrage, W. 95, 96, 97, 98, 117, 151, 152, 186
Schrenk, G. 186
Schulz, S. 7, 52
Schürer, E. 71, 185
Schürmann, H. 18, 19, 27
Schwartz, J. 99
Schwyzer, E. 10, 11, 179
Scott, R. 42, 63, 80, 175, 180, 187
Scott, W. 139
Smallwood, E. 156, 173
Sokolowski, F. 62
Sowers, S. 178
Spiegelberg, W. 100, 102
Stein, A. 99
Stein, B. 62
Steindorff, G. 95
Steinhauser, K. 183
Steinleitner, Fr. 69
Stendahl, K. 10, 169
Stier, Fr. 62
Strecker, G. 16, 18, 45, 168
Struve, W. 110, 113, 114, 122, 131
Suhl, A. 14

Tscherikover, V. 156
Theißen, G. 32, 36
Thyen, H. 26
von Tischendorf, C. 151, 152
Tödt, H. 16

Uloth, C. 25
Urquiza, J. 62

Vermes, G. 30, 33, 35
Visser, E. 128
Vogliano, A. 123
Volz, P. 92, 175, 189, 190

Waddell, W. 106, 128
Weiffenbach, W. 44, 46
Weizsäcker, C. 43
Wellhausen, J. 29, 47, 175
Wendling, E. 47
Wengst, K. 39
Wessely, C. 111, 132
West, L. 98
Wetter, G. 61
Widengren, G. 122, 145
von Wilamowitz-Moellendorf, U. 159
Wilcken, U. 99, 109, 110, 111, 112, 123, 126, 131

Wildberger, H. 183
Windisch, H. 22, 145, 146
von Woeß, Fr. 100
van der Woude, A. 62
Wrede, W. 16

Zahn, Th. 157, 158
Zauzich, K.-Th. 105, 106, 107, 109, 135
Zicker, F. 159
Ziegler, J. 191, 192

Zur Bezeichnung ›Menschensohn‹ im Urchristentum sind von Rollin Kearns bereits folgende Bände erschienen:

Vorfragen zur Christologie I

Morphologische und Semasiologische Studie zur Vorgeschichte eines christologischen Hoheitstitels. 1978. IV, 207 Seiten. Broschur

Der Autor stellt anhand einer Erfassung des Belegbestandes die Frage nach der Gestalt und der Bestimmung des aramäischen Wortes, das dem Hoheitstitel ›Menschensohn‹ zugrunde liegt. Er schafft damit eine neue Grundlage für die Beurteilung dieses Titels im Frühchristentum.

Vorfragen zur Christologie II

Überlieferungsgeschichtliche und Rezeptionsgeschichtliche Studie zur Vorgeschichte eines christologischen Hoheitstitels. 1980. IV, 200 Seiten. Broschur

In diesem Band wird die jüdische Überlieferung und Verarbeitung der Tradition des apokalyptischen Hoheitswesens analysiert, dessen Beiname den Hintergrund für den Hoheitstitel ›Menschensohn‹ bildet.

Vorfragen zur Christologie III

Religionsgeschichtliche und Traditionsgeschichtliche Studie zur Vorgeschichte eines christologischen Hoheitstitels. 1982. IV, 213 Seiten. Broschur

Um die Gestalt des Menschensohnes religionsgeschichtlich zu erklären, sind jüdische, griechische, babylonische, persische, ägyptische und kanaanäische Vorbilder herangezogen worden. Aufbauend auf die Resultate der vorangehenden Studien werden die erhaltenen Spuren der mit dem Menschensohn verbundenen Traditionselemente möglichst vollständig aufgearbeitet. Dadurch wird der Nachweis geführt, daß nur eine kanaanäische Hypothese imstande ist, die Genealogie des Menschensohnes verständlich zu machen: Der kanaanäische Gott Hadad war der Urahn des Menschensohnes, und die Menschensohntradition ist die aus der Gegenreaktion zum Hellenismus hervorgehende Eschatologisierung der kultisch-mythischen Hadadtradition.

Aus Rezensionen:

». . . Kearns hat einer ganzen Forschergeneration neue Fragen gestellt, wie es in solcher Qualität selten geschieht. Dafür gebührt ihm Respekt und Dank.«
Carsten Colpe, *Theologische Revue*, 77. Jg., 1981, Nr. 5

»This is a valuable contribution to the study of the pre-history of an important christological title.«
J. Wimmer, *Augustinianum*, XIX, 1979, fasc. 3

J. C. B. Mohr (Paul Siebeck) Tübingen